Le Talmud De Babylone Traduit En Langue Française Et Complété Par Celui De Jérusalem Et Par D'autres Monumens De L'antiquité Judaïque... - Primary Source Edition

Chiarini

LE TALMUD DE BABYLONE

TRADUIT

EN LANGUE FRANÇAISE

ET

COMPLÉTÉ PAR CELUI

DE JÉRUSALEM

ET PAR D'AUTRES

MONUMENS DE L'ANTIQUITÉ JUDAÏQUE

PAR

L'ABBÉ L. CHIARINI

PROFESSEUR DE LANGUES ET D'ANTIQUITÉS ORIENTALES À L'UNIVERSITÉ ROYALE DE VARSOVIE, MEMBRE DE LA SOCIÉTÉ DES AMIS DES LETTRES ET DES BEAUX-ARTS DE LA MÊME VILLE, DE LA SOCIÉTÉ ASIATIQUE ET DE LA GÉOGRAPHIQUE DE PARIS, DE L'ATHÉNÉE ITALIEN ET DE PLUSIEURS AUTRES SOCIÉTÉS SAVANTES, ETC.

SECOND VOLUME.

LEIPZIC,

EN COMMISSION CHEZ J. A. G. WEIGEL.

1831.

Section Troisième.

מי שמתו

Mischna I^e^—IIIe.

Celui dont le mort est étendu en sa présence est dispensé de la lecture du *Chema*, de la prière [1]), des *Tephillin* [2]) et de tous les préceptes dits dans la loi [3]). Ceux qui portent le cercueil, ceux qui doivent le relever, et les remplaçans de ceux qui relèvent, ou précèdent le cercueil [4]) ou le suivent [5]): or, tous ceux qui précèdant le cercueil sont encore nécessaires *(pour le porter)* sont dispensés *(de lire le Chema)*; mais ceux qui le suivent doivent le lire quand même ils seraient nécessaires (encore une fois). Cependant les uns comme les autres sont exempts de la prière [6]).

Lorsqu'on a enseveli le mort et qu'on revient, ceux qui peuvent commencer et finir le *Chema* avant de parvenir au rang de consolateurs [7]) doivent le commencer; si non, ils ne doivent pas le commencer. Ceux qui sont pla-

---

1) Ou *Chemona Esre.*

2) Voy. sur les *Tephillin* Sect. I^e^ pag. 330. 377 sqq. Les quatre Sections qu'ils contiennent sont:

a. Exod. III, 2—10. *b.* Ib. vs. 11—16. *c.* Deut. VI, 4—9. *d.* Ib. XI, 13—21. Les deux dernières sont les mêmes que dans le *Chema.*

3) Pour la raison déjà connue qu'un précepte chasse l'autre.

4) *Raschi:* et qui attendent que leur tour vienne de le porter pour passer ensuite derrière le cercueil.

5) *Raschi:* parce qu'ils l'ont déjà porté.

6) *Raschi:* parce que la prière est une ordonnance des rabbins. Cette Mischna contient plusieurs variantes dans le Talmud de Jérusalem et dans la version de Surenhusius.

7) En revenant du cimetière les Juifs ont la coutume de se ranger de manière à pouvoir consoler celui qui est en deuil, les uns après les autres.

cés dans la partie intérieure du rang [8]) sont dispensés *(de le lire)* [9]), mais ceux qui se trouvent dans la partie extérieure y sont obligés [10]).

Les femmes, les domestiques (juifs) et les mineurs sont délivrés de la lecture du *Chema* et des *Tephillin*, mais ils sont tenus à la prière, à la Mezuza [11]) et à la bénédiction des mets.

Ghémara.

(On peut déduire des paroles de la Mischna) que si le mort est étendu devant nous, nous sommes dispensés *(de lire le Chema)*, mais que s'il n'est pas étendu devant nous, nous n'en sommes pas dispensés. Sur quoi je peux objecter cette tradition: celui dont le mort est étendu devant lui, mange dans une autre maison, et s'il n'a pas une autre maison, il mange dans la maison de son compagnon, et s'il n'a pas une telle maison, il fait une séparation [12]) et mange, et s'il n'a pas de quoi faire une séparation, il tourne le visage d'un autre côté, et mange. Mais il ne peut pas prendre place pour manger, ni manger de la viande ou boire du vin; il ne fait pas la bénédiction des mets [13]), on ne bénit pas pour lui, on ne le prend pas pour

F. 18. a.

8) De manière qu'ils puissent voir l'aspect de ceux qui sont en deuil.

9) Parce qu'ils sont censés être occupés à consoler l'affligé.

10) Parce qu'ils sont censés avoir déjà consolé l'affligé.

11) C'est-à-dire: ils doivent avoir à la porte la Mezuza dont nous avons déjà parlé dans la Préface. Les deux sections qu'on y écrit sont précisément les mêmes que celles du *Chema* tirées du Deutéronome. Les femmes sont ici comparées aux mineurs et aux domestiques, et dans le Talmud de Jérusalem (Berac. 34. b.) sont placées dans la même cathégorie des idiots et des païens.

12) מחיצה *paries, tabulatum exteriorem locum ab interiore distinguens:* ici une séparation propre à cacher au mort celui qui mange; car autrement, dit Raschi, il aurait l'air de se moquer de lui, en mangeant.

13) מזמן on appelle ainsi le nombre des convives pour faire la consécration et la bénédiction des mets. Ce nombre doit être de trois convives au moins, dont l'un qui est ordinairement le maître de la maison ou un rabbin fait la consécration et la bénédiction des mets

compléter le nombre des convives, il est dispensé de la lecture du *Chema*, de la prière, des *Tephillin* et de tous les préceptes qui sont dits dans la loi; mais le samedi il peut prendre place, manger de la viande et boire du vin et bénir et consacrer les mets; on peut bénir pour lui, on peut s'en servir pour compléter le nombre des convives, et il est tenu à tous les préceptes qui sont dits dans la loi. Rabban Siméon, fils de Gamaliel, dit: une fois qu'il est obligé à ceci on peut dire qu'il est obligé à tout. Sur quoi R. Johanan se demande en quoi diffère *(Rabban Siméon des autres docteurs)* et dit qu'il diffère dans les fonctions du lit[14]. Nous apprenons de cette tradition que *(l'homme en deuil)* est dispensé de la lecture du *Chema*, de la prière, des *Tephillin* et de tous les préceptes qui sont dits dans la loi[15]. Sur quoi R. Papa dit qu'il faut entendre cela de celui qui tourne son visage et qui mange[16]. Mais R. Ache dit: qu'aussi long-temps qu'il a sur lui l'obligation d'ensévelir son mort, c'est comme si le mort était étendu toujours devant lui[17]; car il est dit (Gen. XXIII, 3 et 4.): *et s'étant levé de devant son mort, etc. afin que j'enterre mon mort de devant moi*[18]. Aussi long-temps donc qu'on a sur soi le devoir de l'ensévelir, c'est comme si le mort était étendu devant nous. *Rép.:* Quant à son mort, oui *(il est dispensé de lire le Chema)*, mais quand on n'a sur soi que le devoir de le garder, non *(on n'est pas dispensé)*.

---

au nom de tous les autres. Mais lorsqu'ils sont deux seulement chacun prie pour lui-même tout bas.

14) C'est-à-dire: Rabban Siméon est d'avis que comme celui qui est en deuil est obligé à tous les préceptes de la loi le samedi, il doit être aussi obligé à dormir avec sa femme, mais les autres docteurs ne vont pas si loin.

15) Lors même que le mort n'est pas en sa présence, ce qui est autrement selon la Mischna.

16) Et non de celui qui mange dans la maison de son compagnon.

17) Il suit de là que, par l'expression *le mort étendu devant lui*, la Mischna a voulu dire: aussi long-temps qu'il a sur lui le devoir de le faire enterrer il est libre de tout autre précepte.

18) Abraham dit que son mort est devant lui quoiqu'il en fût éloigné.

Cependant on nous dit dans la Baraïtha: Celui qui garde un mort, quoiqu'il ne soit pas son mort, est dispensé de la lecture du *Chema* et de la prière et des Tephillin et de tous les préceptes qui sont dits dans la loi. Celui qui le garde est donc dispensé, quoiqu'il ne soit pas son propre mort; mais comme d'autre part, lorsqu'il s'agit de son propre mort, on est dispensé, lors même qu'on ne le garde pas, on pourrait dire que tant dans le cas de son propre mort, que dans celui de garder un mort on est dispensé, et que c'est seulement dans les cas qu'on se promène dans un cimetière qu'on n'est pas dispensé. Cependant nous avons dans une autre *Baraïtha:* l'homme ne doit pas se promener dans un cimetière les Tephillin sur la tête, le livre de la loi sur le bras, et en lisant le *Chema;* et quiconque fait cela pèche contre ce qui est dit (Prov. XVII, 5.): *celui qui se moque du pauvre déshonore celui qui l'a fait. Rép.:* Dans le cimetière si le mort est éloigné de moins de quatre coudées, il est défendu *(de lire le Chema);* mais lorsqu'il est éloigné de plus de quatre coudées il faut le lire; car Mar dit: un mort embrasse quatre coudées pour la lecture du *Chema.* Mais dans notre cas, lors même que le mort est éloigné de plus de quatre coudées on en est dispensé. Il est dit dans la même Baraïtha[19]: celui qui garde un mort, lors même qu'il n'est pas son propre mort, est libre de la lecture du *Chema*, de la prière, des *Tephillin* et de tous les préceptes qui sont dits dans la loi. S'ils sont deux, l'un garde et l'autre s'éloigne pour lire, puis celui qui gardait va lire à son tour. Le fils d'Aza dit: s'ils sont entrés *(avec le mort)* dans un vaisseau, ils le placent dans un coin, et ils prient tous les deux dans un autre coin. En quoi donc diffère-t-il de l'autre docteur? Ravina dit qu'il diffère par rapport à la crainte que les souris *(n'entament le mort)*, car un docteur pense qu'il faut que nous ayons toujours cette crainte, et l'autre soutient que nous ne devons pas l'avoir *(dans un navire)*.

Les rabbins ont appris: celui qui transporte les os d'un

---

19) גופא Le corps ou la suite de la même tradition porte.

mort d'un lieu à un autre, ne doit pas les mettre dans un sac, ni les placer sur la croupe d'un âne et monter dessus; car en en usant de la sorte envers eux il montre qu'il les méprise; mais s'il craint quelque insulte de la part du *Goïm*, ou des brigands (לסטים gr.), il lui est permis de le faire, et ce qu'ils disent concernant les os vaut aussi par rapport au livre de la loi. Mais sur quoi se rapportent ces derniers mots? Dirai-je qu'ils se rapportent à la *Recha* de cette tradition? Cela va sans dire, car le livre de la loi doit-il être moins respecté que les os [20])? Ils doivent donc se rapporter à la *Sepha* [21]).

Rahva disait avoir entendu dire à R. Jéhuda: quiconque voit un mort et ne l'accompagne pas, pèche contre le texte qui dit (Prov. XVII, 5.): *Celui qui se moque du pauvre, déshonore celui qui l'a fait.* Mais s'il l'accompagne, quelle sera sa récompense? R. Ase dit: c'est de lui que l'Ecriture a dit (ib. XIX, 17.): *celui qui a pitié du pauvre prête* (מלוה) *à l'Eternel* (Talm.: *c'est comme s'il accompagnait l'Eternel)* [22]). Et autre part (ib. XIV, 31.): *mais celui là honore (Dieu) qui a pitié du nécessiteux* [23]).

R. Hija et R. Jonathan se promenaient ensemble dans un cimetière, et, comme le cordon des Tsitsiths de R. Jonathan était tombé, R. Hija lui dit de le ramasser, afin que les morts n'eussent pas lieu de dire [24]): demain ils descendront chez nous, et maintenant ils nous insultent. L'autre lui dit: comment peuvent-ils savoir tout cela, s'il est écrit (Eccles. IX, 5.): *mais les morts ne savent rien?* Il reprit: si tu as lu ceci, tu ne l'as pas répété, et si tu l'as répété, tu n'y es pas revenu une troisième fois, et si tu y

---

20) C'est-à-dire: si les os ne doivent pas être mis dans un sac et sur le dos d'un âne etc., à plus forte raison doit-on se garder de le faire par rapport au livre de la loi.

21) En tant que la crainte seule peut dispenser d'avoir plus d'égards pour le livre de la loi que pour les os d'un mort.

22) Car le verbe לוה veut dire également *prêter* et *accompagner*.

23) *Raschi:* il n'y a pas un être au monde qui soit plus pauvre qu'un mort.

24) En voyant cette marque de peu de respect pour eux.

es revenu une troisième fois, on ne te l'a pas expliqué [25]); car il est dit (ib.): *certainement les vivans savent qu'ils mourront*, ceux-ci sont les justes qui même dans leur mort sont appelés *vivans* (חיים); car il est dit (II. Sam. XXIII, 20.): *Et Benaja, fils de Jehojadia, fils d'Isch-haï* (איש חי) (Talm.: *fils d'un homme vivant) qui avait fait de grands exploits et (qui était) de Kabseel; il frappa les deux lions de Moab, il descendit aussi et frappa un lion dans* F. 18. b. *une fosse en un jour de neige.* בן איש חי *fils d'un homme vivant.* Crois-tu donc que tous les autres sont fils des morts? *Rép.:* Il est dit: *fils d'un homme vivant* parce que même dans sa mort cet homme a été appelé *vivant:* רב פעלים בקבצאל *(qui avait fait de grands exploits de la ville de Kabseel)* cela veut dire qu'il avait multiplié (ריבה) et rassemblé (קבץ) les ouvriers (פועלים) de la loi: והוא הכה את שני אריאל מואב *(et il a frappé les deux lions de Moab)*, cela veut dire qu'il n'a pas laissé un seul individu qui lui fût semblable ni sous le premier ni sous le second temple [26]), והוא ירד והכה את הארי בתוך הביר ביום השלג *(et il est descendu et il a frappé un lion au milieu d'une fosse en un jour de neige).* Il y en a qui disent que cela signifie qu'il a cassé des morceaux de grêle, et s'y est placé pour se baigner [27]). Mais d'autres disent que cela signifie qu'il a étudié dans la *Siphra* de la maison de Rav [28]) un jour d'hiver. Quant aux paroles: *Cependant les morts ne savent rien*, ce sont les impies qui sont appelés *morts*, même

---

25) Cette maxime sert à expliquer la formule *notre retour sur toi* etc., ainsi que nous l'avons dit à la fin de la 1re Section.

26) *Rachi* et *Tosepheth*: Il a dompté les siècles (שני) par son mérite. Les deux lions de Moab sont David et Salomon qui descendaient de Ruth, femme moabite, et qui bâtirent le temple.

27) *Raschi:* pour se purifier d'une pollution et pour être ainsi en état de lire dans la loi.

28) *Tosepheth:* La Siphra est un commentaire du troisième livre de Moïse qui est appelé *lion* parce qu'il est plus difficile que les quatre autres livres, et *milieu de la fosse* parce qu'il est au milieu des autres. Ce commentaire est donc selon le Talmud tout au moins aussi ancien que l'aïeul de Benaja.

pendant leur vie[29]); car il est dit (Ezéch. XXI, 30.): *Et toi profane* (חלל Talm.: *tué) impie, Prince d'Israël.* Et si tu veux je peux prouver cela par cet autre passage (Deut. XVI, 6.): *Sur la parole de deux ou de trois témoins on fera mourir le mort.* Cependant il est encore en vie. *Rép.:* Mais il est mort en lui-même *(ou par ses actions)*[30]).

Les fils de R. Hija étant sortis hors de la ville[31]) oublièrent ce qu'ils avaient appris, et ils étaient tristes de ce qu'ils ne pouvaient pas s'en souvenir. Alors l'un dit à l'autre: notre père[32]) saura-t-il quelque chose de cette tristesse? L'autre répondit: comment peut-il le savoir s'il est écrit (Job XIV, 21.): *Les enfans seront honorés* (Talm.: *affligés) et il n'en saura rien.* Comment, dit un troisième, ne le saura-t-il pas s'il est écrit (ib. vs. 22.): *aussi long-temps que sa chair est sur lui, elle souffre, et son âme sur lui s'afflige*, et R. Isaac dit qu'un ver est aussi incommode pour un mort qu'une aiguille dans la chair d'un vivant. *(Les autres frères)* dirent: quant à leur propre affliction les morts la savent fort bien, mais ils ne savent pas l'affliction d'autrui. Comment non? (dit l'autre) si nous avons dans une Baraïtha ce qui suit: Il arriva à un pieux qui avait donné un denier à un pauvre la veille de la nouvelle année dans une année de disette, que sa femme en fut de mauvaise humeur. Il s'en alla donc, et étant obligé de passer la nuit dans un cimetière, il entendit les esprits de deux femmes[33]) qui causaient ensemble, et dont l'une disait à sa compagne: ma compagne, sortons et parcourons le monde, et nous entendrons de derrière le voile[34]) quelles sont les calamités réservées au monde *(cette an-*

---

29) Ce qui peut servir à éclaircir la phrase de l'Evangile: *laisse les morts ensévelir les morts.*

30) מעיקרה *a principio, a prima radice.*

31) *Raschi:* pour s'occuper de l'agriculture.

32) Qui était déjà mort.

33) *Raschi:* les esprits de deux demoiselles.

34) *Raschi:* Qui est étendu devant le Saint des Saints du ciel comme il était étendu devant le Saint du Saint ou la *Chekina* du temple.

née)[35]. Alors sa camarade lui répondit: moi je ne le peux pas; car j'ai été ensévelie dans une natte de roseau[36], mais va et tu me conteras ce que tu auras entendu. Elle alla, et après avoir parcouru le monde elle revint, et sa compagne lui dit: ma camarade, qu'est-ce que tu as entendu de derrière le voile? L'autre lui répondit: j'ai entendu que quiconque semera dans le premier quartier[37] la grêle détruira *(sa moisson)*[38]. *L'homme qui avait écouté les esprits)* alla donc et sema dans le second quartier de sorte que la moisson de tous les autres[39] fut détruite, mais la sienne ne fut pas détruite[40]. L'année suivante il alla encore une fois et passa la nuit dans le même cimetière. Il entendit les mêmes esprits qui conversaient ensemble, et l'une disait à sa camarade: sortons et parcourons le monde, et nous entendrons de derrière le voile quelles calamités viendront dans le monde. L'autre lui dit: ma camarade, ne t'ai-je pas dit que je ne peux pas; parce que j'ai été ensévelie dans une natte de roseau; mais va et tu me rapporteras ce que tu auras entendu. Elle alla et parcourut le monde et rentra. Alors l'autre lui dit; ma camarade qu'est ce que tu as entendu de derrière le voile? Elle lui dit: j'ai entendu que quiconque semera dans le second quartier, la rouille frappera *(sa moisson)*, *(alors l'homme qui avait écouté tout ce discours)* s'en alla et sema dans le premier quartier. Et comme la moisson de tous les autres avait été brûlée, et que la sienne n'avait pas été brûlée, sa femme lui dit: pourquoi l'année passée tout ce qui appartenait aux autres a été détruit et

---

35) C'était la nouvelle année, fête pendant laquelle Dieu juge le monde pour toute l'année suivante.

36) J'ai honte de paraître dans cette parure.

37) *Raschi:* de la première pluie ou de la pluie des semailles qui a trois quartiers; le 1er depuis la nouvelle année jusqu'au 17e du mois *Marheschvan*; le 2d depuis le 17e jusqu'au 23e du même mois, et le 3e depuis ce jour jusqu'au 1er du mois *Kisler*.

38) *Raschi:* en tombant à l'époque où la tige de ce qui aura été semé le premier quartier aura de la consistence.

39) *Raschi:* qui avaient semé dans le premier quartier.

40) *Raschi:* car à cette même époque elle était encore tendre.

que le tien ne l'a pas été, et maintenant tout ce qui appartient aux autres est brûlé, et le tien n'est pas brûlé? Sur quoi il lui conta tout ce qui s'était passé. On rapporte que peu de jours après, une querelle s'étant allumée entre la femme de ce pieux et la mère de la demoiselle *(ensévelie dans une natte)* la première dit à la seconde [41]): viens et je te montrerai ta fille qui est enterrée dans une natte de roseaux. L'année suivante le pieux alla, passa la nuit dans le même cimetière et entendit les mêmes esprits qui s'entretenaient entr'eux et dont l'un disait à l'autre: ma camarade, sortons et parcourons le monde afin d'entendre de derrière le voile quelle espèce de calamité menace la terre. L'autre lui répondit: ma camarade, laisse-moi tranquille, car les choses qui se sont passées entre moi et toi il y a long-temps qu'elles ont été entendues parmi les vivans. — On peut donc conclure de là que les morts savent.

Mais peut-être qu'un autre homme étant mort est allé conter *(aux deux demoiselles la querelle en question)*. *Rép.:* Viens et écoute une tradition qui peut te faire changer d'avis. Zeïri avait déposé de l'argent auprès de son hôtesse jusqu'à ce qu'il eût le temps de se rendre dans l'école de Rav. Mais comme dans cet intervalle elle mourut, il alla après elle au cimetière [42]) et lui dit: où est mon argent? Elle lui répondit: va et prends-le de dessous le gond de la porte dans tel et tel endroit, et je te prie de dire à ma mère qu'elle m'envoie mon peigne et ma boîte à farder [43]) par une telle qui viendra ici demain [44]). On peut donc soutenir qu'ils savent.

Mais peut-être que Douma [45]) l'a précédé et a annoncé aux morts *(qu'elle mourra)*. *Rép.:* Viens et écoute ce qui est arrivé au père de Samuel. On lui avait donné à gar-

---

41) Dans le projet de l'insulter.

42) חצר מות *la cour de la mort.*

43) Elle paraît faire allusion, en disant cela, au deuil que devait garder sa mère après la perte d'une fille.

44) C'est-à-dire: qui mourra.

45) *Raschi:* qui est l'ange qui préside aux morts.

der l'argent des orphelins, et lorsque son âme se reposa *(lorsqu'il mourut)* Samuel n'était pas auprès de lui; on lui donna donc le surnom *du fils de celui qui mange l'argent des orphelins.* Alors il alla après lui au cimetière et dit aux morts[46]): Je cherche Ava. Ils lui répondirent: il y a beaucoup d'Ava ici. Je cherche Ava, fils d'Ava. Ils lui dirent: et d'*Ava*, fils d'*Ava*, aussi il y en a beaucoup ici. Alors il leur dit: je cherche *Ava*, fils d'*Ava*, père de Samuel, est-il ici? Ils lui dirent: il est monté dans l'Académie du ciel. Mais en attendant il aperçut Lévi[47]) qui était assis hors du cercle[48]) et lui dit: pourquoi es-tu assis hors du cercle? pour quelle raison n'es-tu pas monté? Il lui répondit: les anges m'ont dit: pendant autant d'années que tu n'es pas allé à l'Académie de R. Afas; et comme tu as affligé par là son esprit, nous ne te laisserons pas monter dans l'Académie du ciel. Dans ces entrefaites son père étant de retour, il vit qu'il pleurait, et riait en même temps et lui dit: quelle est la raison qui te fait pleurer? Il lui répondit: c'est que tu viendras bientôt ici. Et par quel motif ris-tu? Parce que tu es fort estimé dans ce monde *(des morts)*. Il lui dit: si je suis estimé, que l'on fasse monter Lévi (dans le cercle des morts et par suite dans le ciel), et on le fit monter. Alors il lui dit: l'argent des orphelins où est-il? Il lui répondit: va et prends-le dans la base des meules. Celui qui est dessus et celui qui est dessous nous appartient, et celui qui reste au milieu appartient aux orphelins. Il lui dit: pour quelle raison as-tu fait ainsi? Il répondit: afin que si les voleurs viennent pour le voler, ils volent du nôtre, et que si la terre le ronge, elle ronge du nôtre. Il est donc vrai que les morts savent[49]).

---

46) *Raschi:* qui étaient sortis de leurs tombeaux et s'étaient assis en cercle.

47) *Raschi:* son Collegue.

48) L'action d'être déplacé du cercle des morts symbolise ici le déplacement de Lévi de l'école céleste, car ce qui se passe dans le ciel doit aussi se passer sur la terre.

49) *Tosepheth:* car ici le père de Samuel sait que son fils mourra

Mais c'est peut-être une autre chose pour Samuel; car comme il était très-considéré, les anges se sont hâtés d'annoncer *(aux morts)* qu'il fallait lui faire place. *Rép.:* Cependant nous voyons que R. Jonathan lui-même a changé d'avis là-dessus [50]); car R. Samuel, fils de Nahmani, disait avoir entendu dire à R. Jonathan: d'où savons-nous que les morts s'entretiennent les uns avec les autres? De ce qu'il est dit (Deut. XXXIV, 4.): *Et l'Eternel lui dit (à Moïse lorsqu'il était sur le point de mourir): c'est ici le pays dont j'ai juré à Abraham, à Isaac et à Jacob en disant* (לאמר). Que signifie ici l'expression *en disant* (לאמר)? Que le Saint, béni soit-il, parla ainsi à Moïse: va et dis à Abraham, à Isaac et à Jacob: le serment que je vous ai fait je l'ai déjà accompli dans vos enfans. Or, s'il te venait dans l'esprit de soutenir qu'ils ne savent pas, à quoi bon ordonner de leur parler [51])? Mais s'ils savaient cela, diras-tu, à quoi bon ordonner de leur en parler? *Rép.:* Pour faire paraître encore davantage la dignité de Moïse. F. 19. a.

R. Isaac dit: quiconque médit d'un mort est comme s'il médisait d'une pierre. Il y en a qui déduisent de là que les morts ne le savent pas, et d'autres en déduisent qu'ils le savent, mais qu'ils ne s'en soucient pas. Mais ce n'est pas ainsi; car Rav Papa dit: que quelqu'un contait une chose défavorable à la mémoire de Mar Samuel, et qu'il tomba une poutre du toit qui brisa le crâne de son cerveau. *Rép.:* C'est une autre affaire à l'égard d'un disciple des rabbins très-distingué *(tel que Mar Samuel)*, car le Saint, béni soit-il, exige qu'on respecte sa dignité.

R. Jehochua, fils de Lévi, dit: celui qui étant à la suite d'un cercueil (מטתן) d'un disciple des savans, médit de lui tombe dans la Géhenne; car il est dit (Psau. CXXV, 5.): *Mais quant à ceux qui tordent* (והמטים) *leurs sentiers obliques l'Eternel les fera marcher avec les ouvriers*

---

bientôt; car l'ange Douma qui entre en charge lorsque l'homme est moribond, n'a pas eu le temps de l'avertir de cela.

50) Et son avis était que les morts ne savent pas.

51) *Raschi:* à quoi bon parler à qui ne sait rien ou qui n'est pas en état de rien comprendre.

d'iniquité; paix sur Israël, ce qui veut dire: *lors même que la paix est sur Israël (ou qu'un Israélite est mort) Dieu conduira aux enfers (ceux qui déprécient les mérites des savans) avec les ouvriers d'iniquité.* Sur quoi une tradition de l'école de R. Ismaël porte: si tu vois un disciple des savans qui commet une transgression pendant la nuit, ne pense pas mal de lui pendant le jour; car peut-être en aura-t-il fait pénitence. Mais comment peut-il te venir dans l'esprit *(de dire)* peut-être? Quand il est sûr qu'il en a déjà fait pénitence? Cela vaut cependant seulement dans le cas qu'il ait transgressé un devoir qui regarde lui-même, mais dans une affaire pécuniaire *(la pénitence n'a pas de valeur)* jusqu'à ce qu'il ait fait la restitution *(de ce qu'il a pris)* au propriétaire.

R. Jehochua, fils de Lévi, dit: en vingt-quatre cas le Beth-din décerne l'excommunication [52]) pour l'honneur d'un Rabbin, et nous les avons tous expliqués dans notre *Mischna*. R. Eléazar lui dit: où sont-ils? Il lui répondit: va et tu trouveras. Il sortit, il chercha et il en trouva ces trois: *celui qui fait peu de cas du lavement des mains; celui qui médit à la suite du cercueil des disciples des savans, et celui qui s'enfle dans son esprit contre le très-haut.* Comment savons-nous que celui qui médit à la suite du cercueil des disciples des savans *(doit être excommunié)*? Parce que nous avons appris dans la Mischna *(Edioth C. 5. M. 6.)* que lui *(Acavia, fils de Mahalaleel)* avait

---

52) C'est-à-dire: la première espèce d'excommunication, car il y a trois espèces d'excommunication dans la Synagogue, savoir: 1e. נדוי *la séparation.* 2o. חרם *l'exclusion.* 3o. שמתא *l'exécration.* — La première est la plus légère, et on n'en vient aux deux autres que lorsqu'on ne se rétracte pas dans le נדוי. Le Talmud ne rapporte ici qu'un seul des 24 cas du נדוי en le subdivisant en 24 autres cas. Mais dans le *Lexicon Chaldaeo-Talmudicum* de Buxtorf on peut voir les autres à la racine נדה. Le 8e et le 9e de ces cas fondamentaux portent qu'il y a excommunication pour quiconque vend son champ à un *Goi* (non-Juif) ou qui témoigne contre un Juif dans les tribunaux des *Goïm* (non Juifs). Je note ces deux cas pour fixer l'attention du Lecteur sur les différentes causes qui s'opposent puissamment à la Réforme de la nation israélite.

coutume dire: qu'on ne donne à boire *(les eaux amères de la jalousie)* ni à une femme prosélyte, ni à une esclave mise en liberté; mais les savans disent qu'on la leur donne, et s'appuient sur le fait que Chemaja et Abtalion la donnèrent à une esclave de la ville de Carkemisch mise en liberté à Jérusalem. Sur quoi Acavia répondit qu'ils ne lui donnèrent à boire qu'une imitation de ces eaux[53]. Alors les savans l'excommunièrent[54], et comme il mourut dans son excommunication le Beth-din fit lapider son cercueil[55].

Et quant à celui qui fait peu de cas du lavement des mains comment savons-nous *(qu'il mérite l'excommunication)?* Parce que la Mischna nous apprend aussi (ib.) que R. Jose dit *(à propos du cas que nous venons de rapporter)*: loin de nous l'idée[56] qu'Acavia, fils de Mahalaleel, ait été excommunié; car le parvis du temple n'a été jamais fermé sur aucun autre israélite[57] qui fût aussi sage, aussi pur, aussi animé par la crainte du péché qu'Acavia, fils de Mahalaleel. Mais qui a donc été excommunié? Eléazar, fils d'Hatsar *(ou de Heroc)*, qui faisait peu de cas du lavement des mains[58]; et lorsqu'il mourut, le Beth-din envoya dire qu'il fallait placer une grosse pierre sur son cercueil pour faire entendre qu'il a le droit de lapider le cercueil de celui qui étant excommunié meurt dans l'excommunication.

Et quant à celui qui enfle son esprit contre le très-

---

53) *Tosepheth:* Chemaja et Abtalion selon Acavia ne voulurent qu'effrayer cette femme par une imitation des eaux amères, et qu'ils firent ainsi parce qu'ils étaient étrangers et prosélytes comme elle.

54) Excommunièrent Acavia pour avoir énoncé une opinion défavorable à la mémoire de Chemaja et Abtalion.

55) C'est-à-dire: il fit placer une pierre sur son cercueil pour marquer qu'il méritait d'être lapidé parce qu'il était mort dans l'excommunication.

56) חס ושלום *parce et pax sit, absit.*

57) *Raschi*: La cour du temple formée après avoir été remplie d'Israélites aux vêpres de Pâque n'a jamais contenu un homme plus sage, etc.

58) *Raschi:* et par là il méprisait les rabbins qui ordonnent ce lavement.

haut, d'où savons-nous *(qu'il est digne d'être excommunié)?* De ce que la Mischna nous enseigne aussi *(Taanith* C. 3. M. 8.) que Siméon, fils de Chatah, envoya dire à Honi faiseur de cercles[59]): il faudrait t'excommunier[60]), et certes si tu n'étais pas Honi, j'aurais décrété sur toi l'excommunication. Mais que dois-je faire? Tu pèches contre Dieu, et il fait ta volonté, comme un fils qui pèche contre son père, et cependant le père fait ce qui plaît à son fils, et sur toi dit l'Ecriture (Prov. XXIII, 25.): *Que ton père et ta mère se réjouissent et que celle qui t'a enfanté s'égaie.*

Est-ce que nous ne trouvons plus de ces trois cas dans la Mischna? Il paraît cependant qu'il y en a davantage, car nous avons appris[61]) de Rav Joseph que Teudos le Romain avait accoutumé les fils *(les Juifs)* de Rome à manger des chevreaux armés[62]) dans la nuit de Pâque. Alors les sages lui mandèrent: certes si tu n'étais pas Teudos nous aurions décrété sur soi l'excommunication, car tu encourages Israël à manger les choses saintes hors de la Palestine[63]). *Rép.:* Cela n'est pas dit dans la *Mischna,* mais dans la *Baraïtha.* Et dans la Mischna n'y a-t-il plus de cas semblables? Il paraît cependant qu'il y en a, car nous trouvons dans la *Mischna (Kelim* C. 5. M. 10.)

---

59) Car on rapporte dans le même endroit de la Mischna qu'il traça un cercle et fit serment de ne point en sortir avant que Dieu eût exaucé sa prière.

60) *Raschi:* parce qu'il avait tenté Dieu qui est le rabbin des rabbins en le forçant à exaucer une prière dans laquelle il demandait la pluie.

61) תנני. Il paraît par ce passage que ce mot est équivoque et qu'on peut le prendre tant pour la *Mischna* que pour la *Baraïtha.*

62) *Raschi: rôti avec sa tête, ses jambes et ses entrailles* (Exod. XII, 9.) c'est-à-dire, ayant les jambes et les entrailles liées autour de la tête et autour du corps à l'instar d'un casque et de l'épée.

63) C'est le 15e cas du נדוי ou de la *séparation* qui a été étendu à la pratique de tous les préceptes attachés à la terre de Palestine comme nous l'avons dit dans notre *Théorie du Judaïsme*, et ce cas aussi est un des plus grands obstacles à la réforme des Juifs. Teudos, dit *Raschi*, péchait contre l'honneur des rabbins qui ont défendu de manger les chevreaux pendant la Pâque pour faire la haie à la loi de ne point manger l'agneau pascal hors de la Palestine.

ces paroles: *si on le casse*[64]) *en plusieurs morceaux, et si l'on place du sable entre un morceau et l'autre, R. Eliéser le déclare pur, mais les savans le disent impur, et c'est le foyer qu'on appelle du Serpent.* Pourquoi le dit-on du *serpent?* Rav Jéhuda disait avoir entendu dire à Samuel que c'est pour apprendre que les savans ont entouré R. Eliéser d'*Halacas* comme le ferait un serpent, et qu'ils ont déclaré ce foyer impur. Et nous avons aussi appris[65]) que dans le même jour ils ont fait apporter tout ce que R. Eliéser avait déclaré pur à ce même sujet et l'ont brûlé en sa présence, et qu'ils ont fini par le bénir[66]). *Rép.:* Cependant on ne fait aucune mention de cette excommunication dans la Mischna[67]). Où se trouvent donc les 24 cas *(dont il est ici question)? Rép.:* R. Jehochua *(les trouve dans la Mischna)* parce qu'il compare une chose avec l'autre[68]). Mais R. Eliéser ne compare pas une chose avec l'autre[69]).

Mischna. Ceux qui portent le cercueil et leurs remplaçans.

Ghémara. Les rabbins ont appris qu'on n'exporte pas un mort vers le temps de la lecture du *Chema*, et que si on a commencé cette lecture on ne l'interrompt pas *(pour l'accompagner).* Mais ce n'est pas ainsi; car nous voyons que Rav Joseph a été exporté vers la lecture du *Chema.*

---

64) Il est question dans cet endroit de la Mischna d'un foyer ou cruche à cuire (תנור) des Orientaux, rendue impure.

65) חבן ce mot aussi est équivoque comme le précédent.

66) *Raschi:* c'est-à-dire, par le maudire ou par l'excommunier parce qu'il s'était montré trop obstiné contre les *Halacas* ou raisonnemens des rabbins.

67) *Raschi:* mais seulement on nous en parle dans la *Baraïtha.*

68) *Raschi:* Il raisonne d'un cas à un autre cas semblable et trouve dignes d'excommunication tous ceux qui dans la Mischna disputent avec trop de tenacité ou avec peu de respect contre les rabbins qui les surpassent en nombre et en autorité.

69) Mais il se tient rigoureusement aux seuls cas où l'on dit expressément que tel docteur a été excommunié pour avoir manqué de respect aux rabbins.

Rép.: C'est autre chose lorsqu'il s'agit d'un homme très-réputé.

Mischna. Ceux qui sont devant le cercueil et ceux qui sont après le cercueil.

Ghémara. Les rabbins ont appris que ceux qui sont occupés du deuil pendant que le mort est couché devant eux, s'éloignent l'un après l'autre et lisent le *Chema;* mais si le mort n'est pas couché devant eux, tous les autres restent assis et lisent le *Chema*, et le plus proche parent reste assis et se tait: les autres se lèvent et disent la prière, et lui se lève et justifie le jugement de Dieu exercé sur lui en disant: *Seigneur des mondes, j'ai beaucoup pèché devant toi, et tu ne m'as pas fait escompter un pour mille, qu'il soit agréable devant toi, ô Eternel, notre Seigneur, de restaurer nos ruines et les ruines de tout ton peuple de la maison d'Israël dans tes miséricordes.* Mais Avaï dit que l'homme n'a pas besoin de dire ainsi [70]), car Siméon, fils de Lévi, dit et une tradition le confirme au nom de R. Jose, que l'homme ne doit jamais ouvrir la bouche pour Satan [71]). Mais R. Joseph dit: comment expliquer alors ces paroles de la Bible (Esa. I, 9.): *Peu s'en aurait fallu que nous n'eussions été comme Sodome* [72])? *Rép.:* Mais le Prophète rétracte cela dans ce qui suit (ib. vs. 10.): *Ecoutez la parole de l'Eternel, conducteur de Sodome* [73]).

Mischna. Lorsqu'ils ont enséveli le mort et reviennent, etc.

Ghémara. On pourrait entendre ces paroles de la Mischna s'ils peuvent commencer et finir, que pour tout l'ensemble c'est bien, mais pour une seule section ou ver-

---

70) *Raschi:* de faire entendre le mort נפרעה (*tu ne m'as pas fait escompter*).

71) C'est-à-dire: pour donner occasion à Satan de nous accuser. Dans ce cas p. ex. il pourrait dire: donc cet homme n'a pas escompté tous ses pèchés.

72) D'où il paraît qu'on peut s'accuser comme dans le cas dont nous venons de parler.

73) Ce qui montre, selon le Talmud, que le verset précédent ne contient pas une allusion aux pèchés des Israélites.

set ce n'est pas bien. Cependant je peux t'objecter cette autre tradition: lorsqu'ils ont enséveli le mort et qu'ils reviennent, s'ils peuvent commencer et finir même une seule section ou un seul verset, etc.; donc ici aussi les paroles: *s'ils peuvent commencer et finir (doivent s'entendre)* même d'une seule section, même d'un seul verset qu'on puisse *(commencer et finir)* avant d'arriver au rang. Dans ce cas on les commence, mais autrement on ne les commence pas.

Mischna. Ceux qui sont placés dans le rang, etc. F. 19. b.

Ghémara. Les rabbins ont appris que le rang qui voit l'endroit où est l'affligé est libre, et celui qui ne le voit pas est obligé *(de lire le Chema)*. R. Jéhuda dit: ceux qui viennent à cause de l'affligé sont libres, mais ceux *(qui viennent)* pour leur propre satisfaction sont obligés.

Rav Jéhuda disait avoir entendu dire à Rav: celui qui trouve un mélange interdit par la loi (Lév. XIX, 19.) dans ses habits, doit les ôter même dans la rue. Quelle en est la raison? *(Qu'il est écrit)* (Prov. XXI, 30.): *Il n'y a ni sagesse, ni intelligence, ni conseil contre* (נגד) (Talm.: *vis-à-vis de) l'Eternel. (C'est-à-dire)* dans toute occasion où il s'agit d'une profanation de la loi de Dieu, on ne rend pas honneur à un rabbin. Je te réponds [74]: lorsqu'ils ont enséveli le mort, et qu'ils reviennent, s'ils ont devant eux deux chemins l'un pur et l'autre impur [75], et que l'affligé soit allé par le pur, les autres aussi doivent aller avec lui par le pur, mais s'il est allé par l'impur, eux aussi doivent aller avec lui par l'impur à cause de son honneur. Comment donc appliquer à cela le verset: *Il n'y a pas de sagesse, pas d'intelligence vis-à-vis de Dieu?* Mais R. Ava interprète cela d'une *Beth-Haphres* [76] qui

---

74) מיתיבי *respondeo ego, insto*, en citant une tradition ou un passage de la Bible.

75) Où il y a p. ex. des tombeaux.

76) בית הפרס *locus expansionis*: champ où il y avait jadis des tombeaux et qu'on a rendu impur en le laburant parce qu'on y a répandu partout les cendres ou les os des cadavres. R. Ava dit donc l'expression *chemin impur* signifie une *Beth-Haphres* qui est défendue par les rabbins, et non un chemin impur défendu par la loi.

est une ordonnance des rabbins; car R. Jéhuda disait avoir entendu dire à R. Samuel: l'homme doit souffler sur une *Beth-Haphres*[77]), et on va plus loin. Et Rav Jéhuda, fils d'Ache, dit au nom de Rav: une *Beth-Haphres* qui a été beaucoup foulée avec les pieds est pure.

Viens et écoute, car R. Eléazar, fils de Sadoc, dit: nous avons sauté sur les cercueils des morts pour aller à la rencontre des rois d'Israël, et non seulement à la rencontre des rois d'Israël, mais il faut entendre (qu'on doit faire) cela aussi, pour aller à la rencontre des rois des peuples du monde, afin que si on en est digne, on se trouve à même de distinguer entre les rois d'Israël et les rois des autres peuples du monde. Comment donc appliquer ici le verset: *Il n'y a pas de science, ni d'intelligance, ni de conseil vis-à-vis de Dieu?* En suivant l'avis de Rava, car Rava dit: „c'est une maxime de la loi[78]) qu'une tente qui a un creux d'un palme peut servir de séparation contre l'impureté, et que si elle n'a pas un creux d'un palme elle ne peut pas servir de séparation contre l'impureté.“ Or, comme les cercueils ont pour la plupart un creux d'un palme, les rabbins n'ont défendu ceux qui ont ce creux qu'à cause de ceux qui ne l'ont pas, et ils ne les ont pas défendus lorsqu'il s'agit de l'honneur du roi[79]).

Viens et écoute *(cette tradition)*[80]): l'honneur qu'on doit rendre aux créatures a tant de force qu'il chasse la pratique d'un précepte négatif de la loi. Or, comment cela? On devait plutôt dire: *il n'y a pas de science, ni d'intelligence, ni de conseil vis-à-vis de Dieu. Rép.:* Rav, fils de Chava, interprétait cela en présence de Rav Cohana re-

---

77) *Raschi:* pour voir s'il ne s'y trouve pas par hasard un os. Or, si cela était une loi mosaïque on n'en agirait pas si légèrement.

78) *Raschi:* une Halaca de Moïse dérivée du mont Sinaï.

79) Ainsi celui qui saute sur les cercueils pour aller à la rencontre d'un roi d'Israël loin de préférer une ordonnance des rabbins à la loi, fait une chose qui est même permise par ces derniers.

80) Qui contient une autre objection au verset: *il n'y a pas de science*, etc. et qui se trouve *Menahoth* 37. *b.* car le traité Berakoth n'a pas été rédigé le premier.

lativement au précepte négatif (Deut. XVII, 11.): *tu ne te détourneras point*[81]. Mais on s'est moqué de lui en disant: le précepte négatif: *tu ne te détourneras point* est aussi prescrit par la loi[82]. Sur quoi Rav Cohana répondit: c'est un grand homme qui a dit cette chose, ne vous en moquez pas; car on appuie toutes les ordonnances des rabbins sur le précepte négatif: *tu ne te détourneras point*, mais lorsqu'il s'agit de rendre honneur aux créatures, les rabbins eux-mêmes ont permis *(de s'en détourner)*.

Mais viens et écoute: Il est écrit au sujet des animaux égarés (Deut. XXII, 1.): *Et te cacheras d'eux* והתעלמת מהם[83] pour faire entendre que quelquefois tu peux te cacher d'eux, et quelquefois tu ne peux pas te cacher. Comment cela? P. ex.: en cas que ce soit un prêtre, et que l'animal égaré entre dans un cimetière[84] ou lorsqu'il s'agit d'un vieillard, car l'action *(de poursuivre un animal égaré)* n'est pas compatible avec son honneur. Ou enfin lorsque le prix du travail *(que tu devrais interrompre)* surpasse celui de l'animal égaré de ton prochain[85]. C'est pourquoi il est dit: *et tu te cacheras*. Mais dans ce cas aussi on devait plutôt dire: *il n'y a pas de science, ni d'intelligence, ni de conseil vis-à-vis de Dieu*. *Rép.*: C'est une autre chose dans le cas où il est écrit expressément: *et tu te cacheras d'eux*. Donc nous pourrions faire

---

81) C'est-à-dire: l'honneur des créatures ne chasse que le précepte négatif *de ne se détourner ni à droite ni à gauche des paroles des sages.* En d'autres termes: on ne peut violer qu'une ordonnance des rabbins pour honorer les hommes comme dans le cas ci-dessus.

82) *Raschi*: Ceux qui ont ri se sont imaginé que ce docteur a voulu dire, qu'on peut se détourner des paroles des sages ou des vieillards, quand même ils nous prescrivent une chose de la loi. Mais il n'a voulu parler que des ordonnances des rabbins.

83) Tandis que par la négative לא placée au commencement du verset on défend de se cacher devant les animaux égarés et on ordonne de les reconduire à leurs maîtres.

84) Où il est défendu aux prêtres d'entrer.

85) *Raschi:* car il n'est pas probable que le maître de l'animal égaré veuille l'indemniser au delà de la valeur de ce même animal.

une conclusion *a pari* de cela [86]. *Rép.:* d'une défense pécuniaire on ne fait pas de pareilles conclusions [87].

Mais viens et écoute *(ce qui est écrit)* (Nomb. VI, 7.): *ni pour sa soeur*, que veut-on nous apprendre par là [88]? Que comme dans les cas où le Nazarien va sacrifier son agneau pascal ou circoncire son fils, et qu'il entend qu'un de ses proches parens vient de mourir, on pourrait croire qu'il doit revenir sur ses pas et se rendre impur, il est dit (ib. expressément): *il ne se contaminera point* [89]. Et comme d'autre part on pourrait croire aussi que de même qu'il ne doit pas se rendre impur pour ses proches parens, il ne le doit pas non plus pour *le mort de précepte* [90]. C'est pour cela que l'Ecriture ajoute (ib.): *ni pour sa soeur*, *(ce qui veut dire)* pour sa soeur il ne doit pas se rendre F. 20. *a.* impur, mais il doit bien le faire pour *le mort de précepte* [91]. Mais comment? Ne fallait-il pas plutôt dire: *il n'y a pas* de science, ni d'intelligence, ni de conseil vis-à-vis de Dieu? *Rép.:* C'est une autre chose ici où il est écrit expressément: *ni pour ta soeur.* On pourrait donc conclure *a pari* la même chose *(pour les mélanges défendus*

---

86) *Raschi:* relativement aux mélanges défendus par la loi. Nous pourrions dire de même qu'il y a des cas où on ne ramène pas les animaux égarés, de même il y en a aussi où on ne se déshabille pas dans la rue à cause des mélanges.

87) Parce que la loi n'est pas aussi sévère dans les causes pécuniaires que dans les autres défenses.

88) *Raschi:* une fois qu'il est écrit que le Nazarien ne se rendra impur pour aucune personne morte (ib. vs. 6.) à quoi bon ajouter (vs. 7.) *ni pour sa soeur?* C'est pour nous faire entendre une autre chose en passant, ou une exception à la règle générale. Voy. *Nazir* 45. *a.*

89) Ce qui détruit cette supposition.

90) מת מצוה *mortuus praecepti*, c'est-à-dire, celui qui est mort dans un bois ou dans un champ, et qui n'a personne qui pense à l'ensévelir. Il est du devoir de chaque pieux et de chaque magistrat de se charger de sa sépulture.

91) *Raschi:* Le Nazarien viole dans ce cas un précepte négatif pour l'honneur des créatures.

par la loi). Rép.: (Non, car la règle): Sois assis et ne fais pas, diffère beaucoup *(du cas dont il s'agit)* [92]).

Rav Papa disait à Avaï: d'où vient que ceux qui nous ont précédés ont abondé en miracles, et qu'on n'en fait pas beaucoup pour nous? Est-ce à cause de l'étude? Cependant au temps de Rav Jéhuda toute leur étude consistait dans l'ordre *Nezikin (ou des dommages)* tandis que nous apprenons tous les six ordres: de plus, lorsque Rav Jéhuda parvenait à cet endroit du traité *Oketsin (ou des queues des fruits) (où il est dit): si une femme met des herbes potagères dans un pot, etc. et d'autres disent: des olives assaisonnées avec leurs feuilles, elles sont pures* [93]), il disait: nous voyons ici toute l'essence de Rav et de Samuel [94]) tandis que nous apprenons le traité *Oketsin* selon les explications de treize écoles. Cependant lorsque Rav Jéhuda ôtait un de ses souliers [95]) la pluie tombait de suite. Nous au contraire nous affligeons nos âmes et nous crions beaucoup; mais on ne fait pas attention à nous. L'autre lui répondit: ceux qui nous ont précédés exposaient leur vie pour la sainteté de Dieu; mais nous n'exposons pas la nôtre pour la même cause. Ainsi nous voyons que Rav Ada, fils d'Ahava, s'étant aperçu qu'une *Goia (non-juive)* était couverte d'un grand voile sur la place, et supposant qu'elle était une israélite, se leva et le lui déchira. Mais alors il se découvrit qu'elle était une *Goia*, et il fut condamné à payer 400 florins. Il lui dit: quel est ton nom?

---

92) C'est-à-dire: en portant sur les habits ces mélanges on viole la loi par une action défendue; tandis que lorsqu'on contracte l'impureté par l'enterrement d'un *mort de précepte* on cesse seulement de pratiquer la loi du Nazaréat pour exécuter une autre loi. Dans le premier cas nous sommes actifs, et passifs dans le second. Dans le second cas il y a collision de préceptes et il n'y en a pas dans le premier.

93) Le premier de ces deux cas se trouve *Tahoroth C. 2. M. 1.* et le second *Oketsin C. 2. M. 1.*

94) *Raschi:* Ces deux cas sont aussi difficiles pour moi s'écriait *Rav Jéhuda* que toutes les questions proposées par Rav et Samuel dans le reste du Talmud.

95) En se proposant de jeûner, de demander de la pluie.

Elle lui répondit: Mathon. Il reprit: Mathon, Mathon équivaut à 400 florins[96]).

Rav Ghidel avait coutume d'aller s'asseoir devant les portes du bain, et disait aux femmes: baigne-toi ainsi, baigne-toi ainsi. Sur quoi les rabbins lui dirent: Est-ce que Mar ne craint pas les effets du mauvais penchant? Il leur répondit: elles semblent à mes yeux comme des oies blanches[97]).

R. Johanan avait coutume d'aller s'asseoir aux portes du bain, et se disait: lorsque les filles d'Israël iront au bain et en reviendront, elles pourront me considérer et avoir des enfans aussi bien faits que moi. Sur quoi les rabbins lui dirent: est-ce que Mar ne craint pas les effets d'un mauvais oeil? Il leur répondit: Je descends de la semence de Joseph sur qui mauvais oeil ne pouvait rien; car il est écrit (Gen. XLIV, 22.): *Joseph est un rameau fertile, un rameau fertile près d'une fontaine* (עלי עין). Sur quoi R. Avhu dit: ne lisez pas עלי עין *(sur une fontaine)*, mais עולי עין *(l'emportant sur l'oeil mauvais)*. R. Jose, fils de R. Hanina, dit qu'on déduit ceci de cet autre passage (ib. XLVIII, 16.): *Et qu'ils croissent en nombre comme les poissons au milieu de la terre.* De même que les poissons de la mer sont couverts d'eaux, et que l'oeil malin ne peut rien sur eux, de même sur la semence de Joseph l'oeil malin n'a aucun pouvoir. Et si tu veux je peux dire: un oeil qui n'a pas voulu se repaître de ce qui ne lui appartenait pas[98]) n'a rien à craindre du pouvoir d'un oeil malin.

Mischna. Les femmes, les domestiques et les mineurs sont dispensés de la lecture du Chema et des Tephillin, mais ils sont tenus à la prière, à la Mezuza et à la bénédiction des mets.

F. 20. b.

Ghémara. De la lecture du Chema! Cela va sans

96) Jeu de mots entre le nom propre מתון et le nombre מאתן *deux cent*. Ce voile était trop précieux pour une Juive.

97) C'est-à-dire: elles ne me font aucune impression.

98) *Raschi:* abuser de la femme de son maître.

dire, car c'est un précepte affirmatif qui dépend du temps; et tout précepte affirmatif qui dépend du temps n'oblige pas les femmes. Mais comme tu pourrais dire *(les femmes sont obligées à lire le Chema)* parce qu'il contient le royaume des cieux, voilà pourquoi on nous fait entendre expressément *(qu'elles en sont dispensées)*. *Et des Tephillin!* Cela va sans dire. Mais comme tu pourrais penser que les *Tephillin* peuvent être comparés à la Mezuza [99]): voilà pourquoi on nous fait entendre expressément *(qu'elles en sont dispensées)*. *Et ils sont tenus à la prière!* Cela va sans dire, car eux aussi ont besoin de miséricorde, mais comme tu pourrais dire: puisqu'il est écrit là-dessus (Psau. LV, 18.): *Le soir, le matin et à midi* la prière est comme un précepte affirmatif qui dépend du temps *(et dont les femmes sont dispensées)*, voilà pourquoi on nous fait entendre expressément le contraire. *Et à la Mezuza!* Cela aussi va sans dire [100]). Mais comme tu pourrais dire que la *Mezuza* peut être comparée à l'étude de la loi [1]) voilà pourquoi on nous en parle expressément. *Et à la bénédiction des mets!* Il était inutile de le dire; mais comme tu pourrais penser, que puisqu'il est écrit (Exod. XVI, 12.): *Quand l'Eternel vous aura donné ce soir de la chair à manger, et que le matin il vous aura rassasiés de pain*, on pourrait regarder cela comme un précepte affirmatif qui dépend du temps: voilà pourquoi on l'énonce ici expressément.

Rav Ada, fils d'Ahava, dit: les femmes sont tenues à la

---

99) *Raschi:* comme il est écrit pour la *Mezuza* ainsi que pour les *Tephillin*, *tu les liras et tu les écriras* (Deut. VI, 8.) on pourrait dire: si les femmes sont obligées à la *Mezuza* elles doivent l'être aussi aux *Tephillin*.

100) C'est-a-dire: il était inutile de nous en avertir, car la Mezuza: ne dépend pas du temps.

1) *Raschi*: parce qu'il est écrit dans l'ordonnance de la *Mezuza*, *vous les enseignerez à vos enfans*, ce qui est relatif à l'étude de la loi. On pourrait donc dire comme les femmes sont dispensées d'étudier la loi parce qu'il est dit: *à vos garçons et non à vos filles*, elles peuvent être aussi dispensées de la Mezuza.

sanctification du jour du samedi [2]), ce qui est une ordonnance de la loi. Or, comment cela? si c'est un précepte affirmatif qui dépend du temps, et tout précepte affirmatif qui dépend du temps ne peut pas obliger les femmes? Avaï dit que c'est une ordonnance des rabbins; mais Rava lui répondit qu'ici il est dit expressément que c'est un précepte de la loi. Outre cela nous pourrions alors obliger les femmes à l'observance de tout autre précepte affirmatif aussi par l'autorité des rabbins (*ou en disant que les rabbins l'ordonnent*). Rava continue donc à observer que l'Ecriture dit à ce sujet (Exod. XX, 8. et Deut. V, 12.) זכור (*souviens-toi*) (Talm.: *fais en la commémoration*) et שמור (*garde-le*). Or, quiconque est tenu de garder (*le samedi*) est aussi tenu d'en faire la commémoration. Or, puisque les femmes sont tenues dans ce cas de le garder [3]) elles doivent être aussi tenues d'en faire la commémoration.

Ravina disait à Rava: que les femmes soient tenues à faire la bénédiction des mets par la loi ou par les rabbins, quel avantage pouvons-nous retirer (*de cette connaissance*) [4])? *Rép.:* Elle peut nous servir à tirer plusieurs de leur devoir [5]), car tout ira bien si tu dis que (*les femmes*) sont obligées (*à bénir*) par la loi, vu que celui qui est obligé par la loi peut seul tirer de son obligation un autre qui est également obligé par la loi. Mais si tu dis qu'elles ne

---

2) C'est-à-dire: de se trouver présentes à la sanctification du samedi qui se fait par la bénédiction du calice. Voy. Préface.

3) *Raschi:* car le mot *gardez* dénote qu'il s'agit ici d'un précepte négatif. Voy. Préface.

4) Il est dit dans la Bible (Deut. VIII, 10.): *tu mangeras donc et tu seras rassasié, et tu béniras l'Eternel ton Dieu, à cause du bon pays qu'il t'aura donné.* Or, d'après ces paroles on peut soutenir que les femmes sont et ne sont pas obligées à faire la bénédiction des mets. En effet, l'expression *tu mangeras et tu seras rassasié* contient un précepte affirmatif qui ne dépendant pas du temps, oblige les femmes; mais l'expression *le pays qu'il t'aura donné* paraît l'exclure de ce devoir, car le pays a été donné aux hommes et non aux femmes.

5) Car comme un seul peut bénir pour tous, ou délivrer tous les autres de l'obligation de bénir, les femmes aussi en pourraient faire autant en cas de besoin.

sont obligées que par une ordonnance des rabbins, alors elles ne partagent pas dans cette pratique légale le même genre d'obligation que les autres [6]), et quiconque ne partage pas la même obligation que les autres dans une pratique légale ne peut pas les remplacer dans l'exécution de leur devoir. A quoi donc se tenir là-dessus? *Rép.:* Viens et écoute [7]). Il est vrai qu'on a dit: le fils (qui n'a pas encore 13 ans) peut bénir pour son père, le domestique pour son maître, et la femme pour son mari; néanmoins les savans ont dit aussi: la malédiction viendra sur l'homme dont la femme et les enfans bénissent pour lui. Tout ira bien ici aussi (*observe Rava*), si tu dis que cette obligation est de la loi, car alors celui qui est obligé par la loi vient et délivre un autre qui est également obligé par la loi; mais si tu dis que c'est une ordonnance des rabbins, alors celui qui est obligé par les rabbins vient délivrer celui qui ne l'est que par la loi. Mais en voulant se tenir à ton explication [8]) (*continue Ravina*) est-ce que le mineur (*dont il s'agit ici*) pourrait contracter une obligation [9])? *Rép.:* Dans le cas dont nous sommes occupés on suppose qu'on ait mangé seulement selon la mesure des rabbins [10]), et alors vient celui qui est obligé par les rabbins, et délivre celui qui est obligé également par les rabbins.

Rav Avira faisant à ce sujet une exposition allégorique, disait tantôt au nom de Rav Ame, et tantôt au nom de R. Ase, que les anges du ministère dirent devant le

6) Car dans ce cas les femmes seraient obligées par les rabbins, et les hommes par la loi.

7) Viens donc et écoute, dit Ravina, une tradition qui prouve qu'il n'importe pas beaucoup de savoir si cette obligation vient aux femmes de la loi ou des rabbins.

8) Que c'est de la loi que cette obligation vient aux femmes et aux enfans.

9) Car on ne peut pas contracter une obligation de la loi avant l'âge de 13 ans, et cependant on vient de dire qu'un mineur peut bénir pour son père.

10) *Raschi:* La mesure de la loi est: *quand tu seras rassasié*, et celle des rabbins est selon R. Meïr la quantité d'une olive, et la quantité d'un oeuf selon R. Jéhuda.

Saint, béni soit-il: Seigneur du monde, il est écrit sur ton compte dans ta loi (Deut. X, 17.): *qui ne connaît d'acception pour personne* (לא ישא פנים), *et qui ne prend point de présens*, et cependant n'as-tu pas d'acception pour Israël, lorsque nous voyons qu'il est écrit (Nomb. VI, 26.): *l'Eternel élève sa face* (ישא פניו) *sur toi* (Talm.: *il a de l'acception pour toi*). Il leur répondit: Est-ce que je ne dois pas avoir de l'acception pour Israël pour qui j'ai écrit dans la loi (Deut. VIII, 10.): *Tu mangeras donc et tu seras rassasié, et tu béniras l'Eternel ton Dieu;* mais eux se sont soumis à une observance aussi stricte de ce commandement *(qu'ils me bénissent)* lors même qu'ils mangent la quantité d'une olive ou d'un oeuf.

Mischna IVe.

Celui qui s'est pollué [11]) médite (מהרהר) le *Chema* dans son coeur *(sans le prononcer)*, mais il ne bénit ni avant ni après [12]). Et quant aux mets il bénit seulement après [13]), mais il ne bénit pas avant [1]). R. Jéhuda dit qu'il doit bénir avant et après *(dans l'un et dans l'autre cas)*.

Ghémara.

Ravina dit: cette expression הרהר signifie, que méditer ou prononcer le *Chema* c'est parfaitement égal, car s'il te venait dans l'esprit de dire que le *méditer*, ce n'est pas la même chose que le *prononcer* à quoi servirait-il de le *méditer dans son coeur*? Cela prouve donc que la méditation équivaut à la prononciation. Qu'il le fasse donc sortir

---

11) בעל קרי *seminifluus*. Bartenora dit qu'il a été ordonné par Ezra qu'un pollué ne puisse lire dans la loi avant de se laver, afin que les Savans ne s'accoutument pas à s'occuper de la loi devant leurs femmes comme autant de coqs.

12) *Bartenora*: car les bénédictions qui sont avant et après le *Chema* ne sont pas un précepte de la loi.

13) *Maimonides*: parce que la bénédiction après le mets est un précepte de la loi (Deut. VIII, 10.) comme la lecture du *Chema*.

14) *Bartenora*: parce que ce n'est pas la loi qui l'oblige à cela.

de ses lèvres[15]). *Rép.:* Il doit faire comme nous trouvons que l'on a pratiqué au pied du mont Sinaï[16]). Mais Rav Hasda dit: *méditer* n'est pas la même chose que *prononcer;* car s'il te venait dans l'esprit que la méditation équivaut à la prononciation *(on pourrait permettre au pollué)* de faire sortir le *Chema* de ses lèvres. Cependant si *méditer* n'est pas la même chose que *prononcer* à quoi bon dit-on *(dans la Mischna que le pollué)* doit méditer le *Chema?* Sur quoi R. Eliéser répond que c'est afin qu'au moment où tout le monde est occupé à réciter le *Chema*, lui seul ne reste pas assis sans s'en occuper du tout. Mais il pourrait lire une autre section de la loi. Sur quoi Rav Ada, fils d'Ahava, répond qu'il doit s'occuper d'une chose dont s'occupe toute la commune. Mais voilà que la prière aussi est une chose dont toute la commune s'occupe, et ce- *F. 21. a.* pendant nous avons appris: si quelqu'un prie et se souvient qu'il est pollué il ne doit pas cesser, mais seulement abréger[17]). La raison qu'il ne doit pas interrompre est qu'il a déjà commencé *(à prier)*, mais s'il n'avait pas commencé il ne devrait pas prier du tout. *Rép.:* C'est une autre chose pour la prière où il n'y a pas le royaume du ciel. Mais voilà qu'aussi dans la bénédiction après les mets il n'y a pas le royaume du ciel, et cependant nous avons appris: sur les mets il doit bénir après, et ne doit pas bénir avant. *Rép.:* La lecture du *Chema* et la bénédiction des mets ont été commandées par la loi, mais la prière a été instituée par les rabbins.

Rav Jéhuda dit: d'où savons-nous que la bénédiction après les mets est de la loi? De ce qu'il est dit (Deut. VIII, 10.): *Et tu mangeras et tu seras rassasié et tu béniras.* Et d'où savons-nous que la bénédiction avant la

---

15) Le pollué pourrait donc prononcer le *Chema*, si le prononcer ou le méditer dans le coeur est parfaitement la même chose.

16) *Raschi* et *Tosepheth:* où on s'est abstenu des femmes, et on s'est baigné en écoutant les paroles de la loi et non en les prononçant (Exod. XIX; 14. 15.).

17) *Raschi:* réciter en peu de mots le contenu de chacune des 18 bénédictions.

loi est également de la loi? De ce qu'il est dit (ib. XXXII, 3.): *car j'invoquerais le nom de l'Eternel*[18]. *Attribuez la grandeur à notre Seigneur*[19]. R. Johanan dit: nous apprenons qu'il faut faire une bénédiction après la loi de ce qu'on la fait aussi après les mets, par l'argument *a minori ad majus*, et qu'il faut faire aussi une bénédiction avant les mets *(nous le déduisons également) a minori ad majus* de la bénédiction que l'on fait avant de s'occuper de la loi. La bénédiction après la loi, nous la déduisons en raisonnant ainsi *a minori ad majus* de la bénédiction que l'on fait après les mets: si les mets qui ne sont pas chargés d'une bénédiction avant[20] sont chargés d'une bénédiction après, n'est-il pas juste que la loi qui est chargée d'une bénédiction avant, soit aussi chargée d'une bénédiction après? Et quant à la bénédiction avant les mets nous la déduisons ainsi *a majori ad minus* de la bénédiction *(que l'on fait avant)* la loi. Si la loi qui n'est pas chargée d'une bénédiction après est cependant chargée d'une bénédiction avant, n'est-il pas juste que les mets qui sont chargés d'une bénédiction après soient aussi chargés d'une bénédiction avant? Mais il y a ici des objections à faire[21]. Quelle ressemblance y a-t-il entre les mets qui contiennent une jouissance *(de ce monde)*, et la loi qui contient la vie du monde à venir[22]? On nous enseigne en outre que sur les mets on bénit après et on ne bénit pas avant. Objection à laquelle on n'a pas encore répondu[23].

Rav Jéhuda dit: celui qui est en doute s'il a ou n'a pas fait la lecture du *Chema* n'est pas obligé de la lire; mais

---

18) *Raschi*: Moïse dit par ces paroles: avant de commencer mon cantique, je ferai la bénédiction de la loi.

19) *Raschi:* Moïse dit par ces paroles aux Israélites qu'il leur fallait répondre *Amen*.

20) *Rascchi:* si nous ne trouvons un verset de la Bible qui ordonne exprès cette bénédiction.

21) איכא לְמפרך *est objiciendum, quaeri potest contra illud.*

22) On ne peut donc conclure des mets à la loi et *vice-versa*.

23) תיובתא vel תיובתיה תיובתא *quaestio ejus manet quaestio, vel si nondum est satisfactum.*

celui qui doute s'il a dit *Emeth vejatsiv* est tenu de le répéter. Quelle en est la raison? Que la lecture du *Chema* est des rabbins et l'*Emeth vejatsiv* de la loi[24]). Rav Joseph objecte ici qu'il est écrit (Deut. VI, 7.): *quand tu te coucheras et tu te leveras, etc.* Mais R. Avaï lui répond que ce verset ne concerne que l'étude de la loi. Cependant notre Mischna nous dit: *le pollué médite le Chema dans son coeur, mais il ne bénit pas avant ni après, etc.*[25]). Or, s'il te vient dans l'eprit de soutenir que l'*Emeth vejatsiv* est un précepte de la loi, il le devrait dire après le *Chema*. Mais pourquoi devrait-il le dire nécessairement? Si c'est à cause de la sortie d'Egypte, on en trouve déjà une commémoration dans la lecture du *Chema*. Qu'il dise donc l'*Emeth vejatsiv*, et il n'aura pas besoin de dire le *Chema*. *Rép.:* La lecture du *Chema* est préférable parce qu'elle contient deux choses[26]). Cependant R. Eléazar dit: celui qui doute s'il a fait ou non la lecture du *Chema* doit la répéter, et celui qui doute s'il a récité ou non la prière ne doit pas la répéter. Mais R. Johanan disait: plût à Dieu que l'homme passât en prière la journée toute entière.

R. Jéhuda disait encore avoir entendu dire à Samuel: si quelqu'un étant en prière se ressouvient d'avoir prié il peut cesser, quand même il serait au milieu d'une bénédiction; mais ce n'est pas ainsi, car Rav Nahman dit: lorsque nous étions dans la maison de Rabba, fils d'Avua, nous lui adressâmes cette question: ces fils d'un Rav *(ces écoliers)* qui s'étant trompés se souviennent qu'ils récitent le samedi la prière d'un jour ouvrier, doivent-ils la finir? Il nous répondit: qu'ils doivent finir toute la bénédiction *(où ils s'aperçoivent de l'erreur)*. *Rép.:* Il en est ainsi dans ce dernier cas parce que l'homme est encore obligé *(de prier)*

---

24) *Raschi:* car on y fait la commémoration de la sortie d'Egypte qui est commandée par la loi (Deut. XVI, 3.).

25) C'est-à-dire: il ne récite pas l'*Emeth vejatsiv* qui suit le *Chema* Or, comment la Mischna dirait cela si cette bénédiction était un précepte de la loi?

26) *Raschi:* savoir la commémoration de la sortie d'Egypte et le royaume du ciel.

et si les rabbins n'ont pas voulu le surcharger *(en exigeant qu'il finisse toute la prière)* ce n'est que pour l'honneur du samedi. Mais dans le premier il a déjà prié[27]).

Rav Jéhuda disait enfin avoir entendu dire à Samuel: si quelqu'un qui a déjà prié, entre dans une Synagogue et trouve l'assemblée en prière, s'il est en état d'ajouter *(à ses prières)* quelque chose de nouveau, il peut prier encore une fois, autrement il ne doit pas prier encore une fois. Et cette dernière sentence était aussi nécessaire *(que la précédente)*, car s'il nous avait fait entendre seulement la première on aurait pu croire qu'il s'agit ici d'un individu, F. 21. b. et d'un individu ou d'une assemblée et d'une assemblée[28]). Mais un individu qui *(après avoir prié)* entre dans une assemblée pourrait être envisagé comme un homme qui n'a pas prié du tout, et c'est pour cette raison qu'il nous fait entendre *(la seconde sentence)*; et si au contraire il nous avait fait entendre seulement la seconde on aurait pu penser qu'ici *(il ne doit pas prier)* parce qu'il n'a pas commencé avec l'assemblée; mais que là *(il doit prier)* parce qu'il a déjà commencé, voilà pourquoi il lui était nécessaire[29]) de dire (la première sentence).

Rav Hunna dit: celui qui entre dans une Synagogue et trouve l'assemblée en prière, s'il peut commencer et finir avant que le chantre de la Synagogue parvienne à la prière intitulée מודים (*Modim*)[30]) il prie *(avec l'assemblée)*

---

27) Dans le premier cas on parle d'un homme qui se trompe lorsqu'il a déjà fait sa prière journalière, et dans le second d'un homme qui est toujours en devoir de la faire בר חיובא. Au reste dans le Talmud de Jérusalem (Berac. 12. a.) on fait la question si l'action de coucher avec une vierge viole le repos du samedi.

28) C'est-à-dire: que l'homme dont il s'agit ici était seul et lorsqu'il a prié et lorsquil se souvient d'avoir prié, ou que dans l'un et dans l'autre cas il se trouvait dans une commune. Or, il est a remarquer que seulement la prière que l'on fait dans la commune mérite, à rigoureusement parler, ce nom.

29) לא צריכא *non necessarium nisi;* il n'était nécessaire qu'à cette condition. La particule לא est ici *affirmative.*

30) *Raschi:* afin qu'il fasse avec l'asssemblée la révérence qui doit se faire en disant cette prière qui est la 17e des 18 bénédictions.

autrement il ne prie pas. Mais R. Joschua, fils de Lévi, dit: s'il peut commencer et finir avant que le chantre de la Synagogue parvienne à la קדושה (Kedoucha)[31] il peut prier, autrement il ne doit pas prier. En quoi donc diffèrent-ils? En ce qu'un docteur pense qu'un individu peut dire seul la *Kedoucha*, et l'autre docteur pense qu'il ne peut pas la dire, et c'est dans le même sens que dit Rav Ada, fils d'Ahava: d'où savons-nous qu'un individu ne peut pas dire seul la *Kedoucha*? De ce qu'il est dit (Lév. XXII, 32.): *car je serai sanctifié* (נקדשתי) *au milieu des enfans d'Israël.* Or, pour chaque chose où il y a *sanctification* (קדושה) on ne peut pas être moins de dix. Mais d'où déduit-il ceci? De ce que Ravanaï, frère de R. Hija, fils d'Ava, nous apprend qu'il faut le conclure de תוך, תוך (*milieu, milieu*), vu qu'il est écrit ici: *car je serai sanctifié* au milieu (בתוך) des enfans d'Israël, et qu'il est aussi écrit ailleurs (Nomb. XVI, 21.): *Séparez vous du milieu* (מתוך) *de cette assemblée.* De même donc que dans ce dernier passage, on parle de dix personnes, ainsi on parle de dix personnes dans le premier. Tout le monde est cependant d'accord que l'individu qui prie, ne s'interrompt pas[32]. Mais on fit cette question: Est-ce qu'il ne doit pas non plus s'interrompre aux paroles: *que son grand nom soit béni?* Lorsque R. Dimi survint, il répondit ainsi: R. Jéhuda et R. Siméon disent que les écoliers de R. Johanan soutenaient qu'on ne s'interrompt jamais, excepté aux paroles: *que son grand nom soit béni;* paroles qui obligent à s'interrompre même celui qui est occupé dans le מעשה מרכבה (*l'ouvrage du char*)[33]. Cependant l'Halaca n'est pas selon son avis.

Mischna. R. Jéhuda dit qu'il doit bénir avant (*le Chema et les mets*).

---

31) Afin qu'il dise avec l'assemblée *Kadosch* (*Saint*) trois fois comme il est prescrit à la fin de la *Kedoucha* qui est la 3e des 18 bénédictions.

32) *Raschi:* pour répondre à la *Kedouscha* ou pour s'incliner au *Modim* en cas qu'il n'ait pas rattrapé l'assemblée dans la prière.

33) Ce passage prouve que le Talmud préfère la Cabale à la prière.

Ghémara. Devrons-nous dire que R. Jéhuda est d'avis que le pollué peut s'occuper dans les paroles de la loi? Cependant R. Josua, fils de Lévi, dit: d'où sait-on qu'il est interdit au pollué de s'occuper dans les paroles de la loi? De ce qu'il est dit (Deut. IV, 9.): *Et que tu les fasses connaître à tes enfans et aux enfans de tes enfans*, et de ce qu'il suit immédiatement après (ib. vs. 10.): *le jour que tu te tins devant l'Eternel en Horeb, etc.* Or, de même que plus bas (vs. 10.) il y avait une défense qui concernait les pollués, de même plus haut (vs. 9.) il y a une défense qui concerne les pollués. Diras-tu que R. Jéhuda n'est pas accoutumé d'expliquer le rapprochement des versets? Cependant Rav Jose dit: même celui qui n'explique pas le rapprochement des versets dans toute la loi, dans la répétition de la loi (*Deuteronome*) les explique; car voici R. Jéhuda qui ne rend pas raison du rapprochement des versets de la loi toute entière, il en rend cependant raison dans la répétition de la loi. Et d'où savons-nous qu'il n'en rend pas raison dans la loi toute entière? De cette Baraïtha qui porte: Le fils d'Azaï dit: il est dit (Exod. XXII, 18.): *Tu ne laisseras point vivre la sorcière*, et il suit (ib. vs. 19.): *quiconque couche avec une bête sera puni de mort.* Ces deux versets sont rapprochés l'un de l'autre, c'est pourquoi ils s'expliquent ainsi: Comme celui qui couche avec une bête doit être lapidé, de même la sorcière doit être lapidée. Sur quoi R. Jéhuda lui dit: Est-ce à cause du sens que peut avoir le rapprochement de ces deux versets que nous devons conclure que la sorcière doit être lapidée? N'avons-nous pas le *python* et le *devin* (Lév. XX, 27.) qui sont compris dans le genre des sorciers? Pourquoi le verset ne parle-t-il que d'eux? C'est afin que tu compares (*le reste*) les sorciers à eux et que tu dises: de même que le python et le devin sont soumis à la lapidation, de même la sorcière doit être lapidée [34]). Mais d'où savons-nous que

---

34) Il paraît par là que R. Jéhuda n'en vient pas à cette conclusion par le rapprochement des versets, mais par un des *treize modes d'argumentation* qui apprend à conclure de *l'espèce* au *genre*. Voy. la Préface.

dans la *répétition de la loi* (*R. Jéhuda*) explique le rapprochement des versets? De cette *Baraïtha:* R. Eliéser dit: l'homme peut épouser une femme violée ou séduite par son père, et une femme violée ou séduite par son fils; mais R. Jéhuda défend (*de se marier*) avec une femme violée ou séduite par son père, et R. Ghiddel dit au nom de Rav: quelle est la raison de R. Jéhuda? C'est qu'il est écrit (Deut. XXIII, 1.): *nul ne prendra la femme de son père, ni ne découvrira le pan de la robe de son père,* c'est-à-dire, il ne doit pas découvrir le pan de la robe d'une femme qu'a vue son père. Et d'où savons-nous qu'il s'agit ici d'une femme violée par son père? De ce qu'il est écrit immédiatement avant (ib. XXII, 30.): *l'homme qui aura couché avec elle donnera, etc.*[35]). On lui répondit: que ce n'est pas que R. Jéhuda rende raison du rapprochement des versets dans la répétition de la loi (Deut. IV, 9.), mais que ce rapprochement lui était nécessaire pour l'opinion de R. Josua, fils de Lévi, car R. Josua, fils de Lévi, dit: quiconque apprend à son fils la loi, l'Ecriture lui compte cela comme si lui-même l'avait reçue sur le mont Horeb; car il est dit (Deut. IV, 9.): *Et tu les feras connaître à tes enfans et aux enfans de tes enfans,* et il est aussi écrit immédiatement après (ib. vs. 10.): *le jour que tu te tins devant l'Eternel ton Dieu en Horeb.*

Nous avons appris dans la *Mischna:* celui qui ayant un flux voit une pollution, et la femme qui ayant ses règles, rend la semence maritale, celle aussi qui dans l'acte conjugal aura vu le sang, ont besoin de bain[36]). Mais R. Jéhuda les en délivre. Jusqu'ici R. Jéhuda ne délivre que celui qui ayant déjà un flux a vu une pollution parce que

---

35) Où il est question d'une violée. Il paraît donc par là que R. Jéhuda fait attention au rapprochement des versets dans le Deuteronome.

36) Car ils ont deux espèces d'impureté légale, l'une plus grave (Lév. XV.) et l'autre moins grave, et la seconde revient à la pollution, pour laquelle Ezras a établi le bain en faveur de l'homme qui veut lire dans la loi, et de la femme qui veut prier. Nous demandons pardon aux Lecteurs des détails inconvenans dans lesquels nous sommes obligés d'entrer malgré nous. Cette Mischna et la 6e de cette section.

dans l'origine il n'est pas obligé de prendre le bain d'Ezras[37]. Mais il oblige de le prendre celui qui est seulement pollué. Et si tu voulais dire que cela vaut aussi pour celui qui est seulement pollué, c'est-à-dire, que R. Jéhuda délivre du bain lui aussi, et que la différence d'avis sur celui qui ayant un flux a vu une pollution ne sert qu'à faire connaître la force *(la rigueur)* des rabbins, je te dirai alors: *(que penses-tu)* de la *Sepha (qui porte): celle qui dans l'acte marital a vu du sang a besoin de se baigner?* D'après qui enseigne-t-on cela? Dirons-nous que c'est d'après les rabbins? Mais cela irait ici sans dire, attendu que celui qui ayant un flux a vu une pollution n'est pas obligé dans l'origine de prendre le bain d'Ezras, et cependant les rabbins l'y ont obligé, d'autant plus la femme qui dans l'acte conjugal a vu du sang, et qui par là est dans l'origine obligée de prendre un bain[38]. Cela est donc enseigné d'après F. 22. *a.* R. Jéhuda qui dit expressément: la femme qui dans l'acte conjugal voit ses règles n'a pas besoin du bain d'Ezras; mais celui qui est seulement pollué en a besoin.

On ne devait pas dire dans notre Mischna מברך *(il bénit)*, mais מהרהר *(il médite)*. Selon R. Jéhuda l'expression מהרהר peut-elle avoir lieu? Cependant une Baraïtha porte: le pollué qui n'a pas d'eau pour se baigner, peut faire la lecture du *Chema*, mais il ne bénit ni avant ni après, et mange son pain et bénit après *(l'avoir mangé)*, et ne bénit pas avant, mais il médite (מהרהר) *(la bénédiction)* dans son coeur sans la faire sortir de ses lèvres: paroles de R. Meïr. R. Jéhuda dit: tant dans ce cas que dans l'autre il l'a fait sortir de ses lèvres[39]. Sur quoi Rav Nahman, fils d'Isaac, dit: R. Jéhuda envisage ces bénédictions

37) Car il y a une autre espèce d'impureté plus grave que le bain d'Ezras ne peut pas faire cesser.

38) *Raschi:* car la pollution précède dans ce cas le sang des règles, et la femme est obligée de se baigner pour la première impureté et après pour la seconde; tandis que pour celui qui avait un flux avant la pollution vaut précisément le contraire.

39) Ce qui prouve que selon R. Jéhuda l'expression מהרהר ne peut pas avoir lieu.

comme les Halacas de la manière dont il faut se conduire dans le monde (דרך ארץ) [40]), car la Baraïtha porte: il est écrit (Deut. IV, 9.): *Et tu les feras connaître à tes enfans et aux enfans de tes enfans;* et il est aussi écrit immédiatement après (vs. 10.): *le jour que tu te tins devant l'Eternel ton Dieu en Horeb.* Or, de même *(qu'on se tint en Horeb)* avec terreur, avec crainte, avec consternation et en tremblant (Exod. XX.), de même *(il faut étudier la loi)* avec terreur, avec crainte, avec consternation et en tremblant, d'où on a déduit que ceux qui ont un flux, les lépreux et ceux qui couchent avec leurs femmes rendues impures par les règles peuvent lire la loi, les prophètes, les hagiographes et étudier la Mischna, le Talmud, les Halacas et les Agadas, et que les pollués ne le peuvent pas [41]). R. Jose dit qu'ils peuvent répéter les choses qui leur sont familières [42]) à condition qu'ils ne tâchent pas d'appuyer les paroles de la Mischna *(par des citations de la Bible)* [43]). R. Jonathan, fils de Joseph, dit qu'ils peuvent bien le faire dans la Mischna, mais qu'ils ne doivent pas le faire dans le Talmud. R. Nathan, fils d'Avichalon, dit qu'ils peuvent faire cela même dans le Talmud, seulement ils doivent se garder de prononcer le nom de Dieu, qui se rencontre dans ces citations. R. Johanan Sandelar, disciple de R. Akiva, dit au nom du même R. Akiva, qu'ils ne doivent s'immiscer dans aucune explication, et d'autres disent qu'ils ne doivent entrer sous aucun prétexte dans une école. R. Jéhuda dit qu'ils peuvent enseigner *(ou répéter)* les Halacas de la manière de se conduire dans le monde. Il arriva que R. Jéhuda ayant souffert une pollution, marchait sur les bords d'un fleuve, et que ses disciples lui dirent: apprends-nous, notre maître, une section dans

---

40) Car un pollué peut étudier ces Halacas sans faire usage du bain d'Ezras.

41) *Raschi*: car les premiers sont en état de lire la loi avec crainte et respect, mais les seconds sont soupçonnés d'y apporter trop de légèreté d'esprit.

42) *Raschi:* parce qu'elles ne demandent pas trop d'attention.

43) Car il lui est défendu de lire dans la Bible.

les Halacas sur la manière de se conduire dans le monde. Il descendit *(dans le fleuve)*, se baigna et la leur apprit. Il lui dirent: mais ce n'est pas ainsi, que selon ce que tu as bien voulu nous apprendre, doit se conduire celui qui enseigne les Halacas sur la manière de se conduire dans le monde. Il leur dit: quoique je tâche d'être facile pour les autres je suis toujours difficile pour moi-même.

Baraïtha. R. Jéhuda, fils de Bethira, était accoutumé de dire: les paroles de la loi ne contractent pas d'impureté [44]). Il arriva qu'un disciple (pollué) parlait tout bas en présence de R. Jéhuda, fils de Bethira. Il lui dit: mon fils, ouvre ta bouche, et que tes paroles luisent *(se fassent entendre)*, car les paroles de la loi ne contractent pas d'impureté, selon ce qui a été dit (Jér. XXIII, 29.): *ma parole n'est-elle pas comme un feu? dit l'Eternel.* Or, de même que le feu ne contracte pas d'impureté, de même les paroles de la loi ne la contractent pas non plus.

Mar vient de dire qu'un pollué peut éclaircir la Mischna, mais qu'il ne peut pas éclaircir le Talmud *(par des citations de la Bible)* ce qui vient à l'appui de l'opinion de R. Elaï; car R. Elaï dit que Rav Aha, fils de Jacob, disait au nom de *notre Rav* [45]) que l'Halaca est qu'il peut bien éclaircir ainsi la Mischna, mais qu'il ne peut pas éclaircir le Talmud selon une Baraïtha qui porte: il peut éclaircir la Mischna, mais il ne peut pas éclaircir le Talmud; paroles de R. Meïr. R. Jéhuda, fils de Gamaliel, dit au nom de R. Hanina, fils de Gamaliel, que l'une et l'autre choses sont défendues, et selon d'autres que l'une et l'autre choses sont permises. Celui qui dit que l'une et l'autre choses sont défendues est du même avis que R. Johanan Sandelar, et celui qui dit que l'une et l'autre choses sont permises est du même avis que R. Jéhuda, fils de Bethira. Sur quoi R. Nahman, fils d'Isaac, dit: le monde est accoutumé de se conformer à l'avis de ces trois vieillards [46]). Savoir, à l'a-

---

44) C'est-à-dire: elles ne peuvent pas être contaminées par le pollué.

45) רבי' נ' *notre Rabbi ou notre Rav.*

46) *Raschi:* parce qu'ils facilitent.

vis de R. Elaï dans le prémices de la toison, à celui de R. Jochia dans les mélanges (*défendus par la loi*), et à l'avis de R. Jéhuda, fils de Bethira, dans l'étude de la loi. *A l'avis de R. Elaï dans les prémices de la toison*, car la Baraïtha porte: R. Elaï dit: n'est-ce pas que l'on est en usage de donner les prémices de la toison seulement dans la terre de Palestine? *A l'avis de R. Jochia dans les mélanges* selon ce qui est écrit (Deut. XXII, 9.): *Tu ne semeras point dans ta vigne diverses sortes de grains.* R. Jochia dit: l'homme ne manque pas à cette loi qu'il n'ait semé du froment, de l'orge et des pepins, en les jetant (*sur la terre*) dans la même poignée. *A l'avis de R. Jéhuda, fils de Bethira, dans l'étude de la loi* selon la *Baraïtha* qui porte: R. Jéhuda, fils de Bethira, dit: les paroles de la loi ne contractent pas d'impureté. Zeïra étant survenu dit que le bain d'Ezras avait été aboli, et d'autres rapportent qu'il dit qu'on avait aboli l'usage de se laver les mains[47]). Celui qui dit cela de l'abolition du bain est du même avis que R. Jéhuda, fils de Bethira, et celui qui dit cela de l'abolition du lavement des mains, pense comme Rav Hasda qui maudit celui qui était retourné à la maison pour se procurer de l'eau dans le temps de la prière.

Les rabbins ont appris qu'un pollué sur lequel on verse neuf Cabs d'eau devient pur. Nahum Isch Gamza dit cela en secret à R. Akiva, et R. Akiva le répéta aussi en secret au fils d'Azaï, mais le fils d'Azaï sortit et l'enseigna publiquement à ses disciples. Sur quoi il y a une disparité d'avis entre deux Amoraïm d'Occident, R. Jose, fils d'Avin, et R. Jose, fils de Zavida. L'un soutient que le fils d'Azaï l'enseigna publiquement, et l'autre soutient qu'il l'enseigna en secret. Celui qui soutient qu'il l'a enseigné publiquement le fait à cause de la négligence de l'étude de la loi et de la pratique du précepte: *croissez et multipliez*[48]), et celui qui soutient qu'il l'a enseigné en secret,

---

47) C'est-à-dire: l'usage de faire laver les mains au pollué avant de lire la loi.

48) *Raschi:* car le pollué est souvent contraint de s'abstenir d'étu-

le fait afin que les disciples des savans ne se trouvent pas auprès de leurs femmes comme les coqs [49]). R. Janaï dit: j'ai entendu que plusieurs se montraient très-rigoureux à ce sujet, et j'ai entendu que d'autres traitaient cette chose très-légèrement, mais quiconque s'y montre très-rigoureux lorsqu'il s'agit de lui-même, ses jours et ses années seront prolongés.

R. Josua, fils de Lévi, dit: quel est l'avantage des pollués qui se baignent le matin? Quel est l'avantage! N'est-ce pas lui-même qui dit ci-dessus qu'il est défendu à un pollué de lire dans la loi? Il veut donc dire: quel est l'avantage de ce pollué qui se baigne avec 40 Seas d'eau lorsqu'il suffirait de le faire avec 9 Cabs, ou quel est l'avantage des pollués qui se baignent lorsqu'ils pourraient seulement se faire jeter de l'eau sur son corps [50]). Sur quoi R. Hanina dit: on a fait là-dessus une haie bien compacte, car la Baraïtha porte le fait suivant: un pollué ayant sollicité une femme à commettre un grand péché elle lui dit: *Reca* (*stupide*) as-tu 40 Seas d'eau pour pouvoir t'y baigner avant! Alors le pollué se retira de suite. Rav Hunna disait à quelques rabbins: mes précepteurs, pourquoi faites-vous si peu de cas de ce bain (*des pollués*)? Est-ce à cause du froid? Mais on peut se baigner aussi dans des eaux chaudes [51]). Rav Hasda lui dit: est-ce un bain qu'un bain chaud? Rav Ada, fils d'Ahava, lui dit: je suis de ton avis. R. Zira restant assis dans un bassin d'eau dans un bain disait à son domestique: va et apporte moi neuf Cabs d'eau, et verse-les sur moi. R. Hija, fils d'Abba, lui dit: à quoi bon pour un docteur (*pour vous*) tout ceci, une fois que le docteur est assis au milieu de l'eau? Il lui dit: (*Il en est de 9 Cabs*) comme de 40 Seas; de même que

---

dier la loi et de coucher avec sa femme à cause qu'il manque d'eau pour se baigner.

49) C'est-à-dire: trop souvent.

50) C'est-à-dire: se faire jeter 9 Cabs d'eau sur le corps au lieu de se baigner dans 40 *Seas*.

51) Sur tout pour les rabbins qui, selon *Raschi*, doivent tous être envisagés comme autant de malades.

les 40 Seas sont destinés pour le bain et non pour être versés sur le corps, de même les 9 Cabs sont destinés pour être versés sur le corps et non pour le bain. Rav Nahman a établi qu' (*il faut verser sur le corps*) une cruche de 9 Cabs. Rav Dimi étant survenu dit que R. Akiva et R. Jéhuda Ghelostra (גלוסטרא lat.) disaient que l'on a enseigné cela[52]) seulement pour un malade qui s'est pollué malgré lui-même, mais que pour un malade qui est habitué à se polluer[53]) il faut 40 Seas. Sur quoi R. Joseph dit: la cruche de R. Nahman est cassée[54]). Mais Ravin étant survenu dit: que ce cas s'était passé à Uscha dans F. 22. b. le portique de R. Uchaïa, et que l'on vint interroger là-dessus Rav Ase qui dit: on n'a enseigné (*qu'il faut se baigner*) que pour un malade qui est habitué à se polluer, mais un malade qui souffre une pollution malgré lui est entièrement dispensé (*de se baigner*). Sur quoi R. Joseph dit: la cruche de Rav Nahman est donc réparée.

Puisque tous les *Amoraïm* et les *Tanaïm* sont en dispute sur le bain d'Ezras, voyons un peu comment Ezras l'a institué. Abaï dit qu'Ezras a ordonné, pour un homme sain qui est habitué à se polluer, 40 Seas d'eau, et pour un homme qui se pollue malgré lui 9 Cabs. Mais les *Amoraïm* sont venus et se sont partagés d'opinion relativement à un malade: un docteur était d'avis qu'un malade habitué aux pollutions, est comme un homme sain également habitué à se polluer, et qu'un malade qui souffre une pollution malgré lui, est comme un homme sain qui souffre une pollution malgré lui; et un autre docteur était d'avis, qu'un malade habitué à se polluer est comme un homme sain qui a une pollution malgré lui-même, et qu'un malade qui a souffert une pollution malgré lui, est entièrement dispensé (*de se baigner*). Rava dit: supposons qu'Ezras ait insti-

---

52) *Raschi:* qu'il suffit de verser sur le corps d'un pollué 9 Cabs d'eau.

53) *Raschi:* qui dort habituellement avec sa femme et qui par là est cause de la pollution.

54) *Raschi:* c'est-à-dire, le cas d'un malade pollué malgré lui dont parle R. Nathan est impossible.

tué le bain; mais a-t-il aussi ordonné de verser de l'eau sur le corps? Cependant Mar a dit, qu' Ezras a institué le bain pour les pollués. *Rép.:* Rava a voulu dire qu' Ezras a institué le bain pour un homme sain qui est habitué à se polluer, consistant en 40 Seas d'eau, et que les rabbins sont venus et ont établi que, pour un homme sain qui a une pollution malgré lui, il faut 9 *Cabs*, et qu'enfin sont venus les *Amoraïm* et se sont partagés d'avis relativement à un malade; de sorte que l'un opinait que le malade qui est habitué à se polluer, est comme un homme sain qui est aussi habitué à se polluer, et qu'un malade qui a une pollution malgré lui, est comme un homme sain qui a également une pollution malgré lui; et l'autre opinait, que pour un homme sain qui est habitué à se polluer, il faut 40 *Seas* tandis que pour un malade habitué à se polluer, et pour un homme sain qui a une pollution malgré lui, il en faut 9 *Cabs;* mais qu'un malade qui a une pollution malgré lui, est entièrement libre. Rava dit: l'Halaca est qu'un homme sain qui est habitué à se polluer, et un malade qui est également habitué à se polluer, ont besoin de 40 Seas, et qu'un homme sain qui a une pollution malgré lui, a besoin de 9 Cabs; mais que le malade qui a une pollution malgré lui, est entièrement libre.

Les rabbins ont appris qu'un pollué sur lequel on verse 9 Cabs d'eau est pur. Dans quel sens ces paroles ont-elles été prononcées? Dans le sens que cela a lieu pour soi-même, mais lorsqu'il s'agit des autres, il faut 40 Seas [55]). R. Jéhuda dit qu'il faut 40 Seas dans tous les lieux *(cas)*. R. Johanan et R. Josua, fils de Lévi *(d'un côté)*, et R. Eliéser et R. Jose, fils de Hanina, de l'autre [56]) un de cette paire, et un de l'autre disputent sur la *Recha* de cette tradition qui porte: *Dans quel sens ont été prononcées ces*

55) *Raschi:* lorsque le pollué lui-même veut étudier dans la loi, il doit verser sur son corps 9 Cabs d'eau, mais lorsqu'il veut instruire les autres, il doit se baigner avec 40 Seas d'eau.

56) Lorsqu'on cite deux à deux les rabbins dans le Talmud comme dans ce passage, on le fait pour indiquer qu'ils sont partagés d'avis entr'eux sur un même point de doctrine.

paroles? Dans le sens que cela ait lieu pour soi-même; mais que lorsqu'il s'agit des autres, il faut 40 *Seas.* L'un dit, que les rabbins n'ont appris cela que d'un malade qui est habitué à se polluer, mais que pour un malade qui a une pollution malgré lui, il faut 9 Cabs, et l'autre dit, que lorsqu'il s'agit des autres, il faut toujours que même le malade qui a une pollution malgré lui, attende jusqu'à ce qu'il ait 40 *Seas.* De nouveau un d'une paire et l'autre de l'autre disputent sur la *Sepha* de cette même tradition, car l'un dit que ces paroles de Rav Jéhuda 40 *Seas dans tous les lieux* n'ont été dites que pour *(un bain pris)* dans de la terre [57]) et non dans des vases, et l'autre dit, que même *(pour un bain pris)* dans des vases. Nous convenons que celui qui dit: *même dans des vases* s'accorde parfaitement avec ce qu'enseigne R. Jéhuda en disant: 40 *Seas dans tous les lieux;* mais celui qui dit: *dans de la terre c'est bien, et dans les vases, ce n'est pas bien;* quelle conclusion tire-t-il des paroles: *dans tous les lieux?* Il en tire la conclusion qui vaut pour des eaux puisées [58]).

Rav Papa, Rav Hunna, fils de Rav Jehochua, et Rava, fils de Samuel, ont mangé du pain ensemble, et Rav Papa leur a dit: permettez que je fasse la bénédiction, car j'ai versé sur moi 9 Cabs d'eau; mais Rava, fils de Samuel, leur dit: nous avons une tradition qui porte: *pour qui ces paroles ont-elles été dites? Pour celui qui doit remplir son propre devoir, mais pour celui qui doit remplir le devoir des autres, il faut* 40 *Seas.* Permettez-moi donc de bénir moi qui ai versé sur moi 40 Seas. R. Hunna leur dit: mais il vaut mieux me permettre de bénir moi qui n'ai versé sur moi ni 9 *Cabs* ni 40 *Seas* [59]). Rav Hame avait coutume de se baigner seulement la veille de Pâque pour engager beaucoup d'autres à accomplir leur devoir [60]). Mais l'Halaca n'est pas selon lui [61]).

---

57) C'est à-dire: dans de l'eau entourée de terre.

58) C'est-à-dire: que les eaux puisées sont propres à s'y baigner si on les verse dans une fosse au lieu de les verser dans un vase.

59) *Raschi:* car moi je n'ai pas été pollué comme vous.

60) *Raschi:* en apprenant de lui les cérémonies de la Pâque.

61) *Raschi:* parce qu'il pouvait verser 9 Cabs d'eau sur lui, au

Mischna V^e^.

Celui qui étant en prière se souvient qu'il est pollué, ne cesse pas, mais il abrége *(les prières)*. Lorsqu'il est descendu dans le bain, s'il peut en sortir, puis se couvrir, puis lire le *Chema* avant que les premiers rayons du soleil paraissent, il sort, il se couvre et lit; autrement il se couvre dans les eaux [62]) et lit. Mais il ne se couvre pas dans des eaux fétides et dans des eaux qui ont servi à macérer, *(et il ne lit pas lorsqu'il a tout près de lui de l'urine)* [63]) jusqu'à ce qu'il y ait versé de l'eau pure. Et combien doit-il s'éloigner de l'urine et des excrémens? Quatre coudées.

Ghémara.

Les rabbins ont appris: celui qui est en prière et se souvient d'être pollué, ne cesse pas, mais il abrége; celui qui lit dans la loi, et se rappelle qu'il est pollué, ne cesse pas pour aller *(se baigner)*, mais il continue à lire en balbutiant [64]). R. Meïr dit: il n'est pas permis à un pollué de lire dans la loi plus de trois versets [65]). Une autre Baraïtha porte: celui qui étant en prière, voit des excrémens devant lui marche en avant jusqu'à ce qu'il les ait laissés derrière lui 4 coudées. Mais est-ce qu'il ne nous est pas dit dans la Baraïtha, qu'il doit aller d'un côté? *Rép.:* Cela ne constitue pas une contradiction; car *(il doit avancer)* lorsque cela lui est possible, et doit aller de côté, lorsqu'il lui est impossible de faire autrement [66]). Si celui qui prie

---

lieu de se baigner et que les paroles de la loi ne contractent pas d'impureté.

62) *Bartenora:* dans les eaux troublées afin que son coeur ne voie pas les parties honteuses.

63) C'est Maimonides qui propose de faire ici cette addition aux paroles de la Mischna.

64) *Raschi:* ou en lisant le plus vite possible.

65) *Raschi:* p. ex. lorsqu'il est dans la Synagogue où il n'est pas permis de lire moins de trois versets.

66) *Raschi:* comme p. ex. lorsque les excrémens se trouvent sur les bords d'un fleuve.

trouve des excrémens dans la place *(où il prie)*, Rabba soutient que, quoiqu'il ait péché, cependant sa prière est toujours valable. Mais Rava lui fait cette objection: N'est-il pas dit (Prov. XXI, 27.): *le sacrifice* (Talm.: *la prière) des impies est une abomination?* Puisque dit le même Rava, il a péché malgré qu'il ait prié, sa prière ne peut être qu'une abomination [67]).

Les rabbins ont appris: si quelqu'un est en prière et que les eaux *(l'urine)* lui dégouttent sur les genoux, il doit s'interrompre jusqu'à ce que les eaux cessent, et recommencer après sa prière. D'où doit-il recommencer? Rav Hasda et Rav Hamenuna *(se partagent d'avis là-dessus)*. L'un dit qu'il faut qu'il la reprenne dès le commencement, et l'autre dit, dès l'endroit où il s'est interrompu. Dirons-nous que c'est en cela qu'ils sont partagés d'avis, c'est-à-dire, qu'un docteur pense que s'il s'est arrêté autant qu'il fallait pour finir toute la prière, il doit la reprendre dès le commencement, et l'autre docteur opine *(qu'il doit la reprendre)* dès l'endroit où il s'est interrompu. Rav Ache dit: il était nécessaire que, dans cette tradition, on distinguât expressément entre le cas s'il s'est arrêté, ou s'il ne s'est pas arrêté [68]). Mais tout le monde avoue que, s'il s'est arrêté autant qu'il fallait pour l'achever toute entière, il doit la répéter dès le commencement. Ici donc ils sont partagés d'avis sur ce qu'il ne s'est pas arrêté; car un docteur opine que l'homme *(dont l'eau dégoutte)* est mis, dès le commencement, hors d'état de prier et que, par conséquent, sa prière ne peut être valable [69]), et l'autre docteur opine qu'un tel homme est toujours en état de pouvoir prier, et que par conséquent sa prière est valable.

F. 23. a.

Les rabbins ont appris: celui qui est pressé par ses ouvertures [70]) ne doit pas prier; et s'il prie, sa prière n'est

---

67) Il faut donc qu'il la répète.

68) *Raschi:* Et comme on ne l'a pas fait on peut conclure qu'il ne s'est pas arrêté.

69) *Raschi:* parce qu'il ne s'est pas préparé à la prière en évacuant comme l'exigeait son devoir. Voy. Préface.

70) C'est-à-dire: par l'envie de faire ses nécessités. Nous tâcherons

qu'une abomination. Rav Zavid, et selon d'autres Rav Jéhuda, dit: on n'a enseigné cela que dans la supposition qu'il ne puisse retenir en lui-même, mais s'il peut retenir en lui-même, sa prière est valable. Et combien de temps[71]? Rav Chechath dit: autant qu'il faudrait pour faire une *Parsa* de chemin. D'autres enseignent que la Mischna parle de cela en ces termes: à quel cas ces paroles ont-elles été appliquées? Au cas que l'homme ne puisse rester sur lui-même[72]. Mais s'il peut rester sur lui-même, sa prière est valable. Et combien de temps? R. Zavid dit autant qu'il faut pour une *Parsa* de chemin. R. Samuel, fils de Nahmani, dit au nom de R. Jonathan: celui qui est pressé par ses ouvertures, voilà qu'il ne doit pas prier du tout parce qu'il est écrit (Amos IV, 12.): *Prépare-toi à la rencontre de ton Dieu, ô Israël.* Et R. Samuel, fils de Nahmani, disait avoir entendu dire à R. Jonathan: que signifie-ce qui se trouve écrit (Eccl. V, 1.): *Prends garde à ton pied lorsque tu entres dans la maison de Dieu, etc.*? *Rép.:* Garde-toi de pécher, et si tu pèches, apporte un sacrifice devant moi. *Et approche-toi pour ouir* (ib.)? *Rép.: Les paroles des savans.* Ravi dit: sois prêt à entendre les paroles des savans qui lorsqu'ils pèchent, apportent un sacrifice et font pénitence. *Plutôt que pour donner le présent des fous* (ib.)? *Rép.:* Ne sois pas comme les fous qui pèchent et apportent le sacrifice., et ne font pas pénitence. *Car ils ne savent point qu'il font mal* (ib.)? *Rép.:* Mais si c'est ainsi, ils sont justes: cela veut donc dire: ne sois pas comme les fous qui pèchent et apportent le sacrifice, et ne savent pas s'ils l'apportent pour le bien, ou s'ils l'apportent pour le mal. Le Saint, béni soit-il, veut donc dire: quoiqu'ils ne sachent pas faire une différence entre le bien et le mal, ils apportent le sacrifice devant moi.

---

dans la discussion qui suit, de conserver les expressions figurées du Talmud, dans la discussion qui nous occupe et dans tout autre cas semblable, afin de ne point choquer les oreilles autant que les rabbins sont accoutumés de le faire.

71) Doit-il pouvoir retenir en lui-même?

72) C'est-à-dire: retenir ses nécessités.

Rav Ache, et selon d'autres Rav Chanina, fils de Papa, dit *(que ce verset signifie)*: retiens tes ouvertures pendant que tu es en prière en ma présence.

Les rabbins ont appris: celui qui entre dans la maison de la chaise[73]) ôte ses Tephillin[74]) à la distance de quatre coudées et entre. Rav Aha, fils de Rav Hunna, dit au nom de Rav Checheth: on n'a enseigné cela que pour une *maison de la chaise déterminée*[75]), mais lorsqu'il s'agit d'une *maison de la chaise indéterminée*[76]), il s'y purge vite, et lorsqu'il en sort, il s'éloigne de quatre coudées, et les met de nouveau, et cela parce que c'est lui le premier qui a rendu cette *maison de la chaise déterminée*. On demanda aux rabbins, si un homme peut entrer avec les *Tephillin* dans une *maison de la chaise déterminée* pour y lâcher les eaux? Ravina le permit, mais Rav Ada, fils de Maltana, le défendit. On vint alors proposer cette question à Rava qui leur dit: il est défendu de crainte *quod alveum exoneret* qu'il ne chie par hasard lorsqu'il en est habillé, et d'autres disent de crainte quod pedat lorsqu'il en est habillé. Une autre Baraïtha porte: celui qui entre dans une *maison de la chaise déterminée* ôte les *Tephillin* à la distance de quatre coudées, et les place dans une fenêtre près de la route publique et entre, et lorsqu'il en sort, il s'éloigne de quatre coudées, et les met de nouveau: paroles de la *maison de Chammaï*; mais la maison d'Hillel dit: qu'il doit les prendre en sa main, et entrer. R. Akiva dit: qu'il doit les prendre *(envelopper)* dans son habit, et entrer. Dans son habit! ces paroles pourraient te mettre dans l'esprit que, comme il arrive quelquefois que *(les habits)* se dénouent, ils peuvent en tomber. Il faut donc dire qu'après les avoir enveloppés dans son habit, ils doit les retenir dans sa main, puis entrer, puis les mettre dans

---

73) Latrine.

74) Car. de ce temps on portait à toutes les heures du jour les *Tephillin*. Voy. Talmud de Jérusalem Berac. 0, a.

75) *Raschi*: où il y a déjà des excrémens.

76) *Raschi*: neuve, où on entre pour la première fois; dans ce cas il n'a besoin que de tenir les Tephillin dans la main.

les trous qui sont près de la *maison de la chaise*, et non les placer dans les trous qui sont près de la route publique, car les passans pourraient par hasard s'en emparer, et il s'exposerait alors à un grave soupçon; car il arriva à un disciple qui avait mis ses *Tephillin*[77]) dans les trous placés tout près du grand chemin qu'une femme publique vint à passer, les prit et les rapporta dans l'école en disant: voyez ce que m'a donné N. en paiement. Aussitôt que ce disciple eût entendu cela, il monta sur le sommet d'un toit, se laissa tomber et mourut. Ce fut alors qu'on établit qu'on devait envelopper (les *Tephillin)* dans son habit, et tout en les retenant entre les mains, entrer *(dans la maison de la chaise)*.

Les rabbins ont appris: au commencement on avait l'habitude de placer les *Tephillin* dans les trous qui restaient du côté de la *maison de la chaise;* mais comme les souris venaient et les prenaient, on établit qu'on les mettrait dans les fenêtres, qui restaient du côté de la route publique, et qu'on entrerait; mais comme les passans venaient et les prenaient; alors on établit qu'on les retiendrait à sa main, et qu'on entrerait. R. Miacha, fils de R. Jehochua, fils de Lévi, dit: l'Halaca est, qu'il faut les rouler comme un livre *(volume)*, et les tenir dans sa droite[78]) contre son coeur. Rav Joseph, fils de Maniomi, disait avoir entendu dire à Rav Nahman: cela vaut à condition qu'il ne sorte pas plus d'un palme de courroies au-dessus de la main[79]). R. Jacob, fils d'Aha, disait avoir entendu dire à R. Zira: on n'a enseigné cela que dans le cas qu'il reste autant de jour qu'il en faut pour les mettre *(avant la prière)*; mais s'il ne reste pas assez de jour pour les mettre, alors on leur fait une espèce de bourse d'un palme pour les y placer[80]). Rabba, fils du fils de Hunna, disait

---

77) N'oublions pas qu'autrefois les Juifs étaient toujours habillés de leurs *Tephillin*.

78) *Raschi*: sans les envelopper dans les habits d'où ils pourraient tomber.

79) Car au-dessus d'un palme, commence leur sainteté.

80) C'est-à-dire: on a sur soi une bourse pour les y placer sans les rouler afin de faire plus vite, lorsqu'il faut les remettre.

avoir entendu dire à R. Johanan: le jour on les roule en guise de livre, et on les met dans sa main contre son coeur, et la nuit on leur fait une espèce de bourse d'un palme où on les place. Avaï dit qu'on n'a enseigné cela que pour des bourses qui sont destinées à cet usage; mais celles qui ne sont pas destinées à cet usage peuvent être encore moindres d'un palme. Mar Zutra, et selon d'autres Rav Ache, dit: tu peux déduire cela de ce que des fioles moindres *(d'un palme)* sauvent de l'impureté dans la tente d'un mort. Et Rabba, fils du fils de Hunna, dit: lorsque nous suivions R. Johanan qui avait besoin de monter dans la *maison de la chaise*, s'il avait entre les mains un livre de l'Agada, il nous le donnait; mais s'il avait les *Tephillin* il ne nous les donnait pas, mais il disait: puisque les rabbins l'ont permis nous les retiendrons *(entre les mains)*[81]. Rava rapporte que Rav Nahman faisait précisement la même chose. F. 23. b.

Les rabbins ont appris: l'homme ne doit pas prendre les *Tephillin* dans sa main et le livre de la loi sur son bras et prier[82]. Il ne doit pas non plus épancher de l'eau, ni dormir son sommeil ordinaire ou extraordinarie les ayant sur lui[83]. Samuel dit qu'il en est de même d'un couteau d'argent, d'un bassin et du pain[84]. Rava disait avoir entendu dire à l'Halaca *(quant à épancher de l'eau avec les Tephillin)* n'est pas ainsi, car cette Mischna est de la maison de Chammaï[85]; en effet, si elle était de la maison d'Hillel; comme elle permet *(d'entrer les Tephillin dans la main)* dans une *maison de la chaise déterminée*, cela va sans dire *(qu'elle permet aussi d'épancher de l'eau avec les Tephillin)* dans une *maison indéterminée*. Sur quoi on a objecté cette tradition: les choses que je

---

81) *Raschi:* afin qu'ils nous servent d'amulette.

82) *Raschi:* car la crainte qu'ils ne tombent l'empêche de prier avec attention.

83) *Raschi: nam fieri potest quod pedat in somno.*

84) Car le soin de les garder peut l'empêcher de prêter attention à la prière.

85) Et l'Halaca doit être sur ce point selon la maison d'Hillel.

t'ai permises ici, te les ai-je défendues là? Que peuvent-elles être *(ces choses)* si ce n'est les *Tephillin?* Or, tout ira bien si tu dis que ces paroles sont de la maison d'Hillel *(selon laquelle la phrase): Je t'ai permis ici* (peut signifier) *un privé déterminé (et l'autre) je t'ai défendu là, un privé indéterminé.* Mais si tu dis que ce passage est de la maison de Chammaï, elle ne permet rien, elle ne parle pas même d'une permission [86]). *Rép.:* Cette tradition est relative à un palme et deux palmes *(et non aux Tephillin)*, car nous avons appris dans une *Baraïtha:* quand quelqu'un fait ses nécessités il doit se découvrir par derrière d'un palme, et de deux palmes par devant; et dans une autre *Baraïtha:* par derrière d'un palme, et par devant de rien du tout. N'est-ce pas que l'une et l'autre traditions sont applicables à l'homme sans que cela souffre la moindre difficulté; car dans l'une on parle des grandes, et dans l'autre des petites nécessités? Mais si tu opines qu'il y est aussi question des petites nécessités, à quoi bon pour cela un palme par derrière? Il faut donc dire que l'une comme l'autre tradition est relative aux grandes nécessités sans que cela souffre la moindre difficulté, car alors la première parle de l'homme, et la seconde de la femme. Mais si c'est ainsi, comment expliquer ce qui est dit plus loin dans la même tradition: voilà un *a majori ad minus* qui n'admet pas de réplique [87])? Mais que veut-on dire *(par ces paroles) qui n'admet pas de réplique?* Que le train de la chose porte nécessairement ainsi [88]). Donc il s'agit là des

---

86) Il faudrait donc conclure de cela que cette tradition n'appartient pas à la maison de Chammaï.

87) *Raschi*: ce qui prouve que cette tradition est relative aux *Tephillin* et non à *un palme et deux palmes*, c'est que dans la première supposition je peux faire une argumentation *a majori ad minus* et dire: qui permet d'entrer, les *Tephillin* en main, dans un *privé déterminé* d'autant plus doit permettre d'entrer dans un *privé indéterminé*; tandis que dans la seconde supposition je ne peux faire aucune argumentation de ce genre.

88) *Raschi*: c'est-à-dire, que comme il est déjà reçu que l'homme et non la femme doit se découvrir par devant en faisant ses nécessités il est inutile de faire à leur égard un *a majori ad minus;* mais relativement aux *Tephillin* il n'est pas inutile.

Tephillin, et l'objection que fait Rava sur l'autorité de Rav Checheth reste. Toujours il y a une difficulté *(dans les paroles de la même tradition qui portent): Si la maison de la chaise déterminée est permise, d'autant plus la maison de la chaise indéterminée. Rép.:* C'est ainsi qu'on a voulu dire: la maison de la chaise *déterminée* où il n'y a pas de gouttes [89]) est permise, tandis que la maison de la chaise *indéterminée* où il y a des gouttes est défendue. Mais si c'est ainsi pourquoi est-il dit: *qu'il n'y a pas de réplique là-dessus* lorsque celle-ci est pourtant une bonne réplique? *Rép.:* C'est ainsi qu'on a voulu dire: tu peux faire servir cette chose comme une doctrine raisonnée [90]), mais tu ne peux pas la faire valoir comme une argumentation *a majori ad minus;* car si tu la faisais servir comme une argumentation *a majori ad minus*, ce serait un *a majori ad minus* qui ne se prêterait pas à une réplique [91]).

Les rabbins ont appris: celui qui se propose de se rendre à un banquet doit marcher dix fois quatre coudées, ou quatre fois dix coudées pour bien faire ses besoins, puis entrer *(dans le lieu du repas)*. R. Isaac dit: celui qui se rend à un banquet invité entre après avoir ôté *(et mis de côté)* les *Tephillin* [92]). Il diffère d'avis de R. Hija, car R. Hija dit qu'il doit les mettre sur la table, et c'est ce qui convient le mieux. Et jusqu'à quand *(les laissera-t-il là)?* Rav Nahman, fils d'Isaac, dit: jusqu'au moment de la bénédiction *(du repas)*.

Il est dit dans une *Baraïtha* que l'homme peut lier les

---

89) *Raschi:* des gouttes d'urine qui sautent sur les pieds et que l'on devrait nettoyer avec la main où l'on tient les Tephillin, ce qui n'est pas permis. On est obligé de nettoyer ces gouttes parce qu'elles peuvent être prises pro spermate et attirer sur nos enfans le soupçon qu'ils sont bâtards.

90) *Raschi:* comme une raison de permettre dans le privé *déterminé* ce qui est défendu dans l'*indéterminé* à cause des gouttes.

91) *Raschi:* si tu raissonnais ainsi: il est juste de dire qu'il y a moins de difficultés pour le privé *indéterminé* que pour le *déterminé*, je ne saurais comment te répliquer, car je n'ai trouvé nulle part qu'il y ait plus de difficultés pour le premier que pour le second.

92) *Raschi:* car il s'enivrera peut-être.

Tephillin avec son argent dans son suaire de la tête, et dans une autre il est enseigné qu'il ne peut pas les y lier, et cependant cela ne constitue pas une difficulté; car l'une parle d'un suaire qui a été destiné à cet usage, et l'autre d'un suaire qui n'a pas été destiné à cet usage, car Rav Hasda dit: un suaire pour les Tephillin, qui a été destiné à l'usage d'y lier les Tephillin, et auquel on les a liés effectivement ne peut plus servir à y lier de l'argent; mais si on l'a destiné à cet usage, et qu'on ne les y ait pas liés, ou si on les y a liés sans qu'il fût destiné à cet usage, alors il peut bien servir pour y lier de l'argent. Mais d'après Avaï, qui dit que la destination d'une chose a de la valeur; soit qu'il ait été destiné à cet usage, et qu'après on ne les y ait pas liés; soit qu'on les y ait liés et qu'on l'ait destiné seulement après à cet usage, il ne peut plus servir *(pour l'argent):* mais si tu ne l'as pas destiné *(pour les Tephillin)* il peut bien servir *(pour l'argent)*.

Rav Joseph, fils de Rav Nehonie, demandait à Rav Jéhuda: est-ce que l'homme peut mettre *(en se couchant)* ses *Tephillin* sous son chevet? Je n'ai pas besoin de demander s'il peut les mettre sous ses pieds, car ce serait en user envers eux d'une manière peu respectueuse, mais j'ai besoin de demander s'il peut les placer sous le chevet. Il lui répondit: Samuel dit à cet égard, que cela lui est permis, lors même que sa femme couche avec lui. Mais on objecte cette tradition: l'homme ne place pas ses *Tephillin* sous ses pieds, afin de ne point les traiter d'une manière peu respectueuse; mais il peut les placer sous son chevet; cependant lorsque sa femme est avec lui, il est défendu, excepté s'il y a un endroit qui soit trois palmes plus haut, ou trois palmes plus bas *(du chevet)*, car alors il est permis. Cette objection contre Samuel reste sans réplique. Rava dit: quoique la *Baraïthu* soit contraire à l'avis de *F. 24. a.* Samuel, l'Halaca est néanmoins selon lui. Pour quelle raison? Parce que celui qui les garde fait beaucoup mieux[93]).

---

93) *Raschi*: que celui qui, pour ne point les traiter avec peu de respect, les expose à être volés ou emportés par les souris.

Et où les met-il? R. Jérémie dit: entre le coussin et la couverture, mais non immédiatement au-dessous de la tête. Cependant nous avons appris que R. Hija les mettait dans une bourse faite comme un casque sous son chevet, en en faisant sortir la partie proéminente [94]) de la bourse hors *(du coussin)*. Le fils de Kaphra les liait dans les rideaux du lit, et en faisait sortir la partie proéminente en dehors. Rav Chechath, fils de Rav Idi, les plaçait sur un escabeau, et étendait dessus un suaire. Rav Hamenuna, fils de Rav Joseph, dit: une fois j'étais debout devant Rava [95]) qui me dit: va et apporte-moi les *Tephillin*. Je les ai trouvés entre le coussin et la couverture, mais non immédiatement au-dessus de sa tête, et j'ai su que c'était un jour de bain [96]), et c'est pour nous apprendre une Halaca par la voie de fait, qu'il en a agi ainsi.

Rav Joseph, fils de Rav Nehonie, demandait à Rav Jéhuda: deux qui dorment dans un même lit, doivent-ils tourner le visage l'un d'un côté, et l'autre de l'autre côté, pour lire le *Chema?* Il lui répondit: Samuel dit *(qu'il doit faire cela)* lors même que sa femme est avec lui. Mais Rav Joseph lui fait cette forte objection: si on doit le faire avec sa femme on n'a pas besoin de dire qu'on doit le faire aussi avec les autres [97]). Mais au contraire: notre femme est comme notre corps [98]) tandis que les autres ne sont pas comme notre corps. Objection: dans une Baraïtha il est dit: deux qui dorment dans le même lit doivent tourner leur visage, l'un d'un côté et l'autre du côté opposé, et lire le *Chema*; et dans une autre: celui qui dort dans le lit ayant ses fils et les fils de sa maison (de sa femme) à

94) C'est-à-dire: en plaçant la partie de la bourse où étaient les *Tephillin* au delà de la tête.

95) Les disciples restaient debout devant leurs précepteurs comme les domestiques devant leurs maîtres.

96) *Raschi*: le jour du bain de sa femme, ce qui prouve que la nuit précédente elle avait couché avec son mari.

97) Rav Joseph veut faire sentir par là que Samuel a tort d'ajouter le mot *même*, il suffisait de dire *avec sa femme*.

98) *Raschi*: elle n'excite pas de mauvaises pensées parce que nous sommes accoutumés à elle.

son côté, ne peut pas faire la lecture du *Chema* sans qu'il y ait un *Talleth* qui les sépare. Mais si ses fils et les fils de sa maison sont encore petits, il est permis. Cela va très-bien selon l'avis de Rav Joseph; car alors une Baraïtha sera relative à sa propre femme, et l'autre à d'autres personnes; mais selon l'opinion de Samuel il y aura contradiction. Sur quoi Samuel te dira: est-ce que la chose cadre à merveille avec l'avis de R. Joseph? Voici cependant une Baraïtha qui porte: s'il dort dans le lit où seront aussi ses fils et les fils de sa maison [99]) il ne pourra pas lire le *Chema* à moins qu'il n'y ait un *Talleth* qui les sépare. Qu'est-ce qu'il te reste donc à dire relativement à la femme? Que si Rav Joseph a un Tanne pour son opinion, moi aussi j'ai un Tanne pour la mienne [100]. Le docteur vient de dire: *que l'un doit tourner le visage d'un côté, et l'autre du côté opposé, et lire le Chema; at tunc nates sunt (qui se touchent ensemble):* cela vient à l'appui de l'opinion de Rav Hunna qui dit: *in natibus nihil est nuditatis* [1]). Faudra-t-il dire que même la tradition (que nous allons citer) vient à l'appui de l'opinion de Rav Hunna? Une femme qui est assise peut séparer *(et bénir)* la *Halla* [2]) quoiqu'elle soit nue, à cause qu'elle peut cacher son visage d'en bas dans la terre *(où elle est assise)* ce qui ne vaut pas pour l'homme [3]). Cela doit s'entendre selon Rav Nahman dans le cas que le visage d'en bas soit fortement collé contre la terre.

Le docteur vient aussi de dire: *si ses fils et les fils*

---

99) Selon *Raschi*: la *femme* est comprise dans l'expression *fils de la maison*, car *maison* veut dire *femme* dans le Talmud, et selon *Tosepheth* elle n'a éte omise dans cette Baraïtha que par erreur, car elle veut dire que la femme aussi doit être séparée de son mari par un *Talleth*, ce qui détruit l'opinion de Rav Joseph.

100) Et alors il est permis de se conformer à l'opinion que l'on veut.

1) C'est-à-dire: elles n'excitent pas de mauvaises pensées.

2) חלה pâte qu'une femme juive est obligée de séparer de la masse qu'elle pétrit et de la brûler dans le four.

3) *Raschi*: qui ne pourrait pas cacher de la même manière ses parties honteuses, visage d'en bas (vel pudenda).

de sa maison sont petits, alors il est permis. Mais jusqu'à quel âge? Rav Hasda dit qu'une fille jusqu'à trois ans et un jour, et un garçon jusqu'à neuf ans et un jour[4]). Et d'autres disent: une fille jusqu'à onze ans et un jour, et un garçon jusqu'à douze ans et un jour; l'un et l'autre jusqu'à ce que dit (Ezéch. XVI, 7.): *ubera firma facta sunt et pilus tuus germinavit.*

Rav Cohana dit à Rav Ache: Rava vient de dire ci-dessus: *quoiqu'il y ait une objection contre Samuel, l'Halaca est cependant selon son avis.* Mais puisqu'ici aussi il y a une objection à faire contre Samuel[5]) est-ce que nous devrons-nous régler *(comme dans les cas précédens)*? Il lui répondit: crois-tu qu'on doive tout tisser selon le même tissu? Cela vaut seulement où il est dit *(que l'Halaca est selon Samuel)*, mais où il n'est pas dit expressément cela ne vaut pas. Rav Mari disait à Rav Papa: si un poil *(pudendorum)* sort par le trou de l'habit *(peut-on lire le Chema)?* Sur quoi l'autre s'écria qu'un poil n'est qu'un poil[6]).

R. Isaac dit: un palme (*de chair découverte*) d'une femme constitue une *nudité.* Mais sous quel rapport? Dirons-nous que c'est sous le rapport de la contempler? Cependant Rav Chechath dit: pourquoi l'écriture (Nomb. XXXI, 50.) compte-t-elle les ornemens extérieurs des femmes avec les ornemens intérieurs[7])? C'est pour te faire entendre que quiconque s'arrête à contempler le petit doigt d'une femme, c'est comme s'il la contemplait *in loco pudendi.* (*La sentence de R. Isaac*) ne regarde donc que sa propre femme, et seulement par rapport à la lecture du

---

4) *Raschi*: car l'un et l'autre est *copulae habilis* à cet âge.

5) C'est-à-dire: l'objection que lui fait Rav Joseph.

6) C'est-à-dire: il ne constitue pas une *nudité* (ערוה) capable de nous exciter à de mauvaises pensées.

7) *Raschi* rapporte aux ornemens intérieurs celui que Moïse (ib. et Exod. XXX, 22.) a désigné sous le nom de כומז et dit que c'était *ornamentum comprimens uterum quod solebant facere foeminis perforando parietes pudendi ut perforantur aures, ibique illud affigendo ne mares eas inirent.*

Chema. Rav Hasda dit: la jambe découverte d'une femme constitue une *nudité* (ערוה) (*qui empêche de lire le Chema*); car il est dit (Esa. XLVII, 2.): *découvre la jambe passe le fleuve*, et il est aussi écrit immédiatement après (ib. vs. 3.): *ta honte* (ערותך) *sera découverte, et ton opprobre sera vu.* Samuel dit: la voix d'une femme constitue une *nudité;* car il est dit (Cant. II, 14.): *car ta voix est douce et ton regard gracieux.* Rav Chechath dit: les cheveux d'une femme sont une nudité; car il est dit (ib. IV, 1.): *tes cheveux sont comme un troupeau de chèvres.*

R. Hanina dit: j'ai vu que Rabbi suspendait ses Tephillin. Mais on lui objecta cette tradition: celui qui suspend (*à un clou*) ses *Tephillin* aura la vie suspendue. Les interprètes des passages difficiles disent sur les paroles (Deut. XXVIII, 66.): *Et ta vie sera pendante devant toi*, qu'elles font allusion à celui qui suspend ses *Tephillin.* Cela ne fait pas de difficulté, car une chose se rapporte aux courroies, et l'autre à la cellule des *Tephillin* [8]). Et si tu veux je peux dire qu'il n'y a pas de différence entre (*suspendre les Tephillin*) par les courroies ou par la cellule, et que l'une et l'autre choses étant défendues Rabbi a dû les suspendre dans une bourse. Mais si c'est ainsi à quoi bon le dire? On nous parle de cela expressément, afin que tu ne penses pas qu'il soit nécessaire de les cacher (*dans une armoire*) comme le livre de la loi.

R. Hanina disait encore: j'ai vu que Rabbi rotait, baîllait, éternuait, crachait et se grattait sur son habit [9]) F. 24. b. (*pendant la prière*), mais il ne cherchait pas à s'envelopper de nouveau [10]), et lorsqu'il baîllait, il plaçait sa main

---

8) *Raschi*: Il ne convient pas de suspendre les *Tephillin* par les *courroies* de manière que la *cellule* soit en bas, mais on peut faire le contraire, et c'est justement ce qu'a dû faire Rabbi.

9) *Raschi*: pour chasser les poux et les puces qui le piquaient. Il est à remarquer que Raschi s'étant proposé de chercher des Synonymes à toutes ces expressions vulgaires dans la langue des barbares comme il le dit (בלעז) il a recours, ce me semble, aux trois langues *italienne*, *française* et *espagnole* (*Striller*, *baler*, *starunder*).

10) *Raschi*: il ne cherchait pas à arranger son *Talleth* une fois qu'il lui était tombé, pour ne point interrompre sa prière.

sur son menton. Mais on lui objecta cette tradition: celui qui fait entendre sa voix dans la prière passe pour avoir peu de confiance (*en Dieu*), et celui qui en priant élève trop haut sa voix, imite les faux prophètes (*de Baal* I Rois XVIII, 28.), celui qui rote et celui qui baîlle passent pour être grossiers d'esprit, et si quelqu'un éternue dans la prière: c'est un mauvais pronostic pour lui; d'autres disent qu'on peut reconnaître par là qu'il est mal élevé: celui qui crache pendant sa prière, c'est comme s'il crachait sur la figure d'un roi. D'accord que l'action de *roter* et de *baîller* ne présentent pas ici de difficulté, car une fois elle peut avoir lieu malgré nous-mêmes[11]), et une autre fois avec notre pleine advertance. Mais la difficulté est qu'il n'y a pas deux espèces d'éternumens. *Rép.:* Cette difficulté n'existe pas, car il y a fort bien deux espèces d'éternumens, et une fois on parle de ceux d'en haut[12]), et une autre fois de ceux d'en bas[13]). Car R. Zira dit: cette chose qui a été enseignée dans l'école de Rav Hamenuna m'est aussi agréable et aussi précieuse que toute autre doctrine; c'est-à-dire, que si on éternue dans la prière, il faut le prendre pour un bon pronostic, car de même qu'ils font du bien à l'esprit ici *bas*, de même ils lui en font en *haut* (*ou dans le ciel*)[14]). Mais la difficulté est, qu'il n'y a pas de différence entre cracher et cracher. *Rép.:* Cette difficulté n'existe pas, car il y a une différence entre cracher et cracher, vu que la chose peut se passer selon ce que dit Rav Jéhuda: si quelqu'un prie et qu'il lui vienne un crachat il peut le faire absorber par son Talleth, et si le Talleth est trop beau il peut le faire absorber par son suaire. Ravina se trouvait debout derrière Rav Ache: un crachat étant venu à celui-ci, il le jeta derrière lui. Ra-

---

11) Et par conséquent, à Rabbi aussi il peut être arrivé de *roter* et de *baîller* malgré lui-même.

12) Là où l'on dit que Rabbi éternuait.

13) Là où l'on défend d'éternuer.

14) Ce jeu de mots que nous n'osons pas expliquer est bien digne d'être remarqué.

vina lui dit: est-ce que Mar n'est pas de l'opinion de Rav Jéhuda (*qui dit*) qu'il faut le faire absorber par son suaire. Rav Ache répondit: moi j'ai pour cela trop d'aversion. (*Il suit dans la même tradition*): *celui qui fait entendre sa voix dans la prière a peu de foi* (*en Dieu*). Sur quoi dit Rav Hunna qu'on n'a enseigné cela que pour celui qui peut disposer son coeur en silence, mais celui qui ne peut pas disposer son coeur en silence peut (*faire entendre sa voix*). Cependant ces paroles sont relatives à celui qui prie tout seul, car s'il prie dans l'assemblée il pourrait la troubler (*en élevant trop haut la voix*).

R. Abba voulait se soustraire à Rav Jéhuda, car il était dans la résolution de monter dans la terre d'Israël, et Rav Jéhuda soutenait que quiconque monte de Babel dans la terre d'Israël viole un précepte affirmatif; car il est dit (Jér. XXVII, 22.): *Ils seront emportés à Babylone, et ils y demeureront jusqu'au jour que je les visiterai, dit l'Eternel.* R. Abba se disait donc: j'irai et j'entendrai quelque chose de lui (*en me tenant*) hors de l'école, et puis je partirai. Il est allé et a trouvé un Tanne qui enseignait ce qui suit en présence de Rav Jéhuda: si quelqu'un était en prière et qu'il lui arrivât d'éternuer (*d'en bas*) il devrait attendre jusqu'à ce que le vent fût passé, et puis continuer à prier, et d'autres disent: celui qui est en prière et a envie d'éternuer (*d'en bas*) doit s'éloigner (*de sa place*) en reculant de quatre coudées, puis il éternue, puis il attend que le vent ait cessé, puis il revient (*à sa place*), puis il reprend sa prière, puis il dit: *Seigneur du monde, tu nous a formé des trous sur trous, et des vides sur vides: il est révélé et connu devant toi notre opprobre; dans notre vie ainsi que dans notre dernière heure nous ne sommes qu'insectes et vermisseaux:* puis il recommence dans l'endroit où il s'était interrompu. Sur quoi R. Abba dit: si je n'étais venu que pour entendre cette chose, ce serait assez.

Les rabbins ont appris: si quelqu'un dormait (*nu*) dans son Talleth, et ne pouvait en faire sortir sa tête à cause du froid, il devrait faire avec le même *Talleth* une séparation sur son cou[15]), et fait la lecture du *Chema*, et d'autres disent (*qu'il doit faire cette séparation*) sur son coeur. Or, comment le premier Tanne peut-il dire (*sur son cou*) puisqu'alors son coeur verrait la nudité? *Rép.*: Il est d'avis qu'il est permis que son coeur voie la nudité. Rav Hunna dit, avoir entendu dire à R. Johanan: celui qui marche où se trouvent ramassées des immondices, place sa main sur sa bouche, et fait la lecture du *Chema*. Sur quoi Rav Hasda lui dit: par Dieu si R. Johanan ne m'avait dit cela de sa propre bouche, je ne l'aurais pas suivi. Selon d'autres cette sentence a été rapportée par Rabba, fils du fils de Hunna, sur l'autorité de R. Jehochua, fils de Lévi. Mais comment Rav Hunna a-t-il pu dire ceci, lui qui dit autre part: il est défendu à un disciple des savans de rester debout dans un lieu où il y a des immondices; car il lui est impossible de rester un seul instant debout sans méditer sur la loi? Cela ne constitue pas une difficulté, car une sentence est applicable à celui qui s'arrête, et l'autre à celui qui marche[16]). Mais comment R. Johanan a-t-il pu dire ceci, lorsque (nous voyons) que Rabba, fils du fils de Hunna, disait avoir entendu dire au même R. Johanan: dans tout lieu il est permis de méditer sur les paroles de la loi, excepté dans la maison du bain et dans la maison de la chaise? Et si tu voulais dire qu'ici aussi il faut faire une distinction entre s'arrêter et aller (*je te réponds*) que ce n'est pas ainsi; vu que lorsque R. Avhu était allé après R. Johanan, et qu'il faisait la lecture du *Chema*, à peine arriva-t-il où étaient ramassées des immondices qu'il se tut et dit à R. Johanan: où dois-je recommencer? Il lui répondit: si tu t'es arrêté autant qu'il fallait pour finir tout (*le Chema*) tu dois le reprendre du commencement. *Rép.*: C'est ainsi que R. Johanan a voulu lui dire: selon mon opinion il n'est pas nécessaire (*de s'interrompre*), mais comme tu crois qu'il est nécessaire, si tu t'es arrêté autant

---

15) *Raschi*: il devrait l'arranger sur son cou de manière à ne point voir sa nudité.

16) Où il est seulement défendu de s'arrêter au milieu des immondices.

qu'il faudrait pour finir le tout, reprends-le du commencement. Il y a une Baraïtha qui est conforme à l'avis de Rav Hunna, et une autre Baraïtha qui est conforme à l'avis de Rav Hasda. La première porte: celui qui marche dans des lieux où sont ramassées des immondices, met sa main sur sa bouche et fait la lecture du *Chema.* Et la seconde porte à son tour: celui qui marche dans de tels endroits, ne doit pas faire la lecture du *Chema.* Et non seulement cela, mais s'il la fait déjà lorsqu'il entre, il doit s'interrompre. Mais comment se régler lorsqu'il ne s'interrompt pas? R. Majacha, fils du fils de R. Jehochua, fils de Lévi, dit qu'il faut lui appliquer le verset qui dit (Ezéch. XX, 25.): *moi aussi je leur ai donné des statuts qui ne sont pas bons, et des ordonnances par lesquelles ils ne vivront point.* R. Ase lui applique cet autre passage (Esa. V, 18.): *malheur à ceux qui tirent l'iniquité avec des cables de vanité* (Talm.: *ils attirent sur eux des châtimens même en prononçant un seul mot dans un semblable endroit*). Rav Ada, fils d'Ahava, dit que c'est d'ici (*qu'il faut tirer une application propre à ce sujet*) (Nomb. XV, 31.): *Parce qu'il a méprisé la parole de l'Eternel.* Mais s'il s'est interrompu quelle en sera la récompense? R. Avhu dit qu'alors il lui est applicable le verset qui dit (Deut. XXXII, 47.): *Et par cette parole* (Talm.: *que vous n'aurez pas prononcée dans cet endroit*) *vous prolongerez vos jours.*

Rav Hunna dit: s'il a fait de son Talleth une ceinture sur ses reins, il lui est permis de faire la lecture du *Chema.* La Baraïtha aussi dit: si son Talleth, ou son habit, ou une peau, ou un sac lui sert de ceinture sur ses reins, il lui est permis de faire la lecture du *Chema* [17]). Mais il ne peut pas faire sa prière jusqu'à ce qu'il ait couvert son coeur [18]). Rav Hunna disait aussi: si quelqu'un s'est oublié et est entré avec les *Tephillin* dans la maison de la chaise il y tient sa main dessus jusqu'à ce qu'il ait fini. Mais com-

F. 25. a.

17) *Raschi:* quand même il serait tout nu au-dessous de ses reins.
18) *Raschi:* car il doit se croire en présence d'un roi.

ment peut-il te venir dans l'esprit de dire jusqu'à ce qu'il ait fini? Lorsqu'il doit faire selon ce que dit Rav Nahman, fils d'Isaac, c'est-à-dire, finir la première colonne (*d'excrémens*) puis cesser, tout de suite et s'en aller. *Rép.:* C'est à cause de l'avis de Rabban Siméon, fils de Gamaliel, car une Baraïtha porte: Rabban Siméon, fils de Gamaliel, dit: la colonne qui rentre met l'homme entre les mains de l'hydropisie, et l'urine qui rentre porte l'homme à la jaunisse.

Il a été dit: *si stercus est in carne ejus* ou si sa main est placée dans une maison de la chaise; Rav Hunna dit qu'il lui est permis de faire la lecture du *Chema*, et Rav Hasda dit qu'il lui est défendu. Sur quoi Rava dit: que le raisonnement de Rav Hunna est fondé sur le verset (Psau. CL, 6.): *que tout ce qui respire loue l'Eternel* (Talm.: *il suffit pour prier que la bouche et le nez soient purs*), et que Rav Hasda permet de lire le *Chema* en se fondant sur ce qu'il est écrit (ib. XXXV, 10.): *Tous mes os diront: Eternel qui est semblable à toi* (Talm.: *il faut que tout le corps soit pur*). Il a été dit: s'il y a une mauvaise odeur qui vienne d'un lieu destiné aux excrémens, selon Rav Hunna, il faut s'en éloigner de quatre coudées pour faire la lecture du *Chema*, et selon Rav Hasda il faut s'éloigner de quatre coudées du lieu où cesse la mauvaise odeur, et faire la lecture du Chema. Cette Baraïtha confirme l'avis de Rav Hasda, l'homme ne fait pas la lecture du Chema où il a devant lui des excrémens d'homme, ou de chiens, ou de cochons, ou de coqs, ou les excrémens d'un cloaqne quelconque qui sente mauvais, et s'il y a une place plus haute ou plus basse de dix palmes (*de l'endroit où se trouvent les excrémens*) il s'y assied à côté et lit le *Chema*. Autrement il s'en éloigne tant que ses yeux peuvent le voir. Et de même concernant la prière, s'il y a une mauvaise odeur qui vienne d'un lieu destiné aux excrémens, on s'éloigne de quatre coudées de l'endroit de l'odeur et on lit le *Chema*. Rava dit que l'Halaca n'est pas selon cette tradition dans tout ce que nous venons d'entendre, mais selon cette Baraïtha (*qui dit*): l'homme ne lit pas le *Chema* lorsqu'il a devant lui des excrémens d'homme, ou de cochons, ou de chiens pendant qu'il y a des peaux au milieu (*pour les tanner*).

On demanda à Rav Chechath: comment faudrait-il se régler pour une mauvaise odeur qui ne vient pas d'un lieu où il y a des excrémens[19])? et il répondit: venez et voyez ces nattes de l'école de Rav où ceux-ci dorment et ceux-là étudient[20]). Mais cela a seulement lieu pour les choses de la loi et non pour la lecture du *Chema*, et même quant aux choses de la loi, cela n'a été dit que dans le cas que la (*mauvaise odeur*) vienne de notre compagnon, mais il ne vaut pas si elle vient de nous-mêmes.

Il a été dit: quand on transporte des excrémens Avaï dit qu'il est permis de lire le *Chema*, mais Rava dit qu'il est défendu. Avaï ajoute: je déduis ce que j'avance de cette tradition: si un impur (*un lépreux*) reste debout sous un arbre, et qu'un homme pur passe par là il devient impur; mais si c'est le pur qui reste debout sous un arbre et que l'impur passe par là, le premier reste pur, mais si l'impur s'arrête, le premier aussi devient impur; il en est de même d'une pierre attaquée par la lèpre (Lév. XIV, 34. etc.). Mais Rava lui répond que là (*où il s'agit du lépreux*) la chose dépend entièrement de l'action de s'arrêter quelque part; car il est écrit (ib. XIII, 46.): *il demeurera seul, et sa demeure sera hors du camp.* Mais ici (*où il s'agit des excrémens*) la divine miséricorde a dit: (Deut. XXIII, 14.): *que ton camp soit saint*, et il ne le serait pas dans le cas indiqué[21]). R. Papa dit que le museau d'un cochon doit-être envisagé comme des excrémens que l'on transporte. Comme cela va sans dire on n'a besoin de l'enseigner que pour l'appliquer même à un cochon qui sort de la rivière.

---

19) *Raschi: sed a ventris explosione.*

20) *Raschi:* ceux qui dorment *ventre crepant* d'ordinaire, mais cela n'empêche pas les autres d'étudier.

21) Car les excrémens peuvent rendre impur le lieu où se trouve la divine majesté, lors même qu'on ne fait que le traverser en les transportant.

R. Jéhuda dit: les excrémens douteux[22]) sont défendus, mais l'urine douteuse est permise. D'autres disent que R. Jéhuda disait: des excrémens douteux sont permis dans une maison et défendus dans une cloaque, mais l'urine douteuse est permise même dans une cloaque. Son opinion est conforme à celle de Rav. Hamenuna qui dit que la loi ne défend *(de lire le Chema)* que devant la colonne *(de l'urine ou devant un homme qui épanche de l'eau)* seulement. Elle est aussi conforme à celle de R. Jonathan qui faisait cette conciliation[23]): il est écrit (Deut. XXIII, 12.): *Tu auras quelque endroit hors du camp, et tu sortiras là dehors*, et il suit immédiatement après (ib. vs. 13.): *et tu auras un pic*, etc. *et tu couvriras ce qui sera sorti de toi.* Or, comment cela[24])? C'est qu'ici on parle des grandes affaires, et là des petites: donc par rapport aux petites affaires *(à l'urine)* la loi ne défend *(de lire le Chema)* que devant leur colonne; mais aussitôt qu'elle est tombée par terre, elle le permet, et ce sont seulement les rabbins qui ont fait une défense *(pour l'urine)*. Mais dans quel cas ont fait cette défense les rabbins? Dans le cas de petites affaires *certaines* et non pour les *douteuses*; et jusqu'à quand les petites affaires sont-elles certaines? Rav Jéhuda disait avoir entendu dire à Samuel: aussi long-temps qu'elles peuvent rendre humide, et Rabba, fils du fils de Hunna, dit la même chose sur l'autorité de R. Johanan, et Ulla aussi partage le même avis. Mais Gheniva dit au nom de Rav: aussi long-temps qu'on peut en apercevoir les traces. Sur quoi Rav Joseph dit: que son précepteur pardonne à Gheniva *(de l'avoir cité à faux)*, vu que même dans un cas d'excrémens Rav Jéhuda a dit avoir entendu dire à Rav: lorsque leur surface est endurcie, ils n'empêchent pas *(de lire le Chema)*. Il suit de là que l'urine *(qui ne rend plus humide)* d'autant moins

---

22) C'est-à-dire: il est défendu de lire le Chema dans un endroit où l'on doute qu'il y ait des excrémens.

23) De deux versets qui paraissent se contredire.

24) *Raschi*: dans un verset (13) il est dit qu'il faut *couvrir*, ce qui n'est pas dit dans l'autre (12).

(peut l'empêcher). Mais R. Avaï lui dit: quelle est ton idée de t'appuyer sur cela? Appuie-toi plutôt sur ce que Rabba, fils de Rav Hunna, dit avoir entendu dire à Rav: les excrémens qui sont devenus aussi durs qu'un vaisseau de terre cuite sont défendus. — Mais que veut-on dire par les paroles: *des excrémens comme un vase de terre cuite?* Rabba, fils du fils de Hunna, disait avoir entendu dire à R. Johanan *(que cela signifie):* aussi long-temps qu'on les jette et qu'ils ne se cassent pas, et d'autres disent: aussi long-temps qu'on les roule et qu'ils ne se cassent pas? Ravina dit: j'étais debout devant Rav Jéhuda Medphathi qui ayant vu des excrémens me dit: examine si leur surface est durcie ou non; d'autres disent qu'il lui a dit: examine s'ils ont des crevasses. Mais qu'est-ce qui résulte de tout cela? Qu'il a été dit: les excrémens comme un vase de terre cuite empêchent *(la lecture du Chema)* selon *Amemar*, et ne l'empêchent pas selon Mar Zutra. Mais Rava dit que l'Halaca est que les excrémens comme un vase de terre cuite empêchent *(de lire le Chema)*, et que l'urine l'empêche seulement aussi long-temps qu'elle peut rendre humide.

On a agité une controverse sur la tradition qui suit: l'urine est défendue aussi long-temps qu'elle rend humide, mais elle est permise lorsque la terre l'a avalée ou qu'elle s'est séchée. N'est-ce pas donc que l'urine *avalée* ressemble à l'urine *sèche?* Or, de même que l'urine est sèche lorsqu'on n'en voit plus de traces, de même l'urine est absorbée lorsqu'on n'en voit plus de traces; car si l'on en voit des traces, elle est défendue, quand même elle ne rendrait pas humide. Mais d'après ton avis comment alors expliquerai-je la *Recha* qui porte: *aussi long-temps qu'elle rend humide elle est défendue,* et qui la permet lors même qu'on en voit des traces? Dira-t-on que l'on ne peut rien conclure de cela, parce que c'est une opinion particulière *(ou énoncée par quelques docteurs seulement)* selon la tradition qui suit: un vase dont on a versé de l'urine, empêche de lire le Chema devant lui, et l'urine même qui a été versée et absorbée ne l'empêche pas; mais si elle n'a pas été absorbée, elle l'empêche. R. Jose dit:

(qu'elle empêche) aussi long-temps qu'elle rend humide. Or, que veut dire *absorbée* et *non absorbée* dans la bouche du premier docteur? Dirait-on qu'*absorbée* signifie, lorsqu'elle ne rend plus humide et que *non absorbée* lorsqu'elle rend humide? Mais R. Jose survint et dit: aussi long-temps qu'elle rend humide elle empêche, et celle dont les traces paraissent, n'empêche pas; ce qui est la même chose qu'enseigne le premier Tanne[25]). Donc *absorbée* signifie l'urine dont les traces ne paraissent pas, et *non absorbée* celle dont les traces paraissent, et alors vient R. Jose qui dit: aussi long-temps qu'elle rend humide elle empêche, et celle dont les traces paraissent n'empêche pas. Cependant ce n'est pas *(une opinion particulière)*, car tout le monde convient qu'aussi long-temps qu'elle rend humide elle empêche, et que celle dont les traces paraissent n'empêche pas; mais là où on parle de l'humidité, c'est à condition qu'elle puisse rendre humide, et c'est la différence qui se trouve entre ces docteurs[26]). *F. 25. b.*

Mischna. *Si celui qui descend dans l'eau pour se laver peut en sortir,* etc.

Ghémara. Dirait-on que le Tanne est tout-à-fait d'accord avec R. Eliéser qui dit *(qu'on lit le Chema)*: jusqu'à l'apparition du soleil? Tu peux même dire que cela est selon l'avis de R. Jechochua et peut-être encore selon l'usage des pieux, car R. Johanan dit que les pieux étaient accoutumés de finir *(le Chema)* à l'apparition du soleil[27]).

Mischna. *Mais s'il ne le peut pas, il se couvre dans les eaux et lit.*

Ghémara. Mais de cette manière son coeur voit la nudité. Sur quoi R. Eliéser, et selon d'autres R. Aha, fils

---

25) Tandis que l'avis de l'un est opposé à l'avis de l'autre dans la même tradition.

26) *Raschi:* le premier docteur soutient qu'on ne peut pas lire le Chema devant une tache d'urine tellement humide qu'elle puisse rendre humide une autre chose qui la touche, tandis que R. Jose soutient que même l'urine qui ne peut pas rendre humide une autre chose, empêche de lire le Chema.

27) Voy. plus haut C. I. Mischna II, et Feuil. 9. *b*.

d'Ava, fils d'Ahu, dit au nom de notre Maître[28]): que cela a été enseigné relativement aux eaux troublées qui ressemblent à la terre limoneuse et où son coeur ne pourrait jamais voir sa nudité.

Les rabbins ont appris: si les eaux sont claires on peut s'y asseoir jusqu'au cou et lire (*le Chema*), d'autres disent qu'il faut les troubler avant avec les pieds; mais comment pense le premier docteur (*qui parle des eaux claires où*) le coeur peut voir sa nudité? Il est d'opinion qu'il est permis que le coeur voie sa nudité. Mais voilà qu'aussi le talon (*de celui qui est assis dans l'eau claire*) voit sa nudité[29]). *Rép.* Même quant à cela il est d'opinion qu'il est permis que le talon voie sa nudité d'après ce qui est dit dans cette tradition: si son talon voit sa nudité il est permis (*de lire le Chema*), mais s'il la touche, Avaï dit qu'il est défendu, et Rava que c'est permis, et c'est ainsi que Rav Zavid enseignait (ou expliquait) la controverse en question; mais Rav Hinana, fils de Rav Jca, l'enseignait de cette autre manière, s'il la touche on convient unanimement que c'est défendu; mais s'il la voit, Avaï dit que c'est défendu, et Rava que c'est permis, car la loi n'a pas été donnée aux anges du ministère[30]). Mais l'Halaca est que s'il la touche, il est défendu, et s'il la voit il est permis.

Rava dit: s'il y a des excrémens dans une lanterne[31]) il est permis de lire le Chema devant eux; mais si l'on voit la nudité à travers quelque chose de transparent il n'est pas permis de lire le *Chema* devant elle. (*Quant aux paroles*): *S'il y a des excrémens dans une lanterne, etc.*

---

28) רבינו Rabbi ou Juda le Saint.

29) Tandis qu'une partie du corps ne devrait pas voir la nudité de l'autre selon les rabbins, car il est dit (Deut. XXIII, 15.): *afin qu'il ne voie pas en toi la nudité de la chose.*

30) *Raschi*: qui n'ont pas des parties honteuses, mais aux hommes qui en ont malgré eux.

31) Ou dans quelque autre chose de transparent selon la règle: *Sacra non sunt tractanda in loco sordido aut ubi sordes sunt in conspectu.*

La chose dépend de ce qu'ils soient couverts[32]) *(et dans le cas de la lanterne)* les excrémens sont couverts. Mais quant aux paroles: *si on voit la nudité à travers quelque chose de transparent*, etc. la divine miséricorde a dit expressément (Deut. XXIII, 15.) *afin qu'il ne voie pas en toi la nudité de la chose.* Mais dans ce cas il l'aurait devant et la verrait. Avaï dit: lorsque les excrémens sont en petite quantité) on peut les anéantir par un crachat *(en y crachant)*. Sur quoi Rava dit que ce crachat doit être épais. Le même Rava dit: si les excrémens se trouvent dans un fossé on y met dessus sa sandale et on lit le *Chema*. Sur quoi Mar, fils de Ravina, fit cette question: mais que faire si les excrémens s'attachent à la sandale? Elie seul peut répondre à cette question[34]).

Rav Jéhuda dit: il est défendu de lire le *Chema* devant le *Goi (non-Juif)* nu. Mais pourquoi nous apprend-il[35]) cela du *Goi*, lorsque la même chose vaut aussi pour l'Israélite? Quant à un Israélite *(nu)* il est simple qu'il soit défendu, mais quant à un *Goi* il fallait nous le dire; car autrement tu aurais pu penser, que comme il est écrit d'eux *(des non-Juifs)* (Ezéch. XXIII, 20.): *La chair desquels est comme la chair des ânes*, on pourrait les envisager comme un âne ordinaire (ou dans le monde)[36]). C'est pourquoi il nous fait entendre expressément qu'eux aussi doivent être appelés *nudité;* car il est écrit (Gen. IX, 23.): *Et ils ne virent point la nudité de leur père*[37]).

Mischna. Mais il ne doit se couvrir ni dans des eaux fétides, ni dans des eaux où l'on a macéré, jusqu'à ce qu'on y ait mêlé de l'eau pure. Et de combien doit-il s'éloigner de l'eau et des excrémens? De quatre coudées.

---

32) *Raschi*: car la loi dit: *tu couvriras ce qui sort de toi.* Deut. XXIII, 14.

33) *Raschi*; כל signifie ici *peu*.

34) תיקו voy. la Préface.

35) מאי איריא *quare docet.*

36) Devant lequel il est permis de lire le *Chema*.

37) C'est-à-dire: de Noë incirconcis.

Ghémara. Et combien d'eau doit-on continuer à y jeter? Voici comment il faut prendre les paroles de la *Mischna*: il ne doit pas se couvrir du tout ni avec des eaux fétides, ni avec des eaux où l'on a macéré, et quant à l'urine il doit commencer par y jeter de l'eau et puis lire (*le Chema devant elle*). Les rabbins ont appris, combien d'eau doit-il y jeter? Autant qu'il veut; mais R. Zaccaï dit: un quart de *Log* [38]). Sur quoi Rav Nahman dit que cette disparité d'avis regarde seulement la fin de la chose [39]). Mais si c'est au commencement [40]) on peut y jeter autant d'eau que l'on veut. Mais Rav Joseph dit que cette disparité d'avis regarde le *commencement* de la chose, et que quant à la *fin*, on est d'accord qu'on doit y jeter un quart de *Log* d'eau. Rav Joseph dit à son domestique: apporte-moi un quart de *Log* d'eau selon l'opinion de R. Zaccaï. Les rabbins ont appris: devant un vase destiné aux excrémens, et un pot de chambre destiné à l'urine il est défendu de lire le *Chema*, lors même qu'ils ne contiennent rien, et devant l'urine même [41]) jusqu'à ce qu'on y ait versé de l'eau; et combien faut-il qu'on y en verse? Autant qu'on veut. Mais R. Zaccaï dit: un quart de Log; soit qu'elle se trouve devant, soit qu'elle se trouve derrière le lit. Rabban Siméon, fils de Gamaliel, dit que lorsqu'elle reste derrière le lit, on peut lire le *Chema*; mais que, si elle est devant le lit, on ne doit lire le *Chema* qu'après s'en être éloigné de quatre coudées. R. Siméon, fils d'Eliaser dit, que même dans une maison de cent aunes, on ne peut lire le *Chema* qu'après en avoir mis dehors l'urine, ou l'avoir placée sous le lit. On fit la question suivante aux rabbins: est-ce que (*Rabban Siméon, fils de Gamaliel*) a réellement dit que lorsqu'elle reste derrière

38) Voy. *Préface.*

39) *Raschi*: בסוף *à la fin*, c'est-à-dire, *après l'urine*, lorsque *l'urine* précède l'*eau*. En d'autres termes: R. Zaccaï pense qu'on doit jeter un quart de *Log* d'eau dans un vase qui contient déjà l'urine.

40) *Raschi*: lorsque l'*eau* précède *l'urine* ou qu'elle est jetée dans un vase avant l'urine.

41) Qui se trouve devant ou derrière le *lit.*

le lit on peut lire le *Chema* tout de suite, et que lorqu'elle est devant le lit, on doit s'en éloigner de quatre coudées, et puis lire le *Chema*; ou peut-être est-ce plutôt ainsi qu'il a dit: lorsqu'elle reste derrière le lit, on doit s'en éloigner de quatre coudées et puis lire le *Chema*, et lorsqu'elle est devant le lit on ne doit pas le lire du tout? Viens et écoute cette *Baraïtha:* R. Siméon, fils d'Eléazar, dit: si elle reste derrière le lit, on peut lire le *Chema* sans aucune difficulté; mais si elle est devant, on doit s'en éloigner de quatre coudées. Rabban Siméon, fils de Gamaliel, dit: même dans une maison de cent aunes on ne lit le *Chema* qu'après en avoir mis dehors l'urine, ou l'avoir placée sous le lit. De cette manière l'objet de notre question [42]) se trouve à la vérité simplifié; mais ces deux traditions se contredisent mutuellement [43]). Si tu voulais faire une transposition [44]) dans la dernière, tu chercherais en vain une raison qui put l'y justifier. Fais donc une transposition dans la première. *Rép.:* Mais à qui as-tu entendu dire que chaque maison doit être regardée comme un espace de quatre coudées [45])? C'est à R. Siméon, fils d'Eléazar [46]).

Rav Joseph dit: j'ai fait la question suivante à Rav Hunna: un lit *(dont les pieds)* ont moins de trois palmes, je sais très-bien qu'il peut être confondu avec le parquet [47]). Mais que penser *(de celui dont les pieds)* sont de quatre, de cinq, de six, de sept, de huit et de neuf palmes? Il lui répondit: je ne saurais le dire; quant à dix palmes la chose est claire *(continue Rav Joseph)*, et je n'en ai pas fait la question. Sur quoi Avaï dit: tu as bien fait de ne

42) Sur l'urine placée devant ou derrière le lit.

43) Car l'une attribue à Siméon, fils d'Eléazar, ce que l'autre rapporte sous le nom de Rabban Siméon, fils de Gamaliel.

44) C'est-à-dire: transposer les noms des docteurs qui parlent dans chacune de ces traditions.

45) C'est-à-dire, qu'on n'y peut pas lire le *Chema* lorsqu'il y a de l'urine.

46) Donc il faut faire une transposition dans la dernière, et attribuer à R. Siméon, fils d'Eléazar, ce que Rabban Siméon, fils de Gamaliel, y dit par rapport à une maison de 100 aunes ou coudées.

47) Et qu'il peut servir à bien cacher ce qu'on y met dessous.

pas en instituer la question, car tout ce qui a dix palmes constitue une autre jurisdiction [48]). Rava dit que l'Halaca est: moins de trois palmes c'est comme si le lit était attaché au parquet, et dix palmes constituent une autre jurisdiction. Quant au cas de trois palmes jusqu'à dix, sur lequel Rav Joseph a fait une question à Rav Hunna, et qu'il ne lui a pas déchiffrée, Rav dit que l'Halaca est selon R. Siméon, fils d'Eléazar, et Bali lui-même disait avoir entendu dire à Rav Jacob, fils de la fille de Samuel, que l'Halaca est selon Siméon, fils d'Eléazar; mais Rava dit qu'elle n'est pas selon R. Siméon, fils d'Eléazar.

Rav Ahaï ayant marié son fils dans la maison de Rav Isaac, fils de Samuel, fils de Martha, et celui-ci étant monté sur le lit nuptial, la chose ne put lui réussir. Le père alla donc derrière lui pour examiner cette affaire, et vit que le livre de la loi se trouvait *(dans la chambre)*. Il dit alors à ceux *(de la maison)*: or, comment donc cela? si je n'étais pas venu vous auriez exposé à un grave danger mon fils! Car la Baraïtha porte: dans une maison où se trouve le livre de la loi ou les *Tephillin* il est défendu d'y accomplir le service du lit [49]) jusqu'à ce qu'on les ait portés dehors, ou mis dans un vase, et ce vase dans un autre. Avaï dit: on n'a enseigné cela que pour un vase qui n'est pas fait exprès pour cet usage; mais si c'est dans un vase *(fourreau)* qui est destiné à cet usage, même dix de ces ustensiles doivent être envisagés comme un seul [50]).

F. 26. a. Rava dit: une enveloppe dans une commode [51]) est comme un vase dans un autre vase [52]).

---

48) רשות אחריתי *potestas aliena*, *seu alterius*, phrase qui sert à exprimer comment une chose passe d'une destination à l'autre en changeant de place ou d'usage.

49) C'est-à-dire: l'acte nuptial.

50) C'est-à-dire: on les multiplie inutilement, car un seul fait autant que dix.

51) קמטרא en Italien *Canterano*.

52) C'est-à-dire: la commode même ou l'armoire et une enveloppe quelconque suffisent pour cacher le livre de la loi et les *Tephillin* autant que le feraient deux vases placés l'un dans l'autre et autant qu'il le faut pour ceux qui accomplissent le service du lit.

R. Jehochua, fils de Lévi, dit: le livre de la loi exige qu'on lui fasse une séparation de dix palmes[53]. Mar Zutra étant venu dans la maison de Rav Ache, et ayant vu que dans le lieu où dormait Mar, fils de Rav Ache, restait le livre de la loi, et qu'il lui avait fait une séparation de dix palmes, il lui dit: si tu en as voulu agir selon l'avis de R. Jehochua, fils de Lévi, celui-ci ne dit cela que pour ceux qui n'ont pas une autre maison *(pour y coucher)*; mais Mar possède une autre maison. Il lui répondit: je n'y avais pas pris garde.

Mischna. Combien faut-il s'éloigner de l'urine et des excrémens? De quatre coudées.

Ghémara. Rava disait avoir entendu dire à Rav Sahova que Rav Hunna disait: on n'a enseigné cela que pour le cas où les excrémens soient derrière *(celui qui veut lire le Chema)*; mais lorsqu'ils restent devant il faut qu'il s'en éloigne autant que l'oeil peut les apercevoir, ce qui vaut aussi relativement à la prière. Mais ce n'est pas ainsi; car Raphram, fils de Papa, disait avoir entendu dire à Rav Hasda: un homme peut rester devant une maison de la chaise et prier. *Rép.:* Mais il est ici question d'une maison de la chaise où il n'y a pas d'excrémens. Ce n'est pas non plus ainsi, car Rav Joseph, fils de Hanina, dit: Les rabbins appellent *maison de la chaise* même celle qui ne contient pas d'excrémens, et donnent le nom de bain même à celui où il n'y a personne. *Rép.:* Mais cela arrive quand il est question d'une maison de la chaise qui est toute neuve. Cependant on a proposé à Ravina cette question: si on a destiné un lieu pour être une maison de la chaise, cette destination suffit-elle pour le rendre maison de la chaise ou non? *Rép.:* Cette question n'a été faite à Ravina que pour savoir là-dessus si on peut prier dans et non devant un tel lieu. Rava dit: les maisons de la chaise des Perses, lors même qu'elles contiennent des excrémens sont envisagées comme si elles étaient entièrement fermées[54]) et *pures.*

---

53) *Tosepheth:* soit la loi toute entière, soit une seule partie de la loi; mais pour les autres livres il suffit de les couvrir.

54) *Raschi:* car elles avaient une pente qui faisait que les excrémens roulaient tout de suite dans une fosse, loin de l'ouverture.

Mischna VIe.

Le *Zav*[55]) qui a vu le *Keri*[56]), et la *Nidda*[57]) qui a versé *concubitus semen*, et la femme qui dans l'acte marital a vu sa *Nidda* sont obligés de se baigner[58]). Mais R. Jéhuda les délivre de cette obligation[59]).

Ghémara.

On a fait cette question aux rabbins: que pensait donc R. Jéhuda d'un *baal-Keri (possesseur de l'accident)* qui a vu le flux *(après avoir vu l'accident)*, car si dans cette Mischna, il délivre *(du bain d'Ezras)* le *Zav* qui a vu le *Keri (après le flux)* c'est qu'en origine il n'est pas fils du bain *(ou obligé de se baigner)*[60]). Mais quant au *baal-Keri* qui voit le *Zav* après le *Keri*, lui il est en origine fils du bain. L'oblige-t-il donc *(à se baigner)* ou devons-nous dire qu'il ne fait aucune différence entre l'un et l'autre? Viens et écoute cette tradition: une femme qui après l'acte marital voit la *Nidda* est obligée de se baigner, mais R. Jéhuda la délivre de cette obligation. Or, une femme qui après l'acte marital voit la *Nidda* est comme un *baal-Keri* qui voit le *flux (après l'accident)*. Il faut donc conclure de cela que R. Jéhuda délivre aussi ce dernier. D'autant plus que Hija nous aprend expressément qu'un *baal-Keri* qui a vu le *Zav* doit se baigner, et que R. Jéhuda le delivre de cette obligation.

Notre retour sur toi ô Section.

מי שמתו

---

55) זב *flux*, c'est un homme qui par un flux continuel perd la faculté générative, c'est aussi le nom de cette maladie.

56) קרי *accident*: c'est l'effusion de la semence.

57) נדה *la séparée*, la femme dans ses moments critiques. On appelle aussi *Nidda* les ordinaires d'une femme. J'emploierai souvent les trois mots techniques *Zav*, *Keri* et *Nidda*, pour ne point alarmer la pudeur.

58) Un tel homme pour lire dans la loi et pour prier, et une telle femme pour prier ont besoin du bain d'*Ezras*.

59) La décision n'est pas selon R. Jéhuda.

60) Car il est *Zav* avant d'être *baal-Keri* et le bain d'Ezras ne purifie pas du *Zav*, mais du *Keri* seulement.

BERACOTH.

Quatrième Section.

תפלת השחר

Mischna Ire.

Le temps de la prière du matin est jusqu'à midi. Mais R. Jéhuda dit: jusqu'à quatre heures *(depuis le lever du soleil)* [1]. Le temps de la prière de l'après-midi est jusqu'aux vêpres; mais R. Jéhuda dit jusqu'à la moitié de la *Minha* [2]. La prière du soir n'a pas de temps déterminé, et les prières additionnelles [3] *(peuvent se dire)* pendant toute la journée; *mais R. Jéhuda dit: jusqu'à la septième heure* [4].

Ghémara.

Je peux t'objecter cette tradition [5]: l'ordonnance du

---

1) Mais l'Halaca n'est pas selon R. Jéhuda.

2) *Maimon.* et *Barten.* Tout le temps de l'après-midi se partage en deux מנחות ou *vêpres* dont la *première* ou la *grande* (מנחה גדולה) a lieu depuis six heures et demie après le lever du soleil jusqu'à neuf heures et demie; et la *seconde* ou la *petite* (מנחה קטנה) depuis neuf heures et demie jusqu'au coucher du soleil. Cette dernière dont parle ici la *Mischna* comprend ordinairement deux heures et demie de manière que la moitié de la petite *Minha* tombe une heure et un quart après la *grande Minha*, ou deux heures et demie avant le coucher du soleil. L'Halaca peut être ici selon les savans comme selon R. Jéhuda.

3) מוספים les prières qui tiennent lieu des sacrifices qu'on ajoutait les samedis et les autres jours de fête. Voy. Préface.

4) Ces derniers mots manquent dans le Talmud de Jérusalem. L'*Halaca* est selon R. Jéhuda.

5) Voy. ci-dessus Fol. 9. *b.* Souvenons-nous que *prier* et *lire* le *Chema* sont deux choses qu'il faut distinguer, car la prière ne consiste à rigoureusement parler que dans les 18 bénédictions du *Chemona Esre.*

Chema porte qu'on le dise à l'apparition du soleil, afin de joindre ensemble la *rédemtion* avec la *prière*, et d'être trouvé en prière pendant le jour. *Rép.:* Mais cette *Baraïtha* regarde seulement les pieux; car R. Johanan dit: les pieux finissaient le *Chema* à l'apparition du soleil. Est-ce que tous les autres (*peuvent prier*) jusqu'à midi, et non plus loin? Cependant R. Mari, fils de Rav Hunna, fils de R. Jérémie, fils d'Ava, disait avoir entendu dire à R. Johanan: celui qui s'est trompé et n'a pas prié le soir, doit prier deux fois le matin, et s'il n'a pas prié le matin il doit le faire deux fois l'après diné. Il peut donc prier toute la journée [6]). *Rép.:* On donne à celui qui prie jusqu'à midi la récompense de la prière (*du matin*) faite dans son temps, et à celui qui la fait depuis midi et plus loin, on donne la récompense de la prière; mais non celle de la prière faite dans son temps.

On fit cette question aux rabbins: si quelqu'un s'est trompé et n'a pas fait la prière de l'après-midi doit-il prier deux fois le soir? Prendras-tu le parti de dire que celui qui s'est trompé et n'a pas prié le soir, doit prier deux fois le matin, vu que cela constitue un seul jour parce qu'il se trouve écrit (Gen. I, 5.): *ainsi fut le jour*, *ainsi fut le matin du premier jour* (Talm.: *d'un seul jour*); mais que dans la *Minha* la prière tient lieu de l'offrande, et que, lorsque le jour est passé, son offrande cesse? Ou (*diras-tu*) peut-être que comme la prière est une chose qui (*sert à implorer*) la miséricorde (*de Dieu*) on doit continuer à la faire aussi long-temps qu'on en a besoin? Viens et écoute, ce qu' (*à ce propos*) Rav Hunna, fils de Jéhuda, disait avoir entendu dire à R. Isaac: que R. Johanan dit: celui qui s'est trompé et n'a pas prié après-midi, doit prier deux fois le soir, et ne faire aucun cas de la règle, que quand le jour est passé son offrande n'a plus de valeur.

Objection: (*il est écrit*) (Eccles. I, 15.): *ce qui est tordu ne se peut redresser, et les défauts ne se peuvent nombrer.*

---

6) C'est-à-dire: il suit de là qu'il peut faire la prière du matin même dans l'après-midi

(*Les paroles*): *ce qui est tordu ne se peut redresser*, désignent celui qui omet la lecture du *Chema* du soir, et la lecture du *Chema* du matin, ou la prière du soir, ou celle du matin; (*et les paroles:*) *et les défauts ne se peuvent nombrer*, désignent celui que ses camarades ont compté dans le nombre de ceux qui doivent pratiquer un précepte, et qui ne s'y est pas trouvé avec eux. Sur quoi R. Isaac disait avoir entendu dire à R. Johanan: il n'est ici question que de celui qui fait une pareille omission à dessein. Rav Ache dit: cela se fait aussi entendre expressément dans la tradition qui porte: *celui qui a omis*, et qui ne dit pas: *celui qui s'est trompé*. F. 26. *b.*

Les rabbins ont appris: celui qui se trompe et ne fait pas la prière de la *Minha* aux vêpres du samedi (*vendredi au soir*), doit prier dans la nuit du samedi deux fois; mais celui qui s'est trompé et n'a pas fait la prière de la *Minha* le jour de samedi, doit prier à la sortie du samedi deux prières du jour ouvrier (*qui suit*) en faisant l'*Habdala* dans la première et non dans la seconde[7]). Et s'il fait l'*Habdala* dans la seconde et non dans la première, alors la seconde seulement lui est comptée pour valable, mais la première ne lui est pas comptée[8]). Devrait-on dire que puisqu'il n'a pas fait l'*Habdala* dans la première, c'est comme s'il n'avait pas prié, et qu'il doit répéter la prière? Mais alors je pourrais t'objecter cette tradition: celui qui s'est trompé et n'a pas fait la commémoration de la *puissance de la pluie* dans la prière de la *réssurrection des morts*[9]), et la *pétition de la rosée* dans la *bénédiction des années*[10]) doit les répéter; mais s'il a oublié l'*Habdala* dans la bénédiction *Honen haddaath*[11]) il ne doit pas la

---

7) *Raschi*: parce que c'est la seconde qui remplace la prière oubliée dans le samedi, et dans laquelle ne doit pas avoir lieu l'*Habdala* ou la séparation de ce jour ouvrier qui se fait après la quatrième bénédiction du *Chemona Esre*. Voy. Préface.

8) *Raschi*: parce qu'on ne peut pas mettre une prière qui devait être faite déjà, avant une autre qui doit se faire dans son temps.

9) Qui est la seconde bénédiction du *Chemona Esre*.

10) Qui est la neuvième du *Chemona Esre*.

11) Qui est la quatrième.

répéter; car il peut la dire sur le calice[12]). *Rép.:* Cette difficulté est insoluble.

Nous avons entendu dire que R. Jose, fils de Hanina, disait: ce sont les Patriarches qui ont établi les prières, et que R. Jehochua, fils de Lévi, disait: (*ce sont les membres de la grande Synagogue qui*)[13]) les ont établies à côté des sacrifices perpétuels; et il y a une *Baraïtha* selon l'opinion de R. Jose, fils de Hanina, et une autre selon celle de R. Jehochua, fils de Lévi. La Baraïtha selon l'opinion de R. Jose, fils de Hanina, porte: Abraham a établi la prière du matin; car il est dit (Gen. XIX, 27.): *Et Abraham se levant de bon matin vint au lieu où il s'était tenu* (עמד) *devant l'Eternel.* Or, cet acte *de se tenir debout* (עמודה) ne signifie autre chose que la prière; car il est dit (Psau. CVI, 30.): *et Phinéas se présenta* (יעמוד) *et fit justice* (ויפלל) (Talm.: *et fit la prière*). Isaac établit la prière d'après-midi; car il est dit (Gen. XXIV, 63.): *et Isaac était sorti pour se livrer à ses idées* (לשוח) (Talm.: *pour prier*) *dans le champ avant le soir.* Or, le mot שיחה *méditation* ne peut signifier autre chose que la prière; car il est dit (Psau. CII, 1.): *Prière de l'affligé, étant dans l'angoisse, et répandant sa plainte* (שיחו) (Talm.: *sa prière*) *devant l'Eternel.* Jacob enfin établit la prière du soir; car il est dit (Gen. XXVIII, 11.): *Et il se rencontra* (ויפגע) *en un lieu où il passa la nuit.* Or, l'expression פגיעה *(rencontra)* ne signifie autre chose que la prière; car il est dit (Jérém. VII, 16.): *Toi donc ne prie pas pour ce peuple, et ne jette point de cri en faisant une requête pour eux, et n'intercède pas envers moi* (ולא תפגעי בי). La *Baraïtha* qui est selon l'opinion de R. Jehochua, fils de Lévi, porte: pourquoi ont-ils dit que le temps de la prière du matin

---

12) Que l'on bénit à la maison pour séparer le samedi du jour ouvrier. Voy. Préface.

13) Selon le Talmud de Jérusalem (Berac. 20. *b.*) les membres de la grande Synagogue n'ont fait que remettre en vigueur les formules de prières dont s'étaient servis les Patriarches. Il nous dit plus haut (11, a.) que cinq cent vingt vieillards ont établi l'ordre des dix-huit bénédictions, et qu'il y avait quatre-vingts Prophètes parmi eux.

est jusqu'à midi? Parce qu'on continuait à offrir le sacrifice perpétuel du matin jusqu'à midi; mais R. Jéhuda dit que *(ce temps)* est jusqu'à quatre heures, parce que *(selon lui)* on continuait à offrir le sacrifice perpétuel du matin jusqu'à quatre heures. Et pourquoi ont-ils dit que le temps de la prière d'après-midi est jusqu'au soir? Parce qu'on continuait à offrir le sacrifice perpétuel d'entre les deux vêpres jusqu'au soir; et R. Jéhuda dit que *(ce temps)* est jusqu'à la moitié de la *Minha*, parce que *(selon lui)* on continuait à offrir le sacrifice perpétuel d'entre les deux vêpres jusqu'à la moitié de la *Minha*. Et pourquoi ont-ils dit que le temps de la prière du soir n'a pas de temps déterminé? Parce que les *membres* et la *graisse* des victimes qui n'avaient pas été consumés aux vêpres on continuait à les apporter sur l'autel toute la nuit. Et pourquoi ont-ils dit que le temps des prières additionnelles (מוספין) dure toute la journée? Parce qu'on offrait les sacrifices additionnels (מוספים) toute la journée. R. Jéhuda dit que *(ce temps)* dure jusqu'à sept heures parce que *(selon lui)* on continuait à offrir le sacrifice additionnel jusqu'à sept heures.

Mais quel est le temps de la *grande Minha?* De six heures et demie et plus loin. Et celui de la *petite Minha*? De neuf heures et demie et plus loin. Sur quoi on a fait la question suivante: R. Jéhuda parle-t-il (*dans cette Mischna*) de la moitié de la première *Minha*, ou de la moitié de la seconde? Viens et écoute cette *Baraïtha:* R. Jéhuda parle de la moitié de la *seconde Minha*, et les rabbins ont dit que cela répond à onze heures moins un quart. Dirons-nous que cela constitue une objection contre ce que soutient R. Jose, fils de Hanina? Mais il te répondra qu'il est toujours d'avis que les prières ont été établies par les patriarches, et que les rabbins les ont seulement adaptées aux sacrifices; car si tu ne dis pas ainsi, on ne sait pas à qui attribuer l'institution de la prière du sacrifice additionnel [14]) en suivant à la lettre l'opinion de

---

14) Prière, dit Raschi, qui a dû être nécessairement adaptée au *sacrifice additionnel* après le temps des patriarches.

R. Jose, fils de Hanina. Il faut donc tenir que les prières ont été établies par les patriarches et adaptées aux sacrifices par les rabbins.

Mischna. R. Jéhuda dit: jusqu' (עד) *à quatre heures.*

Ghémara. On a fait une question sur le mot *jusque* (עד) s'il comprend ou ne comprend pas dans la somme [15]). Viens et écoute; car R. Jéhuda dit: jusqu' (עד) à la moitié de la *Minha.* Or, si tu dis que ce *jusque* (עד) ne comprend pas dans la somme [16]) tout va bien et il y aura une différence entre l'opinion de R. Jéhuda et celle des

F. 27. a. rabbins. Mais si tu dis que ce *jusque* (עד) comprend dans la somme, alors R. Jéhuda dit la même chose que les rabbins. Mais comment donc le mot jusque (עד) ne comprend-il pas dans la somme, si la *Sepha* porte: *le temps des prières additionnelles dure toute la journée?* R. Jéhuda dit: *jusqu'à sept heures.* Et la *Baraïtha* porte à son tour: s'il lui reste à faire deux prières *l'additionnelle* et la *Minha*, il doit faire avant la prière de la *Minha* et après la prière *additionnelle*, parce que la première est stable, et la seconde ne l'est pas; mais R. Jéhuda dit qu'il doit s'acquitter de la *prière additionnelle* et après de la *Minha*, parce que le temps de la première passe [17]) tandis que celui de la seconde ne passe pas. Or, tout ira bien si tu dis que ce *jusque* (עד) comprend dans la somme, car il peut se trouver alors que ces deux prières se rencontrent l'une avec l'autre [18]). Mais si tu dis que ce *jusque* (עד) ne comprend pas dans la somme, comment alors pourrait-il se faire que ces deux prières se rencontrassent ensemble? En effet, avant que le temps de la *Minha* fût arrivé celui de la *prière additionnelle* serait déjà passé. Mais dans la supposition que le mot *jusque* (עד) comprenne dans la somme: il y a une difficulté dans la *Recha*, car quelle différence y aurait-il alors entre l'opinion de R.

---

15) S'il veut dire *jusqu'à quatre heures* inclusivement ou exclusivement.

16) La seconde moitié de la *Minha*.

17) Car il dure, selon *R.* Jéhuda, jusqu'à sept heures.

18) Car l'obligation de la *Minha* commence vers sept heures.

Jéhuda, et celle des rabbins? *Rép.:* Est-ce que tu penses que lorsque R. Jéhuda dit *la moitié de la Minha*, il entend parler de la seconde moitié? C'est de la première moitié qu'il entend parler et c'est ainsi qu'il veut dire. — Quant finit la première moitié et commence la seconde? Depuis que onze heures moins un quart sont passées. Rav Nahman dit: nous avons aussi appris cela dans cette tradition[19]: R. Jéhuda, fils de Rava, témoigne sur ces cinq choses: qu'on apprend à refuser le mariage à une mineure *(en faveur de la soeur dont le mari est mort sans enfans)*, qu'on remarie une femme sur la foi d'un seul témoin *(qui atteste la mort de son premier mari)*, qu'à Jérusalem on avait lapidé un coq qui avait tué un enfant *(quoique la loi n'ordonne que de lapider un boeuf qui aura tué un homme)*, qu'on faisait des libations sur l'autel même avec le vin de quarante jours *(quoique la loi défende de se servir pour cela d'un vin qui soit trop jeune)* et que le sacrifice perpétuel du matin a été fait à quatre heures. Ne peut-on pas conclure de cela que le mot *jusque* (עד, *selon R. Jéhuda*) comprend dans la somme? Oui, c'est justement ce qu'il faut en conclure. Rav Cohana dit que l'Halaca est d'après l'avis de R. Jéhuda, parce que nous avons appris dans la *Behirta*[20]) ces paroles qui répondent à son opinion: *et sur le sacrifice perpétuel du matin qu'il a été offert à quatre heures.*

Qui est le Tanne de cette tradition? *(Il est écrit)* (Exod. XVI, 21.): *Et lorsque la chaleur du soleil était venue elle (la manne) se fondait*, ce qui veut dire dans les *(premières)* quatre heures *(du jour)*. Veux-tu soutenir que l'on parle ici de ces premières quatre heures du jour, ou plutôt que l'on y fait allusion aux premières six heures du jour selon l'autre phrase (Gen. XVIII, 1.): *dans la chaleur du jour*, qui veut dire à six heures? Mais moi j'établis que la phrase: *et lorsque la chaleur du so-*

---

19) Edioth C. 6. Misch. 1. où nous éclaircirons ce passage.

20) בחירתא *le choisi*. Les rabbins donnent ce titre au traité talmudique *Edioth* parce qu'il contient des témoignages et des sentences choisis.

leil[21]) *était venue elle se fondait*, signifie dans les premières quatre heures, et je demande: de qui sera *(la tradition que je viens de citer et qui établit la même chose)*? Elle ne peut être ni de R. Jéhuda, ni des rabbins; car comment serait-elle de R. Jéhuda qui dit que même à quatre heures inclusivement est *matin*[22])? Et comment d'ailleurs serait-elle des rabbins, qui disent que même jusqu'à midi dure le matin? *Rép.:* Si tu veux je peux dire qu'elle appartient à R. Jéhuda, et si tu veux je peux aussi dire qu'elle appartient aux rabbins. Elle peut appartenir à ces derniers; car comme dans le verset il est dit deux fois בקר (*matin*) ils ont regardé ce temps comme partagé en deux matins (*de trois heures*). Elle peut aussi appartenir au premier, en supposant que le mot בקר qui serait superflu, veut signifier qu'on a commencé (*à ramasser la manne*) une heure avant le premier matin[23]). Car tout le monde trouve, dans la phrase: *et lorsque la chaleur du soleil était venue elle se fondait*, quatre heures. Mais que peut-on déduire de cela? R. Aha, fils de R. Jacob, répond que le verset dit: *et lorsque la chaleur du soleil*, etc. pour répondre à la question: quel est le moment où le soleil est chaud et l'ombre fraîche? C'est justement à quatre heures[24]).

Mischna. La prière de l'après-midi jusqu'au soir.

Ghémara. Rav Hasda dit à Rav Isaac: là *(où l'on*

---

21) Raschi: car *la chaleur du soleil* diffère de l'expression *la chaleur du jour* en ce que la première veut dire lorsque le soleil est chaud et l'ombre fraîche, ce qui arrive pendant le *matin*; et la seconde signifie lorsque le soleil et l'ombre sont chauds; ce qui a lieu à *midi*.

22) Tandis que dans le passage (Exod. XVI, 21.) il est dit qu'on recueillait la manne *chaque matin* et que lorsque la chaleur du soleil était venue (*à quatre heures*) elle se fondait. Donc le matin finit, selon ce verset, avant quatre heures.

23) Dans cette hypothèse on aurait continué à la ramasser pendant 4 heures, c'est-à-dire: jusqu'à trois heures après le lever du soleil où finit le premier matin, et elle se serait fondue vers quatre heures, c'est-à-dire, après la fin du premier matin des savans et à la fin du matin de R. Jéhuda.

24) *Raschi:* avant ce temps et le soleil et l'ombre sont frais.

parle de la prière du matin) Rav Cohana a dit que l'Halaca est selon R. Jéhuda en rapportant le texte de la *Behirta;* mais que faut-il penser ici *(par rapport à la prière de le l'après-midi)?* Il se tut et ne lui dit mot. Rav Hasda reprit: nous pouvons voir *(ce qu'il faut penser là-dessus)* par cette action de Rav qui priait la prière du samedi dans la veille du samedi, pendant qu'il faisait encore jour. De cela on peut déduire que l'Halaca est selon R. Jéhuda. Maintenant comme tout cela n'est pas clair, on peut dire que l'Halaca n'est ni comme un docteur ni comme l'autre, et que celui qui se conforme à l'avis du premier fait aussi bien que celui qui se conforme à l'avis du second.

Rav s'étant rendu chez Gheneva et faisant la prière du samedi la veille de ce jour, il arriva que R. Jérémie, fils d'Ava, restait en prière derrière lui. Rav finit et ne voulut pas interrompre la prière de R. Jérémie *(en passant devant lui)*, conduite d'où il faut conclure trois choses, savoir: qu'on prie la prière du samedi la veille de ce jour; que le disciple doit se tenir derrière son maître dans la prière et qu'il est défendu de passer devant ceux qui sont en prière. Cela vient à l'appui de l'opinion de R. Jehochua, fils de Lévi, qui dit cela expressément. Mais ce n'est pas ainsi, vu que R. Ame et R. Ase sont passés l'un devant l'autre. *Rép.:* R. Ame et R. Ase sont passés à la distance de plus de quatre coudées.

Mais comment R. Jérémie a-t-il pu faire ce que nous venons de voir, si Rav Jéhuda disait avoir entendu dire à Rav: l'homme ne doit jamais prier ni à côté de son Rabbi ni derrière son Rabbi, et une Baraïtha porte: R. Eliéser dit: celui qui prie derrière son Rabbi, celui qui le salue ou qui lui rend le salut *(sans y ajouter le titre de Rabbi)*, celui qui dispute contre l'école de son Rabbi ou qui dit une chose qu'il n'a pas entendue de sa bouche, est cause que la *Chekina* abandonne Israël. *Rép.:* C'est une autre chose pour R. Jérémie, fils d'Ava, qui était un disciple gradué. Et cela combine avec la manière dont R. Jérémie, fils d'Ava, a parlé *(dans cette circonstance)* à *Rav*; car il lui a dit: as-tu fait la séparation *(entre le*

F. 27. b.

jour ouvrier et le samedi)? et il lui répondit: oui je l'ai faite. Or, nous voyons qu'il ne lui dit pas: avez-vous fait, *mon maître*, la séparation[25])? Mais avait-il réellement fait cette séparation si R. Avin nous dit: une fois Rav faisait la prière du samedi la veille de ce jour, puis il est entré dans le bain, puis il en est sorti et nous a expliqué quelques sections et cependant il ne faisait pas encore obscur[26])? Sur quoi Rava dit qu'il était entré dans le bain pour transpirer et que cela s'était passé avant que les rabbins eussent fait une défense à ce sujet. Mais ce n'est pas ainsi, vu qu'Avaï permettait à Rav Dimi, fils de Kivaï, de parfumer les paniers avec du souffre[27]). *Rép.:* Tout cela n'a été qu'une méprise[28]). Mais est-ce qu'une méprise oblige de répéter la prière? Cependant Avidan nous dit qu'une fois les cieux s'étaient si fortement enveloppés de nuages que tout le monde s'avisa de dire qu'il faisait déjà obscur. On entra donc dans la Synagogue, et on fit la prière de la sortie du Sabbath pendant que le samedi n'était pas encore fini; mais les nuages s'étant dissipés et le soleil ayant reparu, on alla demander l'avis de Rav qui dit: puisqu'on a déjà prié une fois cela suffit. *Rép.:* C'est une autre chose lorsqu'il s'agit de la Synagogue, qu'on doit tâcher de ne pas trop fatiguer.

R. Hija, fils d'Avin, dit: Rav faisait la prière du Sabbath la veille de ce jour, et R. Jochia faisait celle de la sortie du Sabbath dans ce jour même. Quant au premier je demande s'il a dit ou non la *Keducha (ou la sanctification)* sur le calice? Viens et écoute ce que Rav Nahman disait avoir entendu dire à Samuel: l'homme fait la prière du samedi la veille de ce jour, et dit la *Keducha* sur le calice, et l'Halaca est selon lui. Je demande aussi quant

---

25) Mais le traite d'égal à égal.

26) Ce qui prouve qu'il n'était pas accoutumé de faire la prière du samedi après s'être défait de toutes ses occupations du jour ouvrier.

27) *Raschi:* pour les rendre couleur de souffre et cela après avoir fait la prière du samedi la veille de ce même jour.

28) *Raschi:* comme il faisait sombre il avait cru par méprise que le samedi était déjà commencé.

au second, s'il a dit ou non l'*Havdala* sur le calice? Viens et écoute ce que Rav Jéhuda disait avoir entendu dire à Samuel: l'homme fait la prière de la sortie du Sabbath le samedi, et dit l'*Havdala* sur le calice. R. Zira dit avoir entendu dire à R. Ase que R. Eléazar disait avoir entendu dire à R. Hanina, et celui-ci à Rav: c'est à côté de cette colonne que R. Ismaël, fils de Jose, a fait la prière du Sabbath la veille de ce jour. Mais lorsqu'Ulla survient, il dit que cela s'était passé à côté d'un palmier, et non d'une colonne, et que ce n'avait pas été R. Ismaël, fils de Jose *(la personne en question)*, mais R. Eléazar, fils de R. Jose, et qu'il n'avait pas fait la prière du Sabbath la veille de ce jour, mais celle de la sortie du Sabbath le samedi.

Mischna. La prière du soir n'a rien de déterminé.

Ghémara. Que veut dire l'expression: *n'a rien de déterminé?* Doit-on dire *(qu'elle signifie)* que si l'on veut on peut s'en acquitter pendant toute la nuit? Mais alors la *Mischna* aurait dû parler ainsi: le temps de la prière du soir dure toute la nuit: que veut-elle donc par la phrase: *elle n'a rien de déterminé?* Elle veut parler selon celui qui dit que la prière du soir dépend de la libre volonté de chacun; car Rav Jéhuda dit avoir entendu dire à Samuel: quant à la prière du soir Rabban Gamaliel dit qu'elle est de devoir, et R. Jehochua qu'elle dépend de la libre volonté de chacun, et Avaï dit que l'Halaca est selon le Rabbi qui dit qu'elle est de devoir, et Rava dit que l'Halaca est selon le Rabbi qui dit qu'elle dépend de la libre volonté de chacun. Les rabbins ont appris qu'il arriva qu'un écolier étant venu en présence de R. Jehochua, lui dit: la prière du soir est-elle arbitraire ou de devoir? Il lui répondit: elle est arbitraire. L'écolier vint alors en présence de Rabban Gamaliel et lui dit: la prière du soir est-elle arbitraire ou de devoir? Il lui répondit: elle est de devoir. L'écolier reprit: mais pourtant R. Jehochua m'a dit qu'elle est arbitraire, et Gamaliel lui répondit: attends jusqu'à ce que les *armés de bouclier* [29]) soient entrés dans la

---

29) *Raschi:* les savans qui triomphent les uns des autres dans l'Halaca.

maison de la *recherche (dans l'école)*. Lorsque les *armés de bouclier* furent entrés, le postulant *(l'écolier)* se leva et fit cette question: la prière du soir est-elle arbitraire ou de devoir? Rabban Gamaliel lui répondit: de devoir, et puis il s'adressa aux autres savans et leur dit: y a-t-il un seul individu qui soit d'un avis contraire *(au mien)* là-dessus? R. Jehochua lui répondit que non. Gamaliel reprit: pourquoi donc on me dit en ton nom qu'elle est arbitraire, puis il continua: lève-toi Jehochua sur tes pieds afin qu'on témoigne contre toi. R. Jehochua se leva sur ses pieds et dit: si moi par hasard, j'étais vivant et lui était mort par hasard, le vivant pourrait impunément taxer de mensonge le mort; mais maintenant que je suis en vie, et que lui aussi est en vie, comment le vivant pourrait-il dire que le vivant en a menti? *(J'avoue donc avoir dit qu'elle est arbitraire.)* Alors Rabban Gamaliel continuait à expliquer la loi étant assis, et R. Jehochua restait sur ses pieds jusqu'à ce que tout le peuple commençât à murmurer, et dit à Hotspith, l'interprête [30]), de s'arrêter, et il s'arrêta: jusqu'à quand (disait l'un à l'autre) continuera-t-il à le mortifier? L'année passée il l'a mortifié comme il est dit dans le *Rosch Hachana* [31]), et au sujet de l'affaire de R. Tsadoc dont il est question en *Becoroth* [32]) il l'a aussi mortifié. Venez donc et déposons-le *(Gamaliel)*, mais qui mettrons-nous à sa place? Substituons lui R. Jehochua. Mais il est partie dans cette affaire. Mettons donc à sa place R. Akiva; mais peut-être Rabban Gamaliel lui reprochera qu'il n'a pas de mérite du côté de ses ancêtres *(qu'il n'est pas noble d'origine)*. Eh bien! mettons à sa place R. Eléazar, fils d'Azarie, qui est savant, riche et de la dixième génération d'Ezras. En tant que savant, si Gamaliel lui fait

---

30) התורגמן Truchemen qui interprétait au peuple juif en chaldéen ou en syriac ce qui dans les assemblées religieuses était dit ou lu en hébreux.

31) Traité *Rosch Hachana* F. 25. *a*. Le Talmud cite ici la Ghémara de ce traité comme si elle était connue déjà avant celle du traité *Beracoth*.

32) Traité *Becoroth* F. 36. *a*. même observation.

des questions difficiles *(sur la loi)* il pourra bien se tirer d'affaire. En tant que riche, s'il y a quelque service à rendre à la maison de César, lui aussi pourra aller et rendre ce service. Et puisqu'il est de la dixième génération d'Ezras, il possède les mérites des ancêtres, et Gamaliel ne trouvera pas de prétexte pour lui faire des reproches à ce sujet. Ils allèrent donc et dirent à R. Eléazar: trouverez-vous bon, ô Mar, de devenir le *Chef* de notre académie? Il leur répondit: j'irai et je prendrai conseil des hommes de ma maison *(de ma femme)*; il alla et demanda le conseil de sa femme, qui lui dit: peut-être te déposeront-ils toi aussi. Il lui répondit: *on fait monter dans la sainteté, et on ne fait pas descendre*[33]). Peut-être te mortifieront-ils toi aussi. Il lui répondit: *(il est bon de jouir)* un seul jour d'un calice précieux qui le lendemain doit être cassé. Elle reprit: mais tu n'as pas encore de cheveux blancs; en effet, il n'avait ce jour là que 18 ans. Alors il lui arriva un prodige, et 18 séries de cheveux se changèrent en blancs. Cela combine avec ce que R. Eléazar, fils d'Azarie, a dit autre part[34]): *Voilà je suis comme si j'avois 70 ans*, et il n'a pas dit: j'ai 70 ans. Nous avons appris que le même jour on a renvoyé la garde de la porte *(de l'académie)*, et on a donné la faculté d'entrer aux disciples; car Rabban Gamaliel avait fait une proclamation qui portait: tout disciple dont l'intérieur n'est pas comme l'extérieur ne doit pas entrer dans la maison de la recherche en se fondant sur la sentence: *quiconque instruit un écolier indigne c'est comme s'il jetait une pierre à Marcolis*[35]). Mais R. Eléazar, fils d'Azarie, dit: comment pourrons-nous savoir s'ils ne sont pas dignes? Car il était d'a-

F. 28. a.

33) Cette phrase est marquée dans le Talmud de Cracovie avec plusieurs petits cercles qui indiquent qu'elle est déplacée dans cet endroit.

34) Voy. ci-dessus. C. 1. Misch. V.

35) מרקוליס Statue de Mercure de trois pierres, deux verticales et une placée au-dessus transversalement. Autour de ces statues on jetait d'autres pierres en marque d'adoration. Ce passage a été retranché du Talmud depuis que les auteurs du *Toledoth Jesu* et du *Maase Telui* ont eu l'insolence de l'appliquer à J. Ch. en l'accusant d'avoir adoré les astres. C'est de l'*Ain Jacob* de Venise que nous l'avons tiré.

vis que l'homme doit toujours s'occuper dans l'étude de la loi et dans la pratique des préceptes: en effet, quoiqu'il ne fasse pas cela en leur nom *(ou avec l'intention de faire le bien)* il peut par là parvenir à le faire en leur nom. Dans ce jour beaucoup de bancs furent ajoutés *(pour les disciples)*, et R. Johanan dit: que sont partagés d'avis là-dessus Abba Joseph, fils de Dosithée, et les rabbins; car l'un dit qu'on ajouta 400 bancs, et l'autre 700 bancs. Cela inquiétait l'esprit de Rabban Gamaliel qui se disait: Aurais-je par hasard (qu'à Dieu ne plaise) empêché la loi *(de se propager)* en Israël? Alors on lui fit voir dans une vision qu'il eut pendant le sommeil, des vases blancs remplis de cendres; vision qui à la vérité n'eut pas lieu tant pour lui prouver *(que ces écoliers étaient indiqués de ce nom)* que pour calmer son esprit. Nous avons appris que dans ce jour on enseigna le traité *Edioth*[36]) *(de sorte que)* par tout où il y est dit *dans ce jour* on fait allusion à ce jour *(mémorable)* il n'y eut pas une Halaca douteuse qui ne fût résolue dans la *maison de la recherche*, et Rabban Gamaliel lui-même ne resta pas une seule heure hors de l'école selon ce que nous avons appris[37]). Dans ce même jour vint Jéhuda prosélyte Ammonite devant eux dans la maison de la recherche, et leur dit: puis-je entrer dans l'assemblée? Rabban Gamaliel lui répondit: il t'est défendu d'y entrer; mais R. Jehochua lui dit: il t'est permis de le faire. Sur quoi Rabban Gamaliel dit à R. Jehochua: est-ce qu'il n'est pas dit depuis long-temps (Deut. XXIII, 4.): *l'Ammonite et le Moabite n'entreront pas dans l'assemblée de l'Eternel.* R. Jehochua lui répondit: est-ce que les Ammonites et les Moabites demeurent *(aujourd'hui)* dans leur pays[38])? C'est depuis long-temps qu'est venu Sennaherib, roi d'Assyrie, et qu'il a confondu tous les peuples entre

---

36) Le traité existait donc avant Juda le Saint.

37) *Jadaïm* C. 4. Misch. IV.

38) C'est-à-dire: ils ne demeurent plus dans leur pays; ils sont confondus avec les autres nations, et on doit leur appliquer non la loi des Ammonites et Moabites en particulier, mais celle des non-juifs en général, auxquels il est permis d'entrer dans l'assemblée.

eux; car il est dit (Esa. X, 13.): *Je déplacerai les bornes des peuples, je pillerai tout ce qu'ils auront ramassé, et comme puissant je ferai descendre ceux qui sont assis.* Or, tous ceux qui abandonnent leur culte pour devenir prosélytes, se séparent de la multitude[39]). Rabban Gamaliel reprit: est-ce qu'il n'est pas dit depuis long-tems (Jér. XLIX, 6.): *mais après cela je ferai retourner les captifs des enfans d'Ammon, dit l'Eternel?* Et ils sont déjà revenus depuis long-temps. R. Jehochua repartit: n'est-il pas dit depuis long-temps (Amos IX, 14.): *Et je ramenerai les captifs de mon peuple d'Israël*, et cependant ils ne sont pas encore revenus? *Mais ils reviendront; et les Ammonites aussi reviendront*[40]). Alors on permit sur le champ au prosélyte d'entrer dans l'assemblée. Rabban Gamaliel dit: puisqu'il est ainsi, j'irai et je me réconcilierai avec R. Jehochua. Lorsqu'il parvint à sa maison il vit que l'intérieur était noir, et lui dit: par les pavois de ta maison on peut reconnaître que tu es charbonnier. L'autre lui répondit: malheur à la génération dont tu es le Parnas *(le pasteur)*; car tu ne connais pas les peines des disciples des savans, ni comment ils doivent s'entretenir et se nourrir. Il lui dit: je t'ai affligé, pardonne-moi. Mais l'autre n'y fit pas attention. Fais cela pour l'honneur de mon père, *(à ces paroles)* il se laissa fléchir. Qui ira, disait-on, annoncer *(cette réconciliation)* des rabbins? Un blanchisseur répondit qu'il était prêt à y aller. Alors R. Jehochua manda à ceux qui étaient dans la maison de la recherche: celui qui est accoutumé de porter un habit le portera, et celui qui n'y est pas accoutumé dira-t-il à celui qu'y est accoutumé: envoie-moi ton habit, et je m'en habillerai[41]). Sur quoi R. Akiva dit aux rabbins: que l'on ferme les portes, afin que ne viennent pas les domestiques de Rabban Gamaliel

---

39) En d'autres termes: ils sont censés se séparer de la masse totale des non-juifs confondus ensemble et non de tel ou de tel autre peuple non-juif en particulier.

40) Ces dernières paroles sont tirées de l'Ain Jacob de Venise.

41) Il leur voulait faire sentir par ces paroles mystérieuses qu'il ne fallait pas déposer Rabban Gamaliel qui avait déjà l'usage de sa place.

faire quelque désagrément aux rabbins. Alors R. Jehochua dit: il vaut mieux que je me lève, et que j'aille moi-même chez eux. Lorsqu'il vint, il frappa à la porte, et dit à R. Eléazar: celui qui fait l'aspersion étant le fils d'un autre qui a fait l'aspersion, qu'il continue à asperger; mais celui qui n'a jamais fait aspersion, et qui n'est pas fils d'un qui a fait l'aspersion, comment dira-t-il à celui qui fait l'aspersion, et qui est le fils d'un qui a fait l'aspersion: *tes eaux sont des eaux d'une fosse (profane), et ta cendre est de la cendre ordinaire (profane)* [42]). R. Akiva dit à R. Jehochua: tu t'appelles donc satisfait? Tout ce que nous avons fait n'a été que pour ton honneur. Demain moi et toi nous serons de bon matin devant la porte de Rabban Gamaliel. Alors les rabbins se dirent: comment ferons-nous (*relativement à R. Eléazar, fils d'Azarie*), devrons-nous le déposer? Cependant on a enseigné; qu'on fait monter dans la sainteté, et on ne fait pas descendre. Permettrons-nous que l'un de ces docteurs ait son sermon au samedi, et l'autre, l'autre samedi? Mais cela amenerait de nouvelles rivalités. Que Rabban Gamaliel ait donc son sermon trois samedis, et un samedi R. Eléazar, fils d'Azarie. C'est pourquoi l'on dit quelquefois: de qui a été le samedi? Il a été de R. Eléazar, fils d'Azarie. Or, le disciple (*qui a demandé si la prière est arbitraire ou de devoir*) a été R. Siméon, fils de Johaï.

Mischna. Et les prières additionnelles (on peut les dire) toute la journée.

Ghémara. R. Johanan dit: mais cependant (*celui qui en agit ainsi*) est appellé prévaricateur [43]). Les rabbins ont appris: celui qui a devant lui (*l'obligation*) de dire deux

42) Cette allusion veut dire la même chose que celle de l'habit et l'une et l'autre est tirée des fonctions des prêtres juifs qui aspergeaient et purifiaient avec des eaux et des cendres consacrées. On voit par là que le Chef de l'Académie tenait la place du Grand-Prêtre et du roi en même temps.

43) C'est-à-dire: celui qui tarde trop à s'acquitter de ces prières et qui les récite p. ex. après 7 heures est nommé prévaricateur quoiqu'il remplisse d'ailleurs son devoir.

prières, une de l'après-midi et l'autre *additionnelle*, doit faire avant celle de l'après-midi, et après *la prière additionnelle*; car la première est permanente, et l'autre n'est pas permanente. R. Jehuda dit qu'il doit faire avant la prière additionnelle et après celle de l'après-midi; car le précepte de la première passe[44]), et celui de la seconde ne passe pas encore. R. Johanan dit que l'Halaca est qu'il faut dire avant la prière de l'après-midi, et après la prière additionnelle. R. Zira étant fatigué pour avoir trop lu, s'en alla prendre place devant la porte de la maison de R. Nathan, fils de Tovi, en se disant: lorsque les rabbins passeront, je me leverai devant eux, et je recevrai une récompense[45]); mais comme R. Nathan lui-même sortit *(fut le premier à l'école)*, et à revenir R. Zira lui demanda: qui a dit l'Halaca dans la maison de la recherche? L'autre lui répondit; R. Johanan a dit ainsi: l'Halaca n'est pas selon R. Jéhuda qui dit que l'homme doit faire avant la prière additionnelle et après celle de l'après-midi. R. Zira reprit: R. Johanan a donc dit cela. L'autre répondit: oui et je l'ai appris de lui 40 fois. R. Zira dit: est-ce la seule chose que tu *(as apprise de R. Johanan)* ou seulement contient-elle quelque chose de nouveau pour toi? Il répondit: elle contient quelque chose de nouveau pour moi; car j'étais incertain *(s'il ne fallait pas plutôt l'attribuer)* à R. Jéhuda, fils de Lévi, qui dit: quiconque fait la *prière additionnelle* après les 7 heures désignées par R. Jéhuda sur lui; le verset dit (Soph. III, 18.): *J'exterminerai du milieu de toi ceux qui sont affligés* (נוגי) *à cause des fêtes*: que déduit-on de cela? Que ce mot נוגי est là pour signifier *destruction*; de sorte que Rav Joseph interprète *(ainsi cette phrase) la destruction viendra sur les ennemis de la maison d'Israël (sur les Israélites) à cause qu'ils retardent les temps des assemblées (des prières) qui se font à Jérusalem.* R. Eléazar dit: quiconque fait la prière du matin

44) Car R. Jéhuda pense que le temps de la prière additionnelle est jusqu'à 7 heures après le lever du soleil et que ce temps passé, on ne peut pas la dire.

45) Car la loi ordonne de se lever devant les vieillards.

après les 4 heures de R. Jéhuda sur lui le verset dit (ib.): *J'exterminerai du milieu de toi ceux qui sont affligés à cause des fêtes.* Que déduit-on du mot נוגי? Qu'il est là pour signifier *affliction*; car il est écrit (Psau. CXIX, 28.): *mon âme s'est fondue d'affliction* (תוגה). Rav Nahman, fils d'Isaac, en cite cet autre exemple (Lament. I, 4.): *Ses vierges sont toutes dolentes* (נוגות), *et l'amertume est en elles.*

F. 28. b. Rav Avaï étant faible n'était pas allé à la leçon de Rav Joseph [46]). Lorsqu'il vint le lendemain, Avaï voulant tranquilliser l'esprit de Rav Joseph, lui demanda: pour quelle raison *Mar* n'est pas venu (vous n'êtes pas venu) à la leçon? Il répondit: mon coeur était abattu *(ou je me suis trouvé mal)*, et je n'ai pu le faire. L'autre reprit: pourquoi n'as-tu pas goûté quelque chose pour venir ensuite? Il lui dit: est-ce que Mar n'est pas de l'opinion de R. Hunna qui dit: il est défendu à l'homme de goûter la moindre chose avant d'avoir fait la prière additionnelle. Il lui dit: Mar devait prier la prière additionnelle en particulier, puis goûter quelque chose, et de suite venir *(à la leçon)*. Est-ce que Mar ne pense pas que R. Johanan a dit qu'il est défendu à l'homme de faire que sa prière précède celle de l'assemblée? Avaï lui répondit: n'a-t-on pas dit là-dessus que selon R. Abba cela a été enseigné seulement pour celui qui se trouve dans l'assemblée [47])? Au reste l'Halaca n'est ni selon R. Hunna, ni selon R. Jehochua, fils de Lévi, qui dit: lorsque approche le temps de la prière de l'après-midi; il est défendu à l'homme de goûter la moindre chose avant de s'être acquitté de cette prière.

Mischna IIe.

R. Nehonie, fils d'Hakkana, était accoutumé de prier lorsqu'il entrait dans la maison de la recherche, et lorsqu'il en sortait, une courte prière. On lui dit: à quoi bon cette

---

46) *Raschi:* Chef de l'Académie de *Pombeditha* qui avait un sermon le samedi avant la *prière additionnelle.*

47) Et dont la prière ne doit pas précéder celle de l'assemblée, mais cela n'est pas défendu à celui qui prie hors de l'assemblée.

prière? Il répondit: je prie en entrant, afin qu'il n'arrive pas quelque scandale par ma faute, et lorsque je sors, je remercie *(Dieu)* pour le partage qu'il m'a fait.

Ghémara.

Les rabbins ont appris: que disait-il lorsqu'il entrait? *Qu'il soit agréable à toi, Eternel mon Dieu, qu'il n'arrive aucun scandale par ma faute, et que je ne bronche pas dans les choses de l'Halaca jusqu'à en réjouir mes collègues* [48]*, que je ne dise pas sur l'impur qu'il est pur, ni sur le pur qu'il est impur, et que mes collègues aussi ne bronchent pas dans les choses de l'Halaca jusqu'à m'en réjouir.* Et que disait-il en sortant? *Je fais mes remercîmens devant toi, ô Eternel mon Dieu; car tu as placé mon partage entre ceux qui sont assis dans la maison de la recherche, et tu ne l'as pas placé entre ceux qui sont assis dans le coin* [49]*; car moi je me lève de bonne heure, et eux aussi se lèvent de bonne heure; mais moi je me lève de bon matin pour les choses de la loi, et eux se lèvent de bon matin pour des choses frivoles; moi je travaille et eux aussi travaillent; mais moi je travaille et je reçois la récompense, et eux ils travaillent et ne reçoivent pas une récompense. Moi je cours et eux aussi courent; mais moi je cours vers la vie du monde à venir, et eux ils courent vers le puits de la perdition.*

Les rabbins ont appris que lorsque R. Eléazar était malade, ses disciples entrèrent pour le visiter, et lui dirent: Rabbi, enseigue nous des règles de bonne conduite par lesquelles nous puissions mériter la vie du monde à venir. Il leur répondit: soyez attentifs à honorer vos collègues, et empêchez vos enfans de la méditation [50], et faites les as-

---

48) *Raschi*: réjouissance que Dieu ne laisserait pas impunie.

49) *Raschi*: Les changeurs et la populace ou les idiots. Voyez dans l'Evangile la prière du Pharisien et du péager. Luc, XVIII, 10 etc.

50) *Raschi*: ne les accoutumez pas à méditer sur la Bible plus qu'il ne faut; car sa langue a trop d'attraits pour eux; et selon une autres explication: ne les accoutumez pas à trop s'entretenir avec les autres enfans. Mais la pratique des Juifs démontre qu'ils ont mieux aimé se conformer à la première interprétation d'un passage aussi pernicieux.

seoir entre les genoux des disciples savans. Et quand vous priez, pénétrez-vous bien devant qui vous vous tenez, et de cette manière vous mériterez la vie du monde à venir. Lorsque Rabban Johanan, fils de Zaccaï, était malade, ses disciples entrèrent chez lui pour lui rendre visite; mais à peine les eut-il aperçus qu'il commença à pleurer. Sur quoi les disciples lui dirent: Lampe d'Israël, colonne de la droite (voy. I Rois VII, 21.), marteau vigoureux, pourquoi pleures-tu? Il leur répondit: si on se proposait de me conduire en présence d'un roi de chair et de sang qui aujourd'hui est ici, et demain dans le tombeau, et dont la colère contre moi ne pourrait pas être éternelle, et s'il m'avait lié, ses liens ne pourraient pas être éternels, et même s'il m'avait fait mourir cette mort ne pourrait pas être éternelle (à la présence d'un roi enfin) que je pourrais fléchir par des discours, et corrompre par l'argent, malgré tout cela je devrais pleurer: *Que dois-je donc faire maintenant*, qu'on est prêt à me conduire en la présence d'un qui est le roi des rois, le Saint, béni soit-il, celui qui vit et qui subsiste à jamais et dans les siècles des siècles, et s'il se fâche contre moi son courroux est éternel, et s'il me lie ses liens sont éternels, et s'il me fait mourir, cette mort sera éternelle (*en la présence d'un un roi enfin*) que je ne peux pas appaiser par des discours, ni séduire par de l'argent. Et non seulement cela, mais j'ai aussi devant moi deux chemins, l'un du jardin d'Eden, et l'autre de la Géhenne, et j'ignore par lequel me conduira-t-on, et n'en devrais-je pas pleurer? Ils lui dirent: donne-nous ta bénédiction notre maître. Il leur répondit: à Dieu plaise que la crainte du ciel soit sur vous autant que la crainte de la chair et du sang. Les disciples reprirent: jusqu'à ce point seulement (*devons-nous craindre le ciel*)? Il leur répondit: ne savez-vous pas que lorsqu'un homme veut commettre une transgression il se dit: (*il faut tâcher*) qu'un autre homme ne me voie point. Au moment de son dernier départ il leur dit: versez (*l'eau*) des vases [51]) à cause de l'im-

---

51) Ainsi qu'on le pratique à la mort de chaque Juif. Voy. Préface.

pureté, et préparez une chaise pour Hizkia, roi de Juda qui viendra pour (*m'accompagner*).

Mischna IIIe — VIe.

Rabban Gamaliel dit: chaque jour l'homme doit réciter les dix-huit prières (*ou le Chemona Esre*), mais R. Jehochua dit: un abrégé des dix-huit prières[52]). R. Akiva dit: si la prière sort promptement de sa bouche (*s'il peut prier vite*) il doit réciter les dix-huit prières, autrement (*il suffit qu'il récite*) un abrégé des dix-hujt prières[53]).

R. Eliéser dit: celui qui prie seulement parce que c'est un devoir inévitable, sa prière ne peut pas lui concilier la grace divine. R. Jehochua dit: celui qui voyage dans un lieu dangereux peut faire une courte prière (*selon la teneur des dix-huit prières*[54]) en disant: *Eternel délivre ton peuple le reste d'Israël, dans tout lieu le plus reculé par où ils passent que leurs nécessités soient devant toi: béni toi, ô Eternel, qui exauces la prière*[55]).

Celui qui est monté sur un âne doit en descendre (*pour prier*)[56]), et s'il ne peut pas descendre qu'il tourne sa face, et s'il ne peut pas tourner sa face qu'il dirige son coeur vers la maison du Saint des Saints.

Celui qui voyage (*est assis*) sur un navire, ou dans un char[57]) ou dans une voiture[58]) n'a qu'à diriger son coeur vers la maison du Saint des Saints.

---

52) Voy. Matth. VI, 9. et Luc. XI, 1.

53) L'Halaca est selon R. Akiva.

54) Les paroles en parenthèse sont tirées du Talmud de Jérusalem.

55) Mais l'Halaca n'est pas selon R. Jehochua, car la prière que l'on dit en pareilles occasions est celle qui commence: *les nécessités de ton peuple sont en grand nombre* etc.

56) Mais nous verrons que l'*Halaca* n'est pas ainsi.

57) קרון en Italien *carro*, *carrone*, on trouve dans le Talmud plusieurs renseignemens qui viennent à l'appui de l'opinion que l'Italien, l'Espagnol et le François n'ont été dans l'origine que trois dialectes de la langue latine.

58) אסדא *esseda* et selon d'autres אסדא compactio multorum lignorum instar navis exiguae.

Ghémara.

Ces dix-huit (*bénédictions*) sur quoi sont-elles fondées? R. Hillel, fils de R. Samuel, fils de Nahmani, dit: sur les dix-huit commémorations (*du nom de Dieu*) que David fait dans le Psaume XXIX qui commence: *fils des princes attribuez à l'Eternel, etc.* Rav Joseph dit: sur les dix-huit commémorations (*du nom de Dieu faites*) dans la lecture du *Chema.* R. Tanhuma dit au nom de R. Jehochua, fils de Lévi: sur les dix-huit vertèbres qui sont dans l'épine du dos. Et R. Tanhuma dit aussi au nom de R. Jehochua, fils de Lévi: celui qui prie est tenu de se courber jusqu'à obstruer toutes les vertèbres de l'épine dorsale [59]). Ulla dit: jusqu'à ce qu'il voie une ceinture de chair (*entre deux rides*) auprès de son coeur. R. Hanina dit: lorsqu'on a incliné la tête on n'a pas besoin (*de s'incliner*) davantage. Mais Rava dit que cela se fait lorsque cet acte réussit incommode, et on veut pourtant avoir l'air de s'être courbé. Mais comme, au lieu de dix-huit, ces bénédictions sont dix-neuf R. Lévi dit: sur quoi on a fondé la bénédiction des *Minéens* qui fut instituée à Javne? R. Lévi, fils de R. Samuel, fils de Nahmani, dit: selon R. Hillel c'est sur les paroles (Psau. XXIX, 3.): *Le fort* (אל) *de gloire fait tonner;* selon R. Joseph sur l'*unique* (אחד) de la lecture du Chema [60]), et selon R. Tanhuma, R. Jehochua, fils de Lévi, dit: (*qu'elle a été fondée*) sur la petite vertèbre de l'épine du dos.

Les rabbins ont appris que Siméon Happicoli (*marchand de coton*) a mis en ordre les dix-huit bénédictions devant Rabban Gamaliel à Javne. Rabban Gamaliel dit

59) *Raschi*: car plus les vertèbres paraissent en dehors du dos, plus elles se ferment et se compriment en dédans.

60) En effet, les Talmudistes donnent le nom de *Minéens* à tous ceux qui nient, selon eux, l'unité de Dieu p. ex. les Manichéens, les Juifs baptisés, et sous ce nom ils comprennent aussi les Chrétiens. Il est à remarquer que cette bénédiction qui est tout ce qu'il y a de plus intolérant dans le Judaïsme, remonte au premier siècle de l'église, époque où les Chrétiens étaient persécutés par les Juifs, loin d'en être les persécuteurs.

aux savans: y a-t-il un seul individu qui sache faire la bénédiction des *Minéens?* Alors se leva Samuel le petit et la fit. Mais l'année suivante il en oublia la formule et tâcha de la rappeler pendant deux et trois heures[61] sans que l'on vînt à son secours. Comment, on n'est pas venu à son secours? Cependant Rav Jéhuda nous dit avoir entendu dire à Rav: si quelqu'un se trompe dans toutes les autres bénédictions, on ne le fait pas revenir de son erreur; mais dans la bénédiction des *Minéens* on le fait revenir de son erreur; car on peut penser qu'il est un *Min (hérétique)*. *Rép.:* Mais c'est une autre chose pour Samuel le Petit qui l'avait instituée, mais est-ce qu'on ne pouvait penser qu'il avait changé d'avis? Avaï dit qu'une maxime porte que *le bon ne devient pas inique*[62]. Mais comment non, s'il est écrit (Ezéch. XVIII, 24.): *Si le juste se détourne de sa justice et qu'il commette l'iniquité*, etc.? *Rép.:* Cela est dit de celui qui dans l'origine a été scélérat, et non de celui qui a été juste dans l'origine. Comment non? Si nous avons appris: ne te fie pas à toi-même jusqu'au jour de ta mort; car voilà que le Grand-Prêtre Johanan a exercé ce ministère pendant 80 ans et à la fin s'est fait Saducéen[63]. Avaï dit que ce Johanan est la même chose que Jannaï[64]. Mais Rava dit que Jannaï doit être distingué de Johanan, et que le premier a été impie dans l'origine, tandis que le second dans l'origine a été juste. Tout irait bien selon l'avis d'Avaï, mais selon celui de Rava, il y a une difficulté à résoudre. *Rép.:* Rava te dira que même celui qui est juste en origine peut changer par hasard. Mais si c'est

F. 29. a.

---

61) La formule des prières étant ordinairement cabalistique est difficile à retenir par coeur.

62) Ce qui se serait vérifié sur Samuel s'il avait changé d'avis sur la nécessité de réciter la bénédiction des *Minéens.*

63) צדוקי ce mot veut dire ici Chrétien, ce me semble, car un Saducéen proprement dit pouvait remplir la charge de Grand-Prêtre sans paraître impie aux yeux des Juifs de ce temps, ainsi que le prouve l'exemple du Grand-Prêtre Caïphi dans l'Evangile.

64) *Raschi*: qui a fait tuer les sages d'Israël.

ainsi pourquoi donc ne l'a-t-on pas aidé à sortir *(de son embarras)*? C'est une autre chose pour Samuel le petit qui avait déjà commencé la prière des Minéens; car Rav Jéhuda dit avoir entendu dire à Rav (et selon d'autres R. Jéhochua, fils de Lévi,) on n'a appris *(qu'il faut aider)* que lorsqu'on n'a pas commencé la *prière*; mais si on l'a commencée on doit la finir *(comme on le peut)*.

Les sept prières du samedi sur quoi se fondent-elles? R. Helphetha, fils de Saül, dit: sur les sept קולות *(voix)* que David dit sur les eaux (Psau. XXIX, 13 etc.). Les neuf prières de la nouvelle année sur quoi se fondent-elles? R. Isaac de Cartegnin (*Carthage*) dit: sur les neuf commémorations *(du nom de Dieu)* qu'a dites Hanna dans sa prière (I. Salm. II.); car Mar a dit: c'est dans la nouvelle année qu'ont été visitées *(de Dieu) Sara*, *Rachel* et *Hanna*. Et les prières du jour de jeûne, sur quoi se fondent-elles? R. Halbo dit: sur les 24 רננות *(ou expressions qui indiquent la louange et la prière)* que dit Salomon pendant qu'il introduisait l'arche dans la maison du Saint des Saints (I Rois VIII, 22 etc.). Mais si c'est ainsi, chaque jour nous devrions dire les mêmes prières. *Rép.:* Mais quand Salomon les a-t-il prononcées? N'est-ce pas dans un jour de miséricorde[65])? C'est donc également dans un jour de miséricorde qu'il faut les dire.

Mischna: Rabban Gamaliel dit: l'homme doit faire chaque jour dix-huit prières, etc.

Ghémara. Que signifie la phrase de la *Mischna: une espèce des dix-huit?* Rav dit qu'elle signifie un abrégé de chaque bénédiction, et Samuel dit que c'est la prière *Havinenu* (הבינגו) *qui porte*[66]): *Rends-nous attentifs, ô Eternel, à connaître tes voies* (abrégé de la 4e), *et circoncis notre coeur afin que nous te craignions* (de la 5e), *et pardonne-nous* (de la 6e), *afin que nous soyons rédi-*

---

65) *Raschi*: dans lequel il a fallu implorer la divine miséricorde, parce que les portes du temple ne voulaient pas laisser entrer l'arche.

66) *Raschi*: qui contient un abrégé de toutes les bénédictions qui se trouvent entre les 3 premières et les 3 dernières qu'on ne peut pas abréger.

més (de la 7e), *et éloigne-nous de nos douleurs* (de la 8e); *fais-nous engraisser dans les pâturages de la terre* (de la 9e), *et rassemble des quatre coins nos dispersés* (de la 10e), *et fais que ceux qui se trompent à l'égard de ta connaissance soient jugés* (de la 11e), *agite tes mains sur les impies* (de la bénédiction des *Minéens*), *et fais que les justes se réjouissent* (de la 12e) *sur la réédification de ta ville, sur la restauration de ton temple* (de la 13e), *sur l'accroissement de la corne de David, ton serviteur, et sur l'arrangement de la lampe du fils d'Isaï ton Messie* (de la 14e), *daigne répondre avant que nous t'appelions, béni sois-tu, ô Eternel, qui écoutes la prière* (de la 15e).

Avaï jetait une malédiction sur celui qui faisait la prière *Havinenu*. Mais Rav Nahman disait au nom de Samuel: pendant l'année toute entière l'homme peut prier l'*Havinenu* excepté les sorties du samedi et les sorties des jours de fêtes parce qu'il faut dire l'*Habdala* dans la quatrième (*qui est intitulée*) *Honen haddaath*. Rabba, fils de Samuel, a fait cette objection: mais nous pourrions dire la quatrième bénédiction à part; car nous avons appris que R. Akiva disait: on dit la quatrième bénédiction à part. Sur quoi R. Eliéser répondit: par la louange (*serment*) est-ce que l'année toute entière[67]) nous faisons comme R. Akiva, que nous devrions en faire autant même dans cette circonstance[68]). Et quelle est la raison que l'année toute entière nous ne faisons pas comme R. Akiva? Parce qu'on a ordonné de dire dix-huit et non dix-neuf bénédictions. Mais ici aussi (*dans les sorties du Sabbath et des fêtes*) on a ordonné de dire sept[69]) et non huit bénédictions. Rav Zutra a fait cette objection: on pourrait insérer (l'*Habdala*) dans le contenu de l'*Havinenu* et dire: *donne-nous de l'intelligence, ô Eternel notre Dieu, qui fais une séparation entre le sacré et le profane* et cette objection reste sans réponse.

---

67) *Raschi*: quand nous disons le *Chemona Esre* tout entier.

68) *Raschi*: quand nous disons l'*Havinenu*.

69) *Raschi*: savoir les trois premières, les trois dernières et l'*Havinenu*.

Rav Bivi, fils d'Avaï, dit: pendant l'année toute entière l'homme peut prier l'*Havinenu* si l'on en excepte les jours (*où on demande*) la pluie; car alors il faut faire la *pétition de la pluie* (שאלה) dans la neuvième (*intitulée*) *Bircoth hachanim.* Mais Mar Zutra objecta qu'on pourrait insérer (*cette pétition*) dans le contenu (*de l'Havinenu, en disant*): *Fais-nous engraisser dans les pâturages de ta terre et donne-nous la rosée et la pluie. Rép.:* Il nous pourrait arriver souvent de l'omettre. Mais si c'est ainsi il pourrait nous arriver d'omettre aussi l'*Habdala* dans la prière *Honen haddaath.* On te répond là-dessus, qu'ici comme (l'*Habdala*) vient au commencement de la prière, il n'est pas facile de l'omettre; mais là comme (*la pétition de la pluie*) viendrait au milieu de la prière, il serait plus facile de l'omettre. Rav Ache fit cette autre objection: on pourrait dire (*la pétition de la pluie dans la* 15e *intitulée*) *Chomea tephilla;* car R. Tanhuma dit au nom de Rav Ase: s'il s'est trompé et n'a pas fait la commémoration des forces de la pluie dans la *résurrection des morts* (*qui est la* 2e *bénédiction*) on la fait répéter; mais (*si on a oublié*) la pétition de la pluie dans la *bénédiction des années* (*dans la* 9e) on ne la fait pas répéter; car on peut la dire dans la *Chomea tephilla* (*dans la* 15e) de même (*si on a oublié*) *l'Habdala* dans le *Honen haddaath* (*dans la* 4e) on ne la fait pas répéter, car on peut la dire (*à la maison*) sur le calice. *Rép.:* Lorsqu'il s'est trompé c'est tout-à-fait une autre chose.

Mais il y a là-dessus une difficulté à résoudre; car une fois il est dit que lorsqu'on a oublié la pétition de la pluie dans la 9e bénédiction, on ne doit pas la répéter, car on peut la dire dans la 15e; tandis que dans une autre tradition on dit précisément le contraire. *Rép.:* Cela ne constitue pas une difficulté, car l'une regarde l'individu qui prie seul (*et qui doit la répéter*) et l'autre regarde l'assemblée (*qui ne doit pas la répéter*). Et par quelle raison (*en serait exceptée*) l'assemblée? Parce qu'elle l'entend de l'Apôtre de la Synagogue. Mais si c'est ainsi au lieu de ces mots: *parce qu'il peut le dire dans le Chomea tephilla*, il devait employer la phrase: *parce qu'il l'entend de l'Apôtre de la Synagogue. Rép.:* Mais c'est que l'une et l'autre tradition regardent l'individu qui prie seul, sans que cela constitue une difficulté; car celle *(qui dit qu'il ne faut pas la répéter)* se rapporte au cas où on se souvient *(de l'avoir oubliée)* avant de dire le *Chomea Tephilla*[70]), et l'autre, au cas où on s'en souvient après le *Chema Tephillath.* F. 29. b.

R. Tanhuma dit avoir entendu dire à R. Ase, que R. Jéhochua, fils de Lévi, disait: celui qui trompe et ne fait pas la commémoration du *nouveau mois* dans *l'Avoda* (*qui est la* 16e) s'il s'en souvient dans l'*Hodah* (*qui est la* 17e) il recommence l'*Avoda*, et s'il s'en souvient dans *Sim-Chalom* (*qui est la* 18e) il recommence également l'*Avoda.* Mais s'il avait déjà terminé (*toute la prière*) lorsqu'il s'en souvient il doit revenir au commencement. Rav Papa, fils de Rav Aha, fils d'Ada, dit: ces paroles: *lorsqu'il a terminé, doit revenir au commencement,* ne sont applicables qu'au cas où (*celui qui est en prière*) a dérangé ses pieds (*en quittant la place qu'il occupait*). Mais s'il n'a pas encore dérangé ses pieds, il peut revenir à l'*Avoda.* On lui demanda: de qui tiens-tu cela? Il dit: je l'ai entendu d'Abba Mari, et Abba Mari de Rav. R. Nahman, fils d'Isaac, dit: ces paroles: *s'il a dérangé ses pieds il revient au commencement,* n'ont été appliquées qu'au cas où l'on n'ait pas l'habitude de dire les תחנונים *(les applications)* après la prière, mais lorsqu'on est accoutumé de dire les תחנונים après la prière, on peut recommencer par l'*Avoda.* D'autres disent que Rav Nahman, fils d'Isaac, disait: ces paroles: *s'il n'a pas dérangé ses pieds, il doit revenir à l'Avoda,* ne sont applicables qu'au cas où l'on a l'habitude de dire les תחנונים après la prière; mais si on n'est pas accoutumé de dire les תחנונים après la prière on doit revenir au commencement.

Mischna: R. Eliéser dit: celui qui fait de sa prière une chose fixe (קבע) *et inévitable, etc.*

---

70) *Raschi*: car alors il peut la dire dans le *Chomea Tephilla.*

Ghémara. Que signifie le mot *fixe* (קבע)? R. Jacob, fils d'Idi, dit avoir entendu dire à R. Ochia *(que cela signifie)*: quiconque envisage la prière comme un poids qui pèse sur lui; mais les rabbins disent: quiconque ne la récite pas d'un ton de supplication. Rabba et Rav Joseph disent tous deux [71] *(que cela signifie)*: quiconque n'est pas en état d'y faire quelque changement *(mais il prie toujours en se servant des mêmes expressions)*. R. Zira dit: j'étais bien en état d'y ajouter quelque chose de nouveau, mais je craignais d'en perdre le fil par hasard. Avaï, fils d'Avin, et R. Hanina, fils d'Avin, disent tous deux *(cela signifie)*: quiconque ne prie pas *(le matin et le soir)* avec la rougeur *(les premiers et les derniers rayons)* du soleil, car R. Hija, fils d'Abba, disait avoir entendu dire à R. Johanan: c'est un précepte que de prier avec la rougeur du soleil, et R. Zira dit: sur quoi se fonde cela? Sur le verset (Psau. LXXII, 5.): *Ils te craindront tant que le soleil* (Talm.: avec le soleil), *et la lune dureront dans tous les âges.* Cependant on maudit en Occident celui qui fait la prière *(de la Minha)* avec la rougeur du soleil. Pour quelle raison? Parce que peut-être son temps passerait-il sans s'en apercevoir. —

Mischna. R. Jehochua dit: celui qui voyage dans un lieu dangereux peut prier une courte prière, etc.

Ghémara. Que signifient *(les paroles de la Mischna)*, פרשת העבור? Rav Hasda disait avoir entendu dire à Mar Ukva *(qu'elles signifient)* même dans *l'heure que tu (ô Dieu) es plein de colère* (עברה) *contre eux comme une femme enceinte* (עוברת) *que tous leurs besoins soient devant toi.* D'autres disent que Rav Hasda disait avoir entendu dire à Mar Ukva même dans l'heure qu'ils transgressent (עוברים) la loi que toutes leurs nécessités te soient présentes. Les rabbins ont appris: celui qui voyage dans un endroit où il y a des bêtes fauves et des brigands peut

---

71) דאמרי תרוייהו *qui affirmant ambo*, cette formule signifie que deux docteurs qui sont ordinairement d'un avis contraire se trouvent d'accord dans cette circonstance.

prier une courte prière. *Et quelle est cette courte prière?* R. Eliésèr dit: *Fais ta volonté là-haut dans le ciél, et accorde la tranquillité d'esprit à ceux qui te craignent ici bas et fais ce qui paraît bon à tes yeux: bénis-toi, etc. qui écoutes la prière.* R. Jehochua dit: *Ecoute les gémissements de ton peuple d'Israël, et fais soudain leurs demandes: bénis-toi ô Eternel qui écoutes la prière.* R. Eliéser, fils d'Isadoc, dit: *Ecoute les cris de ton peuple d'Israël, et fais vite leurs demandes: bénis-toi ô Eternel qui écoutes la prière.* D'autres disent: *Les besoins de ton peuple d'Israël sont beaucoup, et leur prévoyance est courte, qu'il soit agréable devant toi ô Eternel notre Dieu de donner à chacun *autant de nourriture qu'il lui en faut, et à chaque corps tout ce qui lui manque: bénis-toi ô Eternel qui écoutes la prière.* R. Hunna dit que l'Halaca est selon les derniers.

Elie disait à Rav Jéhuda, frère de Rav Sala le pieux: ne te mets pas en colère, et tu ne pècheras pas; ne t'enivre pas, et tu ne pècheras pas non plus, et lorsque tu veux te mettre en chemin, consulte ton maître, puis mets-toi en voyage. Mais que veut dire la phrase: *consulte ton maître et sors.* R. Jacob dit avoir entendu dire à Rav Hasda que c'est la *prière du chemin*, et le même R. Jacob dit avoir entendu dire à Rav Hasda: quiconque se met en voyage doit prier la *prière du chemin*, et quelle est cette prière? *Qu'il soit agréable devant toi, ô Eternel mon Dieu, de me faire partir en paix, et de me faire marcher en paix, et de me soutenir en paix, et délivre-moi de la main de tout ennemi et de celui qui tend des piéges en chemin. Envoie la bénédiction sur les oeuvres de ma main; accorde moi grâce, bénignité et miséricorde dans tes yeux et dans les yeux de tous ceux qui me voient; bénis-toi ô Eternel qui écoutes la prière.* Avaï dit: toujours l'homme *(qui prie)* F. 30. *a.* doit s'associer avec l'assemblée en disant ainsi *(au pluriel)*: *Qu'il soit agréable devant toi, ô Eternel notre Dieu, de nous faire partir en paix, etc.* Et depuis quand doit-on faire cette prière? R. Jacob dit avoir entendu dire à Rav Hasda: depuis le moment qu'on se met en voyage. Et jusqu'à quand *(dure son temps)?* R. Jacob dit avoir entendu dire à R. Hasda: jusqu'à ce qu'on ait fait une *parsa*. Et comment [72]) doit-on s'en acquitter? R. Hasda dit: debout; mais Rav Chechath dit *(qu'on peut la réciter)* même chemin faisant. Rav Hasda et Rav Chechath se trouvant en voyage, le premier se leva pour prier. Alors Rav Chechath *(qui était aveugle)* dit à son domestique: que fait donc R. Hasda? Il lui répondit: il s'est levé et prie. Il lui dit: je me leverai moi aussi de mon côté et prierai; car tu ne dois pas appeler mauvais ce qui est une fois bon [73]). Mais quelle différence met-elle entre l'*Havinenu* et cette courte prière? C'est que l'*Havinenu* exige que l'on fasse les trois premières et les trois dernières bénédictions, et si on est arrivé à la maison on n'a pas besoin de répéter la prière encore une fois; mais comme dans la courte prière on ne prie pas les trois premières et les trois dernières bénédictions, lorsqu'on revient à la maison on est en devoir de répéter la prière. L'*Halaca* est en outre que l'*Havinenu* doit être dit debout, et que la courte prière peut être dite tant debout que chemin faisant.

Mischna. S'il est monté sur un âne, etc.

Ghémara. Les rabbins ont appris: si quelqu'un était monté sur un âne, et que l'heure de la prière s'approchât, dans le cas qu'un autre fût là pour lui tenir son âne, il devrait mettre pied à terre, et prier; autrement il devrait rester assis à sa place et prier. Mais Rabbi dit que tant dans l'un que dans l'autre cas il devrait rester assis à sa place et prier, car autrement son esprit ne pourrait pas être en repos. Rava (et selon d'autres R. Jehochua, fils de Lévi,) dit que l'Halaca est selon Rabbi.

Les rabbins ont appris: un aveugle et celui qui n'est pas en état de connaître les vents, doit diriger son coeur vers son père qui est dans le ciel; car il est dit (I Rois VIII, 44.): *Et ils font prière à l'Eternel.* Si quelqu'un

---

72) Par ces formules des circonstances *depuis quand* (אימת), *jusqu'à quand* (עד כמה), *comment* (היכה) etc., on peut conjecturer que la Philosophie scholastique du moyen âge est née en grande partie de la méthode polémique des Talmudistes.

73) C'est-à-dire: car il est aussi permis de prier debout.

est hors de la Palestine, il dirigera son coeur vers le pays d'Israël; car il est dit (ib. vs. 48.): *et ils t'adresseront leurs prières vers le chemin de leur pays.* S'il se trouve dans la terre d'Israël, il dirigera son coeur vers Jérusalem; car il est dit (ib. vs. 44.): *Ils feront leur prière à Dieu vers le chemin de la ville que tu as choisie.* S'il se trouve à Jérusalem, il doit diriger son coeur vers la maison sainte; car il est dit (ib. vs. 33.): *et te feront des prières et des supplications dans cette maison!* S'il est dans la maison sainte, il dirigera son coeur vers la maison du Saint des Saints; car il est dit (ib. vs. 45.): *et ils prieront dans ce lieu.* Et s'il se trouve dans la maison du Saint des Saints, il doit diriger son coeur vers la maison de propiciation. S'il se trouve derrière la maison de propiciation [74]), il se regarde comme s'il était devant le *Propiciatoire (et se tourne de ce côté).* Il résulte de cela que celui qui est à l'Orient *(de la Palestine)* tourne son visage vers l'Occident, celui qui est à l'Occident se tourne vers l'Orient, celui qui est au midi tourne son visage vers le septentrion, et celui qui est au septentrion le tourne vers le midi; de sorte que tous les Israélites dirigent leur coeur vers un seul et même endroit. R. Avin, et selon d'autres R. Avina, dit: sur quoi se fonde tout cela? Sur le verset (Cant. IV, 4.): *Ton cou est comme la tour de David bâtie de façon à y suspendre plusieurs épées* (תלפיות) (Talm.: *bâtie comme une colline* (תל) *vers laquelle toutes les bouches* (פיות) *sont tournées).*

Le père de Samuel et Lévi, lorsqu'ils voulaient se mettre en chemin, se levaient avant le jour et faisaient la prière, et quand le temps de la lecture du Chema était arrivé ils le lisaient. D'après l'avis de quel docteur faisaient-ils de la sorte? D'après celui du Tanne qui parle ainsi dans la *Baraïtha:* si quelqu'un se lève de bon matin pour se mettre en voyage *(dans la nouvelle année)* on lui ap-

---

74) *Raschi*: dans l'espace de onze coudées qui se trouvait entre la muraille de séparation du Saint des Saints et la muraille occidentale du parois. Celui que se trouve là, tourne sa face vers le Propiciatoire, c'est-à-dire, vers l'Orient.

porte la corne, et il la sonne *(dans la fête des Tabernacles; on lui présente)* un *lulav* (une *palme)*, et il l'agite *(et dans les Purim on lui met sous les yeux)* une Meghilla, et il la lie, et lorsque le temps de la lecture du *Chema* s'approche il le lit. Celui qui se lève de bon matin pour s'asseoir sur un char (קרון) ou sur un navire, fait la prière, et lorsque le temps de la lecture du *Chema* arrive il le dit; mais *Raschba* dit: tant dans l'un que dans l'autre cas, il doit avant faire la lecture du *Chema*, et puis prier afin d'appuyer la *rédemption* sur la prière. En quoi donc consiste cette différence d'avis? En ce qu'un docteur pense que c'est toujours mieux de prier debout (*avant de se mettre en voyage*), et l'autre docteur opine qu'il vaut mieux appuyer la *rédemption* sur la prière (en disant avant le *Chema*, *même en voyage*).

Maremar et Mar Zutra (*qui étaient prédicateurs*) rassemblaient chez eux dix personnes dans le Sabbath des trois fêtes principales, et faisaient la prière (*à la maison*), puis sortaient, et allaient tenir leur sermon. Mais Rav Ache (*chef d'école*) priait dans l'assemblée à part et en se tenant assis [75]), et lorsqu'il revenait à la maison il priait encore une fois en se tenant debout. Les rabbins lui dirent: Mar devrait faire comme Maremar et Mar Zutra. Il leur répondit: la chose me donnerait trop d'embarras. Que Mar fasse donc comme le père de Samuel et Lévi. Il leur répondit: je n'ai vu aucun d'entre nos vieux rabbins faire ainsi.

Mischna VIIe.

R. Eléazar, fils d'Azarie, dit: la prière additionnelle n'a lieu que dans l'assemblée d'une ville; mais les savans disent: dans l'assemblée d'une ville, et hors de l'assemblée d'une ville [76]). R. Jéhuda dit au nom du même R. Eléazar: dans tout lieu où il y a une assemblée de ville, le particulier est exempt de la prière additionnelle.

---

75) *Raschi*: en profitant du temps que son interprète parlait au peuple.

76) L'*Halaca* est selon les savans.

Ghémara.

R. Jéhuda paraît être de la même opinion que le premier Tanne (*R. Eléazar et comme cela ne peut pas être*), en quoi donc diffèrent-ils? Relativement à un individu qui ne se trouve pas dans l'assemblée de la ville; car le premier Tanne pense qu'alors il est exempt[77]), et R. Jéhuda opine qu'il est tenu à la faire. R. Hunna, fils de Hinana, disait avoir entendu dire à R. Hija, fils de Rav, que l'Halaca est selon R. Jéhuda qui parle au nom de R. Eléazar, fils d'Azarie. R. Hija, fils d'Avin, lui dit: c'est bien dit, car Samuel disait: jamais de ma vie je n'ai fait la prière additionnelle tout seul à Nahardea, excepté le jour où vint l'armée dans la ville, ce qui troubla les rabbins jusqu'au point qu'ils ne firent pas la prière. Alors je priai tout seul, et je fus un individu qui n'était pas dans l'assemblée de la ville. F. 30. b.

R. Hanina s'étant proposé de manifester son opinion (*relativement à la prière additionnelle*) en présence de R. Jannaï, prit place et dit: l'Halaca est selon R. Jéhuda qui parle au nom de R. Eléazar, fils d'Azarie. Mais Jannaï lui dit: va faire entendre ta voix hors d'ici, et crie que l'Halaca n'est pas selon R. Jéhuda là où il parle au nom de R. Eléazar, fils d'Azarie. R. Johanan dit: j'ai vu R. Jannaï prier, et après prier de nouveau[78]). Sur quoi R. Jérémie disait à R. Zira: c'est peut-être qu'il a fait (*deux fois la prière du matin*) parce que la première fois Jannaï n'avait pas bien dirigé son intention, et qu'à la fin il a réussi à la bien diriger. Mais il lui répondit: prends garde au grand homme (*Johanan*) qui rend témoignage sur lui, (*et qui ne peut pas se tromper*). R. Ame et R. Ase quoiqu'ils eussent douze Synagogues à Tibériade, ne priaient que parmi les colonnes du lieu, où ils étudiaient. Cepen-

---

77) De la prière additionnelle; car selon l'observation de Raschi l'Apôtre de la Synagogue la fait pour tous ceux qui sont présens.

78) C'est-à-dire: faire la prière du matin, et après, la prière additionnelle, ce qui prouve que sur ce point il n'était pas de l'opinion de R. Jéhuda, mais de l'avis des savans.

dant il nous a été dit que Rav Isaac, fils d'Avdimi, disait au nom de notre maître [79]) que l'Halaca est selon R. Jéhuda en ce qu'il dit au nom de R. Eléazar, fils d'Azarie.

Lorsque R. Hija, fils d'Abba, priait deux fois de suite, R. Zira lui dit: quelle raison peut avoir Mar d'en agir ainsi? Si tu dis que c'est parce que Mar n'avait pas bien dirigé son intention (*la première fois*), voila cependant que R. Eléazar a dit que toujours l'homme doit s'examiner s'il peut bien diriger son coeur avant de prier, et s'il ne peut pas le faire, il ne doit pas prier. Mais c'est peut-être que Mar ne s'était pas rappelé que c'était le commencement du mois, (*et qu'il fallait faire la prière de ce jour*). Cependant une *Baraïtha* porte: celui qui se trompe et ne se rappelle pas que c'est le commencement du mois aux vêpres, on ne l'oblige pas à répéter la prière, parce qu'il peut dire (*celle du commencement du mois le matin*), et si cet oubli a lieu le matin, on ne l'oblige pas non plus de la répéter parce qu'il peut la dire au temps de la prière additionnelle; et s'il a lieu au temps de la prière additionnelle, il n'a pas besoin de la répéter; car il peut la dire au temps de la *Minha*. Mais R. Hija répondit: n'avons-nous pas appris de R. Johanan que cette tradition est applicable à une assemblée (*et non à un individu*)?

Combien de temps faut-il se reposer entre une prière et l'autre (*lorsque par hasard il faut la répéter*)? R. Hunna et Rav Hasda diffèrent d'avis là-dessus; car l'un dit: tant qu'on aura disposé son intention à supplier avec ferveur (שתתחנן), et l'autre dit: tant qu'il aura disposé son intention à bien prier (שתתפלל). Celui qui dit שתתחונן s'appuie sur le verset (Deut. III, 23.): *Et je demandais grâce* (ואתחנן) *à l'Eternel, etc.* et celui qui dit שתתפלל se fonde sur l'autre verset (Exod. XXXII, 11.): *Et alors Moïse supplia* (ויחל) *l'Eternel*, etc.

R. Anan dit au nom de Rav: si quelqu'un se trompe et oublie que c'est le commencement du mois aux vêpres, il n'a pas besoin de répéter la prière, car le *Beth-din* ne

---

79) רבינו notre maître, c'est-à-dire, *Rav*. Car ce titre se prend pour Rabbi et tantôt pour Rav.

sanctifiait pas le mois (*aux vêpres*), mais pendant le jour. Amemar dit: il semble que l'opinion de Rav soit relative à un mois *plein*[80]), et que dans un mois *cave* on soit obligé de la répéter. Mais Rav Ache dit à Amemar: puisque Rav a dit la raison (*qui le fait opiner ainsi*) que m'importe la différence (*qu'on cite ici*) entre le mois cave et le mois plein? Cette différence n'a aucune valeur dans ce cas. —

Que notre retour soit sur toi ô Section.

הדרן עלך ... חמשה / תפלת השחר.

---

[80]) Car lorsque le mois est plein ou de 30 jours la sanctification du mois dure deux jours, et ce qu'on a oublié dans le premier on a bien le temps de le dire dans le second.

BERACOTH.

Cinquième Section.

אין עומדים

Mischna Ire.

On ne se lève debout pour prier que lorsqu'on a la tête reposée[1]. Les pieux de jadis attendaient une heure avant de prier afin de bien diriger leur coeur vers leur père qui est dans le ciel. Si même un roi les saluait, ils ne lui rendaient pas le salut, et si un serpent s'était entortillé à leur talon ils ne s'interrompaient point.

Ghémara.

D'où déduirons-nous ces premières paroles de la Mischna? R. Eléazar dit: de ce qu'il est dit dans l'écriture (I Sam. I, 10.): *Et elle (Hanne) ayant le coeur plein d'amertume, etc.* Que prouve cela? Peut-être est-ce une autre chose pour Hanne qui avait beaucoup d'affliction dans son coeur. Mais R. Jose, fils de Hanina, dit qu'il faut le déduire de cet autre passage (Psau. V, 8.): *Et moi en l'abondance de ta gratuité j'entrerai dans ta maison, je me prosternerai devant le palais de ta sainteté avec la crainte qui t'est due* (ביראתך). Que prouve cela? Peut-être est-ce une autre chose pour David qui sentait le trouble dans son âme par trop d'attachement (*envers Dieu*). Mais R. Johanan, fils de Lévi, dit qu'on peut les déduire de cet autre passage (Psau. XXIX, 2.): *Prosternez-vous devant l'Eternel dans la magnificence* (בהדרת) *de son sanctuaire.* Ne

---

1) La phrase כובד ראש *gravitas capitis* est l'inverse de l'autre קלות ראש *levitas capitis* qui signifie *étourderie, précipitation.*

lisez pas בהדרת (*dans sa magnificence*) mais בחרדת (*dans la terreur*). Que prouve même cela? Peut-être faut-il toujours prendre le mot הדר comme il est écrit selon ce qu'a fait R. Jéhuda qui priait après s'être paré avec beaucoup de magnificence. Mais R. Nahman, fils d'Isaac, dit: c'est plutôt d'ici qu'on peut le déduire (Psau. II, 2.): *Servez l'Eternel avec crainte, et égayez-vous avec tremblement.* Que signifient les paroles: *et égayez-vous avec tremblement?* R. Ada, fils de Mattana, disait avoir entendu dire à Rabba: là où il y a de la réjouissance il faut qu'il y ait aussi du tremblement. Lorsqu'Avaï était assis en la présence de Rabba, il s'aperçut qu'il était bien gai et dit: mais il est écrit: *égayez-vous avec tremblement.* Il lui répondit: j'ai mis déjà les *Tephillin*[2]). R. Jérémie étant assis devant R. Zira s'aperçut qu'il s'était réjoui beaucoup, et lui dit: mais il est écrit (Prov. XIV, 23.): *En toute peine il y a quelque profit*, etc. Il lui répondit: mais moi j'ai mis déjà les *Tephillin.*

Lorsque Mar, fils de Ravina, faisait les noces de son fils ayant aperçu que les rabbins étaient trop gais, il fit apporter un calice précieux qui coutait 400 Zuzes, et le cassa en leur présence, chose dont ils se sont affligés. R. Ache dans une pareille circonstance fit apporter un calice de verre blanc, et le cassa en leur présence, et ils s'en affligèrent. Les rabbins dirent à Rav Hammenuna Zoti, aux noces de Mar, fils de Ravina: que Mar nous chante quelque chose. Il leur dit: *malheur à nous, car nous mourrons; malheur à nous, car nous mourrons.* Il lui dirent: et nous que devons-nous répondre après toi? Il leur dit: (répondez) *où est la loi, où est le précepte qui nous préservera de la Géhenne*[3])? R. Johanan dit au nom de R.

F. 31. a.

2) *Raschi:* ce qui prouve que je ne peux pas oublier le royaume du ciel dans ma joie.

3) Ce passage est remarquable en ce qu'il contient les premières traces de cette espèce de poésie mesurée, rimée et chantée en choeur qui a fait les délices du moyen âge.

ווי לן דמיתנן: ווי לן דמיתנן:
תי תורה ותי מצוה דמגני עלן

Siméon, fils de Johaï: il est défendu à l'homme de remplir sa bouche de ris dans ce monde; car il est dit (Psau. CXXVI, 2.): *Alors notre bouche sera remplie de ris, et notre langue de chant de triomphe.* Mais quand cela? Dans le temps qu'on dira parmi les nations (ib.): l'Eternel a fait de grandes choses à *ceux-ci* (*c'est-à-dire, dans le temps du Messie*). On rapporte de *Risch Lakisch* que jamais de sa vie il ne remplit sa bouche de ris dans ce monde, depuis qu'il eut entendu cela de R. Johanan son précepteur.

Les rabbins ont appris: on ne se met à prier ni après avoir jugé, ni après avoir tâché de définir une *Halaca (douteuse)*, mais on peut bien le faire après s'être occupé d'une Halaca déjà définie [4]). Et comment doit-elle être cette Halaca déjà *définie?* Avaï dit *(doit-elle être)* comme celle de R. Zira, car R. Zira disait: les filles d'Israël ont enchéri sur la loi jusqu'au point de prendre sur elles, que lors même qu'elles verraient une goutte de sang *(de leurs règles)* comme un grain de moutarde [5]) elles se tiendraient assises à leur place pendant sept jours de purification. Rava dit: elle doit être comme celle de Rav Hochia; car Rav Hochia disait: l'homme peut commettre une ruse *(contre Dieu)* relativement au produit de la terre; car s'il le rapporte chez lui en épis, afin qu'il serve de nourriture à son bétail il le délivre par là de la dîme [6]); ou si tu veux je peux dire qu'elle peut être comme celle de Rav Hunna; car Rav Hunna disait avoir entendu dire à R. Zira: lorsqu'on saigne une bête sanctifiée, il est défendu de faire quelque usage de son sang, sous peine de violer la loi [7]). Les rabbins ont fait comme il est dit dans la

---

Ain Jacob: אי תורה ואי מצוה דנמלי· מינך Nous lisons dans le Talmud de Jérusalem (Berac. 14. a.) que les Juifs de ce temps s'abandonnaient à la joie et à la crapule même dans la maison d'un mort ou pendant qu'ils célébraient les funérailles.

4) *Raschi:* car alors on n'a pas besoin d'y réfléchir pendant la prière.

5) Voy. Matth. XIII, 31. Marc. IV, 31. Luc. XVII, 6.

6) *Raschi:* car on ne donne la dîme que du froment battu.

7) *Raschi:* quoique une règle porte qu'on ne viole pas la loi en

Mischna (*c'est-à-dire, ils ont prié à tête tranquille*), et Rav Ache s'est comporté comme il est dit dans la Baraïtha (*c'est-à-dire, il a prié après une Halaca fixée*).

Les rabbins ont appris: on ne doit passer à la prière ni du milieu du chagrin, ni du milieu de la paroisse, ni du milieu du ris ou du discours, ni du milieu de la légèreté de tête ou après avoir proféré des paroles oiseuses; mais du milieu du contentement qu'inspire la pratique d'un précepte. De même l'homme ne doit pas prendre congé de son camarade en babillant, en se moquant, en commettant un acte de légèreté, ou en proférant des paroles oiseuses, mais en parlant de l'*Hálaca;* car nous trouvons que les Prophètes antérieurs finissaient leurs paroles avec des mots de louange et de consolation. Et c'est ainsi qu'enseigne Mari, fils du fils de Rav Hunna, fils de R. Jérémie, fils d'Abba: l'homme ne doit se séparer de son compagnon qu'en prononçant des paroles de l'Halaca afin que l'un se rappelle l'autre; car c'est ainsi qu'a fait Rav Cohana qui accompagna Rav Chimi, fils d'Ache, depuis l'embouchure du fleuve jusqu'à l'endroit de Babel appelé בי ציניתא (*maison des palmes*), et lorsqu'il arriva dans ce lieu, il lui dit: Mar, est-il vrai ce que disent les hommes, *que ces palmes de Babel existent depuis le premier homme jusqu'à présent?* Il lui répondit: tu me rappelles la chose de R. Jose, fils de Hanina, qui disait: que signifie-ce qui est écrit (H, 6.): *par un pays où aucun homme n'avait passé, et où personne n'avait habité?* Mais après avoir dit qu'*aucun homme n'y avait passé*, à quoi bon ajouter que *personne n'y avait habité?* si ce n'est pour te faire entendre que tout pays que le premier homme avait décrété qu'il serait habité, a été habité, et que tout pays que le premier homme n'avait pas décrété qu'il serait habité n'a pas été habité [8]). Rav

---

se servant du sang d'une bête pure, cette règle vaut seulement pour le sang qu'on en tire lorsqu'on la tue.

8) *Raschi:* ce proverbe ne veut donc dire autre chose, si ce n'est qu'Adam avait décrété qu'un jour on planterait des palmes dans cet endroit.

Mardocaï accompagnait Rav Chimi, fils d'Ache de הגרוניא (*Hagronia*) jusqu'à בי כיפי (*Be Keple*), et d'autres disent jusqu'à בי דורא (*Be Dura*).

Les rabbins ont appris: celui qui prie, a besoin de diriger son coeur vers le ciel, et Abba Saül dit qu'une marque de cette chose (*se trouve dans ces paroles (Psau. X, 17.)*: *affermis leur coeur* (Talm.: *fais qu'ils préparent leur coeur) et que ton oreille les écoute attentivement. Baraïtha.* R. Jéhuda dit: voici quelle était l'habitude de R. Akiva: lorsqu'il priait dans l'assemblée, il tâchait d'être le plus court possible, et sortait pour ne pas ennuyer la Synagogue (*par ses méditations)*; mais lorsqu'il priait entre lui-même (tout seul) l'homme qui l'avait laissé dans un coin le retrouvait dans un autre. Et pourquoi: (*s'oubliait-il)* jusqu'à ce point? A cause des révérences et des prosternations. R. Hija, fils d'Abba, dit: l'homme doit toujours prier dans une maison où il y a des fenêtres; car il est dit (Dan. VI, 10.): *Et les fenêtres de sa maison étant ouvertes*, etc. On pourrait penser que l'homme doit prier la journée toute entière, mais ce point de doctrine se trouve depuis long-temps éclairci par l'exemple de Daniel dont il est dit (ib): *trois fois par jour*, etc. On pourrait aussi croire que seulement depuis qu'il est venu dans le pays de la captivité il a commencé à prier ainsi, mais c'est depuis long-temps qu'il a été dit (ib): *comme il avait fait auparavant*. On pourrait s'imaginer que l'homme peut prier en se tournant vers le côté du ciel qu'il veut; mais le verset dit (ib): *vers Jérusalem* (לקבל ירושלם). On pourrait se figurer qu'on peut accumuler les trois dans une seule; mais c'est depuis long-temps que cette chose a été éclaircie par David, car il est écrit (LV, 18.): *le soir, le matin et le midi*, etc. On pourrait croire qu'il faut hausser la voix en priant, mais cela a été déjà expliqué par l'exemple d'Hunna, car il est dit (I. Sam. I, 13.): *Et on n'entendait point sa voix*, etc. *(On pourrait enfin croire)* qu'on doit demander avant ce dont on a besoin, et faire après la prière, mais cela aussi a été déjà déchiffré par Salomon; car il est dit (I. Rois. VIII, 28.) pour entendre le chant (הרנה) et la prière (התפלה), etc. Or, le mot רנה

signifie ici la *louange* et le mot תפלה veut dire la *demande.* On ne dit pas la formule d'une *requête* après l' אמת ויציב, mais après une prière *(p. ex. après les trois premières bénédictions)* même d'après l'ordre *(alphabétique)* du וידוי *(ou de la confession)* du jour de purification il peut bien la dire. Il a été dit que même Rav Hija, fils d'Ache, disait avoir entendu dire à Rav: quoique les rabbins aient dit que l'homme doit demander ses nécessités dans la *Chomea Tephilla (qui est la 15e)* s'il veut les demander après sa prière *(ou après trois premières bénédictions)* même dans l'office du jour de purification, il peut bien le faire.

Rav Hamenuna dit: que de règles excellentes on peut déduire de ce que l'Ecriture dit (I. Sam. I.) de Hanna! *(p. ex. de ce qu'il est écrit ib. 8. 13.) or, Hanna parlait en son coeur*, on peut déduire que pour prier il faut préparer son coeur. *Elle remuait seulement ses lèvres*, on déduit de là que pour prier il faut ouvrir les lèvres. *Et sa voix n'était pas entendue*, on déduit de là qu'il est défendu de lever la voix dans la prière. *Et il pensa d'elle qu'elle était ivre*, on déduit de là qu'on homme ivre ne doit pas prier (ib. vs. 14.). *Et Heli lui dit: jusqu'à quand seras-tu ivre*, etc.? R. Eléazar dit qu'on déduit de là que celui qui voit dans son prochain une chose qui n'est pas convenable[9]) est obligé de le réprimander. (Ib. vs. 15.): *Mais Hanna répondit, et dit non mon Seigneur.* F. 31. b. Ulla et selon d'autres R. Jose, fils de Hanina, dit qu'elle voulut lui dire par là: tu n'es pas Seigneur (אדון *juge compétent)* dans cette affaire, et le Saint Esprit n'habite pas sur toi, car tu me soupçonnes dans une pareille chose. D'autres disent que c'est ainsi qu'elle lui a voulu dire: Tu n'es pas un bon juge (אדון), la *Chekina* et le Saint Esprit[10]) ne sont pas sur toi; car tu me mets dans le bassin de la coulpe plutôt que dans celui de l'innocence. *Tu ne sais donc pas que je suis une femme affligée d'esprit*

---

9) *Tosephoth:* mais qui cependant n'est pas expressément défendu dans la loi comme l'ivrognerie.

10) Passage remarquable en ce que la שכינה image de la divine Majesté ou du fils de Dieu est distinguée ici du Saint Esprit רוח הקדש.

et que je n'ai bu ni vin ni cervoise. R. Eléazar dit: on déduit de là que celui qui est soupçonné d'une faute qu'il ne partage pas, doit faire connaître son innocence (ib. vs. 16.): *ne mets point ta servante au rang d'une femme qui ne vaille rien* (בת בליעל). R. Eléazar dit qu'on déduit de là qu'un ivrogne qui prie, c'est comme s'il commettait un acte d'idolâtrie, car il est écrit ici *fille de Bélial* et il est aussi écrit autre part (Deut. XIII, 13.): *des hommes fils de Belial sont sortis du milieu de toi*, etc. Or, comme dans ce dernier passage on parle de l'idolâtrie, dans le premier aussi on doit parler de l'idolâtrie (ib. vs. 17.): *Alors Eli répondit et dit: va en paix.* R. Eléazar dit: on déduit de là que celui qui soupçonne son prochain d'un crime qu'il n'a pas commis, est obligé de lui demander pardon, et non seulement cela, mais il doit aussi le bénir, car il est dit (ib : *et le Dieu d'Israël te veuille accorder ta demande.* (Ib. vs. 11.) *Et elle fit un voeu en disant: Eternel des armées* (צבאות). R. Eléazar dit: depuis le jour que le Saint, béni soit-il, créa le monde il n'y eut personne qui appelât le Saint, béni soit-il, צבאות jusqu'à ce que vînt Hanna et lui donnât ce titre. Elle voulut dire par là devant le Saint, béni soit-il: Seigneur de l'univers, après avoir créé tant et tant d'armées dans le monde, sera-t-il difficile à tes yeux de me donner un fils? *Parabole:* ce procédé ressemble à celui d'un roi de chair et de sang qui fait un banquet à ses domestiques: un pauvre y vient et s'arrêtant à la porte, dit à ceux *(qui y assistent)*: donnez-moi un morceau de pain; mais ils ne font pas attention à lui. Il s'empresse donc de sortir, et entre chez le roi et lui dit: Monseigneur le roi, de tout le banquet que tu as fait est-il difficile à tes yeux de me donner un morceau de pain? *Si tu regardes attentivement* (ראה תראה) *l'affliction de ta servante.* Selon R. Eléazar *(par cette répétition)* Hanna a voulu dire devant le Saint, béni soit-il: Seigneur du monde, si tu regardes (ראה) *mon affliction*, c'est bien, autrement je te forcerai à la regarder (תראה), car j'irai et je me cacherai *(avec un autre homme)* en présence d'Elcana mon mari, et lorsque je me serai cachée il sera obligé de me donner à boire l'eau de la femme soupçonnée d'adultère, et tu ne rendras pas ta loi fausse (פלסתר lat. it.); car il est dit (Nomb. V, 28.): *Si la femme est innocente, elle ne recevra aucun mal, et elle aura des enfans.* Cela est en règle, selon celui qui dit que si la femme soupçonnée a été stérile, elle sera visitée de Dieu *(ou rendue féconde).* Dans ce sens c'est fort bien, mais selon un autre docteur qui dit que si la femme soupçonnée a enfanté jadis avec douleur, elle enfantera avec facilité *(après que son innocence sera reconnue)*, si elle enfantait jadis des femelles, elle enfantera à l'avenir des mâles; si elle enfantait des enfans noirs, elle en enfantera de blans; si elle enfantait des nains, elle enfantera des hommes d'une grande taille. Que devons-nous en penser? Il ne reste qu'à dire que le sens des paroles: *Elle ne recevra aucun mal, et elle aura des enfans* devrait être à la vérité que si elle a été stérile, elle sera rendue féconde selon l'avis de R. Ismaël, mais que R. Akiva lui a répondu: si la chose devait se passer ainsi, toutes les stériles iraient se cacher *(avec un autre homme)*, et lorsqu'elles ne se seraient pas laisé corrompre *(Dieu serait obligé)* de les visiter par la fécondité. Le verset veut donc nous apprendre que si jadis elle enfantait avec douleur, elle enfantera avec facilité; si elle enfantait de petits hommes, elle en enfantera d'une grande taille; si elle avait des enfans noirs, elle en aura de blancs; si elle n'enfantait qu'un seul enfant, elle aura des jumeaux. Que voudra donc dire alors la répétition du verbe ראה? Que l'Ecriture a parlé dans cette circonstance selon la langue des hommes[11] (Ib.): *Dans l'affliction de ta servante* (אמתך) *si tu n'oublies point ta servante* (אמתך) *et que tu donnes à ta servante* (אמתך) *un enfant.* R. Jose, fils de Hanina, dit: à quoi bon répéter trois fois le mot אמתך *(servante)?* C'est parce que Hanna a voulu dire en présence du Saint, béni soit-il:

---

11) C'est-à-dire: comme les hommes ont coutume de parler et non comme Dieu pourrait parler à des êtres plus parfaits. Si le Talmud avait suivi par tout une règle aussi juste, il nous aurait fait grâce de maintes et maintes absurdités.

Seigneur du monde, trois expériences (בדקי) qui exposent à la mort, tu as créées pour les femmes, (et d'autres disent trois occasions (דבקי) de donner la mort) savoir: l'observance des règles des femmes, celle du gâteau et de la lampe à allumer[12]), ai-je commis la plus légère transgression sur une seule de ces trois choses? (Ib.) *Et si tu donnes à ta servante la semence des hommes* (אנשים). Que veut dire *la semence* des hommes *(au pluriel)?* Rav dit: un homme *(qui se distingue)* parmi les autres hommes; et Samuel dit: une semence *(qui soit digne)* d'oindre deux hommes. Et qui sont ces deux hommes? Saül et David. Et R. Johanan dit: une semence qui équivale à deux hommes. Et qui sont ces deux hommes? Moïse et Aaron; car il est dit (Psau. XCIX, 6.): *Moïse et Aaron ont été entre ses sacrificateurs et Samuel entre ceux qui invoquaient son nom.* Et les rabbins disent que la phrase *une semence d'hommes* veut dire: une semence qui soit comme absorbée parmi les hommes. Et Rav Dimi étant survenu, dit (que les rabbins avaient voulu dire): un homme qui ne fût ni long, ni court, ni petit, ni muet, ni blanc, ni roux[13]), ni savant, ni stupide[14]).

(Ib. vs. 26.): *Je suis cette femme qui me tenais debout ici avec toi.* R. Jehochua, fils de Lévi, dit: on déduit de là qu'il est défendu (à celui qui ne prie pas comme p. ex. ici Elie) d'être assis dans les quatre coudées de la prière (*ou du lieu où un autre prie,* comme fait ici Hanna). (Ib. vs. 27.): *pour cet enfant j'ai prié, etc.* R. Eléazar dit que Samuel a enseigné une Halaca en présence de son précepteur; c'est pourquoi il est dit (ib. vs. 25.): *Puis ils égorgèrent un veau, et ils amenèrent l'enfant à Elie.* A

---

12) Voy. Préface et Théorie du Judaïsme. La plus légère négligence de ces trois préceptes qui sont les seuls qui obligent les femmes devrait être, selon le Talmud, punie de mort.

13) *Raschi:* רוש *roux,* ou *rosso* dans la langue des barbares.

14) *Raschi:* afin que l'oeil malin (עין הרע) n'ait pas de pouvoir sur lui, comme il arrive aux hommes qui dépassent la médiocrité: absorbé parmi les hommes est donc celui qui ne dépasse pas la médiocrité.

cause donc qu'ils ont égorgé un veau ils ont amené l'enfant à *Elie.* Mais cela signifie qu' Eli a dit à ses gens: appelez un prêtre, afin qu'il vienne tuer (*ce veau*). Et Samuel ayant remarqué qu'ils allaient effectivement chercher un prêtre pour tuer, leur dit: pourquoi allez-vous chercher un prêtre pour tuer, lorsqu'il est permis à un profane (*laïque*) aussi de tuer la victime? On le conduisit alors devant Elie qui lui dit: d'où tiens tu cela? Il lui répondit: est-ce qu'il est écrit (Lév. I, 5.): *et le prêtre tuera?* Il est écrit que *les prêtres offriront.* Depuis la réception (*du sang de la victime*) et plus loin commence l'office des prêtres; d'où on peut conclure que la cérémonie de tuer la victime peut être exécutée par un profane. Alors Elie lui dit: ce que tu viens de dire est fort bien; mais tu as enseigné une Halaca en présence de ton précepteur, et quiconque enseigne une Halaca en présence de son précepteur, mérite la mort. Sur ces entrefaites vint Hanna et s'écria devant Elie: *Je suis la femme qui me tenais ici avec toi, etc.* Il lui répondit: laisse-moi, afin que je le punisse, et j'implorerai la divine miséricorde, et elle t'accordera un fils plus grand que celui-ci. Elle lui dit: c'est pour cet enfant que j'ai prié. (Ib. vs. 13.) *Or, Hanna parlait en son coeur.* R. Eléazar dit au nom de R. Jose, fils de Zimra, (*que cela signifie*) *pour les affaires de son coeur*, et qu'elle voulut dire en présence de Dieu: *Seigneur du monde, de tout ce que tu as créé dans la femme tu n'as pas créé une seule chose qui soit superflue; les yeux pour voir, les oreilles pour entendre, le nez pour sentir, la bouche pour parler, les mains pour vaquer au travail, les pieds pour marcher, les mamelles pour nourrir; mais ces mamelles que tu m'as placées sur mon coeur à quoi doivent-elles me servir? N'est-ce pas à nourrir? Donne-moi donc un fils, et je le nourrirai.* —

R. Eléazar a aussi dit au nom de R. Jose, fils de Zimra: si quelqu'un se met en jeûne pendant le samedi (*pour avoir fait un rêve sinistre*) on lui déchire le décret de la justice divine (*ou de sa destinée*) quand même il serait écrit depuis 70 ans (*ou depuis sa tendre enfance*). On doit cependant lui faire porter la peine du droit de la réjouissance du Sabbath [15]. Et comment peut-il corriger cette faute? Rav Nahman, fils d'Isaac, dit: en jeûnant encore une fois après ce jeûne.

R. Eléazar dit en outre: Hanna a proféré des mots contre le très-haut; car il est dit (ib. vs. 10.), et elle adressa sa prière vers (על) (Talm.: *contre*) *l'Éternel*, ce qui veut dire qu'elle proféra quelques mots contre le très-haut. Le même R. Eléazar ajoute qu'Elie aussi a proféré quelques mots contre le très-haut; car il est dit (I Rois XVIII, 37.): *et tu as fait tourner leurs coeurs en arrière.*

F. 32. a. R. Samuel, fils de Rav Isaac, dit: d'où savons-nous que le Saint, béni soit-il, a reconnu et avoué son tort à Elie? De ce qu'il est écrit (Michée IV, 6.): *et celle que j'avais affligée* (הרעותי) (Talm.: *à laquelle j'ai fait du mal* [16]). R. Hama, fils de Hanina, dit: s'il n'y avait pas par hasard le trois versets (*suivans*) [17] les pieds des ennemis d'Israël (*des fils d'Israël*) chancelleraient (*devant le tribunal de Dieu*): le premier porte (ib.): *à laquelle j'avais fait du mal;* dans le second il est écrit (Jéré. XVIII, 6.): *Voici comme l'argille est dans la main d'un potier, ainsi êtes-vous dans ma main, maison d'Israël.* Et dans le troisième il est dit (Ezéch. XXXVI, 26.): *Et j'ôterai de votre chair le coeur de pierre, et vous donnerai un coeur de chair.* R. Papa dit: qu'il résulte la même chose du verset qui suit (ib.): *et je mettrai mon esprit au dedans de vous, et je ferai que vous marcherez dans mes statuts.*

R. Eléazar dit encore que Moïse lui-même a proféré quelques mots contre le très-haut; car il est dit (Nomb. XI, 2.): *Et Moïse adressa sa prière à* (אל) *l'Eternel.* Ne lis pas אל (*à*) mais על (*contre*), car la maison de R.

---

15) C'est-à-dire: d'avoir enfreint la loi qui prescrit de se réjouir dans le Sabbath.

16) *Raschi:* Dieu est cause du mal, parce qu'il a créé les mauvaises inclinations. Cette erreur qui se réfute d'elle-même détruit la liberté de l'homme et conduit au fatalisme le plus absurde.

17) *Raschi:* et qui nous apprennent que nos désirs tant bons que mauvais dépendent de Dieu et que nous pouvons par conséquent nous excuser devant lui de nos péchés.

Eliéser, fils de Jacob, lit ordinairement, au lieu de l'*Aleph*, l'*Ain*, et au lieu de l'*Ain*, l'*Aleph*. Mais la maison de R. Jannaï déduit la même chose de l'expression (Deut. I, 1.): *et Dizahab* (די זהב). Que veut dire די זהב? La maison de Jannaï dit (que cela signifie) que Moïse a dit ainsi en présence du Saint, béni soit-il: *Seigneur du monde, comme tu as donné de l'argent et de l'or* (זהב) *à Israël en tant d'abondance qu'ils ont dû dire assez* (די), *cela a été cause qu'ils ont fait le veau*[18]. La maison de R. Jannaï ajoute: *un lion ne rugit pas auprès d'un panier rempli de paille, mais auprès d'un panier plein de viande.* Sur quoi R. Jehochua dit: cela ressemble à un homme qui possède une vache maigre et qui n'a que les os, il lui donne à manger de la vesse, et elle se rue contre lui; il lui dit: quelle est la cause que tu me donnes des coups de pieds si ce n'est la vesce que je te donne à manger? R. Hija, fils d'Abba, disait avoir entendu dire à R. Johanan: cela ressemble à un homme qui a un fils qu'il fait baigner, oindre, manger et boire beaucoup, et lui ayant suspendu au cou une bourse il le fait asseoir devant la porte d'une courtisanne; que pourrait-il faire ce fils autre chose que pécher? R. Aha, fils de Rav Hunna, disait avoir entendu dire à Rav Chechath: cela combine avec ce que disent les hommes: *un ventre plein (pousse) à toute sorte d'abominations*; car il est dit (Hos. XIII, 6.): *Selon leurs pâturages ils ont été rassasiés, ils ont été rassasiés, et leur coeur s'est élevé, et c'est pourquoi ils m'ont oublié.* R. Nahman dit qu'on peut déduire (*la même chose*) de ce passage (Deut. VIII, 14.): *que ton coeur ne s'élève pas, et que tu n'oublies pas l'Eternel.* Et les rabbins disent: de cet autre passage (ib. XXXI, 20.): *Et il mangera, et sera rassasié et engraissé,*

---

18) Voici la plus impie de toutes les maximes, c'est-à-dire, celle qui apprend que Dieu est la cause du péché, appuyée sur l'étymologie d'un nom propre. Les altérations les plus étranges des paroles de la Bible sont dans le Talmud justement celles qui servent à propager les principes d'intolérance et d'immoralité, ce qui prouve encore une fois que réformer le Judaïsme ou ramener les Juifs au véritable sens de la Bible sont deux propositions parfaitement identiques.

puis il se détournera vers d'autres dieux. Et si tu veux je peux dire que de cet autre passage (ib. XXXII, 15.): *Le droiturier* (ישורון *ou Israël) s'est engraissé, et a regimbé.* R. Samuel, fils de Nahmani, disait avoir entendu dire à R. Jonathan: d'où savons-nous que le Saint, béni soit-il, est revenu de son tort, et l'a avoué à Moïse? De ce qu'il est dit (Hos. II, 8.): *Et de l'argent et de l'or que je leur ai multiplié ils ont fait un Baal.*

Et l'Eternel dit à Moïse (Exod. XXXII, 8.): *Va, descends.* Que veulent ces deux mots: *va, descends?* R. Eléazar dit que le Saint, béni soit-il, dit à Moïse: Moïse, descends de ta grandeur. Est-ce que je t'ai donné de la grandeur pour autre raison que pour Israël; mais maintenant qu'Israël a péché, à quoi me sers-tu? De suite s'est affaiblie la force de Moïse, et il n'en avait pas autant qu'il fallait pour parler. Mais lorsque Dieu ajouta (Deut. IX, 14.): *Laisse-moi, et je les détruirai,* Moïse dit: cette chose dépend donc de moi. De suite il se tint debout, se fortifia dans la prière, et supplia la divine miséricorde. Cela ressemble à un roi que se fâche contre son fils, et le frappe de bonne raison, et son favori est assis en sa présence, et craint de lui dire un mot jusqu'à ce que le roi dise: si ce n'était par les égards que j'ai pour mon favori qui est assis en ma présence je t'aurais tué. Alors le favori se dit: cette chose dépend donc de moi. De suite il se lève debout et le sauve.

(Exod. ib. vs. 10.) *Et maintenant laisse-moi, et ma colère s'embrasera contr'eux, et je les consumerai, et je te ferai chef d'une grande nation, etc.* R. Avhu dit: si par hasard on ne trouvait pas écrit ce verset on ne pourrait pas le répéter [19]), car cela nous fait entendre que Moïse a saisi le Saint, béni soit-il, comme un homme qui saisit son camarade par l'habit, et qu'il a dit en sa présence: Seigneur du monde, je ne te laisserai pas jusqu'à ce que tu

19) Car l'expression: *laisse-moi* donne à penser que Dieu prend un corps par lequel on peut le saisir. Les Juifs eux-mêmes sont donc tenus d'admettre une espèce d'incarnation.

n'aies pardonné, et ne te sois rendu exorable envers eux: *Et je te ferai chef d'une grande nation, etc.* R. Eléazar dit que Moïse tint ce discours devant le Saint, béni soit-il: Seigneur du monde, si un trône de trois pieds *(Abraham, Isaac et Jacob)* ne peut se tenir debout devant toi dans l'heure de ta colère, un trône d'un seul pied *(soutenu par moi seulement)* d'autant moins. Et non seulement cela, mais j'ai honte devant mes ancêtres; car ils peuvent dire maintenant: voyez ce *Parnas (Magistrat)* que Dieu a constitué sur eux, il a cherché sa propre grandeur et ne sait pas intéresser la divine miséricorde en leur avantage.

(Ib. vs. 11.) *Alors Moïse s'appliqua à se rendre propice* (ויחל) *la face de l'Eternel.* R. Eléazar dit: cela nous apprend que Moïse se tint debout en prière devant le Saint, béni soit-il, jusqu'à le rendre malade (חלה *ou à l'ennuyer),* et Rava dit: jusqu'à lui faire annuler son voeu de détruire Israël; car il est écrit ici ויחל, et il est aussi écrit autre part (Nomb. XXX, 3.): *Il ne violera pas* (יחל) *sa parole,* sur quoi Mar dit (Hagiga 10.) que celui qui a fait un voeu ne peut pas l'annuler, mais les autres peuvent bien l'annuler[20]. Et Samuel dit: cela nous apprend plutôt que Moïse voulut se livrer à la mort (חלל) en leur faveur; car il est dit (ib. vs. 32.): *Si non, efface-moi maintenant de ton livre (de la vie).* Rava dit avoir entendu dire à Rav Isaac: cela nous apprend que Moïse a fixé sur eux (שחלחה voy. II Sam. III, 29.) l'attribut de la divine miséricorde, et les rabbins disent que cela nous apprend que Moïse a dit en présence du Saint, béni soit-il: Seigneur du monde, loin de toi (חולין) de faire une chose pareille. Il y a sur le même verset une Baraïtha qui porte: R. Eliéser le grand dit: cela nous apprend que Moïse est resté debout en prière devant le Saint, béni soit-il, jusqu'à ce qu'il ait été saisi

---

20) Ainsi Dieu ne pouvait pas annuler son voeu de détruire Israël, mais Moïse pouvait bien le faire pour lui. Et cependant le Talmud vient de nous avertir par une autre assertion aussi blasphématoire que celle-ci, que Dieu change d'avis et avoue ses torts. Les docteurs de la loi ont un bien puissant adversaire dans le ridicule dont ils se couvrent en toute occasion.

par la maladie appelée אחילו. Mais, qu'est-ce que la maladie אחילו? R. Eléazar dit: un feu dans les os (אש של עצמות), et que veulent dire ces paroles? Avaï dit qu'elles répondent aux paroles chaldéennes אשתא דגרמי un feu des os [21]).

(Ib. vs. 13.) *Souviens-toi d'Abraham, d'Isaac et d'Israël tes serviteurs auxquels tu as juré par toi-même* (בך). Que signifie le mot בך? R. Eléazar dit: il signifie que Moïse parla ainsi en présence du Saint, béni soit-il: *Seigneur du monde, si par hasard tu leur avais fait serment par les cieux ou par la terre j'aurais pu dire: comme les cieux et la terre passent, de même ton serment peut passer; mais maintenant que tu leur as prêté serment par ton grand nom, de même que ton grand nom vit et dure éternellement et dans les siècles des siècles, de même ton serment durera éternellement et dans les siècles des siècles.* (Ib.) *Et tu leur as dit: je multiplierai votre postérité comme les étoiles des cieux, et toute cette terre dont j'ai parlé, etc.* Pourquoi dit-on *dont j'ai parlé* tandis qu'il fallait dire *dont tu as parlé?* R. Eléazar dit que jusqu'ici *(c'est-à-dire, jusqu'aux étoiles du ciel)* les paroles sont du disciple; mais d'ici et plus loin les paroles sont du maître *(c'est-à-dire, de Dieu)*. Et R. Samuel, fils de Nahmani, dit: tant les unes que les autres sont paroles du disciple, mais c'est ainsi que Moïse a voulu dire en présence du Saint, béni soit-il: *Seigneur du monde, les paroles que tu m'as dit d'aller répéter à Israël en ton nom, je suis allé et je les leur ai dites en ton nom; mais maintenant que pourrai-je leur dire?*

(Il est écrit Nomb. XIV, 16.): *Parce que l'Eternel ne pouvait faire entrer, etc.* (יכלת). On devait dire ici יכול *(au masculin)*. Sur quoi R. Eléazar dit que Moïse a voulu dire ainsi en présence du Saint, béni soit-il *(en se servant du genre féminin)*: Seigneur de l'univers, maintenant les peuples du monde diront: la force de Dieu s'est affaiblie comme celle d'une femme, et il n'a pu sauver *(son peuple)*. Mais le Saint, béni soit-il, répondit à Moïse:

---

21) On voit par ce passage que les rabbins de ce temps comprenaient mieux le chaldéen que l'hébreux.

est-ce qu'ils n'ont pas déjà vu les signes et les prodiges que j'ai faits pour eux sur la mer? Alors Moïse reprit en sa présence: Seigneur du monde, ils auront cependant de quoi dire: il a pu résister à un seul roi (*d'Egypte*), mais il ne peut pas tenir tête aux trente et un roi (*de la terre de Canaan*). R. Johanan dit: d'où savons-nous que le Saint, béni soit-il, s'est rétracté et a avoué son tort à Moïse? De ce qu'il est dit (ib. vs. 20.): *Et l'Eternel dit: j'ai pardonné selon ta parole.* Il y a une Baraïtha de la maison de R. Ismaël sur l'expression: *selon ta parole*, qui porte: les peuples du monde diront ainsi à l'avenir: heureux le disciple à qui le précepteur avouera son tort. (Ib. vs. 21.) *Mais certainement je suis vivant.* Rava disait avoir entendu dire à Rav Isaac que (*cette manière de parler*) nous apprend que le Saint, béni soit-il, a voulu dire ainsi à Moïse: Moïse, tu m'as fait revivre par tes paroles (*aux yeux des peuples du monde*). R. Chamlaï fit cette exposition: toujours l'homme doit ranger en premier lieu la louange du Saint, béni soit-il, et puis faire la prière. D'où savons-nous cela? De Moïse; car il est écrit (Deut. III, 23.): *Et je demanderai grâce* (ואתחנן) *à l'Eternel en ce temps-ci.* Puis il est aussi écrit (vs. 24.): *Seigneur Eternel, tu as commencé de montrer à ton serviteur ta grandeur et ta main forte, car qui est le Dieu fort au ciel et sur la terre qui puisse faire des oeuvres comme les tiennes, et selon ta vigueur?* Puis il est écrit immédiatement après (vs. 25.): *que je passe, je te prie, et que je voie le beau pays, etc.* —

Signes ou marques de souvenir [22]):
מעשים *oeuvres*, צדקה *aumône*, קרבן *offrande*, כהן *prêtre*, תענית *jeûne*, מנעל *verrou*, ברזל *fer*.

Oeuvre. R. Eléazar dit: la prière est plus méritoire F. 32. b. que les bonnes oeuvres; car personne ne s'est distingué

---

22) סימן *Signum memoriale*, c'est-à-dire, un ou plusieurs mots qui renferment le contenu d'une période ou d'une Halaca entière, et qui servent à aider la mémoire. Je conjecture qu'avant Juda le Saint, les disciples auxquels il était défendu d'écrire les traditions, notaient moyennant des signes semblables, les traditions qu'ils avaient entendues de leurs précepteurs.

dans les bonnes oeuvres autant que Moïse notre maître, et néanmoins il n'a été exaucé qu'à l'aide de la prière; car il est dit (Deut. III, 26.): *ne me parle plus de cette affaire*, mais on ajoute à cela (ib. vs. 27.): *monte au sommet de cette colline, etc.*[23])

Aumône: R. Eliéser dit aussi: le jeûne est plus méritoire que l'aumône. Quelle en est la raison? car le premier consiste dans le corps *(afflige le corps)*, et le second dans l'argent (ממוך ממוזנך).

Offrande: R. Eléazar a dit encore: la prière est plus méritoire que les offrandes; car il est dit (Esa. I, 11.): *qu'ai-je à faire de la multitude de vos sacrifices?* Et il est écrit plus loin (ib. vs. 15.): *et quand vous étendrez vos mains (pour prier)*, etc.

Prêtre: R. Johanan dit: *tout prêtre qui a tué un homme* ne lève pas ses mains pour bénir; car il est dit (ib.): *vos mains sont pleines de sang.*

Verrou: R. Eléazar a dit en outre: dès le jour que la maison sainte fut dévastée, les portes de la prière ont été *verrouillées*; car il est dit (Lament. III, 8.): *même quand je crie et frémis il ferme l'oreille* (Talm.: *les portes) à ma prière.* Cependant quoique les portes de la prière soient verrouillées, les portes des larmes ne sont pas verrouillées; car il est dit (Psau. XXXIX, 13.): *Ecoute ma requête, ô Eternel*, prête l'oreille à mon cri et ne sois point sourd à mes larmes.

Jeûne: *Rava* ne décrétait pas le jeûne dans un jour de nuages; car il est dit (Lament. III, 44.): *Tu t'es couvert d'une nuée afin que la requête ne passât point.*

Fer: R. Eléazar a dit enfin: dès le jour que la maison sainte a été dévastée, une *muraille de fer* fait une séparation entre Israël et son père qui est dans le ciel; car il est dit (Ezéch. IV, 3.): *Et toi prends-toi une poële de fer, et place-la pour un mur de fer entre toi et la ville.*

R. Hanin disait avoir entendu dire à R. Hanina: si quelqu'un prolonge sa prière, elle ne reviendra pas vers lui

---

23) *Raschi*; car c'est à cause de ta prière que j'ai consenti à te faire voir la terre de promission.

sans effet. D'où le savons-nous? De Moïse notre maître; car il est dit (Deut. IX, 18 et 26.): *et j'ai adressé ma prière (une longue prière) à l'Eternel, etc.* et il est aussi écrit tout de suite après (vs. 19.): *Et l'Eternel m'exauça aussi cette fois là.* Mais ce n'est pas ainsi, vu que R. Hija, fils d'Abba, disait avoir entendu dire à R. Johanan: quiconque prolonge sa prière et en attend *(un effet favorable)* finit par être mis entre les mains de l'affliction de coeur; car il est dit (Prov. XIII, 12.): *l'espoir différé fait languir le coeur.* Comment corriger ce défaut? En s'occupant dans la loi; car il est dit (ib.): *mais le souhait qui arrive est l'arbre de la vie*, et l'expression *arbre de la vie* ne signifie autre chose que la loi; car il est dit (ib. III, 18.): *elle (la sagesse) est l'arbre de la vie pour tous ceux qui se fortifient en elle.* Mais cela n'implique pas contradiction, car une sentence est relative au cas où l'on prolonge la prière, et on en attend le résultat favorable, et l'autre au cas où l'on la prolonge, sans en attendre ce résultat. R. Hama, fils de Hanina, dit: si l'homme voit que sa prière n'est pas exaucée, il doit toujours continuer à prier; car il est dit (Psau. XXVII, 14.): *espère dans l'Eternel, tiens bon, et il fortifiera ton coeur, et espère dans l'Eternel.*

Les rabbins ont appris: quatre choses ont besoin d'un effort de persévérance (חזוק), savoir: la loi, les bonnes oeuvres, la prière et la manière de se conduire dans le monde. D'où savons-nous cela par rapport à la loi et aux bonnes oeuvres? De ce qu'il est dit (Jos. I, 7.): *seulement fortifie-toi* (חזק), *et te renforce* (אמץ) *de plus en plus, afin que tu prennes garde de faire selon toute la loi.* Le mot חזק se rapporte ici à la loi, et l'autre אמץ aux bonnes oeuvres. Et d'où savons-nous cela quant à la prière? De ce qu'il est dit (Psau. XXVII, 14.): *mets ton attente dans l'Eternel, fortifie-toi* (חזק), *et il renforcera ton coeur, mets ton attende dans l'Eternel.* Et d'où savons-nous la même chose relativement à la manière de se conduire dans le monde? De ce qu'il est dit (II Sam. X, 12.): *Sois vaillant* (חזק), *et portons nous vaillamment pour notre peuple, etc.*

(Il est écrit Esa. XLIX, 14.) *Mais Sion a dit:*

l'Eternel m'a délaissée (עזבני), *et le Seigneur m'a oubliée* (שכחני). Mais le verbe עזב *(délaisser)* signifie la même chose que l'autre שכח *(oublier)*. Sur quoi Resch Lakisch dit *(qu'il faut expliquer cette répétition)* comme si la Synagogue d'Israël eût parlé ainsi devant le Saint, béni soit-il: Seigneur du monde, l'homme qui épouse une seconde femme après la première se souvient toujours des actions de la première; mais tu m'as délaissée et oubliée. Le Saint, béni soit-il, répondit: ma fille, j'ai créé douze *signes* (מזלות) dans le firmament, et sur chacun de ces signes j'ai créé trente vaillans (חיל *capitaines*), et sur chacun de ces vaillans j'ai créé trente légions (לגיון lat., *chefs de légion*), et sur chacune de ces légions j'ai créé trente préfets (רהטון), et sur chacun de ces préfets j'ai créé trente puissans ou empereurs (קרטון gr.), et sur chacun de ces puissans j'ai créé trente camps (גסטרא *castra* chefs d'un camp entier), et sur chacun de ces camps j'ai suspendu trois cent soixante cinq mille myriades d'étoiles à l'instar des jours de l'année, et tout cela je ne l'ai créé qu'à cause de toi, et tu dis que je t'ai délaissée et oubliée?

(Il suit ib. vs. 15.): *La femme peut-elle oublier son enfant* (עולה)? Le Saint, béni soit-il, veut dire par là: comment peux-je oublier les holocaustes (עולות) des béliers, et les ouvertures de matrices (*les premiers-nés*) que tu as offerts devant moi dans le désert? Elle répondit à ses faces ou personnes (אמרת לפניו): Seigneur du monde, puisque l'oubli n'a pas lieu devant le trône de ta gloire, peut-être ne m'oublieras-tu pas le fait du veau. Il reprit: j'oublierai encore *cela* (אלה)[24]. Elle dit à ses faces *(devant lui):* Seigneur du monde, puisque l'oubli trouve lieu devant le trône de ta gloire, tu oublieras peut-être le fait du Sinaï (*ou l'acceptation de la loi*). Il lui répondit: *Moi* (אנכי)[25] je ne t'oublierai pas, ce qui combine avec ce que R. Eléazar disait avoir entendu dire à R. Ochia, que

---

24) *Raschi*: j'oublierai le *cela* אלה qui fut prononcé dans le fait du veau d'or (Exod. XXXII, 4.).

25) *Raschi*: je n'oublierai le *moi* אנכי que j'ai prononcé sur le mont Sinaï (Ib. XX, 2.).

signifie ce qui se trouve écrit: *et le cela* (אלה) *je l'oublierai?* Il signifie le fait du veau; *et moi* (ואנכי) *je ne t'oublierai pas?* Ceci *(veut dire)* le fait du mont Sinaï.

Mischna. Les pieux de jadis attendaient une heure.

Ghémara. D'où déduit-on cela? R. Jéhochua, fils de Lévi, dit: d'un verset qui porte (Psau. LXXXIV, 5.): *Bonheur à ceux qui sont assis* (יושבי)[26]) *dans la maison* (Talm.: *qui attendent assis avant de prier debout).* R. Jéhochua, fils de Lévi, dit aussi que celui qui prie doit attendre une heure après sa prière; car il est dit (Psau. CXL, 14.): *Quoiqu'il en soit les justes célébreront ton nom et les hommes droits se tiendront assis* (ישבו) *en ta présence.* C'est dans ce même sens que la Baraïtha nous apprend: celui qui prie doit attendre une heure avant sa prière et une heure après sa prière. D'où déduisons-nous *avant la prière?* De ce qu'il est *bonheur*, etc. et d'où déduisons-nous *après la prière?* De ce qu'il est écrit: *quoiqu'il en soit*, etc. Les rabbins ont appris: les pieux de jadis attendaient une heure, et puis priaient pendant une heure, et de nouveau ils attendaient une heure; mais puisque de cette manière ils devaient consumer neuf heures dans la prière *(qu'ils faisaient trois fois)* par jour, comment pouvaient-ils garder la loi et s'occuper de leurs affaires? C'est parce qu'ils étaient pieux qu'ils pouvaient garder la loi, et qu'ils étaient bénis *(ils prospéraient)* dans leurs actions.

Mischna. Lors même qu'un roi les saluait, ils ne rendaient pas le salut.

Ghémara. R. Joseph dit: on n'a appris cela que des rois d'Israël; mais pour les rois des autres peuples il doit s'interrompre *(pour lui rendre le salut*[27]). Mais je peux objecter cette tradition: si quelqu'un prie et voit un âne[28])

---

26) Le verbe עמוד. *être debout* signifie prier, et le verbe ישב *être assis* veut dire le contraire selon le Talmud.

27) *Raschi*: afin qu'il ne le fasse pas tuer.

28) C'est-à-dire: un grand Seigneur non-juif monté sur un âne selon les usages de l'Orient.

ou un char (קרון)[29]) venir vers lui, il ne s'interrompt pas, mais il raccourcit sa prière et s'en va. Cela ne constitue pas une difficulté, car il veut dire que lorsqu'on peut raccourcir on le fait et qu'autrement on interrompt la prière. Les rabbins ont appris: il arriva à un pieux qui restait en prière sur le chemin qu'il vint à passer par là un homme d'autorité[30]) qui l'ayant salué et n'ayant point reçu de salut l'attendit jusqu'à ce qu'il eût fini sa prière et lorsqu'il l'eut achevée, il lui dit: homme de rien (ריקא) n'est-il pas écrit dans votre loi (Deut. IV, 9.): *Seulement prends garde à toi et garde soigneusement ton âme;* et il est aussi écrit (ib. vs. 15.): *vous prendrez donc bien garde à vos âmes.* Moi je t'ai salué; pourquoi donc ne m'as-tu pas rendu le salut? Si je te fais couper la tête avec le glaive, qui demandera raison de ton sang répandu par mes mains? Le pieux lui répondit: Attends-moi jusqu'à ce que j'aie tâché de l'appaiser par mes paroles. Puis il reprit: si tu étais debout en présence d'un roi de chair et de sang et si venant (à passer par là) ton camarade il te salue, est-ce que tu lui rendrais le salut? Il répondit: non. Et en cas que tu le lui eusses rendu qu'est-ce qu'on aurait fait de toi? Il lui répondit: on m'aurait coupé la tête avec le glaive. Le pieux reprit: mais ces paroles ne constituent-elles pas cet *a minori ad majus?* si tu *(n'avais pas osé rendre le salut)* étant debout en présence d'un roi de chair et de sang, qui aujourd'hui est ici et demain dans le tombeau, d'autant plus moi qui me tenais debout en présence du roi de tous les rois, du Saint, béni soit-il, qui vit et qui subsiste dans tous les siècles. De suite l'homme d'autorité se laissa appaiser, et renvoya le pieux à la maison en paix[31]).

F. 33. a.

---

29) Les Latins de ces temps appelaient *veredarios* les préfets des villes, *quod rheda et courru magnifico veherentur.*

30) הגמון *un Préfet ou Evêque.* La citation qu'il tire de la Bible avec une subtilité rabbinique donne à penser que cette personne d'autorité était un savant Juif devenu Chrétien.

31) On rapporte dans le Talmud de Jérusalem (Berac. 22. a.) l'ex-

Mischna. Lors même qu'un serpent s'était entortillé autour de son talon, il n'interrompait pas la prière.

Ghémara. Rav Chechath dit: on n'a enseigné cela que pour un serpent; mais à cause d'un scorpion on s'interrompt. Je peux opposer cette autre tradition *(Jevammoth* f. 121. *a.)*: Si quelqu'un tombe dans une caverne de lions, on ne rend pas témoignage qu'il soit mort [32], mais s'il est tombé dans une fosse pleine de serpens et de scorpions, on peut rendre témoignage qu'il est mort. Cependant c'est une autre chose dans ce dernier cas où *(les serpens et les scorpions)* doivent chercher à nuire à cause qu'ils sont froissés *(par la chûte)*.

R. Isaac dit: celui qui voit des boeufs *(venir vers lui)* interrompt sa prière, car Rav Ochia nous apprend, qu'il faut s'éloigner d'un boeuf dont on ne sait pas s'il choque, 50 coudées, et d'un boeuf dont on sait très-bien qu'il choque *(il faut s'éloigner)* à perte de vue. On nous a appris au nom de R. Meïr: lorsque la tête d'un boeuf est dans la corbeille [33]) monte sur le toit et renverse l'échelle sous tes pieds. Samuel dit: cela a seulement lieu relativement à un boeuf noir pendant le mois de Nisan *(au commencement de la belle saison)*; car alors Satan lui danse entre les cornes.

Les rabbins ont appris qu'il est arrivé ce fait remarquable dans un certain endroit. Il y avait un *Arod* [34]) qui faisait beaucoup de dommages aux gens *(du pays)*. On vient en informer R. Hanina, fils de Dosa, qui dit à

---

emple des deux rabbins qui manquent de respect à un Archonte et à un roi non-juifs, non parce qu'ils préféraient le culte de Dieu à l'honneur qu'il faut rendre aux hommes, mais parce qu'ils étaient persuadés que tous les peuples de la terre doivent révérer les Juifs et même en avoir peur.

32) *Raschi*: car les lions ne dévorent que lorsqu'ils ont faim.

33) C'est-à-dire: lorsqu'on a attaché aux cornes d'un boeuf une espèce de corbeille pour l'empêcher de choquer, ou pour avertir les passans qu'il choque; en d'autres termes lorsque, selon le proverbe latin, *foenum habet in cornu.*

34) ערוד espèce d'animal vénimeux qui est le fruit, selon Raschi, de l'union d'un serpent et d'un crapaud.

ceux (*qui lui en parlaient*): montrez-moi son trou. Ils le lui montrèrent. Alors il plaça son talon sur (l'ouverture) du trou et l'*Arod* en sortit, le mordit et il mourut. Ils le prirent sur les épaules et l'apportèrént dans la *maison de la recherche* où R. Hanina dit à ses disciples: voyez, mes enfans, ce n'est pas l'*Arod*, mais le péché qui fait mourir. Depuis ce temps il est passé en proverbe de dire: malheur à l'homme qui rencontre un *Arod*, et malheur à l'*Arod* qui rencontre un R. Hanina, fils de Dosa.

Mischna IIe.

On fait la commémoration *des forces de la pluie* (גבו־רות גשמים) dans la *résurrection des morts* (תחיית המתים)[35] et la *pétition de la pluie* (שאלה) dans la *bénédiction des années* (ברכת השנים)[36], et l'*Habdala* (הבדלה) dans le *donner de l'intelligence* (חונן הדעת)[37]. R. Akiva dit qu'on devrait faire une quatrième bénédiction à part, et R. Eléazar veut qu'on la récite dans l'*Hodaa* (הודאה)[38].

Ghémara.

Quelle est la raisson que l'on fait la commémoration *des forces de la pluie?* Rav Joseph dit que cela équivaut en quelque sorte à la résurrection des morts, c'est pourquoi on a établi de la dire dans la תחיית המתים. Et quelle est la raisôn que l'on dit la pétition de la pluie dans *la bénédiction des années?* Rav Joseph dit, que comme elle sert à la nourriture c'est pour cela qu'on a établi de la dire dans la bénédiction (*où on demande*) la nourriture. Quelle est enfin la raison que l'on dit l'*Habdala* dans *le donner dans l'intelligence?* Rav Joseph dit

---

35) C'est la seconde des 18 bénédictions. On y fait la commémoration de la pluie pendant l'hiver depuis la fête des Tabernacles jusqu'à Pâque.

36) C'est la neuvième bénédiction. On y insère cette pétition pendant l'hiver depuis la fête des Tabernacles jusqu'à Pâque.

37) Qui est la quatrième bénédiction.

38) Qui est la dix-septième bénédiction. Mais l'Halaca, dit Maimonides, n'est ni selon R. Akiva ni selon R. Eléazar.

que comme elle suppose de la sagesse[39]) c'est pour cette raison qu'on a établi de la dire dans la bénédiction où on demande la sagesse. Et les savans disent que comme elle concerne le jour ouvrier c'est qourquoi on a établi de la dire dans la bénédiction qui est la première de ce jour.

R. Ame dit: la science est d'un grand prix, car elle a été placée au commencement de la bénédiction du jour ouvrier. Le même R. Ame dit aussi: la science est d'un grand prix puisqu'elle a été placée entre deux lettres[40]); car il est dit (I. Sam. II, 3.): *Le fort* (אל) *des sciences, Dieu* (יהוה) et quiconque n'a pas de science, il est défendu d'avoir miséricorde de lui, car il est dit (Esa. XXVII, 11.): *Car ce n'est pas un peuple intelligent, c'est pourquoi celui qui l'a fait n'aura point pitié de lui.* R. Eléazar dit: le temple est quelque chose d'extraordinaire puisqu'il se trouve placé entre deux lettres; car il est dit (Exod. XV, 17.): *Tu as fait à Dieu* (יהוה) *le sanctuaire, ô Seigneur* (אדני). Et R. Eléazar a dit aussi: tout homme qui a de la science c'est comme si l'on eût bâti la maison dans ses jours, car la science se trouve placée entre deux lettres, et le temple aussi se trouve placé entre deux lettres. Sur quoi R. Aha Harhina (*ou le chauve*) lui fit cette objection: mais dorénavant la vengeance aussi sera donc une grande chose, car elle est placée entre deux lettres, vu qu'il est dit (Psau. XCIV, 1.): *Le fort* (אל) *des vengeances, Dieu* (יהוה). Il lui répondit: certainement c'est une grande chose lorsqu'elle est à propos[41]); ce qui combine avec l'avis d'Ulla qui dit: à quoi bon a-t-on répété deux fois le mot vengeance (נקמה) dans ce verset (ib.)?

---

39) Pour savoir distinguer au juste entre le jour de fête et le jour ouvrier.

40) אותיות *lettres* et dans la Cabale: *noms de Dieu.* De même les Egyptiens appelaient les Hieroglyphes *Idoles* ou *images des Dieux.*

41) Il me paraît que c'en est assez d'une maxime aussi perfide et inhumaine pour justifier les imputations des crimes les plus révoltants dont on a soupçonné et on soupçonne toujours que les Juifs se rendent coupables envers les non-Juifs.

C'est parce qu'il y a une vengeance pour accorder le bien[42]), et une vengeance pour punir du mal[43]); car il est écrit (Deut. XXXIII, 2.): *Il leur a resplendi* (הופיע) (Talm.: *a mis les biens des non-Juifs à la discrétion des Juifs*) *de la montage de Pharan*, et pour punir du mal; car il est écrit (Psau. XCIV, 1.): *le Dieu fort des vengeances, le Dieu fort des vengeances fait reluire ta splendeur* (הופיע).

Mischna. R. Akiva dit: une quatrième bénédiction, etc.

Ghémara. Rav Chaman, fils d'Abba, dit à R. Johanan: puisque les hommes de la Grande Synagogue ont établi pour Israël les bénédictions, les prières et les formules qui servent à sanctifier (קדושות) aussi bien qu'à séparer (הבדלות) les jours, voyons un peu comment cela s'est fait. Il lui répondit: au commencement *(au temps d'Ezras)* ils ont inséré l'*Habdala* dans la prière *(parce qu'ils n'avaient pas les moyens d'acheter du vin pour la faire sur le calice)*. Mais lorsqu'ils se furent enrichis, ils la fixèrent sur le calice *(et s'éloignèrent de l'ordonnance d'Ezras)*. Devenus pauvres de nouveau ils l'inséraient dans la prière *(et de là est née la controverse actuelle sur l'Habdala)*. Alors ils dirent: celui qui fait l'*Habdala* dans la prière, doit la faire aussi sur le calice. On nous a dit aussi que R. Hija, fils d'Abba, attribue au même R. Johanan la tradition que nous venons de voir, On nous a dit en outre que Rabba et Rav Joseph s'accordaient à dire tous deux: celui qui fait l'*Habdala* dans la prière, doit la faire aussi sur le calice. Rabba dit: mais nous pourrions objecter cette tradition que nous avons entendue (ci-dessus fol. 29.): celui qui se trompe et ne fait pas la commémoration *des forces de la pluie* dans *la résurrection des morts*, ni *la pétition de la pluie* dans la *bénédic-*

---

42) *Raschi*: pour accorder les biens des non-Juifs aux Juifs. Voy. *Bava Cama* 58. *a*.

43) *Raschi*: pour punir les non-Juifs de ce qu'ils n'ont pas voulu accepter la *loi* de Dieu. Le Talmud de Cracovie et d'Amsterdam ont ici לרעה *pour le mal*, et l'*Ain Jacob* de Venise לפו־ר־ענות *pour faire porter la peine*, version que je trouve préférable à la première.

tion des années, doit les répéter; mais il n'a pas besoin de répéter l'*Habdala* dans le *distributeur de la science*, car il peut la dire sur le calice. *Rép.*: Mais tu ne dois pas conclure de là que c'est parce qu'il peut la dire, s'il le veut, sur le calice; mais conclue plutôt que c'est parce qu'il doit la dire nécessairement sur le calice. On nous a aussi dit que R. Benjamin, fils de Japheth, disait: R. Jose interrogeait R. Johanan à Sidon, et d'autres disent que ce fut R. Siméon, fils de Jacob de Tyr, qui demandait à R. Johanan: est-il vrai ou non, ce que j'ai entendu, que celui qui fait l'*Habdala* dans la prière doit la faire aussi sur le calice? Il lui répondit: il doit la faire aussi sur le calice. On a fait cette autre question à d'autres rabbins: celui qui fait l'*Habdala* sur le calice a-t-il besoin de la faire dans la prière? Rav Nahman, fils d'Isaac, répondit: qu'il y a un *a minori ad majus* pour la prière; car si par rapport à la prière, qui est le fondement de cette ordonnance, on a dit: celui qui fait l'*Habdala* dans la prière, doit la faire aussi sur le calice, d'autant plus celui qui la fait sur le calice qui n'est pas le fondement de cette ordonnance (*doit la faire dans la prière*).

R. Aha Arica (*le long*) enseignait en présence de R. Hinana: celui qui fait l'*Habdala* dans la prière est plus digne de louange que celui qui la fait sur le calice, et celui qui la fait dans l'une et dans l'autre, les bénédictions reposeront sur sa tête. Mais cette tradition est contradictoire en elle-même; car elle porte: *celui qui fait l'Habdala dans la prière est plus digne de louange que celui qui la fait sur le calice*, d'où il suit qu'il serait d'ailleurs plus que suffisant de la dire dans la prière. Puis elle enseigne de nouveau *que les bénédictions reposent sur la tête de celui qui dit l'Habdala dans l'une et dans l'autre.* Mais puisqu'il a déjà fait son devoir en en disant une, il est exempt (*de dire l'autre*) qui devient par là une bénédiction qui n'est pas nécessaire; et Rav dit (ou si tu veux Risch Lakisch, et d'autres disent que ce sont R. Johanan et Risch Lakisch qui se sont accordés tous à dire): quiconque fait une bénédiction qui n'est pas nécessaire, enfreint le précepte de ne pas prendre le nom de Dieu en vain. *Rép.:* Mais c'est ainsi qu'on a voulu dire: s'il a fait l'*Habdala* dans l'une et ne l'a pas faite dans l'autre, les bénédictions reposeront sur sa tête. Rav Hasda fait ici à Rav Chechath la question: mais s'il s'est trompé dans l'une et dans l'autre, que faudra-t-il faire alors? Il lui répondit: s'il s'est trompé dans l'une et dans l'autre, il devra les répéter du recommencement. Ravina disait à Rava: quelle sera donc l'*Halaca?* Il lui répondit: qu'elle sera comme la sanctification du Sabbath [44]), car de même que l'on fait la sanctification du Sabbath sur le calice quoiqu'on l'ait déjà faite dans la prière; de même on doit dire l'*Habdala* sur sur le calice quoiqu'on l'ait déjà dite dans la prière.

F. 33. b.

Mischna. R. Eliéser dit (qu'il faudrait faire l'Habdala) dans l'action de grâces.

Ghémara. R. Zira voyageait sur un âne. R. Hija, fils d'Avin, qui avait entrepris le même voyage, et qui allait après lui, lui dit: est-il certain ce qui a été dit au nom de R. Johanan, que l' *Halaca* est selon (*ce que dit*) R. Eliéser (*dans la Mischna*) dans une fête qui suit immédiatement après le Sabbath [45])? Il lui répondit: qu'oui. (*L'autre reprit*): mais dans toute sorte d'Halaca il y a une dispute, et ici il n'y a pas de dispute. Les rabbins (*répondit-il*) sont ici aussi en dispute. (Quant à cela) je dirai que les rabbins sont en dispute, concernant tous les autres jours de l'année, mais par rapport au jour de fête qui suit après le Sabbath, qui est celui qui diffère de l'opinion des autres? C'est R. Akiva qui en diffère. Mais comment? Est-ce que pendant l'année toute entière nous faisons comme dit R. Akiva' (*dans la Mischna*) que maintenant aussi nous devrions continuer à faire selon ce qu'il prescrit? Or, quelle est la raison que pendant l'année toute entière nous ne faisons pas comme dit R. Akiva [46])? C'est parce qu'on a établi de dire dix-huit, et non dix-neuf bénédictions [47]).

---

44) Qui a lieu le soir de la veille du samedi.

45) Et dans laquelle on ne dit pas la prière *Honen.*

46) C'est-à-dire: nous ne faisons pas de l'Habdala une quatrième bénédiction à part.

47) תִּשְׁעָה־עֶשְׂרֵה dix-neuf, les noms des nombres présentent constamment

Mais ici aussi *(dans le samedi)* on a établi que l'on dise sept et non huit bénédictions. Sur quoi il lui répondit: on ne s'est pas dit que c'est une *Halaca*, mais on a dit que c'est un *Mattin (on penche)* [48]; car il a été dit que Rav Isaac, fils d'Avdimi, disait au nom de Rabbenu que c'était une *Halaca*, et d'autres disent un *Mattin*. R. Johanan dit que c'était un *Modim (on avoue)* [49], et R. Hija, fils d'Abba, dit que c'est un *Nirin (on trouve vraisemblable)* [50]. R. Zira dit: prends dans ta main *(tiens-toi à)* ce que dit R. Hija, fils d'Abba, car il observe et enseigne ce qu'il a entendu de la bouche de son précepteur aussi exactement que *Rahava* de Pompeditha qui dit avoir entendu dire à R. Jéhuda: dans la montagne du temple il y avait un double portique (סטיו) [51], l'un vis-à-vis de l'autre. R. Joseph dit: je ne sais ni cela *(si c'est une Halaca)* ni cela *(si c'est un Nirin, etc.)*, mais je sais seulement de la part de Rav et de Samuel que ceux de *Raganitha* ville de Babel nous ont établi *(qu'il faut dire dans ce cas): Fais-nous connaître les jugemens de ta justice, et apprends-nous à faire les statuts de ta volonté. Fais-nous partager des temps de joie et de fêtes spontanées, et posséder la sainteté du Sabbath, l'honneur de l'assemblée et des principales solemnités de l'année. Tu as fait une séparation entre la sanctification du samedi et celle d'une fête, et tu as sanctifié le septième jour plus que les six autres jours ou-*

---

dans le Talmud l'exemple de ces abréviatures vulgaires qui décèlent l'origine et la science de ces auteurs.

48) מטין une décision probable, dit Raschi, qu'on n'enseigne pas publiquement comme l'*Halaca*, mais seulement en secret.

49) מודים C'est selon Raschi un simple assentiment de plusieurs docteurs qui approuvent l'avis d'un autre.

50) נראין C'est selon Raschi une décision qu'on ne peut pas suivre, mais lorsqu'on s'y est conformé elle suffit pour avoir accompli son devoir.

51) *Raschi*: Rahava montre qu'il sait fidèlement les expressions de son précepteur parce que pour dire *portique* il se sert du mot סטיו *Stou* au lieu de l'autre אצטבא, qui répondait plus au génie de la langue du Talmud.

vriers. Tu as séparé et sanctifié ton peuple Israël dans ta sainteté, et tu nous a donné, etc.

Mischna IIIe.

Si quelqu'un dit: *sur le nid d'un oiseau s'étendent tes miséricordes*[52]), *et sur le bien on fait commémoration de ton nom*[53]), *et nous te confessons, nous te confessons*[54]), on doit lui imposer silence. Si celui qui passe devant l'arche *(l'Apôtre de la Synagogue)* se trompe, on fait avancer un autre à sa place qui ne fera pas le difficile *(pour le remplacer)* dans ce moment. Mais d'où devrait-il commencer? De l'endroit où l'autre aura commis une faute.

Ghémara.

D'accord quant à faire taire celui qui dit: *nous te confessons, nous te confessons*, car il a l'air d'admettre deux autorités suprêmes; *d'accord aussi* pour celui qui dit: *que sur le bien, l'on fasse commémoration de ton nom*, car il donne à entendre *(qu'on doit faire cela)* seulement pour le bien et non pour le mal; tandis que nous avons appris: l'homme est en devoir de bénir sur le mal de même qu'il bénit sur le bien. Mais quelle est la raison *(d'en faire autant pour celui qui dit) sur le nid de l'oiseau s'entendent tes miséricordes?* Sur cela sont en dispute deux Amoréens d'Occident, R. Jose, fils d'Avin, et R. Jose, fils de Zavida, dont l'un dit que c'est parce qu'il sème la jalousie dans l'ouvrage de la création[55]), et l'au-

---

52) *Maimonides*: Il est défendu de dire: *que tes miséricordes s'étendent sur nous comme elles se sont étendues sur le nid d'un oiseau*; car le précepte de ne point prendre la mère d'un nid avec les petits (Deut. XXII, 6.) ne dépend pas de la miséricorde, mais de la volonté de Dieu, selon les Talmudistes.

53) *Maim.*: on doit remercier Dieu aussi pour le mal.

54) *Bartenora*: car par cette répétition il peut donner à penser qu'il admet deux Dieux.

55) En disant que la divine miséricorde est seulement pour les oiseaux et non pour les autres animaux aussi.

tre dit que c'est parce qu'il fait consister tous les attributs du Saint, béni soit-il, dans la miséricorde, tandis qu'il en a qui ne sont que des arrêts de sa volonté [56]).

Lorsqu'un disciple descendit devant Rabba et dit *(en priant): toi qui as épargné le nid de l'oiseau, étends ton pardon et ta miséricorde sur nous.* Rabba dit: combien ce *nerf des savans* se connaît à faire la volonté de son maître *(de Dieu)!* Alors Avaï lui dit: voilà cependant que nous avons appris qu'il faudrait lui imposer silence. Mais Rabba lui-même n'avait proposé cette question que pour mettre à l'épreuve la subtilité d'esprit d'Avaï. Un autre étant descendu devant R. Hanina disait *(en priant): Dieu grand, puissant, formidable, magnifique, fort, terrible, vaillant, robuste, certain, honoré;* il l'attendit jusqu'à ce qu'il eût fini, et lorsqu'il eut achevé, il lui dit: as-tu fini toutes tes louanges de ton maître? A quoi bon tout cela? Quant à nous, même pour les trois louanges que nous disons, si Moïse notre maître ne les avait pas dites dans la loi (Deut. X, 17.), et si les hommes de la Grande Synagogue ne fussent pas venus les établir dans la prière, nous ne serions pas autorisés à les dire, et toi, tu dis tout cela, tu as même envie de continuer? Cela ressemble à un roi de chair et de sang qui possède un millier de milliers de deniers d'or: mais si on le louait à cause de l'argent (selon l'Ain Jacob de Venise: à cause d'un millier de milliers de deniers d'argent) ne serait-ce pas une honte pour lui?

R. Hanina dit aussi: tout est entre les mains du ciel, excepté la crainte du ciel; car il est dit (Deut. X, 12.): *Et maintenant, ô Israël, qu'est-ce que demande de toi l'Eternel ton Dieu? Seulement* (כי אם) *(une petite chose c'est-à-dire) que tu le craignes.* Comment la crainte du ciel

---

56) Arrêts que Dieu a faits, selon Raschi, non pour attester sa miséricorde, mais pour mettre le joug de la loi sur Israël et pour faire voir qu'il est son serviteur même dans les ordonnances qui paraissent inconséquentes aux autres peuples. Raschi et les Talmudistes devaient dire ici que la justice est le seul fondement inébranlable des décrets de Dieu tant pour ce que nous comprenons que pour ce qui n'est pas à la portée de notre conception.

peut-elle être une petite chose? Cependant R. Hanina a dit au nom de R. Siméon, fils de Johaï: le Saint, béni soit-il, n'a dans la maison de ses trésors autre chose que le trésor de la crainte des cieux; car il est dit (Esa. XXXIII, 6.): *la crainte de l'Eternel sera son trésor.* Oui, chez Moïse elle était une petite chose, car R. Hanina dit: cela ressemble à un homme auquel on demande un grand vase: s'il le possède, il l'envisage comme un petit vase, mais *(si on lui demande)* un petit vase qu'il ne possède pas il lui fait l'effet d'un grand vase.

Mischna. S'il dit nous te confessons, nous te confessons, on le fait taire.

Ghémara. R. Zira dit: quoiconque dit: *écoute, écoute (deux fois dans le Chema),* c'est comme s'il disait: *nous te confessons, nous te confessons.* Sur quoi on peut objecter cette tradition: celui qui lit le *Chema* et le réitère, c'est comme s'il blâmait *(Dieu).* Il blâme donc *(Dieu),* mais quant à le faire taire on n'a pas besoin d'en venir jusque là. Cependant cela ne constitue pas une difficulté; car l'une de ces traditions vaut lorsqu'on dit chaque mot et qu'on le répète *(comme par partie de plaisir),* et l'autre quand on dit un verset et qu'on le répète *(comme pour honorer deux Divinités).* Rav Papa dit à Avaï: peut-être la première fois n'avait-il pas bien dirigé son intention, et qu'enfin *(lorsqu'il le répète la seconde fois)* il a bien dirigé son intention. Il lui répondit: Est-ce qu'il peut y avoir une si grande familiarité *(légèreté)* envers de ciel? S'il n'a pas bien dirigé son attention la première fois, on doit le frapper avec un marteau (מרזפתא) de forgeron jusqu'à ce qu'il apprenne à la mieux préparer.

F. 34. a.

Mischna IVe.

Celui qui dit: *que les bons te bénissent,* est dans la voie de l'hérésie *(ces paroles sont répétées et expliquées dans le traité Meghilla f. 25. a.; puis suit ce qu'on a dit dans la Mischna précédente sur le chanteur ou l'apôtre de la Synagogue qui se trompe).* Celui qui passe devant l'arche *(l'apôtre de la Synagogue)* ne doit pas répondre

Amen après la bénédiction des prêtres; afin de ne point se distraire *et commettre par là quelque faute*[57]). S'il ne se trouve là aucun prêtre excepté lui il ne doit pas lever les mains *(bénir)*. Mais s'il est sûr de son fait, il pourra lever les mains, et revenir après à la prière *(sans commettre aucune faute)* il lui est permis de le faire.

Ghémara.

Les rabbins ont appris: celui qui passe devant l'arche doit faire le difficile *(lorsqu'il s'agit d'accepter cet honneur)*, et s'il ne le fait pas, il ressemble à un mets où il n'y a pas de sel, et s'il fait plus de difficultés qu'il n'en faut, il ressemble à un mets que trop de sel a gâté[58]). Mais comment donc doit-il faire? La première fois il fait le difficile, la seconde il se montre résigné, et la troisième, il étend les pieds et descend *(devant l'arche)*; car les rabbins ont appris: trois excès sont insupportables et la parcimonie est agréable, dans le levain, dans le sel et dans les cérémonies *(dans les façons)*.

Rav Hunna dit: s'il s'est trompé dans les trois premières bénédictions, il recommence de nouveau: si dans les bénédictions du milieu, il revient au *Honen* (*à la* 4e): et si dans les trois dernières, il revient à l*Avoda* (16e). Mais Rav Asi dit que les bénédictions du milieu n'ont point d'ordre[59]), car Rav Chechath objecte *(ces paroles de la Mischna): d'où devra-t-il recommencer? Du commencement de la bénédiction où il se sera trompé*, et cette objection est dirigée contre l'avis de Rav Hunna; mais Rav

---

57) *Barten.*: car il doit être attentif à dicter au prêtre la formule de la bénédiction qui se trouve Nomb. VI, 23 etc. La bénédiction des prêtres a lieu après la 17e bénédiction et à peine est-elle achevée que l'apôtre de la Synagogue doit commencer la 18e.

58) Cette phrase est appliquée ci-dessus à J. Ch.; or, il paraît par ce passage que les Pharisiens le condamnaient, parce qu'il se montrait trop difficile relativement à certains points de morale sur lesquels ils étaient très-relâchés, p. ex. sur l'amour du prochain et sur l'humilité.

59) C'est-à-dire: leur ordre n'est pas inaltérable, mais il suffit de répéter seulement celle dans laquelle on se sera trompé.

Hunna te peut dire que celles du milieu doivent être regardées toutes comme une seule bénédiction.

Rav Jéhuda dit: l'homme ne doit jamais demander ses nécessités, ni dans les trois premières, ni dans les trois dernières bénédictions; mais dans celles du milieu, car R. Hanina dit: que les premières bénédictions ressemblent à un serviteur qui présente la louange devant son maître; celles du milieu ressemblent à un serviteur qui demande une récompense à son maître, et les dernières ressemblent à un serviteur qui reçoit la récompense de son maître, prend congé de lui et s'en va.

Les rabbins ont appris: il est arrivé qu'un disciple descendit devant l'arche, en présence de R. Eliéser, et prolongea la prière plus qu'il ne le fallait. Sur quoi ses écoliers lui dirent: notre maître, combien cet homme prolonge (*sa prière*)! Il leur répondit: est-ce qu'il la prolonge plus que Moïse notre maître? Car il est écrit de lui (Deut. IX, 25.): *durant quarante jours et quarante nuits*, etc. De nouveau il arriva qu'un disciple descendit devant l'arche en présence de R. Eliéser, et abrégea sa prière plus qu'il ne le devait. Alors ses écoliers lui dirent: combien cet homme accourcit sa prière! Il leur répondit: est-ce qu'il l'abrège plus que Moïse notre maître? car il est écrit (Nomb. XII, 13.): *Dieu fort, je te prie guéris-la (Marie), je te prie.* Sur quoi R. Jacob disait avoir entendu dire à Rav Hasda: quiconque implore miséricorde pour son compagnon (*malade comme Marie*) n'a pas besoin de mentionner son nom; car il est dit: *guéris-la je te prie,* sans faire mention du nom de Marie.

Les rabbins ont appris: voici les bénédictions où l'homme fait une révérence dans l'*Avoth* (1re) au commencement et à la fin: dans l'*Hodaa* (17e) au commencement et à la fin, et s'il se dispose à faire la révérence à la fin de chaque bénédiction et au commencement de chaque bénédiction on lui apprend qu'il ne doit pas faire ainsi [60]). R. Si-

---

60) *Tosepheth*: car les rabbins n'ont pas établi ainsi et celui qui enchérit sur les ordonnances des rabbins, passe pour être orgueilleux.

méon, fils de Pazi, dit que R. Jehochua, fils de Lévi, disait au nom de Caphra: un Idiot (*un particulier*) doit faire la révérence comme nous venons de dire, mais le Grand Prê-tre doit la faire à la fin de chaque bénédiction [61], et le roi au commencement et à la fin de chaque bénédiction. R. Isaac, fils de Nahmani, dit: à moi cela a été expliqué de cette autre manière de la part de R. Jehochua, fils de Lévi: l'Idiot (*ou le particulier*) doit faire la révérence comme on vient de dire; mais le Grand Prêtre au commencement de chaque bénédiction, et le roi une fois qu'il s'est incliné ne doit plus se relever; car il est dit (I Rois VIII, 54.): *Or, aussitôt que Salomon eut achevé sa prière, etc. il se leva de devant l'autel de l'Eternel et ne resta plus courbé sur ses genoux.* Les rabbins ont appris que l'inclination appelée קידה doit se faire sur le visage; car il est dit (ib. I, 31.): *Et Bath-Cheba s'inclina* (ותקד) *le visage contre terre;* que l'inclination appelée כריעה doit se faire sur les genoux; car il est dit (ib. VIII, 34.): *de rester courbé* (מכרוע) *sur les genoux;* qu'enfin l'inclination nommée השתחואה doit se faire en étendant les mains [62]) et les pieds; car il est dit (Gen. XXXVII, 10.): *Faudra-t-il que nous venions moi et ta mère et tes frères nous prosterner* (השתחות) *en terre devant toi?* Rav Hija, fils de Rav Hunna, dit: j'ai vu que lorsque Avaï et Rava priaient ils se penchaient sur le côté.

F. 34. b.

Dans une tradition on nous enseigne que celui qui s'incline dans l'*Hodaa* (17e) est digne de louange, et une autre tradition, qu'il est digne de blâme. Cela ne constitue pas une difficulté; car une tradition (*parle d'une inclination faite*) au commencement, et l'autre d'une inclination faite à la fin (*de cette bénédiction*). Rava s'inclinait dans l'*Hodaa* au commencement et à la fin, mais les rab-

---

Les rabbins doivent donc enchérir sur la loi; mais les autres ne peuvent pas enchérir sur les ordonnances des rabbins.

61) *Raschi:* car les Grands Prêtres doivent s'humilier devant Dieu plus que les autres.

62) En forme de croix qui a été aussi pour les Juifs un symbole plein de mystère.

bins lui dirent: pourquoi *Mar* fait ainsi? Il leur répondit: j'ai vu Rav Nahman, lorsqu'il s'inclinait, et j'ai vu Rav Chechath lorsqu'il faisait ainsi. Mais cependant la Baraïtha porte: celui qui s'incline dans l'*Hodaa* est digne de blâme. Cela vaut (dit-il) pour l'*Hodaa* qui se trouve dans l'*Hallel* (Psau. CXVIII, 29.). Cependant une autre Baraïtha dit: celui qui s'incline dans l'*Hodaa* et dans l'*Hodaa* qui est dans l'*Hallel*, mérite d'être blâmé. Cette Baraïtha (*répondit-il*) parle de l'*Hodaa* de la bénédiction des mets.

Mischna V^e^.

Si quelqu'un commet une faute en priant, c'est un signe sinistre pour lui. Et si c'est l'apôtre de la Synagogue, c'est un signe sinistre pour ceux qui l'ont délegué; car l'envoyé d'un homme est comme un autre lui-même. On dit de R. Hanina, fils de Dosa, qu'il était accoutumé de prier pour les malades et qu'il disait: celui-ci vivra et celui-là mourra. On lui dit: d'où sais-tu cela? Il répondit: si ma prière a de la volubilité dans ma bouche je sais (*que l'ange des prières*) l'acceptera, autrement je sais qu'il la mettra en pièces. —

Ghémara.

Dans quelle bénédiction (*doit avoir lieu cette faute*)? R. Hija dit que Rav Saphra disait au nom d'un docteur de la maison de Rabbi: dans la bénédiction *Avoth* (1re). D'autres enseignent cela sur cette *Baraïtha:* celui qui prie, doit diriger son coeur sur toutes les bénédictions, et s'il ne peut pas le diriger sur toutes, il doit le diriger sur une. R. Hija dit que Rav Saphra disait au nom d'un docteur de la maison de Rabbi, que cette bénédiction est l'*Avoth*.

Mischna. On dit sur le compte de R. Hanina, etc.

Ghémara. Sur quoi se fondent toutes ces choses? R. Jehochua, fils de Lévi, dit: sur ce que l'Ecriture dit (Esa. LVII, 19.): *Je crée ce qui est proféré par les lèvres; paix, paix à celui qui est loin et à celui qui est près, a dit l'Eternel, car je le guérirai.*

R. Hija, fils d'Abba, disait avoir entendu dire à R.

Johanan: tout ce que les Prophètes (*disent de consolant*) ils ne l'ont prophétisé que pour celui qui marie sa fille à un disciple savant, ou pour celui qui fait prospérer le commerce (פרקמטיא) d'un disciple savant, et pour celui qui fait jouir de ses revenus un disciple savant. Quant aux disciples savans eux-mêmes, l'*oeil* (dit Esa. LXIV, 4.) *n'a jamais vu de Dieu, hormis toi, qui fit de telles choses pour ceux qui s'attendent à lui* (Talm.: *leur récompense infinie était ignorée par les prophètes mêmes*). R. Hija, fils d'Abba, disait aussi avoir entendu dire à R. Johanan: tout ce que les prophètes contiennent (de consolant) [63]) ils ne l'ont prophétisé que des jours du Messie; mais pour le monde à venir: *l'oeil n'a pas vu de Dieu hormis toi, etc.* ce qui cependant diffère de l'avis de Samuel qui dit: entre le monde présent et les jours du Messie, il n'y aura aucune autre différence que l'esclavage des royaumes (*des non-Juifs auquels ne seront plus soumis les Juifs*), vu qu'il est dit (Deut. XV, 11.): *car ne cessera pas l'indigent du milieu de la terre.* R. Hija, fils d'Abba, disait en outre avoir entendu dire à R. Johanan: tout le bien que les Prophètes contiennent, ils ne l'ont prophétisé que pour ceux qui font pénitence; mais pour les justes parfaits *l'oeil n'a pas vu de Dieu hormis toi, etc.* ce qui pourtant diffère de l'avis de R. Avhu qui dit: dans le lieu où les pénitens demeureront, les justes parfaits ne demeureront pas; car il est dit (Esa. LVII, 19.): *paix, paix à celui qui est loin, et à celui qui est près:* celui qui est loin (de Dieu) vient ici en premier lieu, et après celui qui est près. Mais R. Johanan te dira: que signifie ici le mot *éloigné* (רחוק)? Celui qui a été éloigné de tout acte de transgression du commencement. Et que signifie l'autre mot *rapproché* (קרוב)? Celui qui a été autrefois impliqué dans des actes de transgressions, et qui en est éloigné actuellement. Et que signifie le verset *l'oeil*

---

63) Cette addition qui me paraît ici indispensable eu égard à ce qui suit et à ce qui précède, montre que ce passage ne veut pas dire que toutes les prophéties doivent être rapportées au Messie, mais que tous les bonheurs dont elles parlent auront lieu pour les Juifs pendant le royaume du Messie.

n'a pas vu, etc.? R. Jehochua, fils de Lévi, dit que c'est le vin conservé (*pour les pieux*) dans ses raisins depuis les six jours de la création. R. Samuel, fils de Nahmani, dit que c'est l'Eden sur lequel l'oeil d'aucune créature n'a exercé sa faculté de voir. Tu diras peut-être: Adam le premier homme où a-t-il été? Dans le jardin. Et peut-être tu en voudras conclure que le jardin est la même chose que l'Eden; mais (*pour t'empêcher de raisonner ainsi*) l'Ecriture dit (Gen. II, 10.): *et un fleuve sortait de l'Eden pour arroser le jardin*, en faisant du *jardin* une chose à part, et de l'*Eden* aussi une chose à part.

Les rabbins ont appris: il est arrivé que le fils de Rabban Gamaliel, étant tombé malade on envoya deux disciples savans chez R. Hanina, fils de Dosa, (*pour l'engager*) à implorer sur lui la divine miséricorde. Lorsqu'il les vit il monta au grenier (לעלייה) et implora sur lui la divine miséricorde. En descendant il leur dit: allez, car la chaleur de la fièvre l'a abandonné. Ils lui répondirent: est-ce que tu es un prophète? Il reprit: je ne suis ni un prophète, ni le fils d'un prophète; mais autant que j'ai appris par tradition, lorsque ma prière a de la volubilité dans ma bouche je m'aperçois que Dieu (*ou l'ange de la prière*) l'accepte, autrement je sais qu'il la déchire (*la rejette*). Ils prirent place et écrivirent et notèrent cette heure, et lorsqu'ils revinrent chez Rabban Gamaliel il leur dit: par le culte de Dieu (העבודה) vous n'avez dit ni peu ni trop, mais il est arrivé précisément à cette même heure que la chaleur de la fièvre l'a quitté, et il nous a demandé de l'eau pour boire.

Il est arrivé un autre fait semblable à R. Hanina, fils de Dosa, qui allait apprendre la loi auprès de Rabban Johanan, fils de Zaccaï. Celui-ci voyant son fils malade lui dit: Hanina, mon fils, implore sur lui la divine miséricorde; afin qu'il vive. R. Hanina mit sa tête entre les genoux et implora sur lui la divine miséricorde, et il fut conservé en vie. Rabban Johanan, fils de Zaccaï dit: Peut-être si même le fils de Zaccaï avait fourré sa tête entre ses genoux une journée entière (Dieu) n'aurait pas fait attention à lui. Sur quoi sa femme lui dit: est-ce que Hanina est plus grand que toi? Il lui répondit: non, mais il ressemble à un domestique en présence d'un roi, et moi je ressemble à un prince devant un roi[64]).

R. Hija, fils d'Abba, disait aussi avoir entendu dire à R. Johanan: l'homme ne doit prier que dans une maison où il y a des fenêtres; car il est dit (Dan. VI, 10.): *(Daniel priait) à fenêtres ouvertes sur le grenier vers Jérusalem.* Rav Cohana dit: c'est un effronté à mes yeux celui qui prie dans une redoute[65]), et R. Cohana a dit encore: c'est un effronté à mes yeux celui qui expose (*ou explique*) (מפרש) ses péchés; car il est dit (Psau. XXXII, 1.): *Bienheureux celui dont la transgression est quittée, et dont le péché est couvert*[66]).

Que notre retour soit sur toi ô Section.

אין עומדין

64) *Raschi*: Le domestique d'un roi a accès chez lui quand il veut, mais ce n'est pas la même chose d'un prince

65) *Tosepheth*: בבקתא dans un lieu où le monde va et vient, dans une place publique. Dans un lieu où tout le voisinage peut remarquer celui qui prie.

66) *Tosepheth*: car celui qui expose ses péchés paraît n'en avoir pas honte. Le mot פרש *exposer, expliquer, détailler* et la citation du Psalmiste donnent à croire que le Talmud fait ici allusion à la confession auriculaire des premiers Chrétiens.

BERACOTH.

Section Sixième.

כיצד מברכים

Mischna Ire.

F. 35. a. Comment doit-on bénir sur les fruits[1]? Sur les fruits d'un arbre on dit: *Béni, toi, etc. qui crées les fruits de l'arbre.* Excepté le vin; car sur le vin on dit: *qui crées le fruit de la vigne.* Et sur les fruits de la terre on dit: *qui crées le fruit de la terre;* excepté le pain, car sur le pain on dit: *qui produis le pain de la terre.* Et sur les herbes on dit: *qui crées le fruit de la terre.* R. Jéhuda dit: *qui crées les différentes espèces d'herbes*[2].

Ghémara.

D'où déduisons-nous ces choses là? De ce que les rabbins nous ont appris que dans les paroles (Lév. XIX, 24.): *Sainteté des louanges de Dieu* (קדש הלולים)[3] (il y

---

1) L'auteur de la Mischna ne demande pas si on doit faire la bénédiction des fruits; parce qu'il veut faire entendre qu'il est déjà reçu comme règle générale dans la Synagogue qu'on ne peut jouir de rien dans ce monde sans commencer à en faire la bénédiction. La formule par laquelle toute bénédiction commence, dit Maimonides, est: *Béni, toi Dieu notre Seigneur, roi du monde.* Le même Maimonides observe que l'expression כיצד *comment*, est une contraction des trois mots כאי זה צד. Ces contractions vulgaires qui déposent de l'origine du Talmud reparaissent bien plus souvent dans les *particules* parce que leur usage est très-étendu dans le discours.

2) Mais l'Halaca n'est pas selon R. Jéhuda.

3) Le verset tout entier porte: *mais en la quatrième année tout son fruit sera une chose sainte pour en louer l'Eternel.* Le Talmud s'attache ici à expliquer pourquoi on se sert du pluriel הלולים au lieu du singulier, dans le texte sacré.

a le pluriel הלולים) pour faire entendre que les fruits sont chargés d'une bénédiction avant et d'une bénédiction après. Il faut en déduire, dit R. Akiva, qu'il est défendu à l'homme de goûter quoi que ce soit avant de l'avoir béni. Mais est-ce que cette phrase קדש הלולים vient ici pour prouver cela? Le pluriel y est nécessaire parce que *(si on y lit)* חלולים) *profanés au lieu de* הלולים *loués*, un חלול *(profane)* signifie que la divine miséricorde a voulu dire par là qu'il faut faire *(le fruit de la quatrième année) profane* (אחלוה)[4]) et après le manger. Et l'autre הלול signifie qu'une chose qui est chargée d'un cantique de louange est aussi chargée d'une *profanation (ou de l'obligation de la racheter)*, et que ce qui n'est pas chargé d'un cantique, n'est pas non plus chargé d'une profanation. Cela est selon l'opinion de R. Samuel, fils de Nahmani, qui dit avoir entendu dire à R. Jonathan: d'où savons-nous qu'on ne disait le cantique que sur le vin *(qu'on versait sur l'autel)*? De ce qu'il est dit (Jug. IX, 13.): *Et la vigne leur dit: me ferait-on quitter mon bon vin qui réjouit Dieu et les hommes?* S'il réjouit les hommes *(c'est qu'ils le boivent)*, mais en quoi pourrait-il réjouir Dieu *(qui ne le boit pas)*? Il faut donc déduire de là qu'on ne disait le cantique que sur le vin. Cette déduction serait juste pour celui qui enseigne que le verset (Lév. XIX, 24.) concerne chaque plante de la quatrième année; mais pour celui qui enseigne qu'il concerne seulement la vigne de la quatrième année comment déduire la bénédiction *(des deux* הלולים)[5]); car on nous a dit que R. Hija et R. Siméon, fils de Rabbi, sont en dispute à ce sujet; l'un enseigne que *(le verset concerne)* la vigne de la quatrième année, et l'autre enseigne qu'il concerne chaque plante fruitière de la quatrième année. Cependant pour le premier l'argumentation (ou la déduction de la bénédiction) est juste s'il l'a faite

---

4) *Raschi:* C'est-à-dire, rachète-le si tu veux le manger hors de Jérusalem.

5) *Raschi:* vu qu'il a besoin d'un חלול pour le rachat, et de l'autre pour prouver qu'une chose qui est chargée du chant est aussi chargée du rachat.

selon la forme *a pari;* car une Baraïtha porte: Rabbi dit qu'il est dit ici (Lév. XIX, 25.): *afin qu'il vous multiplie son rapport* (תבואתו), et il est dit ailleurs (Deut. XXII, 9.): *et le rapport de la vigne* (ותבוא). Ainsi donc de même que dans un passage on parle de la vigne, de même on doit en parler dans l'autre passage, et alors il lui reste un חלול pour la bénédiction. Mais s'il n'argumente pas *a pari*, d'où pourrait-il déduire la bénédiction? Et lors même qu'il argumente *a pari* nous trouvons seulemeat qu'il doit bénir après [6]); d'où savons-nous donc qu'il doit aussi bénir avant? Cela ne constitue pas une difficulté, car on peut le déduire *a minori ad majus*, en effet, s'il est tenu de bénir lorsqu'il est rassasié, d'autant plus lorsqu'il a faim. Nous trouvons qu'il faut faire la bénédiction pour le fruit de la vigne, mais pour les autres espèces d'arbres, d'où le déduisons-nous? Nous l'apprenons de la vigne; car de même que la vigne est une chose dont on jouit et est chargée d'une bénédiction, de même toute autre chose dont on a une jouissance doit être chargée d'une bénédiction. Il y a cependant des objections à faire là-dessus: pourquoi la vigne est-elle chargée d'une bénédiction? C'est sans doute parce qu'elle est chargée *(donc tout ce qui n'est pas chargé du grapillage n'est pas chargé d'une bénédiction)* de la loi du grapillage (עיללות Lév. XIX, 10.) [7]). *Rép.:* Le blé qui est encore sur sa tige (קמה) prouve le contraire *(car il est chargé d'une bénédiction)* (Deut. VIII, 10.): *quoique les* עיללות *ne le regardent pas*). Mais pourquoi le blé sur sa tige est-il chargé d'une bénédiction? C'est sans doute parce qu'il est chargé de la loi du tourteau? (Nomb. XV, 20.: *donc tout ce qui n'est pas chargé de la loi du tourteau*, etc.). *Rép.:* ici c'est la vigne qui prouve le contraire. Le raisonnement fait donc un tour et revient *(à la première conclusion)* parce que ce qui ne

---

6) *Raschi:* car la loi ordonne expressément de faire la bénédiction des mets après les avoir mangés, Deut. VIII, 10.

7) C'est pourquoi on ne peut pas en déduire la nécessité de faire une bénédiction pour les autres fruits qui ne sont pas sujets à la loi du grapillage.

se trouve pas dans l'une de ces deux choses (*la vigne et le blé*), se trouve dans l'autre et vice-versa. Cependant le côté par lequel elles se ressemblent, c'est qu'elles procurent une jouissance et qu'elles doivent être chargées d'une bénédiction; d'où il suit que toute chose qui procure une jouissance doit être chargée d'une bénédiction. Mais pourquoi le côté commun qui est en elles est-il chargé d'une bénédiction? C'est sans doute parce qu'elles ont un côté pour l'autel [8]). Alors l'huile encore viendrait sous cette même cathégorie; car elle aussi a un côté pour l'autel. Mais est-ce que l'huile vient sous cette cathégorie par le côté qu'il a pour l'autel? C'est parce que (l'olivier) est appelé dans la Bible כרם; car il est écrit (Jug. XV, 5.): *Et il brûla tant le blé qui était en gerbes que celui qui était sur pied, même jusqu'aux vignes d'oliviers* (כרם זית). Sur quoi Rav Papa répond: il est vrai que l'Ecriture dit (*en parlant des oliviers*) *vigne d'oliviers*, mais elle ne dit pas *vigne* tout simplement. Néanmoins il reste toujours cette difficulté: pourquoi le côté commun est-il chargé d'une bénédiction? C'est sans doute parce qu'elles ont un côté pour l'autel (donc tout ce qui n'a *pas un côté pour l'autel*, etc.). *Rép.:* Mais on peut déduire l'obligation de la bénédiction des sept espèces (*de produits de la terre de Canaan*, Deut. VIII, 8.) en raisonnant ainsi: de même que ces sept espèces sont des choses dont on jouit, et qui sont chargées d'une bénédiction (ib. vs. 10.), de même toute chose dont on a une jouissance doit être chargée d'une bénédiction. Mais pourquoi les sept espèces sont-elles chargées d'une bénédiction? C'est sans doute parce qu'elles sont chargées de la loi des prémices? En outre, cela ne peut prouver que pour la bénédiction qu'on doit faire après, mais d'où déduirions-nous alors celle que l'on doit faire avant? *Rép.:* Ceci ne constitue pas une difficulté, car on pourrait la déduire d'un *a minori ad majus*. En effet, si on doit bénir

8) *Raschi:* on pourrait dire qu'on doit les bénir parce qu'elles servent pour les libations et pour les *Minhas*, et qu'on n'a pas besoin de bénir les autres fruits qui ne servent pas pour l'autel.

lorsqu'on est rassasié, d'autant plus on doit bénir lorsqu'on a faim. (Mais la première question est indissoluble.) Pour celui qui enseigne que (*dans le même passage de la loi*, Lév. XIX, 24.) on parle de toutes les plantes de la quatrième année (reste un חלול pour la bénédiction; mais on pourrait objecter) que ce חלול sert à prouver qu'il faut faire une bénédiction sur le fruit d'une plante quelconque; mais d'où déduit-on qu'il en faut faire autant pour tout ce qui n'est pas planté, comme p. ex. la viande, les oeufs, les poissons? *Rép.:* Ce n'est au fond qu'une opinion (*ou conjecture* סברא) qu'il soit défendu à l'homme de jouir de quelque chose dans ce monde sans une bénédiction. (Mais il n'y a pas un verset de la Bible qui le prouve.)[9])

Les rabbins ont appris: qu'il est défendu à l'homme de jouir de ce monde sans une bénédiction, et quiconque en jouit ainsi, commet une prévarication. Et comment doit-il la réparer? Qu'il aille chez un sage[10]). Qu'il aille chez un sage? Et que peut-il lui faire, si ce n'est que lui dire que c'est défendu? Mais Rava dit: qu'il aille chez un sage du commencement *(avant de jouir d'une chose quelconque)*, et qu'il lui enseigne les bénédictions, afin qu'il ne vienne pas entre les mains de la prévarication. Rav Jéhuda disait avoir entendu dire à Samuel: quiconque jouit de ce monde sans une bénédiction, c'est comme s'il jouissait des choses consacrées à Dieu; car il est dit (Psau. XXIV, 1.): *La terre appartient à l'Eternel avec tout ce qui est en elle.* Sur quoi R. Lévi a fait cette opposition *(de deux versets de la Bible) :* il est écrit (ib.): *la terre appartient à l'Eternel avec tout ce qui est en elle*, et il est aussi écrit (Psau. CXV, 16.): *quant aux cieux, les cieux sont à l'Eternel; mais il a donné la terre aux enfans des hommes.* Cela ne constitue pas une difficulté; car F. 35. b. un passage vaut avant d'avoir fait la bénédiction, et l'autre après avoir fait la bénédiction. R. Hanina, fils de Papa, dit: quiconque jouit de ce monde sans bénédiction, c'est

9) *Tosepheth:* et le verset qu'on a cité à ce sujet n'est qu'une espèce de souvenir.

10) Pour le consulter comme lorsqu'on s'accuse de ses péchés.

comme s'il commettait un vol contre le Saint, béni soit-il, et contre la commune d'Israël[11]); car il est dit (Prov. XXVIII, 24.): *celui qui pille son père et sa mère, et qui dit que ce n'est point un péché est compagnon de l'homme dissipateur (ou corrupteur).* Et ici le mot *père* ne signifie que le Saint, béni soit-il; car il est dit (Deut. XXXII, 6.): *n'est-il pas ton père, ton possesseur?* Et le mot *mère* ne signifie là autre chose que la commune d'Israël; car il est dit (Prov. I, 8.): *Ecoute, mon fils, l'instruction de ton père, et n'abandonne pas l'enseignement de ta mère.* Mais que signifient les paroles: *compagnon d'un homme dissipateur?* R. Hanina, fils du fils de Papa, dit: ce mot *compagnon* veut dire Jérobeam, fils de Nebut, qui corrompit Israël *(en le faisant pécher)* contre leur père qui est dans le ciel.

R. Hanina, fils de Papa, fit cette opposition. Il est écrit (Osée II, 9.): *Et je reprendrai mon froment* (דגני) *en son temps, etc.* Et il est aussi écrit (Deut. XI, 14.): *et tu recueilleras ton froment* (דגנך), etc. Cela ne constitue pas une difficulté, car un passage vaut pour le temps qu'Israël fait la volonté de Dieu, et l'autre pour le temps qu'Israël ne fait pas la volonté de Dieu. Les rabbins ont appris: *(il est écrit) et tu recueilleras ton froment:* que veut dire l'Ecriture par cela? *Rép.:* Il est dit (Jos. I, 8.): *que ce livre de la loi ne s'éloigne point de ta bouche,* on pourrait croire que ces paroles doivent être entendues comme elles sont écrites[12]), c'est pour cette raison que l'Ecriture dit: *et tu recueilleras ton froment (pour nous apprendre)* qu'il faut se comporter par rapport à l'étude des lois comme on le fait ordinairement, sans oublier les nécessités de la vie[13]), paroles de R. Ismaël. Mais R. Siméon, fils de

---

11) *Raschi*: car en omèttant la bénédiction, il est cause que les fruits de la terre ne prospèrent pas.

12) C'est-à-dire: qu'il soit défendu de faire autre chose que de s'appliquer à l'étude de la loi.

13) Il faut donc s'adonner aussi à l'agriculture d'autant plus, dit Raschi, que c'est la misère qui empêche le plus d'étudier la loi.

Johaï[14]), dit: comment cela est-il possible? Si l'homme devait labourer dans le temps du labourage, semer dans le temps des semailles, moissonner dans le temps de la moisson, battre le blé dans le temps où on le bat, et le jeter en l'air dans le temps que le vent tire, que deviendrait la loi entre ses mains[15]? Il faut donc expliquer cela *(en disant)* dans le temps que les Israélites font la volonté de Dieu, les travaux qu'ils devraient faire eux-mêmes seront exécutés par les autres; car il est dit (Esa. LXI, 5.): *Et les étrangers seront là et paîtront vos brebis, etc.*[16]), et dans le temps qu'ils ne font pas la volonté de Dieu, ils seront obligés d'accomplir ces travaux de leurs propres mains; car il est dit (Deut. XI, 14.): *et tu recueilleras ton froment*, et non seulement cela, mais ils exécuteront même les travaux que devraient faire les autres peuples; car il est dit (ib. XXVIII, 44.): *Tu serviras tes ennemis, etc.* Avaï dit que beaucoup d'hommes ont fait comme dit R. Ismaël, et les choses ont prospéré entre leurs mains, et *(d'autres ont suivi l'avis)* de R. Siméon, fils de Johaï, et la chose n'a pas prospéré entre leurs mains. Rava disait aux rabbins: j'exige de vous en grâce que pendant les jours de Nisan et de Tischri *(qui sont les mois de la moisson et de la vendange)* vous ne vous laissiez pas voir devant moi, afin que vous ne soyez pas en soin pour votre nourriture, pendant toute l'année.

Rabba, fils du fils de Hunna, dit que R. Johanan disait

---

14) La sentence qu'on rapporte ici de ce docteur étant en harmonie avec la doctrine que le Zohar professe au sujet de l'agriculture, peut confirmer en quelque manière l'opinion que R. Siméon, fils de Johaï, est l'auteur de ce livre.

15) Le même R. Siméon, fils de Johaï, ajoute dans le Talmud de Jérusalem (Berac. 5. b.) que s'il avait été sur le mont Sinaï au moment que la loi fut donnée aux Israélites il aurait demandé deux bouches à Dieu, l'une pour l'étudier et l'autre pour satisfaire à ses propres besoins, afin que cette dernière occupation n'interrompît pas l'autre un seul instant.

16) Par ce passage du Talmud on s'explique l'extrême répugnance que les Juifs ont aujourd'hui de s'adonner à l'agriculture; car ils regardent l'exercice de cette profession utile, comme une calamité et un châtiment du ciel.

au nom de R. Jéhuda, fils d'Elaaï: viens et vois comment les dernières générations n'ont pas été comme les premières: les premières générations ont fait de la loi leur occupation principale, et de leurs affaires leur occupation accessoire, et les unes comme les autres ont prospéré entre leurs mains, au lieu que les dernières générations font de leurs affaires leur occupation principale et de leur loi leur occupation accessoire, et les premières comme la seconde ne prospèrent pas entre leurs mains. Rabba, fils de Hunna, dit encore que R. Johanan disait au nom de R. Jéhuda, fils d'Elaaï: viens et vois comment les dernières générations ne sont pas comme les premières, car les premières générations faisaient entrer leurs fruits par la voie de la porte d'entrée (טרקסמין gr.) afin de les assujétir à la dîme, tandis que les dernières générations introduisent leurs fruits par la voie des toits, par la voie des cours, par celle des enclos (קרפסות) afin de les délivrer de la dîme, car R. Jannaï dit: Le *Tabol* [17]) n'est pas sujet à la dîme jusqu'à ce qu'il n'ait vu la façade de la maison; car il est dit (Deut. XXVI, 13.): *J'ai emporté la Sainteté de la maison* (מן הבית). Et R. Johanan dit que même la cour rend redevable de la dîme; car il est dit (ib. vs. 12.): *et ils mangeront dans tes portes* (בשעריך), *et ils en seront rassasiés.*

Mischna. Excepté le vin, etc.

Ghémara. Pourquoi cette différence pour le vin? Dirons-nous que comme par son changement *(de fruit en vin)* il devient d'un plus grand prix, il demande une autre bénédiction? Mais cependant l'huile aussi se change en mieux, et pourtant elle n'a pas besoin d'une autre bénédiction, car R. Jéhuda disait avoir entendu dire à Samuel, et de même R. Isaac disait avoir entendu dire à R. Johanan: on fait la bénédiction sur l'huile d'olivier *(selon la formule): celui qui crée le fruit de l'arbre.* Sur quoi on répondit: quant à l'huile cela arrive parce qu'on ne peut pas faire autrement, car comment devrions-nous bénir? Est-ce que nous

---

17) טבל fruit dont on n'a pas encore donné la dîme, mais seulement les prémices.

devrions dire en bénissant: *celui qui crée le fruit du* זית *(de l'olivier)?* Mais le fruit lui-même s'appelle זית *(olive)?* Il faudrait donc dire en faisant la bénédiction sur l'huile: *celui qui crée le fruit de l'arbre* זית. Mais Mar Zutra dit: *(cela est plutôt parce que)* le vin nourrit et que l'huile ne nourrit pas. Comment l'huile ne nourrit pas, lorsque nous avons appris: si quelqu'un a fait voéu de s'abstenir de nourriture (מזון), il ne lui est permis que l'eau et le sel? Comme nous voyons par là que ce n'est que l'eau et le sel qui ne sont pas appelés nourriture (מזון) donc toutes les autres choses *(l'huile y comprise)* sont appelées nourriture (מזון). Dirons-nous que c'est la question de Rav et Samuel qui disent: on ne doit faire la bénédiction: *qui crée les espèses* de nourriture (מזונות) que dans les cinq espèces seulement[18]). Et Rav Hunna dit: *(cela tombe)* sur celui qui dit: je prends sur moi *(de m'abstenir)* de tout ce qui nourrit; donc l'huile nourrit. Mais le vin soutient (סעיד) et l'huile ne soutient pas. Mais comment le vin soutient-il, si nous voyons que Rava était accoutumé de boire du vin toute la veille du jour de Pâque pour rabattre quelque chose de son coeur (גרר) *(de sa vigueur, et pour se donner plus d'appétit)* afin d'être en état de manger le plus de matses *(de pain sans levain)* possible? En grande quantité il diminue la vigueur (et donne de l'appétit), mais en petite quantité il soutient. Mais y a-t-il la moindre apparence qu'il soutienne, s'il est écrit (Psau. CIV, 15.): *et le vin réjouit le coeur de l'homme, etc.?* Le pain soutient et le vin ne soutient pas. Mais dans le vin se trouve l'une et l'autre propriété de soutenir et de réjouir; tandis que le pain soutient et ne réjouit pas. Cependant si c'était ainsi nous serions tenus à faire sur le vin trois bénédictions *(comme si lui seul constituait un repas)*. Mais les hommes n'ont pas en usage de faire consister leurs repas seulement dans le vin. Sur quoi Rav Nahman, fils d'Isaac, disait à Rava: mais dans le cas qu'ils fixassent leurs repas dans le vin seulement que faudrait-il faire? Il lui répondit:

18) *Raschi:* ces cinq espèces sont le froment, le blé, l'orge, le seigle, l'épi.

lorsqu'Eli viendra il nous dira s'il est permis de fixer un repas ainsi; mais maintenant cette opinion reste sans force attendu que parmi tous les hommes *(on pratique autrement)*.

(Nous avons appris) dans la même tradition que Rav Jéhuda disait avoir entendu dire à Samuel, et de même R. Isaac disait avoir entendu dire à R. Johanan: sur l'huile d'olivier on fait la bénédiction: *celui qui crée le fruit de l'arbre*. Or, comment cela? Faudra-t-il dire *(qu'il la bénit)* parce qu'il s'en sert comme une boisson? Mais c'est une boisson qui ne peut que nuire *(et qui par conséquent ne demande pas une bénédiction)*, car nous avons appris: celui qui boit l'huile de la *truma (oblation)* doit en rendre le sort, mais il n'est pas tenu d'y ajouter la cinquième partie *(car il n'en retire aucun bien)*; mais celui qui s'est oint avec l'huile de la *truma* doit en rendre le sort et y ajouter la cinquième partie. Il faut donc dire *(qu'il doit la bénir)* lorsqu'il la mange avec du pain. Mais si c'est ainsi le pain devient alors la chose principale et l'huile l'accessoire, et nous avons appris cette règle générale: chaque fois qu'il y a une chose principale avec une autre accessoire on est obligé de faire la bénédiction sur la chose principale, et dispensé de la faire sur l'accessoire. Il faut donc qu'il fasse la bénédiction lorsqu'il boit l'huile moyennant un *Anigaron* (אניגרון gr. et lat.)[19]; car Rabba, fils de Samuel, dit: l'*Anigaron* est une sauce d'eau de betterave, et l'*Ansigaron* d'eau de toute sorte d'herbes potagères. F. 30. *a*. Mais si c'est ainsi, l'*Anigaron* sera la chose principale et l'huile l'accessoire, et alors vaudra la règle que nous venons de rapporter. De qui donc s'agit-il ici? De celui qui a mal à la gorge; car la Baraïtha dit: celui qui a mal à la gorge ne doit pas commencer par se gargariser (יערענו)

---

19) *Garun*, dit Rabe, est le nom général de toute espèce de ragout et d'assaisonnement fait avec des entrailles de poisson. On l'appelle *Oenogaron* lorsqu'on le prépare avec le vin, et *Oxygaron* lorsqu'on le fait avec le vinaigre. Mais dans le ragout ou sauce dont parle ici le Talmud, il doit entrer nécessairement de l'huile et des herbes.

avec de l'huile le samedi[20]), mais il doit mettre beaucoup d'huile[21]) dans un *Anigaron* et l'avaler. Cela va sans dire. Que diras-tu donc? Que comme c'est pour en faire une médecine qu'il prépare ceci, on n'a pas dû tout besoin d'y faire une bénédiction. C'est pourquoi on nous fait entendre que comme on en a une jouissance en même temps, on est aussi tenu d'y faire une bénédiction.

Sur la farine de froment Rav Jéhuda dit *(la formule): celui qui crée le fruit de la terre*, et Rav Nahman dit *(l'autre formule): car tout existe par sa parole.* Rava dit à Rav Nahman: ne t'oppose pas à l'opinion de Rav Jéhuda, car R. Johanan et Samuel sont du même avis que lui. En effet, Rav Jéhuda dit avoir entendu dire à Samuel, et de même R. Isaac dit avoir entendu dire à R. Johanan: quant à l'huile d'olivier, la bénédiction qu'on y fait est: *celui qui crée le fruit de l'arbre.* Nous voyons donc que malgré que *(l'olive)* se change *(en huile)* l'essence de la chose reste toujours *(et l'on dit le fruit de l'arbre).* De même ici quoique (*le froment*) se change (*en farine*) l'essence de la chose reste toujours (*et l'on doit dire: le fruit de la terre*). Mais comment ces deux choses seront-elles semblables si l'huile ne subit pas une autre altération, tandis que la farine va plus loin dans ces altérations en devenant pain, et lorsqu'une autre altération a lieu on ne bénit pas en disant: *celui qui crée les fruits de la terre*, mais: *car tout existe par sa parole?* Cependant R. Zira dit avoir entendu dire à Rav Mattana que Samuel disait: pour la courge crue et pour la farine d'orge on fait la bénédiction: *car tout existe par sa parole.* Ne faut-il pas (*déduire de cela*) que pour le froment (*qui est bien plus noble, il faut faire la bénédiction*): *celui qui crée les fruits de la terre?* Non, car pour le froment aussi il faut dire: *tout existe par sa parole.* Il devait donc nous faire entendre (*qu'il faut faire cette bénédiction*) sur le froment, et alors on pouvait con-

---

20) *Raschi:* car les savans ont défendu de prendre un remède le samedi à cause qu'on ne peut pas broyer les ingrédiens nécessaires pendant ce jour, sans le violer.

21) De sorte que l'huile sera alors la chose principale.

clure *a majori ad minus* la même chose pour l'orge. Mais s'il nous avait fait entendre cela du froment, j'aurais pu supposer que cela vaut seulement pour le froment, et que pour l'orge (*qui est moins noble*) on ne fait aucune bénédiction; voilà pourquoi il nous parle expressément *(de l'orge aussi)*. Mais comment? Est-ce que l'orge est moins noble que le sel et la saumure (זמית ζωμος), car nous avons appris que sur le sel et la saumure on dit: *tout existe par sa parole.* Cependant il lui fallait (*parler de cela expressément*), car autrement il pouvait me venir dans l'esprit, que le sel et la saumure sont préparés pour l'homme dans le but de les jeter dans leur bouche (*pour les manger*), mais comme la farine d'orge sert aussi de spécifique contre les vers des intestins (קוקיא) (*on pourrait dire*) qu'il ne faut pas y faire de bénédiction; voilà donc pourquoi on fait sentir le contraire expressément. Et puisqu'elle procure une espèce de jouissance, elle exige aussi qu'on y fasse la bénédiction.

Pour la partie tendre du palmier selon Rav Jéhuda il faut dire: *celui qui crée les fruits de la terre*, et selon Samuel: *car tout existe par sa parole.* Rav Jéhuda soutient qu'il faut dire: *celui qui crée les fruits de la terre*, parce que c'est une espèce de fruit, et Samuel est d'avis qu'il faut dire: *tout existe par sa parole*, parce qu'il finit par devenir dur. Samuel disait à Rav Jéhuda: spirituel que tu es! je pense comme toi, lorsque tu es d'avis que le raifort devient enfin dur, et néanmoins on fait sur lui la bénédiction: *celui qui crée les fruits de la terre;* mais cependant ce n'est pas ainsi, car les hommes plantent le raifort dans l'intention d'en avoir la partie qui est bonne à manger (פוגלא), mais quant à la palme, les hommes ne la plantent pas dans le but d'en avoir la partie tendre qui est bonne à manger (קורא), et dans tous les cas, où les hommes ne plantent pas dans le but d'en manger on n'est pas tenu de faire la bénédiction. Cependant le câprier est planté par les hommes dans le but d'en avoir la fleur (פרחא), et nous avons appris: sur les différentes espèces (*des produits*) que donne le câprier, savoir sur les feuilles et sur les calices, on doit dire: *celui qui crée les fruits de la terre*, et sur les baies et les câpres (*ou écorces de la capre* קפריסין gr.) on doit dire: *celui qui crée le fruit de l'arbre.* R. Nahman, fils d'Isaac, dit: le câprier est planté par les hommes dans le but d'en avoir les feuilles tendres (שותא *qu'on peut cueillir sans nuire à la plante*); mais les hommes ne plantent pas le palmier dans le but d'en avoir les parties tendres (*qui ne lui nuisent pas*), et quoique Samuel ait applaudi aux paroles de Rav Jéhuda, cependant l'Halaca est selon l'avis de Samuel. Rav Jéhuda dit avoir entendu dire à Rav: si le câprier a encore le prépuce (*ou il n'a pas trois ans*) hors de la terre de Palestine, on doit en jeter les baies et en manger les câpres (*capris ou les écorces*). Devons-nous conclure de cela que les baies sont un fruit, et que les *capris* n'en sont pas? Mais alors je pourrais objecter cette autre tradition: sur tout ce que produit le câprier, savoir sur les feuilles et sur les calices, on doit dire: celui qui crée les fruits de la terre, et sur les *baies* et sur les *capris* on doit dire: celui qui crée le fruit de l'arbre (*donc les capris aussi sont un fruit*). *Rép.:* Rav Jéhuda est ici du même avis que R. Akiva; car nous avons appris: R. Eliéser dit que le câprier paie la dîme pour les calices, pour les baies et pour les *capris;* mais R. Akiva dit qu'il ne paie la dîme que pour les baies; car elles seules sont le fruit. On devait donc dire que l'Halaca est selon R. Akiva. Mais s'il avait dit que l'Halaca est selon R. Akiva, j'aurais cru que même dans la terre de Palestine (*on doit jeter les baies et manger les capris*). On nous fait donc entendre par là la règle: que si quelqu'un facilite une loi dans la terre de Palestine, l'Halaca est selon son avis hors de la terre de Palestine; mais non dans la Palestine même. Il fallait donc dire que l'Halaca est selon R. Akiva hors de la terre de Palestine, s'il est vrai que quiconque facilite dans la terre de Palestine, l'Halaca est selon lui hors de cette terre. Mais s'il avait dit ainsi, j'aurais cru que cela a seulement lieu pour la dîme des arbres[22]) de la terre de Palestine même, ce qui est

---

22) *Raschi:* car l'opinion d'Akiva concerne les fruits des arbres.

une ordonnance des rabbins [23]). Mais pour ce qui concerne le prépuce des arbres de la terre, comme il se fonde dans la loi (*cette règle ne peut pas lui être appliquée*). J'aurais donc dit que même hors de la terre de Palestine les rabbins ont ordonné (*de ne point manger le capris*): voilà pourquoi on nous fait entendre expressément le contraire. Ravina ayant trouvé Mar, fils de Rav Ache, qui jetait les baies et mangeait les *capris* lui dit: comment, tu es donc de l'avis de R. Akiva parce qu'il facilite? Dans ce cas Mar devait plutôt se régler sur l'avis de la maison de Chammaï qui facilite encore davantage; car nous avons appris que le câprier, selon ce que dit la maison de Chammaï, constitue une espèce de mélanges (כלאים) dans une vigne, et que selon la maison de Hillel, il ne constitue aucun mélange dans une vigne; mais que les uns et les autres sont d'accord qu'il est sujet à la loi du prépuce. Tout ceci est contradictoire en lui-même; car tu as dit: le câprier selon ce que dit la maison de Chammaï constitue un mélange dans la vigne: donc elle l'envisage comme une espèce d'herbe, et puis on enseigne de nouveau que les uns comme les autres se trouvent d'accord pour l'assujétir à la loi du prépuce, donc on l'envisage comme une espèce d'arbre. Non, cela n'est pas contradictoire, car la maison de Chammaï ayant une opinion douteuse là-dessus a choisi le parti le plus difficile (le plus sûr) dans l'un comme dans l'autre cas: mais toujours il faut dire selon la maison de Chammaï qu'il s'agit ici d'un prépuce douteux, et nous avons appris: un prépuce douteux est défendu dans la terre d'Israël et permis en Sorie [24]). Mais hors de la terre de Palestine on peut descendre (*dans le jardin*) et l'acheter librement à condition qu'il ne voie pas lorsqu'on cueille (*le prépuce douteux* donc la maison de Chammaï est celle qui facilite ici). *Rép.:* Mais par tout ou R. Akiva est en F. 36. *b.*

23) *Raschi:* car la loi n'oblige à payer la dîme que du froment, du vin et de l'huile.

24) *Raschi:* en Aram Tsova qui ayant été soumise par David et ajoutée à la terre de Palestine n'était pas regardée comme un pays totalement étranger.

dispute avec R. Eléazar nous nous conformons à l'avis du premier; tandis que là où la maison de Chammaï n'est pas d'accord avec la maison de Hillel, la première ne change pas d'avis *(en grâce de la seconde)*. Mais tu pourrais déduire de là que le *capris* est fait pour être le gardien du fruit, et que la divine miséricorde a dit (Lév. XIX, 23.): *son prépuce avec* (את) *son fruit*. La particule את (avec) signifie quelque chose qui est attachée au fruit, et cela ne peut être que ce qui garde le fruit. Sur quoi Rava dit: où disons-nous que cela est le gardien du fruit? *(Nous le disons)* dans le cas que ce gardien se trouve sur le fruit, tant quand il est cueilli que lorsqu'il reste attaché à la plante; mais ici *(les capris)* demeurent sur le fruit aussi long-temps qu'il est attaché à la plante, et lorsqu'il en est détaché ils n'y sont plus[25]. Alors Abaï objecta cette tradition: la couronne d'une grenade est comptée[26], mais sa fleur[27] n'est pas comptée. Or, comme l'on dit ici que sa fleur n'est pas comptée on doit en conclure qu'elle n'est pas bonne à manger. Cependant nous avons appris relativement au prépuce: les écorces d'une grenade et sa fleur, les écorces des neix et leurs enveloppes sont soumises à la loi du prépuce[28]. Mais Rava dit: où disons-nous que cela devient le gardien du fruit? Dans le cas où il se trouve encore sur le fruit au moment que celui-ci est parvenu à sa pleine maturité. Mais le *capris* ne s'y trouve plus dans le temps que le fruit est parvenu à son entière maturité. Cependant ce n'est pas ainsi; car Rav Nahman disait avoir entendu dire à Rabba, fils d'Avhu: les écorces d'une datte qui est *orla* (*prépuce*) sont défendues parce qu'elles sont devenues le gardien du fruit. Mais quand sont-elles devenues le gardien du fruit? Lorsqu'il est encore petit (*ou qu'il n'est pas mûr*), et cependant on les

25) *Raschi*: parce qu'ils tombent aussitôt que le fruit est mûr.

26) *Raschi*: avec le reste du fruit pour constituer la grandeur d'un oeuf et pour contracter l'impureté des mets.

27) La fleur dans la grenade est comme le capris dans les baies.

28) Ce qui prouve que la fleur est regardée comme un gardien, quoiqu'elle tombe lorsqu'elle est sèche.

appelle gardiens du fruit. Rav Nahman pense là-dessus comme R. Jose, car voici ce que porte une Baraïtha: R. Jose dit: les jeunes grappes de raisins sont défendues parce qu'elles sont déjà un fruit. Mais les rabbins sont en dispute avec lui là-dessus (*et l'Halaca suit la pluralité*). Rav Simi de Nehardea a proposé cette question: est-ce que les rabbins diffèrent aussi d'avis par rapport aux autres arbres? Cependant nous avons appris: depuis quand on ne coupe pas les arbres dans la septième année. La maison de Chammaï dit qu'on ne peut couper aucun arbre dès qu'il commence à pousser, et la maison d'Hillel dit: les carroubiers (siliques) lorsqu'ils commencent à faire la chaîne, la vigne lorsqu'elle commence à produire des grains (גרוע), les oliviers lorsqu'ils fleurissent et tous les autres arbres lorsqu'ils poussent. Et Rav Asi dit que l'expression בוסר *raisin qui n'est pas mûr* répond au mot גרוע (*grain*) aussi bien qu'à l'autre פול חלבן (*fève blanche*). A la fève blanche! Comment cela peut-il venir dans l'esprit? Je voulais dire à la grandeur d'une fève blanche. A qui as-tu entendu dire que le בוסר (*le raisin qui n'est pas mûr*) doit être regardé comme un fruit, et que le סמדר (*les premiers raisins qui paraissent lorsque les fleurs tombent*) ne doit pas être regardé comme un fruit? Les rabbins. Mais cependant ils enseignent: tous les autres arbres lorsqu'ils commencent à pousser leurs fruits, etc. (*ce qui prouve qu'ils appellent fruit même* סמדר). Mais Rava dit: où disons-nous que cela constitue un gardien du fruit? Dans tous les cas où le fruit meurt en lui ôtant ce gardien. Mais ici (*où il s'agit des capris*) le fruit ne meurt pas lorsqu'on lui ôte le gardien. Il est arrivé qu'on a ôté la fleur à une grenade et elle s'est séchée, et qu'on a ôté également la fleur de la baie du câprier et la baie est restée. (*Et l'Halaca est selon Mar, fils de Rav Ashe, qui a jeté les baies et mangé les capris, et concernant le prépuce, les capris ne sont pas regardés comme un fruit, et par conséquent ils ne le sont pas non plus quant à la bénédiction, c'est à dire, on ne fait pas sur eux la bénédiction: celui qui crée le fruit de l'arbre, mais le fruit de la terre.*)

Pour le poivre (פלפלי) Rav Chechath dit qu'il faut faire la bénédiction: *tout existe par sa parole;* mais Rava dit qu'on ne fait aucune bénédiction, et là-dessus Rava se conforme à l'opinion qu'il a énoncée autre part (*Joma* 81. *b.*) où il est dit: celui qui mâche du poivre le jour de purification ne commet pas un péché (*parce que le poivre ne constitue pas un mets*); celui qui mâche du gingembre (זנגבילא) le même jour ne commet pas non plus un péché. Objection: R. Meïr dit: on peut déduire le contraire de ce qu'il est dit (Lév. XIX, 23.): *Son prépuce avec son fruit.* Est-ce que je ne sais pas par là qu'il s'agit ici d'un arbre fruitier? Pourquoi donc la loi répète-t-elle (ib.) ces paroles עץ מאכל (*arbre fruitier*)? Pour faire allusion à un arbre dont le bois et le fruit ont le même goût. Et quelle est cette espèce d'arbre? Les poivriers — ce qui veut t'apprendre que les poivriers sont sujets à la loi de l'*Orla*: cela t'apprend aussi que rien ne manque dans la terre d'Israël; car il est dit (Deut. VIII, 9.): *un pays où tu ne mangeras point le pain avec disette, et où rien ne te manquera.* Mais cela ne constitue pas une difficulté, car (*on regarde le poivre comme un mets*) lorsqu'il est humide ou qu'on en fait un électuaire (*et on ne le regarde pas comme tel*) lorsqu'il est sec. Les rabbins dirent à Maremar: celui qui mâche du gingembre le jour de la purification ne pêche pas; mais cependant Rava a dit cette électuaire (המלתא) qui vient de l'Inde est permise[29]) et on fait sur lui la bénédiction: *celui qui crée les fruits de la terre.* Cela ne constitue pas une difficulté, car (*il est regardé comme un mets*) lorsqu'il est humide, mais lorsqu'il est sec (*il n'est pas regardé comme un mets*).

Pour le pot du חביץ (*espèce de bouillie de farine, de miel et d'huile*) ainsi que pour la דייסא (*bouillie de froment pilé dans le mortier*) on doit dire, selon Rav Jéhuda: *car tout existe par sa parole,* et selon Rav Cohana: *celui qui a créé les différentes espèces de nourriture.* Pour la דייסא ordinaire, tout le monde est d'accord (*qu'il*

---

29) *Raschi:* quoiqu'il paraisse être impur parce qu'il vient d'un pays de païens.

faut dire): *celui qui crée les différentes espèces de nourriture.* Mais on n'est pas unanime pour la דייסא faite comme le pot de חביץ. En effet, Rav Jéhuda dit (*qu'il faut dire sur cette dernière*): *car tout*, etc. étant d'opinion que le miel en forme la partie principale, mais Rav Cahana dit (*qu'il faut dire*): *celui qui crée les espèces de nourriture;* car il est d'avis que la farine en constitue la partie principale. Rav Joseph dit: Je partage l'avis de Rav Cahana qui est appuyé par celui de Rav et de Samuel qui disent tous deux: pour toute chose où il y a une portion des cinq espèces, il faut faire la bénédiction: *celui qui crée les espèces de nourriture.* (*On lit*) dans la même tradition que Rav et Samuel disent tous deux: pour toute chose où il y a une portion de cinq espèces on fait la bénédiction: *celui qui crée les espèces de nourriture*, et on nous a aussi appris que Rav et Samuel disaient tous deux: pour tout ce qui est des cinq espèces, il faut faire la bénédiction: *celui qui crée les espèces de nourriture.* Cette répétition était nécessaire, car si on nous avait fait entendre seulement *tout ce qui est des*, etc. j'aurais cru (*qu'il faut faire cette bénédiction seulement*) lorsqu'il y a (*une partie des cinq espèces*) en nature, et qu'il ne faut pas la faire lorsqu'elle y est mêlée, c'est pourquoi on nous fait entendre aussi la sentence: *toute chose dans laquelle*, etc. Et si on nous avait fait entendre seulement *toute chose dans laquelle*, etc. j'aurais cru qu'il faut faire (*cette bénédiction*) pour toute chose où il y a une portion des cinq espèces, et non pour toute chose où il y a du riz (אורן gr. et lat.) et du millet (דוחן) à cauce qu'ils y seraient par manière de mélange, mais là où ils sont en nature j'aurais cru que même pour le riz et le millet on fait la bénédiction: *celui qui crée les espèces de nourriture.* C'est pourquoi on nous fait entendre l'autre sentence: *pour tout ce qui est des cinq espèces on doit faire la bénédiction: qui crée les espèces de nourriture*, pour en excepter le riz et le millet, car lors même qu'ils y sont en nature on ne fait pas sur eux la bénédiction: *celui qui crée les espèces de nourriture.*

F. 37. a.

Sur le riz et le millet on ne fait donc pas cette bénédiction? Voilà cependant une Baraïtha qui porte: si on présente devant quelqu'un du pain de riz ou du pain de millet, il doit faire sur eux au commencement et à la fin la même bénédiction que sur le pot de bouillie (מעשה קדרה, *faite des cinq espèces)*, et concernant ce pot de bouillie nous avons appris dans une autre Baraïtha qu'on fait sur lui au commencement la bénédiction: *celui qui crée les espèces de nourriture*, et à la fin une bénédiction qui soit une espèce d'extrait des trois bénédictions *(du repas)*. *Rép.:* (Sur le *pain de riz et de millet on fait une bénédiction)* qui ressemble à celle du pot de bouillie, mais elle ne doit pas être précisément la même, c'est-à-dire, elle doit avoir lieu avant et après comme celle du pôt de bouillie, mais elle ne doit pas être d'après la même formule, car pour le pot de bouillie on dit au commencement: *celui qui crée les espèces de nourriture*, et à la fin une bénédiction qui soit une espèce d'extrait des trois bénédictions *(du repas)*, mais ici *(pour le pain de riz et de millet)* au commencement on fait la bénédiction: *car tout existe par sa parole*, et à la fin: *celui qui a créé beaucoup d'âmes et leurs besoins: sur tout ce qu'il a créé, etc.* Mais est-ce que le riz n'est pas une chose dont on puisse faire le pot de bouillie; cependant une Baraïtha porte: voici les choses dont on peut faire le pot de bouillie, le חילקא *(ou le grain de froment cassé en deux)*, le טרגים *(ou le grain de froment cassé en trois)*, *la fleur de farine*, le זריז *(ou le grain de froment cassé en quatre)*, l'ערסן *(ou le grain de froment cassé en cinq)* et le riz. De qui est cette tradition? De R. Johanan, fils de Nouri; car nous avons appris dans une autre Baraïtha: R. Johanan, fils de Nouri, dit: le riz est une espèce de blé, et son levain *(mangé pendant la Pâque)* nous soumet à la peine d'extermination, et l'homme *(qui mange du pain de riz sans levain)* remplit son devoir pendant la même solemnité. Mais les rabbins ne sont pas de cette opinion. Comment les rabbins ne sont pas de cette opinion, si on nous dit dans une Baraïtha: quiconque mâche du froment doit faire la bénédiction: *celui qui crée les fruits de la terre;* mais s'il le fait moudre, et puis en fait du pain, et puis le fait bouillir, si les morceaux en sont entiers il fait au commencement *(du repas)* la bénédiction: *celui qui fait produire le pain à la terre*, et à la fin les trois bénédictions? Mais si les morceaux n'en sont pas entiers, il fait au commencement la bénédiction: *celui qui crée les espèces de nourriture*, et à la fin une bénédiction qui soit une espèce d'extrait des trois. Quiconque mâche le riz doit faire la bénédiction: *celui qui crée les fruits de la terre;* mais s'il le fait moudre, puis en fait du pain, puis le fait bouillir, quoique les morceaux en soient entiers, il doit faire au commencement *(du repas)* la bénédiction: *celui qui crée les espèces de nourriture*, et à la fin une bénédiction qui soit comme une espèce d'extrait des trois. De qui sera-t-elle cette tradition? Devra-t-on dire qu'elle est de R. Johanan, fils de Nouri, qui dit: le riz est une espèce de blé? Mais alors il faudrait dire: *celui qui fait produire le pain à la terre*, et les trois bénédictions. Mais elle est donc des rabbins, et l'objection faite contre Rav et Samuel reste dans toute sa force.

Mar a dit: si quelqu'un mâche du froment, il doit faire la bénédiction: *celui qui crée les fruits de la terre*, cependant selon la Baraïtha il faudrait dire: *celui qui crée les espèces de semences.* Cela ne constitue pas une difficulté, car la dernière tradition est de R. Jéhuda *(qui soutient que pour chaque espèce de semences il faut une bénédiction à part)*, et la première des rabbins. En effet, nous avons appris: et sur les herbes on doit dire: *celui qui crée les fruits de la terre*, et selon R. Jéhuda: *celui qui crée les espèces des herbes.* Mar a dit encore: quiconque mâche du riz doit faire la bénédiction: *celui qui crée les fruits de la terre;* mais s'il le fait moudre, et en fait du pain et puis le fait bouillir, quoique les morceaux en soient entiers, au commencement du repas, il doit faire la bénédiction: *celui qui crée les espèces de nourriture*, et à la fin une bénédiction qui soit une espèce d'extrait des trois. Cependant une Baraïtha porte: on ne dit aucune (*des bénédictions que l'on fait sur les fruits de la terre sainte*). Rav Chechath dit que cela ne constitue pas une difficulté; car la première tradition est de Rabban Gamaliel, et la seconde des rabbins. En effet, une autre

Baraïtha porte: voici la règle générale: pour tout ce qui appartient aux sept espèces (*de la terre de Canaan*). Rabban Gamaliel dit (*qu'il faut faire*) trois bénédictions, et les savans disent: une bénédiction qui soit une espèce d'extrait de trois. Et il arriva à Rabban Gamaliel et aux vieillards qui étaient assis à table dans une haute salle à Jériho, qu'on servit devant eux des dattes[30]), et ils les mangèrent. Rabban Gamaliel accorda alors à R. Akiva la permission de faire la bénédiction (*après le repas*); mais celui-ci sauta le reste et fit seulement une bénédiction qui était une espèce d'extrait des trois. Sur quoi Rabban Gamaliel lui dit: Akiva jusqu'à quand tu livreras ta tête (*ton esprit*) aux controverses? Il lui répondit: notre maître, quoique tu dises comme cela, et que tes camarades disent autrement, tu nous as pourtant appris, notre maître, que lorsqu'un individu (*dispute contre*) plusieurs l'Halaca est toujours selon le plus grand nombre. R. Jéhuda dit au F. 37. a. nom de Rabban Gamaliel: pour tout ce qui appartient aux sept espèces, mais qui n'est pas une espèce de *dagan* (*de blé*) ou bien s'il est une espèce de *dagan*, et dont on n'a pas fait de pain, Rabban Gamaliel dit qu'il faut faire trois bénédictions, et les savans qu'il faut en faire une; mais pour tout ce qui n'est ni une des sept espèces, ni une espèce de *dagan* comme p. ex. le pain de riz et de millet, Rabban Gamaliel dit (*qu'il faut faire*) une seule bénédiction qui soit une espèce d'extrait des trois, et les savans disent qu'il n'en faut faire aucune. Mais que faut-il donc penser là-dessus? (*Que la première opinion aussi, qui est relative au pain de riz*) appartient à Rabban Gamaliel. Mais alors comment comprendre la fin de la *Recha* (*qui porte*): *si les morceaux ne sont pas entiers on doit faire au commencement la bénédiction: celui qui crée les espèces de nourriture, et à la fin une bénédiction qui soit comme une espèce d'extrait des trois?* A qui appartiendra cela? Si c'est à Rabban Gamaliel, nous voyons cependant que même

---

30) *Raschi*: les dattes ou le miel c'est la même chose, car ce dernier découle des premiers et le miel constitue une des sept espèces de la terre de Canaan.

pour les dattes et pour la *dajasa* (*blé pilé dont on n'a pas fait de pain*) il dit qu'il faut faire trois bénédictions: avait-il donc besoin d'ajouter (*qu'il faut les faire aussi sur du pain*) dont les morceaux ne restent pas entiers, *mais qui est néanmoins quelque chose de plus noble que la dajasa?* Il est donc évident que cette tradition appartient aux rabbins. Mais si c'est ainsi, les rabbins sont en contradiction avec eux-mêmes [31]). Mais toujours il faut tenir qu'elle appartient aux rabbins, et qu'ils enseignent relativement au riz aussi, qu'à la fin on ne doit faire aucune bénédiction. —

Rava dit: pour la ריהטא (*bouillie de farine, de miel et d'huile*) des villageois, où l'on mêle ordinairement beaucoup de farine, il faut faire la bénédiction: *celui qui crée les espèces de nourriture.* Quelle en est la raison? C'est que la farine en constitue la partie principale; mais pour celle que font les bourgeois qui n'y mêlent pas beaucoup de farine, on fait la bénédiction: *car tout existe par sa parole.* Et quelle en est la raison? Parce que le miel en constitue la partie principale. Cependant le même Rava a dit dans une autre circonstance que pour l'une et pour l'autre on dit: *celui qui crée les espèces de nourriture*; car Rav et Samuel s'accordent à dire tous deux: pour toute chose où se trouve une partie des *cinq espèces*, on fait la bénédiction: *celui qui crée les espèces de nourriture.* Rav Joseph dit: pour la חביצא (*soupe avec du pain*), où il y a des morceaux de pain de la grandeur d'une olive, on doit faire, au commencement, la bénédiction: *celui qui fait produire le pain à la terre*, et à la fin les trois bénédictions. Mais pour celle où il n'y a pas de morceaux de pain de la grandeur d'une olive, on doit faire au commencement la bénédiction: *celui qui crée les espèces de nourriture*, et à la fin une seule bénédiction qui soit une espèce d'extrait des trois. Rav Joseph dit: sur quel fondement croirai-je cela? Sur ce qu'on enseigne: s'il se trouve un prêtre qui

---

31) Car alors ils diraient, relativement au pain de riz, une fois qu'il faut faire une bénédiction qui soit une espèce d'extrait des trois et une autre fois qu'il n'en faut faire aucune.

apporte des offrandes à Jérusalem, il doit dire: *béni soit celui qui nous a fait vivre et nous a conservés, et fait atteindre ce temps*, et lorsqu'il les prend pour les manger il doit faire la bénédiction: *celui qui fait produire le pain à la terre*, et nous avons appris ci-dessus que le tout doit être réduit en morceaux de la grandeur d'une olive. Sur quoi Avaï lui dit: mais alors pour le *Tanne* de l'école de Rabbi Ismaël qui dit que le prêtre doit broyer l'offrande jusqu'à ce qu'elle redevienne de la farine, ici aussi il ne serait pas nécessaire de faire la bénédiction: *celui qui fait produire le pain à la terre*; car si tu dis qu'il lui serait nécessaire, comment alors entendre cette Baraïtha: s'il a ramassé de tous les morceaux des offrandes dans la quantité d'une olive, et les a mangés, en cas que ce soit du levain, il mérite la peine de l'extermination, et si c'est du pain sans levain l'homme satisfait à son devoir (*en en mangeant*) pendant la Pâque [32]? *Rép.:* Mais ici nous parlons du cas où l'on en ait pétri les morceaux de nouveau. Mais si c'est ainsi comment devrais-je comprendre la *Sepha (qui porte):* la peine d'extermination a seulement lieu lorsqu'il mange les morceaux en autant de temps qu'il en faut pour manger la quantité de pain d'un פרס (*de quatre oeufs*) [33]? Or, s'il s'agissait ici de pétrir de nouveau ces morceaux (*pour en faire un seul*) on n'aurait pas dû dire pour *les manger*, mais *pour le manger*. *Rép.:* Le cas dont nous nous occupons regarde ce qui reste d'un grand pain (*qui n'est pas entièrement coupé*). Mais dans ce cas que signifierait ce qui suit au même propos: Rav Chechath dit: pour la חביצא quoiqu'il n'y ait pas de morceaux de la grandeur d'une olive, on fait la bénédiction: *celui qui fait produire le pain à la terre?* Rava répondit qu'il faut au moins qu'on y voie l'effigie du pain.

---

32) *Raschi:* On voit par là que même des morceaux plus petits qu'une olive sont regardés comme du *pain*.

33) *Raschi:* car si ce temps est plus grand, alors on prend la chose comme si on avait mangé une moitié d'olive de pain aujourd'hui et une autre moitié demain et alors la peine d'extermination ne peut avoir lieu.

Les טרוקנין (*pains cuits sous la cendre*) sont soumis à la loi de la חלה (*du morceau de pâte que l'on sépare de chaque masse pétrie*), mais lorsque Ravin survint, il dit avoir entendu dire à R. Johanan: les טרוקנין sont exempts de la loi de la חלה. Mais que veut dire ce mot טרוקנין? Avaï dit: il veut dire un pot de terre (כובא דארעא)[34]. Avaï dit aussi: la טריתא (torta it.) est exempte de la loi de la חלה, et qu'est-ce que la טריתא? Les uns disent, de la pâte grillée[35]), et les autres, du pain des Indes fait avec du blanc d'oeuf et de l'huile; selon d'autres enfin c'est du pain fait pour le כותח (*boisson ordinaire à Babylone*)[36]). R. Hija enseigne que le pain fait pour le כותח est exempt de la loi de la חלה. Cependant une Baraïtha porte qu'il est sujet à la חלה. *Rép.:* La raison de cette différence R. Jéhuda nous l'apprend en disant: la manière dont il est fait démontre (*s'il est sujet ou non à la* חלה), car s'il est fait épais (*et ayant la forme ordinaire du pain*) il y est sujet, F. 38. a. mais s'il est fait mince (*et ayant la forme d'un couvercle*) il n'y est pas sujet. Avaï disait à Rav Joseph: pour la כובא דארעא quelle bénédiction faut-il faire? L'autre lui répondit: est-ce que tu penses que c'est du pain? Ce n'est que de la pâte ordinaire, et on doit faire sur elle la bénédiction: *celui qui crée les espèces de nourriture.* Mar Sutra y faisait consister tout son repas; c'est pourquoi il faisait sur elle la bénédiction: *celui qui fait produire le pain à la terre*, et les trois bénédictions. Mar, fils de Rav Achi, disait que l'homme peut remplir son devoir lorsqu'il en mange pendant la Pâque. Pour quelle raison? Parce qu'elle mérite réellement d'être appelée *pain d'affliction.* (Deut. XVI, 3.).

Ce même Mar, fils de Rav Achi, disait encore: pour le miel de palmier on fait la bénédiction: *car le tout existe par sa parole.* Pour quelle raison? Parce que ce n'est qu'un

---

34) *Raschi:* un creux dans un fourneau où l'on mêle de la farine et de l'eau comme dans un chaudron.

35) *Raschi*: de la farine mêlée avec de l'eau et jetée sur un fourneau chaud.

36) *Raschi*: on ne mit pas ce pain dans le fourneau, mais au soleil.

suc ordinaire. D'après qui est cette opinion? D'après le Tanne qui parle ainsi dans la Mischna (Trumoth C. 11. M. 2.): quant au miel de dattes, au vin de pommes, au vinaigre de raisins tardifs et aux autres eaux des fruits de la *Truma* (*offrande*) R. Eliéser condamne (*ceux qui en boivent involontairement à en payer*) la valeur intrinsèque et la cinquième partie, mais R. Jehochua les en délivre[37]).

Quelqu'un d'entre les rabbins disait à Rava: pour toute chose qui n'est pas bien pilée (טרימא gr.) (*quelle bénédiction faut-il faire*)? L'esprit de Rava ne put comprendre ce qu'il voulait dire par là. Mais Ravina qui était assis devant Rava, lui répondit: est-ce que tu as voulu parler de la טרימא du blé d'Inde (*Sesamum qui sert à faire de l'huile*), ou de celle de safran (*qu'on délaie dans du vin*), ou de celle de pepins de raisin (*dont on fait une boisson*)? En attendant Rava étant rentré en lui-même, lui répondit: il est certain que ta question a été faible, et tu nous rappelles cette sentence de Rav Asi: quant aux dattes de la Truma il est permis d'en faire une טרימא (*qui n'en détruit pas l'essence*), mais il est défendu d'en faire un שכר (*vin de dattes*), et l'*Halaca* est que pour des dattes dont on a fait une טרימא il faut faire la bénédiction: *celui qui crée les fruits des arbres*. Par quelle raison? Parce qu'ils restent dans leur essence primitive.

Pour la שתיתא (*mets de farine d'épis grillés qui ne sont pas encore secs*) Rav dit (*qu'il faut faire la bénédiction*): *car tout existe par sa parole*. Mais Samuel dit (*qu'il faut faire l'autre*): *celui qui crée les espèces de nourriture*. Sur quoi Rav Hasda disait qu'ils ne diffèrent pas d'opinion, car Samuel parle d'une שתיתא épaisse, et Rav d'une שתיתא molle, et l'épaisse sert de mets, tandis que la molle sert de médecine. Rav Joseph objectait cette tradition: on est d'accord qu'on peut remuer avec une cuillère la שתיתא dans le Sabbath, et faire le זיתום (gr.) d'Egypte (*boisson de farine d'orge*), et s'il te vient dans l'esprit

37) *Raschi*: parce que ce ne sont pas des fruits, mais des sucs ordinaires.

qu'on peut avoir le projet de faire de la שתיתא une médecine, est-ce qu'il est permis de préparer une médecine le samedi? Mais Avaï lui répondit: tu n'es donc pas de cette opinion? Cependant nous avons appris: l'homme peut manger toute espèce de mets pour se guérir, et boire toute espèce de boisson. Mais qu'est-ce qu'il te reste à dire? Que dans ce cas l'homme n'a que le dessein de manger; mais relativement à la שתיתא aussi l'homme n'a que le dessein de manger. Selon d'autres [38]), mais qu'est-ce qu'il te reste à dire? Que l'homme a pour but de manger, et que l'effet de la guérison en suit de lui-même *(sans qu'on se le propose comme but principal)*. Ici aussi l'homme a le dessein de manger *(ce qui est permis le jour de Sabbath)*, et la guérison se fait d'elle-même. Et la citation de Rav et Samuel est aussi nécessaire; car autrement j'aurais pu croire que *(la bénédiction a lieu)* lorsque le but principal est de manger, et que la guérison dérive de cet acte comme une chose accessoire, et que quand la guérison a été du commencement le but principal, on ne doit faire aucune bénédiction. C'est pourquoi on nous fait entendre expressément le contraire; car pour tout ce qui nous prouve une jouissance il faut une bénédiction.

Mischna. Car pour le pain on dit: celui qui fait produire, etc.

Ghémara. Les rabbins ont appris: comment doit-il dire? *Rép.:* המוציא *celui qui fait produire le pain à la terre;* mais R. Néhémie soutient qu'il faut dire *(sans article)* מוציא *celui qui fait produire*, etc. Sur quoi Rava disait: quant au mot מוציא, personne ne disconvient qu'il signifie le passé; car il est écrit (Nomb. XXIII, 22.): *Le Fort les a tirés* (מוציאם) *de l'Egypte.* Mais on n'est pas unanime sur le mot המוציא. En effet, les rabbins pensent que lorsqu'il a l'article il signifie le passé; car il est écrit (Deut. VIII, 15.): המוציא *qui t'a fait sortir de l'eau d'un rocher aride*, et R. Nahmani pense qu'il signifie le présent; car il est dit (Exod. VI, 7.): המוציא *celui qui vous fait*

38) לשון אחר, *sermo alius*, autre interprétation ou variante.

sortir de dessous les charges des Egyptiens. Et les rabbins *(que pensent-ils sur ce dernier verset)?* Que le Saint, béni soit-il, a dû parler ainsi aux Israélites: lorsque je vous aurai fait sortir, je vous opérerai un tel prodige que vous saurez que c'est moi qui vous ai tirés de l'Egypte; car il est écrit (ib.): *et vous connaîtrez que je suis l'Eternel votre Dieu qui vous a tirés, etc.* (המוציא).

Les rabbins louaient, devant R. Zira, le fils de Rav Zavid, frère de R. Siméon, fils de Rav Zavid, comme un grand homme et bien expérimenté dans les bénédictions. R. Zira leur dit: lorsqu'il viendra entre vos mains *(chez vous)* amenez-le chez moi. Une fois il vint chez lui et comme on lui apporta un pain, il commença à dire מוציא *(sans article)*, mais R. Zira dit: voici donc celui dont on dit qu'il est un grand homme et versé dans les bénédictions! D'accord, s'il avait dit המוציא, car il nous aurait fait entendre la raison *(de l'explication du verset rapporté ci-dessus)*, et il nous aurait fait entendre aussi que l'Halaca est selon les rabbins; mais puisqu'il a dit מוציא, qu'est-ce qu'il nous a fait entendre *(de nouveau)? Rép.:* Il a fait cela pour se tenir à l'écart de toute controverse, et l'Halaca est המוציא *celui qui fait sortir le pain de la terre*, car nous fixons *(le sens de ce mot)* selon les rabbins qui disent qu'il signifie le passé.

F. 38. b.

Mischna. Et sur les herbes il faut dire, etc.

Ghémara. On a enseigné: les herbes sont comme le pain; car de même que le pain est altéré moyennant le feu, de même les herbes sont altérées moyennant le feu. Ravanaï dit au nom d'Avaï: cela veut dire que pour les herbes cuites on doit faire la bénédiction: *celui qui crée les fruits de la terre.* D'où déduit-on cela? De ce qu'il est enseigné: les herbes sont comme le pain. Rav Hasda expliquait au nom de notre Rabbi, c'est-à-dire, de Rav, que pour les herbes cuites on fait la bénédiction: *celui qui crée les fruits de la terre;* mais nos rabbins qui descendent de la terre d'Israël, c'est-à-dire Ulla qui parle au nom de R. Johanan, disent: pour les herbes cuites on fait la bénédiction: *car tout existe par sa parole.* Mais moi je dis: pour tout ce qui *(lorsqu'il est cru)* exige que l'on dise: *celui qui crée les fruits de la terre*, lorsqu'il est cuit *(il faut dire): car tout existe par sa parole*, et pour tout ce qui *(lorsqu'il est cru)* exige que l'on dise: *car tout existe par sa parole*, lorsqu'il est cuit, il faut dire: *celui qui crée les fruits de la terre.* D'accord quant à tout ce qui (*étant cru*) exige la bénédiction: *car tout existe par sa parole*; et étant cuit (*l'autre bénédiction*): *celui qui crée les fruits de la terre*, car cela peut avoir lieu pour le chou (כרבא gr. et lat.) la bette et la courge; mais tout ce qui (*étant cru exige la bénédiction*): *celui qui crée les fruits de la terre*, et étant cuit (*l'autre bénédiction*): *car tout existe, etc.* où peut-il avoir lieu? Rav Nahmani, fils d'Isaac, dit: il peut avoir lieu dans l'ail et le porreau.

Rav Nahman expliquait au nom de notre Rabbi, c'est-à-dire de Samuel: pour les herbes cuites on fait la bénédiction: *celui qui crée les fruits de la terre*, mais nos camarades qui descendent de la terre d'Israël, c'est-à-dire qui parlent au nom de R. Johanan, disent que pour les herbes cuites on fait la bénédiction: *car tout existe par sa parole;* mais moi je dis que dans cette dispute on enseigne la même chose que dans cette autre tradition (*Pesahim* 41. *a.*). On accomplit son devoir (*en mangeant pendant la Pâque*) des gâteaux sans levain, trempés et cuits dans l'eau, de manière qu'ils ne soient pas trop mous; — paroles de R. Meïr [9]). Mais R. Jose dit: on accomplit ce devoir par des gâteaux trempés, mais non par ceux qui sont cuits dans l'eau quoiqu'ils ne soient pas trop mous. Cependant ce n'est pas ainsi, car tout le monde est d'accord que pour les herbes cuites on doit faire la bénédiction: celui qui crée les fruits de la terre, et ce que dit R. Jose à ce propos ne signifie autre chose; si non qu'il nous faut le goût des *matses* (*pain sans levain*) dans la Pâque, ce qui manque à ces gâteaux. Mais quant aux herbes R. Jose lui-même avoue (*qu'elles restent dans leurs essences, après avoir été cuites*). R. Hija, fils d'Abba, disait avoir entendu dire à

---

39) *Raschi:* ce qui vient à l'appui de l'opinion de Samuel que la coction ne change pas l'essence des choses.

R. Johanan que pour des herbes cuites, il faut faire la bénédiction: *celui qui crée les fruits de la terre;* mais R. Benjamin, fils de Japhet, disait avoir entendu dire au même R. Johanan que pour les mêmes herbes il fallait faire la bénédiction: *car tout existe par sa parole.* Sur quoi Rav Nahman, fils d'Isaac, disait: Ulla a établi son erreur sur l'autorité de R. Benjamin, fils de Japhet; mais Zira témoigna son étonnement là-dessus, et dit: quelle confiance mérite R. Benjamin en comparaison de R. Hija, fils d'Abba? R. Hija, fils d'Abba, avait exactement appris et rapporté ce qu'il avait entendu de R. Johanan son maître; tandis que R. Benjamin, fils de Japhet, ne possédait pas la même exactitude. De plus R. Hija, fils d'Abba, a répété tous les trente jours ses leçons devant R. Johanan son maître. Mais R. Benjamin n'a pas fait une pareille répétition: et outre ces deux preuves[40]) en voici encore une troisième: pour les lupins (תורמוסא gr.) que l'on cuit sept fois dans un pot, et que l'on mange uniquement comme dessert (*ou pour se refaire l'estomac*) dans les repas, on vint demander à R. Johanan (*quelle bénédiction fallait-il faire*), et il répondit: la bénédiction: *celui qui crée les fruits de la terre.* Et d'ailleurs R. Hija, fils d'Abba, a dit: j'ai vu R. Johanan manger une olive salée (*qui est la même chose qu'une olive cuite*) et faire sur elle la bénédiction au commencement et à la fin. Or, si tu dis: d'accord que les herbes cuites gardent leur essence, alors il faudra faire au commencement la bénédiction: *celui qui crée les fruits de l'arbre*, et à la fin une bénédiction qui soit une espèce d'extrait des trois. Mais si tu dis que les herbes cuites ne gardent pas leur essence, d'accord qu'au commencement il fasse faire pour elles la bénédiction: *car tout existe par sa parole;* mais à la fin quelle bénédiction faudra-t-il faire? *Rép.:* Peut-être la bénédiction: *celui qui crée beaucoup d'âmes et leurs besoins sur tout ce qu'il a créé, etc.* Rav Isaac, fils de Samuel, objectait cette tradition (*Pesahim*

---

40) *Raschi:* que R. Johanan n'a pu dire que sur des herbes cuites on doit faire la bénédiction: *car tout existe*, etc.

39. *a.*): Les herbes[41]) qui servent à l'homme pour sortir de son devoir dans la Pâque lui servent aussi pour sortir de son devoir lors même qu'il les mange avec leur tige; mais non lorqu'elles sont confites, bouillies ou cuites. Or, s'il te vient dans l'esprit qu'elles restent dans leur essence, pourquoi dit-on ici que les herbes bouillies *(ne font pas sortir l'homme de son devoir)? Rép.:* C'est une autre chose pour la Pâque; car il nous faut alors le goût de l'amertume que n'ont pas *(les herbes cuites).*

R. Jérémie disait à R. Zira: comment R. Johanan a-t-il pu faire la bénédiction sur une olive salée, vu qu'en ôtant le noyau on en diminue la mesure *(de la quantité, qui constitue l'action de manger selon la loi)?* L'autre lui répondit: est-ce que tu crois *(qu'il faut pour celà)* la quantité d'une grande olive? Il ne faut que celle d'une olive médiocre; ce qui a lieu ici, de sorte que l'olive qui a été apportée devant R. Johanan était grande; ainsi, quoiqu'on en ait ôté le noyau, la mesure de la quantité nécessaire lui est restée; car nous avons appris: l'olive qu'ils ont donnée *(pour mesure de la quantité nécessaire)* ne doit être ni petite ni grande, mais médiocre, et c'est justement celle qu'on nomme *aguri.* Mais R. Avhu dit que son nom n'est pas *aguri,* mais *abroti:* d'autres disent que son nom est *samrosi.* Et pourquoi lui donne-t-on le nom d'*aguri?* Parce que son huile est ramassée en elle (אגורי *comme le moût dans le raisin*).

F. 39. a.

Devons-nous dire à ce sujet comme il est écrit dans la Baraïtha *(qui porte):* deux écoliers étaient assis en présence de *Bar Caphra*, et on leur servit du chou (כרוב *crambe)*, des prunes de Damas (דורמסקין) et des perdrix (פרגיות perdrix), et Bar Caphra donna à un d'entr'eux la faculté de faire la bénédiction. Celui-ci sauta *(les autres mets)*, et fit la bénédiction sur les perdrix, ce qui excita son compagnon à se moquer de lui. Bar Caphra s'étant fâché, dit: ce n'est pas contre celui qui a fait la bénédic-

41) Les herbes amères que les Juifs sont obligés de manger les deux premières nuits de Pâque.

tion que je me fâche, mais contre le moqueur. Si ton collégue ressemble à celui qui n'ayant jamais goûté de la viande (*lui donne ici la préférence sur les autres mets*), pourquoi t'en moques-tu? Et de nouveau il dit: ce n'est pas contre le moqueur que je me fâche, mais contre celui qui a fait la bénédiction; puis il ajouta: n'y a-t-il donc ici ni sagesse ni vieillesse à consulter [42]). Nous savons par tradition que ces deux écoliers ne sont pas sortis de cette année (*sont morts avant qu'un an fût terminé*). N'est-ce pas qu'ils ont été partagés d'avis là-dessus? Celui qui fit la bénédiction pensait que pour les herbes cuites et pour les perdrix on doit dire: *car tout existe par sa parole*, et qu'on doit donner la préférence à ce qu'on aime le plus. Mais celui qui s'en moqua était d'opinion que pour les herbes cuites on doit dire: *celui qui crée les fruits de la terre*, et pour les perdrix: *car tout existe par sa parole*, et que par conséquent [43]) le fruit mérite la préférence. *Rép.:* Non, car tout le monde avoue que pour les herbes cuites et pour les perdrix (*on doit dire*): *car tout existe par sa parole*; mais dans ce cas ils diffèrent d'avis en ce qu'un Mar était d'opinion que ce qu'on aime le plus mérite la préférence, et l'autre Mar pensait que le chou mérite la préférence parce qu'il nourrit.

Rav Zira dit: lorsque j'étais dans la maison de Rav Hunna, il nous disait: pour ces têtes de raves coupées en grands morceaux on fait la bénédiction: *celui qui crée les frits de la terre*; et pour celles qui sont coupées en petits morceaux on dit: *car tout existe par sa parole.* Mais quand nous arrivâmes dans la maison de R. Jéhuda, celui-ci nous dit: tant pour une chose que pour l'autre (*il faut la bénédiction*) *celui qui crée les fruits de la terre*, vu que lorsqu'on les coupe en plus petits morceaux, on le fait afin qu'elles aient un goût agréable (*en les mangeant sans cuire*). Rav Ache dit: lorsque nous étions

42) *Raschi:* il fallait me demander sur quel mets on devait faire la bénédiction.

43) *Raschi:* vu que la bénédiction, *celui qui crée*, etc. est plus noble que l'autre *car tout*, etc.

dans la maison de Rav Cahana il nous disait: pour la bouillie de bettes où l'on ne mêle pas beaucoup de farine (*on dit*): *celui qui crée les fruits de la terre*, mais pour des raves cuites où l'on mêle beaucoup de farine (*on dit*): *le créateur des espèces de nourritures*. De nouveau il disait que pour l'une et pour l'autre chose (*on fait la bénédiction*): *celui qui crée les fruits de la terre*, et cela parce que si on y jette beaucoup de farine, on ne le fait ordinairement que pour la rendre plus épaisse.

Rav Hasda dit: la bouillie de bettes fait du bien au coeur, et est bonne pour les yeux, et d'autant plus pour les entrailles. Avaï ajoute: et surtout si elles sont restées long-temps (*dans le chaudron*), et y ont bouilli jusqu'à faire toc toc. — Rav Papa dit: il est simple pour moi que l'eau de bettes est comme les bettes mêmes, et l'eau de raves est comme les raves mêmes, et l'eau de toute espèce d'herbes cuites est comme les herbes mêmes (*quant à la bénédiction*). Rav Papa fit cette question: pour l'eau d'anet quelle bénédiction faut-il faire? Le met-on (*dans le pot*) pour adoucir le goût des mets, ou pour en faire disparaître l'odeur désagreable? *Rép.*: Viens et écoute: lorsque l'anet a communiqué son goût dans un pot, il ne doit plus être regardé comme une *Truma*, et ne peut plus rendre impurs les mets. On pourrait donc déduire de cela qu'il sert seulement à adoucir le goût, (*et qu'il exige la bénédiction: celui qui crée les fruits de la terre*). Oui, c'est justement ce qu'il faut en déduire.

Rav Hija fils d'Achi, dit: pour un morceau de pain sec que l'on met dans un plat, afin de l'y tremper on fait la bénédiction: *celui qui fait produire*, etc. et il s'éloigne de l'opinion de Rav Hija qui dit: il faut que cette bénédiction soit terminée lorsqu'on finit (*de couper*) le pain[44]. Rava fit cette objection: quelle différence y a-t-il entre un morceau de pain sec (*et le pain même qui n'est pas sec*)? N'est-ce pas que pour le premier la bénédiction doit finir lorsqu'on finit de le couper? Mais pour le pain (*qui n'est pas sec*) aussi elle doit la finir, lorsqu'on finit de le cou- F. 39. b.

44) *Raschi*: tandis que le bain dont il s'agit ici est déjà coupé.

per. Cependant Rava dit: on fait la bénédiction avant, et après on coupe. Les Nehardéens firent comme R. Hija, et les rabbins firent comme Rava; mais Ravina dit: ma mère me disait: ton père a fait comme Hija qui disait: il faut finir la bénédiction en finissant de couper le pain. Cependant puisque les rabbins ont fait comme Rava, l'Halaca est selon Rava qui disait: on fait la bénédiction, et après on coupe.

(*Nous avons appris*) si on apporte devant nous des morceaux de pain (*aussi gros que les pains*), et des pains entiers, Rav Hunna dit qu'on peut faire la bénédiction sur les morceaux, et délivrer par là les pains entiers; mais R. Johanan dit: pour ce qui est du pain entier, il est ordonné (*de faire la bénédiction*) à cause qu'il est préférable; mais si le morceau est de froment et l'entier d'orge, tous s'accordent à dire que l'on fait la bénédiction sur le morceau de froment, et l'on délivre par là l'entier d'orge. R. Jérémie, fils d'Abba, dit que cela est une dispute des Tanaïm (*car nous avons appris*): on donne comme *Truma* un oignon petit entier, et non la moitié d'un grand oignon. R. Jéhuda dit: non, il faut plutôt donner la moitié d'un grand oignon. Or, n'est-ce pas qu'ils diffèrent d'opinion en ce qu'un Mar pense que ce qui est plus estimé a la préférence, et un autre Mar croit que ce qui est entier doit avoir la préférence? *Rép.:* Là où le prêtre est présent (*lorsqu'on donne la Truma*) personne ne disconvient que ce qui est plus estimé doit avoir la préférence; mais leur dispute regarde un cas où le prêtre n'est pas présent, et nous avons appris: dans toute circonstance où un prêtre se trouve présent, on donne la *Truma* de ce qui est meilleur, mais chaque fois qu'il n'est pas présent, on la donne de ce qui se conserve le mieux. R. Jéhuda dit: on ne donne la *Truma* que du meilleur. Rav Nahman, fils d'Isaac, dit: celui qui craint le ciel tâche de se conformer à l'opinion de tous les deux (*de R. Hunna et de R. Johanan*), et qui est (*celui qui craint le ciel*)? *Rép.:* Mar, fils de Ravina, qui plaçait le morceau de pain au milieu du pain entier, et coupait l'un et l'autre. Lorsqu'un Tanne enseignait en présence de Rav Nahman, fils d'Isaac, qu'il faut placer le morceau au milieu de l'entier, et le couper et faire la bénédiction, il lui dit: quel est ton nom? il répondit: *Cholman* שלמן; l'autre reprit: tu es la paix (שלום) et ta doctrine est parfaite (שלימה), car tu as fait la paix entre les disciples. Rav Papa dit: tout le monde avoue, que pendant la Pâque, on met le morceau au milieu de l'entier, et on le coupe. Pour quelle raison? Parce qu'il est écrit: *pain de la misère (et les pauvres n'ont pas des pains entiers).*

R. Abba dit: dans le Sabbath l'homme est obligé de rompre deux pains. Pour quelle raison? Parce qu'il est écrit (Exod. XVI, 22.): *du pain au double.* Rav Ache dit: j'ai vu Rav Cohana qui en prenait deux, mais il n'en rompait qu'un. R. Zira rompit un morceau qui pouvait lui servir pour tout le repas du samedi. Mais Ravina dit à R. Achi: cependant cela a l'apparence de gourmandise. Il répondit: puisqu'il ne fait pas cela chaque jour, mais seulement maintenant (*le samedi*) cela n'a pas l'apparence de gourmandise. Lorsqu'on présenta à Rav Ami et à Rav Asi un pain de l'Eruv (ערוב)[45] ils firent la bénédiction: *celui qui fait produire le pain à la terre*, en disant, puisqu'on s'en est servi pour accomplir un précepte nous pouvons nous en servir pour en accomplir un autre.

Rav disait: *(celui qui interrompt la bénédiction en disant) prends, cela est béni; prends, cela est béni*, n'a pas besoin de la recommencer; *(mais celui qui dit)* apporte le sel, apporte לפתן *(toute autre chose que l'on mange avec le pain.* Ital.: *companatico)* il doit la recommencer. Mais R. Johanan dit: lors même qu'il dit: *apportez le sel, apportez quelqu'autre chose pour manger avec le pain*, il n'a pas besoin de faire la bénédiction encore une fois *(car cela est nécessaire pour donner du goût au pain. Celui qui dit) mèle le fourrage pour le boeuf, mèle le fourrage pour le boeuf*, il doit répéter la bénédiction. Mais Rav Chechath dit: même celui qui dit: *mèle le fourrage pour*

F. 40. a.

45) *Raschi*: avec lequel on avait fait, la veille, le mélange ou la réunion de plusieurs cours ou maisons.

le boeuf n'a pas besoin de la répéter, car Rav Jéhuda disait avoir entendu dire à Rav : il est défendu à l'homme de manger avant d'avoir pensé à nourrir son bétail; car il est dit (Deut. XI, 15.): *Je ferai croître l'herbe dans ton champ pour ton bétail, et puis tu mangeras et seras rassasié.*

Rava, fils de Samuel, disait au nom de Hija: il n'est pas permis à celui qui coupe le pain de le couper jusqu'à ce qu'on n'ait apporté du sel et du לפתן *(companatico)* pour chacun. Rava, fils de Samuel, étant venu dans la maison du *Chef de la captivité* (רייש גלותא) on lui présenta un pain, et il en coupa un corceau *(sur le champ)*. Ils lui dirent: est-ce que Mar est revenu de sa doctrine? Il leur répondit: ce pain n'a pas besoin d'une pitance.

Rava, fils de Samuel, disait encore au nom de R. Hija: on ne lâche l'urine que lorsqu'on est assis *(afin de ne point se souiller)*. Rav Cohana dit: sur la terre molle *(on peut la faire)* même en restant debout, et s'il n'y a pas de terre molle, on se place debout sur un lieu élevé et on la lâche dans l'endroit qui reste au dessous.

Rava, fils de Samuel, disait en outre au nom de R. Hija: après tout ce que tu manges, manges du sel, et après tout ce que tu bois, bois de l'eau, et rien ne te nuira. Une Baraïtha aussi dit la même chose, et une autre Baraïtha porte: celui qui prend une espèce de nourriture quelconque et ne mange pas de sel, et celui qui boit une espèce de boisson quelconque, et ne boit pas d'eau pendant le jour, doit craindre la mauvaise odeur de la bouche, et pendant la nuit l'angine (אסכרה, *squinantia)*. Les rabbins ont appris: celui qui fait nager ce qu'il a mangé dans l'eau, ne vient pas entre les mains de la colique, et combien faudrait-il en boire? Rav Hasda dit: un calice (קיתון, *cyathus)* pour chaque pain.

Rav Mari disait avoir entendu dire à R. Johanan: celui qui prend l'usage de manger des tentilles une fois tous les trente jours, éloigne l'angine de sa maison; mais on ne doit pas en manger chaque jour. Pour quelle raison? Parce que cela rend l'odeur de la bouche désagréable. Rav Mari disait aussi avoir entendu dire à R. Johanan: celui qui s'accoutume à prendre la moutarde (חרדל) une fois tous les trente jours, éloigne toute espèce de maladies de sa maison. Mais on ne doit pas en prendre chaque jour. Pour quelle raison? Parce qu'elle cause des affaiblissemens de coeur. Rav Hija, fils d'Achi, disait avoir entendu dire à Rav: celui qui s'accoutume à manger de petits poissons ne viendra pas entre les mains de la colique, et non seulement cela, mais les petits poissons rendent prolifique, végétatif et sain tout le corps de l'homme. R. Hama, fils de Hanina, dit: celui qui s'accoutume à manger de la nielle ne vient pas entre les mains des douleurs de coeur. Objection: Rabban Siméon, fils de Gamaliel, dit que la nielle est une des 60 drogues de la mort, et que si quelqu'un s'endort ayant *(de la nielle à l'Orient, son odeur)* lui fera monter le sang à la tête. Cela ne constitue pas une difficulté; car une sentence regarde l'odeur et l'autre la saveur, c'est pourquoi lorsque la mère de R. Jérémie pétrissait du pain, elle y jetait *(de la nielle pour lui communiquer son goût)*, et la ratissait après.

Mischna. R. Jéhuda disait: celui qui crée les espèces des herbes.

Ghémara. R. Zira, et selon d'autres R. Hanina, fils de Papa, disait: l'Halaca n'est pas selon R. Jéhuda. R. Zira, et selon d'autres R. Hanina, fils de Papa, disait encore: sur quoi se fonde R. Jéhuda? Sur le verset qui dit (Psau. LXVIII, 20.): *Béni soit le Seigneur jour par jour* (יום יום), est-ce qu'on doit le bénir pendant le jour seulement, et non pendant la nuit aussi? Cela veut donc te dire que tu dois faire la bénédiction qui est adaptée à chaque jour; de même donc ici il faut faire la bénédiction qui est adaptée à chaque espèce.

R. Zira, et selon d'autres R. Hanina, fils de Papa, disait aussi: viens et vois que la manière d'agir du Saint, béni soit-il, n'est pas comme la manière d'agir du sang et de la chair; la manière d'agir de la chair et du sang porte qu'il peut renfermer quelque chose dans un vase, seulement lorsqu'il est vide, mais lorsqu'il est plein, il ne peut rien y renfermer. Mais le Saint, béni soit-il, ne fait pas ainsi, car il remplit encore davantage un vase plein, et ne renferme rien dans un vase qui est vide; car il est dit (Exod. XV, 26.): *si tu écoutes en écoutant*, c'est-à-dire, si tu écoutes (*une fois*) tu écouteras aussi (*plusieurs fois*); mais si tu n'écoutes pas (*à présent*) tu n'écouteras pas non plus (*dans la suite*). D'autres expliquent cela ainsi: si tu écoutes l'ancien (*ce que j'ai déjà dit*) tu écouteras aussi le nouveau (*ce que je te dirai*); mais si tu le chasses de ton coeur, tu ne seras plus en état d'y prêter l'oreille.

Mischna IIe.

Celui qui, sur les fruits d'un arbre, fait la bénédiction: *le créateur des fruits de la terre*, satisfait à son devoir; mais celui qui dit sur les fruits de la terre: *le créateur des fruits de l'arbre*, ne satisfait pas à son devoir. Cependant celui qui dans toute occasion dit: *car tout existe par sa parole*, satisfait à son devoir.

Ghémara.

Qui est le Tanne qui dit que la chose principale de l'arbre est la terre? Rav Nahman, fils d'Isaac, dit: c'est R. Jéhuda; car nous avons appris: si la source est tarie et l'arbre coupé (*après en avoir cueilli les prémices*) il les apporte (*devant Dieu*), mais il ne dit pas (*de la terre que tu m'as donnée*). Mais R. Jéhuda dit qu'il les apporte et dit (*cette formule, car la terre est la chose principale*).

Mischna. Sur les fruits de la terre, etc.

Ghémara. Cela va sans dire; mais Rav Nahman, fils d'Isaac, dit: on n'a besoin de dire cela qu'à cause de R. Jéhuda qui dit que le froment est une espèce d'arbre, car une Baraïtha porte: l'arbre dont a mangé le premier homme, selon R. Meïr, a été la vigne; car il n'y a rien qui apporte plus de calamités à l'homme que le vin; car il est dit (Gen. IX, 21.): *et il but du vin et s'enivra*. R. Néhémie dit que c'a été le figuier vu que par la même chose moyennant laquelle ils ont fait le mal, ils ont voulu aussi le réparer; car il est écrit (Gen. III, 7.): *et ils cousirent ensemble des feuilles de figuier*. Mais R. Jéhuda dit que ce fut le froment, car il n'y a pas d'enfant qui sache dire *père* et *mère* avant d'avoir goûté le gout du blé [46]). J'aurais donc cru, que, puisque R. Jéhuda dit que le froment est une espèce d'arbre, il faut faire sur lui la bénédiction: *celui qui crée les fruits de l'arbre*, c'est pourquoi on nous fait entendre cette tradition: où devons-nous faire la bénédiction: *celui qui crée les fruits de l'arbre?* là où, après avoir ôté les fruits, il reste encore des branches qui produisent de nou- F. 40, b. veau; mais là où, après avoir ôté les fruits, il ne reste pas de branches qui produisent de nouveau, on ne fait pas la bénédiction: *celui qui crée les fruits de l'arbre*, mais l'autre: *celui qui crée les fruits de la terre.*

Mischna. Et sur toute espèce de fruits s'il dit: *car tout, etc.*

Ghémara. On nous a dit que Rav Hunna disait: excepté le pain et le vin. Mais R. Johanan dit: même pour le pain et pour le vin. Dirons-nous que cela est une dispute de Tanaïm (*car nous avons appris*): Si quelqu'un voit du pain et dit: que ce pain est beau, *béni soit Dieu qui l'a créé*, il a fait son devoir, et s'il voit une figue et dit que cette figue est belle, *béni soit Dieu qui l'a créée*, il a fait également son devoir; paroles de R. Meïr; mais R. Jose dit: quiconque change la formule fixée par les sages à l'égard des bénédictions, ne sort pas d'entre les mains de son devoir. Devons-nous dire donc que Rav Hunna parle selon R. Jose, et R. Johanan selon R. Meïr? Mais Rav Hunna te dira: moi aussi je suis de l'opinion de R. Meïr; cependant R. Meïr n'a parlé (*de la manière que nous venons de voir*) ci-dessus que parce qu'on avait prononcé le nom *pain*, car dans tous les cas où on ne prononce pas ce nom, R. Meïr lui-même avoue (*qu'on ne remplit pas son devoir*). Et R. Johanan? Il te dira: moi aussi je suis de l'avis de R. Jose, cependant R. Jose n'a parlé (*de la façon que nous venons de voir*) ci-dessus, qu'à cause qu'on avait dit une bénédiction que les rabbins n'avaient pas établie; mais lorsqu'on a dit: *car tout existe par sa parole*, bénédiction que les rabbins ont établie, R. Jose lui-même avoue (*qu'il a rempli son devoir*).

46) *Raschi:* C'est pourquoi il est appelé arbre de la science.

Benjamin Raja (*le berger*) voulant manger du pain, dit (*en chaldéen*): *béni soit le Seigneur* (מריה) *de ce pain.* Sur quoi Rav disait: il a fait son devoir. Cependant Rav a dit: toute bénédiction où on ne fait pas commémoration du nom de Dieu, n'est pas une bénédiction. *Rép.:* Mais Benjamin a dit; *bénie-soit la divine miséricorde le Seigneur de ce pain.* Il faut cependant trois bénédictions. *Rép.:* Ce que Rav a dit qu'il a rempli son devoir, il l'a dit à l'égard de la première bénédiction, Mais qu'est-ce qu'il nous fait entendre par là? Que (*cela est valable*) quoiqu'il l'ait dit dans une langue profane. Mais nous avons déjà appris dans la *Mischna* voilà ce qu'on peut dire dans toutes les langues: la *parcha* de la femme soupçonnée d'adultère, la confession de la dîme (Deut. XXVI, 13 etc.), la lecture du *Chema*, la prière et la bénédiction des mets. *Rép.:* Cependant il fallait le répéter; car autrement il pouvait me venir dans l'esprit que les mots (*de la Mischna valent seulement*) lorsqu'on dit la bénédiction dans une langue profane selon la formule prescrite par les rabbins dans la langue sainte: dans le cas contraire j'aurais pu croire (*que la bénédiction n'a pas de valeur*), c'est pourquoi on nous fait entendre cela expressément.

Dans la même tradition Rav a dit: toute bénédiction où on ne fait pas commémoration du nom de Dieu, n'est pas une bénédiction. Mais R. Johanan dit que toute bénédiction où on ne parle pas du royaume de Dieu n'est pas une bénédiction. Sur quoi Avaï disait: je suis de l'avis de Rav; car une Baraïtha porte sur les mots (Deut. XXVI, 13.): *Je n'ai rien transgressé de tes commandemens, et ne les ai point oubliés*; c'est-à-dire: je n'ai pas omis de te bénir, et je n'ai pas oublié de faire commémoration de ton nom (*dans chaque bénédiction*). Mais quant au royaume de Dieu, il n'y est rien enseigné. (Et R. Johanan? Il entend ainsi ces paroles: je n'oublierai pas de faire la commémoration de ton nom et de ton royaume[47]).

---

47) Les paroles en parenthèse ne se trouvent pas dans l'édition de Cracovie, ni dans l'Ain Jacob.

Mischna IIIe et IVe.

Pour une chose qui ne prend pas son accroissement de la terre, on doit dire: *car tout existe par sa parole;* sur le vinaigre, sur les fruits tombés d'eux-mêmes, et sur les sauterelles *(qu'on peut manger)* on doit dire: *car tout existe par sa parole.* R. Jéhuda dit: pour tout ce qui provient d'une espèce de malédiction *(comme ces trois dernières choses)* on ne fait pas de bénédiction [48]. Celui qui a devant lui plusieurs espèces de produits, R. Jéhuda dit que si dans ce nombre il y en a une des sept espèces [49], il pourra faire la bénédiction sur elle; mais les sages disent qu'il peut la faire sur ce qu'il lui plaira [50].

Ghémara.

Les rabbins ont appris: sur une chose qui ne croît pas de la terre, comme la chair du bétail, des animaux, des oiseaux et des poissons on doit dire: *car tout existe par sa parole;* sur le lait, sur les oeufs et sur le fromage on doit dire: *car tout existe par sa parole*; sur le pain devenu moisi, sur le vin devenu aigre, et sur un mets cuit dont la forme a changé, on doit dire: *car tout existe, etc.*; sur le sel, sur la saumure (זמית gr.), sur les champignons, sur les potirons (פטריעה) on doit dire: *car tout, etc.* Devons-nous dire que les champignons et les potirons ne croissent pas de la terre? Mais cependant nous avons appris *(Nedarim. 55. b.)*: celui qui fait voeu *(de s'abstenir)* des fruits de la terre ne peut pas manger des fruits de la terre; il peut cependant manger des champignons et des potirons; mais s'il a dit: je fais voeu *(de m'abstenir)* de tout ce qui croît de la terre, alors lui sont interdits même les champignons et les potirons. Sur quoi Avaï dit: quant à croître, ils croissent de la terre, et quant à sucer, ils ne sucent

---

48) Mais la décision n'est pas selon R. Jéhuda.

49) Pour lesquelles la terre de promission était célèbre; ces sept espèces sont: *le froment, l'orge, le raisin, les figues, les grenades, les olives, les dattes et le lait.*

50) La décision est selon les sages.

pas le suc de la terre *(mais celui des arbres)*. Cependant il est dit dans la *Mischna: sur une chose qui ne prend pas son accroissement de la terre. Rép.*: La *Mischna* veut dire par là: sur une chose qui ne suce pas le suc de la terre.

Mischna. Et sur ce qui tombe de soi-même.

Ghémara. Qu'est-ce que les נובלות *(ce qui tombe de soi-même)?* R. Zira et R. Iloa sont partagés d'avis là-dessus; car l'un dit que ce sont des fruits brûlés par la chaleur, et l'autre dit que ce sont des dattes que le vent a jetées par terre. La *Mischna* nous apprend que R. Jéhuda disait: *pour tout ce qui dérive d'une espèce de malédiction, on ne doit pas faire de bénédiction*, cela s'accorde fort bien avec celui qui dit que ce sont des fruits brûlés par la chaleur qui méritent d'être nommés une espèce de malédiction; mais selon celui qui dit que ce sont des dattes jetées par terre par le vent, quelle espèce de malédiction y a-t-il en cela? *Rép.: (Dans ce cas les paroles de R. Jéhuda ne sont relatives)* qu'au reste *(c'est-à-dire, au vinaigre et aux sauterelles)*. D'autres disent: d'accord pour celui qui dit que ce sont des fruits brûlés par la chaleur, vu que pour eux il faudrait faire la bénédiction: *car tout, etc.* Mais pour celui qui dit que ce sont des dattes que le vent a jetées par terre, est-ce qu'il faudrait dire: *car tout, etc.?* Il lui faudrait faire plutôt la bénédiction: *celui qui crée les fruits de l'arbre*[51]). Donc relativement aux נובלות ordinaires, tout le monde est d'accord que ce sont des fruits mûris par la chaleur, mais on est partagé d'avis quant aux נובלות des dattes, car la *Mischna* nous apprend (Demaï C. I. M. 1.) les choses de peu de conséquence, par rapport au *Demaï* sont les שיתין, les רימין, les עוזרדין, les בנות שוח, les בנות שקמה, les גופנין, la נצפה et les נובלות תמרה. Quant aux שיתין, Rabba, fils du fils de Hunna, dit avoir entendu dire à R. Johanan que ce sont une espèce de figues; les רימין sont des כנדי ou כנרי *(espèce d'arbre fruitier)*, les עוזרדין sont des טולשי *(sorbes)*, pour les בנות שוח.

51) *Raschi:* vu qu'ils n'ont pas changé de forme.

Rabba, fils du fils de Hunna, dit avoir entendu dire à R. Johanan que ce sont des figues blanches, pour les בנות שקמה dit le même Rabba, fils du fils de Hunna, avoir entendu dire à R. Johanan, que ce sont des דובלי, (*figues sauvages* ou *masse de figues*); les גופנין sont des raisins tardifs, la נצפה est la fleur du câprier; mais quant aux נובלות תמרה R. Iloa et R. Zira sont partagés d'avis, car l'un dit que ce sont des dattes brûlées par la chaleur, et l'autre dit que ce sont des dattes jetées par terre par le vent. Cela est d'accord avec celui qui dit que ce sont des dattes brûlées par la chaleur, car la Mischna enseigne: quant aux choses de peu de conséquence relativement au *Demaï*, que celui qui doute (*d'avoir séparé la dîme*) est dispensé de la donner; mais celui qui est certain (*de ne l'avoir pas séparée*) est tenu de la payer; mais selon celui qui dit que ce sont des dattes que le vent a jetées par terre, est-ce que celui qui est sûr (*de n'en avoir pas séparé la dîme*) est tenu de la donner, vu que ce sont des choses laissées à la merci de tout le monde? *Rép.:* Il s'agit ici du cas où quelqu'un les aurait ramassées dans une grange; car R. Isaac dit avoir entendu dire à R. Johanan au nom de R. Eliésér, fils de Jacob: le glanage, la gerbe oubliée et la *pea* dont on a fait une grange sont par cet acte assujettis à la dîme. D'autres disent, d'accord selon celui qui dit que ce sont des dattes F. 41. a. que le vent a jetées par terre, car ici (*dans notre Mischna*) on les appelle נובלות tout simplement, et là (Demaï C. I. M. 1.) on les nomme *dattes*; mais d'après celui qui dit que ce sont des dattes brûlées par la chaleur, il aurait fallu enseigner ici et là (*dire dans l'un et dans l'autre endroit*) ou des נובלות *de dattes*, ou des נובלות tout simplement. Cette difficulté reste sans solution. —

Mischna. S'il y avait devant lui plusieurs espèces, etc.

Ghémara. Ulla dit: la dispute a ici lieu quand les bénédictions (*de ces espèces*) sont égales (*ou les mêmes*), alors R. Jéhuda pense qu'une des sept espèces est préférable, et les rabbins sont d'avis que l'espèce que l'on aime le plus doit avoir la préférence. Mais si leurs bénédictions ne sont pas égales, alors tout le monde est d'accord qu'il doit faire la bénédiction sur l'une, et puis la faire aussi sur l'autre espèce. *Question:* s'il avait devant lui du raifort et des olives est-ce qu'en faisant la bénédiction sur le raifort il délivrerait par là les olives? *Rép.:* Dans le cas dont il s'agit ici, le raifort est le mets principal. Mais si c'est ainsi, comment alors comprendre la *Sepha (qui porte):* R. Jéhuda dit: il fait la bénédiction sur les olives, car les olives sont une des sept espèces. Est-ce que R. Jéhuda n'est pas d'accord avec ce qu'on nous apprend (ci-dessous Misch. 7.) que dans toute occasion où il y a un mets principal et un mets accessoire, celui qui bénit le principal délivre l'accessoire? Est-ce qu'on doit dire qu'ici aussi il ne suit pas cette règle? Cependant la Baraïtha porte: R. Jéhuda dit: si on sert des olives pour adoucir le goût du raifort, celui qui fait la bénédiction sur le raifort délivre par là l'olive? *Rép.:* Il est vrai que nous parlons toujours du cas où le raifort est le mets principal, mais la dispute de R. Jéhuda et des rabbins regarde une autre chose, et il y a une lacune dans cette tradition qu'il faut remplir ainsi: s'il a devant lui du raifort et des olives en bénissant le raifort, il délivre les olives. Quand cela a-t-il lieu? Lorsque le raifort est le mets principal, mais si le raifort n'est pas le mets principal tout le monde est d'accord qu'il doit faire la bénédiction sur l'un et puis la faire aussi sur l'autre. Cependant lorsqu'il s'agit de deux espèces dont la bénédiction est égale, il peut faire la bénédiction sur celle qu'il voudra. R. Jéhuda dit qu'il doit faire la bénédiction sur l'olive, vu que l'olive appartient aux sept espèces. Mais là-dessus sont partagés d'avis R. Ami et R. Isaac *Naphaha (le forgeron)*; car l'un dit que cette dispute concerne le cas où les bénédictions sont égales, et qu'alors R. Jéhuda opine que ce qui est des sept espèces doit avoir la préférence, tandis que les rabbins sont d'avis que l'espèce qui nous est la plus chère doit avoir la préférence; mais en cas que les bénédictions ne soient pas égales, l'un et l'autre parti avoue que celui qui bénit une chose doit faire de nouveau la bénédiction sur l'autre. Et l'autre dit: que même dans le cas que les bénédictions ne soient pas égales, la dispute a lieu. D'accord que d'après celui qui dit, lors même que les bénédictions sont égales la dispute a lieu, il soit clair *(en quoi consiste cette dispute)*; mais d'après celui qui dit seulement quand les bénédictions ne sont pas égales, ils diffèrent d'avis, en quoi *(doit-on dire)* qu'ils diffèrent d'avis *(ou qu'une seule bénédiction ne suffit pas)*? R. Jérémie dit *(que la dispute tourne sur la bénédiction)* qu'il faut faire précéder; car Rav Joseph et selon d'autres R. Isaac disait: tout ce qui précède dans ce verset, précède aussi pour la bénédiction; car il est dit (Deut. VIII, 8.): *une terre de blé, d'orge, de vignes, de figuiers et de grenadiers, une terre d'oliviers, qui portent de l'huile, (une terre) de miel*[52]). Cependant cette opinion diffère de celle de R. Hanan, qui dit que tout ce verset n'a été dit que pour faire allusion aux mesures[53]). En effet, il est dit *blé*, car nous avons appris: celui qui entre dans la maison d'un lépreux ayant ses habits sur les épaules, ses souliers (סנדלין) dans ses mains, et ses bagues à son poing, lui et ses effets deviendront impurs à l'instant; mais s'il était habillé de ses habits *(comme à l'ordinaire)*, et s'il avait ses souliers à ses pieds et ses bagues à ses doigts, lui il deviendra impur tout de suite, mais ses effets seront purs jusqu'à ce qu'il se soit arrêté là aussi long-temps qu'il en faut pour manger un demi[54]) pain de froment et non un pain d'orge, en se mettant à table et en le mangeant avec la pitance[55]). Il est dit *orge*; car nous avons appris: un os (d'un mort) comme un grain d'orge rend impur lorsqu'on le touche et lorsqu'on le porte, mais il ne rend pas impur dans une tente. Il est dit *la vigne*; car un quart d'un log de vin suffit *(pour enfreindre le voeu)* d'un Nazir. Il est dit le *figuier*; car une figue

---

52) *Raschi:* ce verset selon R. Isaac range les sept espèces selon leur valeur intrinsèque.

53) *Raschi:* c'est-à-dire: il ne parle pas de la préférence que les sept espèces méritent l'une sur l'autre, mais de la mesure que la loi exige qu'elles aient dans certains cas particuliers.

54) פרס selon Raschi indique la quantité de 4 oeufs.

55) *Raschi:* car la pitance fait qu'on le mange plus vîte.

sèche (*suffit pour rendre coupable*) celui qui le transporte au Sabbath. Il est dit *grenadier;* car nous avons appris: tous les ustensiles des possesseurs de maisons (*qui ont un* F. 41. b. *trou*) de la grandeur d'une grenade (*sont regardés comme inutiles et incapables de contracter l'impureté*). Sur les paroles *terre d'oliviers pour l'huile* R. Jose, fils de Hanina, dit (*que cela signifie*) un pays dont chaque mesure est comme l'olive. Chaque mesure comme l'olive pensestu? Mais comment peut-on dire une chose pareille? *Rép.:* Cela veut dire un pays dont *les mesures légales* sont pour la plupart comme l'olive[56]). Il est dit *miel* (*pour faire entendre*) que celui qui mange dans la quantité d'une grosse datte au[57]) jour de purification (*se rend coupable*). Mais que dit l'autre Rabbi là-dessus? (*Il dit*) ces mesures sontelles expressément écrites dans la loi? Elles ne sont qu'une ordonnance des rabbins, et ce verset ne leur a servi que comme un appui ordinaire (*qui n'a pas de force*).

Rav Hasda et Rav Hamenuna étant assis à un repas, on leur servit des dattes et des grenades. Rav Hamenuna en prit et fit au commencement la bénédiction sur les dattes. Rav Hasda lui dit: est-ce que Mar ne se conforme pas dans son avis, à ce que dit R. Joseph et selon d'autres R. Isaac que tout ce qui précède dans le verset, doit aussi précéder dans la bénédiction? Il lui répondit: les *dattes* (*ou le miel*) sont les seconds après le mot *terre*, et les *grenades* sont les cinquièmes après le même mot *terre*[58]). L'autre reprit: Ah! si quelqu'un nous donnait des pieds de fer (*pour pouvoir te suivre partout*) et t'écouter!

Il a été dit par rapport à des figues et à des raisins que l'on sert au milieu du repas que Rav Hunna dit qu'ils sont chargés d'une bénédiction avant (*de les manger*),

---

56) *Raschi*: p. ex. Celui qui mange du sacrifice, devenu פיגול (*puant*) dans la quantité d'une olive se rend criminel.

57) *Raschi:* le miel dont il est question dans la loi est tiré des dattes.

58) Car les mot *terre* se trouve répété deux fois dans le même verset (Deut. VIII, 8.) et les grenades ont la 5e espèce relativement au premier mot *terre*, et la seconde par rapport au second.

et qu'ils n'en sont pas chargés après, et Rav Nahman aussi a dit. la même chose; mais Rav Chechath disait qu'ils sont chargés d'une bénédiction tant avant qu'après, car il n'y a rien qui, étant chargé d'une bénédiction avant ne le soit aussi après, excepté le pain apporté avec les *Kisnin*[59]). Et cette opinion diffère de celle de R. Hija qui disait: le pain délivre (*de la bénédiction*) toute espèce de mets, et le vin toute espèce de boisson. Rav Papa dit: l'Halaca est que toute chose qui est apportée à cause du repas (*pour être mangée avec le pain*), pendant le repas n'est chargée d'une bénédiction ni avant ni après, et ce qui n'est pas rapporté à cause du repas (*pour être mangé avec du pain*), pendant le repas est chargé d'une bénédiction avant, mais il n'en est pas chargé après. Quant à ce qu'on sert après le repas (*comme par exemple les fruits*) il est chargé d'une bénédiction tant avant qu'après. Ils demandèrent à Ben Zoma: pourquoi on a dit que les choses qui sont apportées à cause du repas, pendant le repas ne sont chargées d'une bénédiction ni avant ni après? Il leur répondit: c'est à cause que le pain les délivre. Mais si c'est ainsi le vin aussi devrait être délivré par le pain. C'est une autre chose pour le vin qui demande une bénédiction à part. F. 42. *a.*

Rav Hunna mangea treize pains (*apportés dans les Kisnin*) dont tous les trois contenaient un Kav et ne fit pas la bénédiction. Sur quoi Rav Nahman dit que néanmoins il avait toujours appétit[60]). Cependant sur tout ce qui sert aux autres pour fixer leur repas, il faut faire une bénédiction.

Rav Jéhuda était occupé à célébrer les noces de son fils dans la maison de R. Jéhuda, fils de Haviva. On servit devant eux du pain apporté sur des *Kisnin*, et lorsqu'il s'approcha, il entendit qu'on faisait la bénédiction:

---

59) *Raschi:* les *Kisnin*, c'est-à-dire, des épis rôtis avec lesquels on apportait un pain d'épices pétri comme nos oublies et dont on mangeait en trop petite quantité pour le charger d'une bénédiction après.

60) *Raschi:* tandis que selon la loi il faut bénir lorsqu'on est rassasié.

celui qui fait produire, etc. Il leur dit: quel *tsi-tsi (bruit)* entends-je? Peut-être faites-vous la bénédiction: *celui qui fait produire le pain à la terre?* Ils lui dirent: oui, car la Baraïtha porte: R. Muna dit au nom de R. Jéhuda: pour le pain apporté dans les *Kisnin* on fait la bénédiction: *celui qui fait produire*, etc. et Samuel disait: l'*Halaca* est selon R. Muna. Mais R. Jéhuda répliqua que l'Halaca n'est pas selon R. Muna. On rapporte qu'ils lui dirent: mais cependant Mar (*vous*) même a dit au nom de Samuel que les oublies servent à faire l'*Eruv* (*le mélange*), et que l'on fait sur elles la bénédiction: *celui qui fait produire*, etc. *Rép.*: C'est une autre chose dans le cas où l'on aurait fixé le repas sur elles, mais lorsqu'on n'y a point fixé le repas on ne fait pas (*pour elles la bénédiction du pain*).

Rav Papa arriva dans la maison de Rav Hunna, fils de Rav Nathan, après qu'ils eurent fini le repas. On servit devant lui quelque chose à manger que R. Papa prit et mangea. Ils lui dirent: est-ce que Mar n'est pas d'avis que lorsque les autres ont fini, on ne peut pas manger (*sans faire la bénédiction*)? Il leur répondit: la loi dit que (*cela est défendu seulement*) lorsqu'on a desservi. Rava et R. Zira arrivèrent dans la maison du Chef de la captivité après qu'on eut desservi la table devant eux. On leur envoya une portion (דיסתנא) de la maison du Chef de la captivité. Rava en mangea, mais R. Zira n'en mangea pas et dit à l'autre: est-ce que Mar n'est pas d'avis que lorsqu'on a desservi il est défendu de manger? Il lui répondit: nous nous appuyons sur la table du Chef de la captivité[61].

Rav dit: lorsqu'on est accoutumé à oindre (*ses mains après le repas*) avec de l'huile, l'huile empêche (*d'envisager le repas comme terminé*). Sur quoi Rav Ache disait: Quand nous étions dans la maison de Rav Cohana il

---

61) *Tosepheth* et *Raschi*: qui n'est pas encore desservie, car chacun avait sa table devant lui, et celle du Chef de la captivité qui faisait la bénédiction était desservie la dernière.

nous dit: par exemple, pour nous qui sommes accoutumés de nous oindre, l'onction est un motif de retard. Cependant l'Halaca n'est pas selon toutes ces opinions, mais selon celle que Rav Hija, fils d'Ache, a dit avoir entendu énoncer par Rav: il y a trois *d'abord (trois choses qui suivent sans délai l'action qui les précède)*, un *d'abord* entre l'imposition des mains et l'action d'égorger les victimes, un autre *d'abord* entre la *rédemption (la lecture du Chema)* et la prière, et un troisième *d'abord* entre l'action de laver les mains, et celle de faire la bénédiction *(après le repas)*. Avaï dit: nous aussi nous ajouterons qu'il y a un *d'abord* entre l'action d'être hospitalier envers les disciples des savans et la bénédiction *(qu'elle nous attire)*; car il est dit (Gen. XXX, 27.): *L'Eternel m'a béni à cause de toi.* Si tu veux je peux déduire cela de cet autre verset où il est dit (Ib. XXXIX, 5.): *Et Dieu bénit la maison de cet Egyptien à cause de Joseph.*

Mischna V^e et VIe.

Celui qui fait la bénédiction sur le vin d'avant le repas, délivre *(de la bénédiction)* le vin d'après le repas: celui qui la fait sur les friandises (הפרפרת gr.) que l'on donne pour exciter l'appétit avant le repas, délivre celles que l'on donne après le repas: celui qui fait la bénédiction sur le pain, délivre les friandises, mais celui qui la fait sur les friandises, ne délivre pas le pain. La maison de Chammaï dit: *(qu'il ne délivre)* pas non plus les mets que l'on fait dans le pot [62]). Si l'on se tient assis pendant qu'on mange, chacun fait la bénédiction pour son compte, mais si l'on est couché, un seul la fait pour tous les autres. Lorsqu'on apporte du vin au milieu du repas, chacun fait la bénédiction pour son compte, mais *(si on l'apporte)* après le repas, un seul la fait pour tous les autres, et il doit la faire aussi sur le parfum, quoiqu'on n'apporte le parfum qu'après le banquet. F. 42. b.

---

62) Mais la décision n'est pas selon la maison de Chammaï.

Ghémara.

Rabba, fils du fils de Hunna, dit que R. Johanan disait: on n'a enseigné (*ce qui regarde le vin*) que pour les Sabbaths et pour les jours de fête, vu qu'alors l'homme fixe son repas sur le vin[63]) (*c'est-à-dire, qu'il a l'intention d'en boire*). Mais dans les autres jours de l'année on fait la bénédiction sur chaque calice. Il nous a été dit aussi que Rabba, fils de Mari, disait avoir entendu dire à R. Jehochua, fils de Lévi: cela n'a été enseigné que pour les Sabbaths et pour les jours de fête et pour le moment où l'homme sort du bain, et pour le temps de la saignée, vu que l'homme fixe alors son repas sur le vin; mais dans les autres jours de l'année il doit faire la bénédiction sur chaque calice. Rabba, fils de Mari, arriva dans la maison de Rava dans un jour ouvrier, et voyant qu'il faisait la bénédiction (*sur le vin*) avant le repas, et qu'il la faisait aussi après le repas, il lui dit: c'est fort bien, car c'est ainsi qu'a dit (*qu'on doit faire*) R. Jehochua, fils de Lévi. Rav Isaac, fils de Joseph, arriva dans la maison d'Avaï un jour de fête, et voyant qu'il faisait la bénédiction sur chaque calice à part, il lui dit: est-ce que Mar n'est pas de l'opinion de R. Jehochua, fils de Lévi? Il lui répondit: c'est maintenant que je me suis déterminé à boire[64]). On fit la question: si le vin est servi aux convives (*pour la première fois*) au milieu du repas, est-ce que (*la bénédiction*) délivrera le vin d'après le repas? Si tu voulais citer à ce propos (*les paroles de la Mischna*): *celui qui fait la bénédiction sur le vin d'avant le repas, délivre le vin d'après le repas* (*on pourrait peut-être te répondre*) que cela a lieu parce que le vin d'avant le repas est pour boire, et celui aussi d'après le repas est pour boire; mais dans notre cas où la seconde fois sert pour boire et la première pour humecter (*un petit peu les entrailles*)

---

63) *Raschi*: c'est-à-dire, qu'il doit nécessairement boire du vin avant et après le repas et qu'en bénissant sur un calice il étend son intention sur l'autre.

64) *Raschi*: avant je n'en avais pas l'intention, car je ne suis pas accoutumé de fixer le repas sur le vin.

une bénédiction ne dispense pas de l'autre; ou peut-être n'y a-t-il pas de différence. *Rép.:* Rav dit qu'il délivre; mais Rav Cohana dit qu'il ne délivre pas. Rav Nahman dit qu'il délivre, et Rav Chechath dit qu'il ne délivre pas; de même Rav Hunna, et Rav Jéhuda, et tous les disciples de Rav disent qu'il ne délivre pas. Rava objectait à Rav Nahman ces paroles de la *Mischna: si on leur apporte du vin au milieu du repas, chacun fait la bénédiction à part, mais après le repas, un seul la fait pour tous.* L'autre lui répondit: c'est ainsi que la *Mischna* veut dire: si on ne leur apportait pas de vin au milieu du repas, mais seulement après le repas, un seul fait la bénédiction pour tous.

Mischna. Celui qui fait la bénédiction pour le pain délivre les friandises, etc.

Ghémara. On fit cette question: est-ce que la maison de Chammaï est en collision avec la *Recha*, ou peut-être est-elle en collision avec la *Sepha?* Car le premier Tanne dit: *celui qui fait la bénédiction sur le pain délivre les friandises*, d'autant plus (*il doit délivrer*) ce que l'on prépare dans le pot (*qui est un mets véritable*). Et la maison de Chammaï est survenue pour dire (*à ce sujet*) que la question ne peut pas avoir lieu pour les friandises; car elles ne sont pas délivrées par le pain, vu que ce qu'on prépare dans le pot, n'en est pas non plus délivré. Ou peut-être qu'elle diffère de la *Sepha* où il est enseigné: *celui qui fait la bénédiction sur les friandises ne délivre pas le pain. Rép.:* Le pain voilà qu'il ne le délivre pas, mais il délivre ce qui est préparé dans le pot, et alors la maison de Chammaï serait survenue pour dire qu'il ne délivre pas non plus ce qui est préparé dans le pot. Elie répondra à cette question. —

Mischna. S'ils sont assis, chacun, etc.

Ghémara. S'ils sont couchés (*d'eux un peut donc faire la bénédiction pour tous*), et s'ils ne sont pas couchés, il ne peut pas la faire. Mais je peux faire cette opposition: si dix personnes marchent sur le même chemin, quoiqu'ils mangent tous du même pain, chacun d'eux fait la bénédiction pour lui; mais s'ils se sont assis pour manger, quoique chacun d'eux mange de son pain, un seul peut faire la bénédiction pour tous. Quest. Il est donc enseigné ici: *s'ils sont assis, quoiqu'ils ne soient pas couchés.* Rav Nahman, fils d'Isaac, répondit: il s'agit ici d'un cas où ils se sont dit: allons, nous mangerons du pain dans tel endroit (*en fixant le lieu du repas*). Lorsque l'âme de Rav fut en repos (*lorsqu'il fut mort*) ses disciples allèrent après lui (*après son cadavre*), et quand ils revinrent, ils se dirent: allons, nous mangerons du pain sur *le fleuve Dongk* (*des pleurs*). Après avoir mangé, ils prirent place et firent cette question: La *Mischna* nous parle expressément de ceux qui sont couchés, et non de ceux qui sont assis, ou peut-être parce qu'on a dit: allons et nous mangerons du pain dans tel endroit, cela équivaut à l'action d'être couché. Mais ils n'étaient pas à même (*de résoudre cette question*). Alors Rav F. 43. a. Ada, fils d'Ahva, se leva, et rejetant la déchirure (*qu'il avait faite à son habit pour la mort de Rav*) derrière son dos, il fit une autre déchirure et s'écria: l'âme de Rav repose, et nous n'avons pas encore appris la bénédiction des mets. Il survint en attendant un vieillard qui, en combinant la Mischna avec la Baraïtha, leur apprit que, vu qu'ils avaient dit: allons et mangeons du pain en tel endroit, cela était comme s'ils avaient été couchés.

Mischna. S'ils sont couchés un seul fait la bénédiction.

Ghémara. Rav dit que cela n'a été enseigné que par rapport au pain, qui exige qu'on soit couché (*à table*), mais le vin n'exige pas qu'on soit couché. Mais R. Johanan dit que même le vin exige qu'on soit couché. D'autres disent: Rava dit: cela n'a été enseigné que par rapport au pain pour lequel il est bien que l'on soit couché; mais pour le vin il n'est pas bien que l'on soit couché. Mais R. Johanan a dit: pour le vin aussi il est bien que l'on soit couché. On a fait une question sur cette tradition: d'après quelles formalités se couche-t-on à table? Les convives entrent et prennent place sur les bancs (ספסלין lat.) et sur les chaires (קתדראות gr.) jusqu'à ce que tous soient entrés. Lorsqu'on leur apporte de l'eau chacun d'eux lave une de ses mains [65]).

65) *Räschi:* pour prendre de cette main la coupe dans laquelle il boit avant le repas.

Lorsqu'on leur apporte le vin, chacun en fait la bénédiction à part. Quand ils sont déjà montés (*sur les lits*), et qu'ils se sont couchés on leur apporte de nouveau de l'eau, et quoique chacun d'eux ait déjà lavé une de ses mains il les lave encore une fois toutes les deux. Lorsqu'on leur apporte le vin quoique chacun en ait fait la bénédiction à part, un d'entr'eux en fait la bénédiction pour tous. Or donc, d'après la citation où l'on apprend que Rav dit: *cela n'a été enseigné que pour le pain qui exige qu'on se couche, mais le vin n'exige pas qu'on se couche*, est-ce qu'il y aurait une difficulté dans la *Recha* (*de la Mischna*)[66]? *Rép.:* C'est une autre chose pour des convives dont l'intention est de se transporter d'un endroit à l'autre[67]). Mais d'après la citation où l'on apprend que Rav dit: *on n'a enseigné cela que par rapport au pain pour lequel il vaut mieux qu'on soit couché*; *mais pour le vin il ne vaut pas mieux qu'on soit couché*, est-ce qu'il y aurait une difficulté dans la *Sepha* où il est dit (*qu'un seul bénit pour tous*)? *Rép.:* Là c'est une autre chose; car puisqu'il vaut mieux que l'on soit couché pour le pain, il vaut aussi mieux qu'on le soit pour le vin; mais pour le vin seul il ne vaut pas mieux.

Mischna. Si on leur apportait du vin au milieu du repas, etc.

Ghémara. On demandait au fils de Zoma: pourquoi a-t-on dit: *si on leur apportait du vin au milieu du repas, chacun d'eux devrait faire la bénédiction à part; mais après le repas un devrait bénir pour tous?* Il répondit: parce que la maison de l'avalement (*le gosier*) n'est pas vide (*et par conséquent on n'est pas disposé à entendre la bénédiction que fait un autre*).

Mischna. Et il dit sur le parfum, etc.

Ghémara. On peut déduire de cette Mischna que cela vaut en général, lorsque se trouve présent un homme plus

---

66) *Raschi:* où il est enseigné que chacun fait sur le vin une bénédiction à part, or, si le vin n'exigeait pas qu'on se couchât à table un pourrait faire la bénédiction pour tous, ce qui est contradictoire.

67) *Raschi:* de l'endroit où ils étaient assis pour attendre les autres, à l'endroit où le repas doit avoir lieu.

digne que les autres. Et sous quel rapport? Sous le rapport d'avoir lavé ses mains le premier après le repas; ce qui vient à l'appui de l'opinion de Rav; car Rav Hija, fils d'Ache, disait avoir entendu dire à Rav: celui qui lave ses mains le premier après le repas est déjà prêt pour faire la bénédiction. Rav et R. Hija étant assis devant Rabbi dans un repas, Rabbi dit à Rav: lève-toi et lave tes mains. R. Hija vit qu'il en fut troublé. Il lui dit donc: fils du prince (*titre de Rav*) prends garde; car il t'a dit cela (*afin que tu laves les mains*) le premier, et fasses la bénédiction du repas.

Zira disait avoir entendu dire à Rava, fils de Jérémie: quand fait-on la bénédiction sur l'encens (*après le repas*)? Lorsque sa fumée monte déjà. Sur quoi R. Zira dit à Rav, fils de Jérémie: mais on ne sent pas encore son odeur. L'autre lui répondit: d'après ta manière de raisonner quand fait-on la bénédiction: *celui qui fait sortir le pain de la terre?* N'est-ce pas lorsqu'on n'a pas encore mangé (du pain), mais qu'on a l'intention d'en manger? Ici aussi (*on la fait*) lorsqu'on a l'intention d'en sentir l'odeur. R. Hija, fils d'Abba, fils de Nahmani, disait avoir entendu dire à Rav Hasda qu'il avait entendu dire à Rav, et d'autres disent que Rav Hasda disait avoir entendu dire à Zeïri, que pour tous les parfums on fait la bénédiction: *celui qui crée les arbres du baume*, excepté le musc (מושק) qui provient d'un animal, et sur lequel on fait la bénédiction: *celui qui crée les espèces des baumes.* Objection: On ne fait la bénédiction: *celui qui crée les arbres de baume*, que sur le baume (אפרסמין) de la maison de Rabbi, et sur le baume de la maison de César, et sur le myrte de tous les lieux (*vu qu'il propage l'odeur sans qu'on ait besoin d'en altérer la nature en le brûlant*) cette objection reste. Rav Hasda dit à Rav Isaac: pour cette huile de baume quelle bénédiction faut-il faire? Il lui répondit: Rav Jéhuda disait: celle-ci: *celui qui crée l'huile de notre terre.* Il lui répondit: qu'on ne cite rien là-dessus de Rav Jéhuda; car il avait une trop grande prédilection pour la terre d'Israël. Quelle bénédiction doivent donc dire tous les autres? Il lui répondit: R. Johanan disait que c'était celle-ci: *celui qui crée l'huile de l'arabe.* Rav Ada, fils d'Ahava, disait: pour le *costus*

(כשרתא) il faut faire la bénédiction: *celui qui crée les arbres des baumes;* mais non pour l'huile où le *costus* est mêlé. Cependant Rav Cohana disait qu'on la fait même pour cette huile où le *costus* est mêlé, mais non pour l'huile où le costus a été broyé. Cependant les Nehardéens disaient qu'on la fait même pour l'huile où le costus est broyé. Rav Ghiddel disait avoir entendu dire à Rav: pour le *jasmin* (סמלק gr. liseron) on fait la bénédiction: *celui qui crée les arbres des baumes.* Rav Hananaël disait avoir entendu dire à Rav: pour ce romarin *(ou lavande, spic-nard)* il faut faire la bénédiction: *celui qui crée les arbres des baumes.* C'est pourquoi, Mar Zutra disait, que signifie le passage (Jos. II, 6.): *or, elle les avait fait monter sur le toit, et les avait cachés dans des chevottes de l'arbre* (העץ). Rav Mecharchia dit: pour ce narcisse (נרקום ou lis) de jardin il faut faire la bénédiction: *celui qui crée les arbres des baumes.* Mais pour le narcisse du désert: *celui qui crée les herbes des baumes.* Rav Chechath dit: pour les violes on doit faire la bénédiction: *celui qui crée les herbes des baumes.* Mar Zutra disait: celui qui sent l'odeur du fruit de citronnier ou du coignassier dit: *béni celui qui a donné une bonne odeur aux fruits.* Rav Jéhuda dit: celui qui sort dans un jour du mois de Nisan, et voit des arbres qui poussent, doit dire: *béni soit celui qui n'a rien laissé manquer dans son monde, et qui y a créé de bonnes créatures et des arbres de bonnes qualités, afin que les fils des hommes s'en réjouissent.*

F. 43. b.

Rav Zutra, fils de Tovia, disait avoir entendu dire à Rav: d'où déduit-on qu'on fait la bénédiction sur l'odeur? De ce qu'il est dit (Psau. CL, 6.): *que toute âme loue Dieu.* Or, quelle est la chose dont l'âme jouit et le corps ne jouit pas? Il me paraît qu'on peut dire que c'est l'odeur. Rav Zutra, fils de Tovia, disait aussi avoir entendu dire de Rav: il viendra un temps que les élus d'Israël répandront une bonne odeur, telle que celle du Liban; car il est dit (Osée XIV, 6.): *ses branches s'avanceront et sa magnificence sera comme celle de l'olivier, et son odeur comme celle du Liban.* Le même Mar Zutra disait encore au nom de Rav: que signifie ce qui est écrit (Eccles. III, 11.): *tout ce qu'il a fait est beau dans son temps?* Cela veut nous apprendre que le Saint, béni soit-il, fait qu'aux yeux de chacun son métier paraisse agréable *(afin que le monde ne manque pas d'ouvriers de tout genre).* Sur quoi Rav Papa dit: voilà ce que disent les hommes: attache à une autre chose *(à un cochon)*[68]) la partie la plus tendre du palmier, il fera toujours son métier *(qui est de se jeter dans la boue pour y chercher sa nourriture).*

Le même Rav Zutra disait en outre au nom de Rav: *un flambeau (dans la nuit)* est comme deux personnes, et la lune comme trois *(pour tenir tête aux mauvais esprits).* Sur quoi on fit la question: est-ce que le flambeau est comme deux avec celui qui le porte, ou peut-être est-il comme deux sans celui qui le porte? Viens et écoute: et la lune est comme trois, d'accord si tu dis avec celui qui la voit; mais si tu dis, sans celui qui la voit elle sera comme quatre personnes. Et à quoi bon autant? Vu que Mar a dit: à un seul homme le mauvais esprit se montre et fait du mal, à deux il se montre; mais il ne fait pas de mal, à trois il ne se laisse pas voir du tout. N'est-ce pas donc qu'on peut déduire de cela qu'un flambeau est comme deux avec celui qui le porte? Oui c'est ce qu'il faut en déduire.

Rav Zutra disait enfin au nom de Rav, et d'autres disent que Rav Hunna, fils de Bizna, disait avoir entendu dire à R. Chimeon Hasida (*le pieux*), et de nouveau d'autres disent que R. Johanan disait cela au nom de R. Chiméon, fils de Johaï: il vaudrait mieux à l'homme de se jeter dans le foyer d'une fournaise allumée que de faire pâtir (*de honte*) le visage de son prochain en présence de plusieurs. D'où le déduisons-nous? De Tamar; car il est dit (Gen. XXXVIII, 25.): *Et comme on la faisait sortir, etc.* (היא מוצאת) (Talm.: à יצת brûler)[69]).

Les rabbins ont appris: si (*à la fin du repas*) on pré-

---

68) דבר אחר *une autre chose*, formule dont on se sert pour nommer tout ce qui pourrait choquer les oreilles.

69) *Raschi*: Tamar disait: si Juda avoue que je suis enceinte de lui bien; autrement j'aimerais mieux être brûlée que de le faire rougir.

sente de l'huile (*pour oindre les mains*), et du myrte (*pour répandre son odeur*) la maison de Chammaï dit qu'on doit faire la bénédiction sur l'huile et après sur le myrte; mais la maison de Hillel dit; qu'on doit la faire avant sur le myrte et après sur l'huile. Rabbah Gamaliel disait: moi je me décide pour l'huile, vu que nous tirons parti de son odeur aussi bien que de son onction; tandis que nous nous servons du myrte pour l'odeur et non pour l'onction. R. Johanan disait que l'Halaca est d'après les mots de celui qui dit: *moi je me décide*. Rav Papa étant venu dans la maison de Rav Hunna, fils de Rav Ica, on apporta devant lui de l'huile et du myrte que Rav Papa prit et fit la bénédiction sur le myrte en premier lieu, et puis il la fit sur l'huile. On lui dit: est-ce que Mar n'est pas d'opinion que l'Halaca est d'après celui qui dit: *moi je me décide*? Il répondit: Rava a dit ainsi: l'Halaca est selon la maison d'Hillel. Or, ce n'était pas comme cela, et c'est pour soustraire à la honte son âme qu'il en agit de la sorte[70].

Les rabbins ont appris: si on présentait de l'huile et du vin (*après le repas*) la maison de Chammaï dit qu'on devrait prendre l'huile dans sa droite et le vin dans sa gauche et faire la bénédiction avant sur l'huile et après sur le vin; mais la maison d'Hillel dit qu'on doit prendre le vin dans la droite et l'huile dans la gauche, et faire la bénédiction avant sur le vin et après sur l'huile. On se nettoie (*les mains*) à la tête du domestique, et si le domestique est un disciple savant alors on les nettoie à la muraille, vu qu'il est inconvenant pour un disciple savant de sortir dans la rue lorsqu'il est parfumé.

Les rabbins ont appris: il y a six choses qu'il n'est pas convenable qu'un disciple savant fasse, (*savoir*) il ne doit pas sortir dans la rue étant parfumé; il ne doit pas sortir seul pendant la nuit, il ne doit pas sortir avec des souliers rapetassés, il ne doit point parler avec une femme dans la rue, il ne doit pas se coucher à table en société

70) On voit par là que les Talmudistes ont préféré fausser les traditions et mentir plutôt que d'avouer qu'ils s'étaient trompés.

des peuples de la terre (*des Idiots*), et il ne doit pas entrer le dernier dans la maison de l'étude. Et il y en a qui disent qu'il ne doit pas faire non plus de grands pas, ni marcher en se tenant trop droit. *Il ne doit pas sortir dans la rue lorsqu'il est parfumé.* R. Abba, fils de R. Hija, fils d'Abba, dit avoir entendu dire à R. Johanan que cela n'a lieu que là où (*ceux qui se parfument*) sont soupçonnés de s'adonner à la pédérastie. Rav Chechath disait: on n'a dit cela que concernant son habit, mais par rapport à son corps (*il lui est permis de le parfumer*); car la sueur fait disparaître l'odeur. Rav Papa dit que les cheveux sont comme l'habit, et d'autres disent qu'ils doivent être envisagés comme le corps. *Il ne doit pas sortir seul pendant la nuit* pour ne point donner lieu à quelque soupçon. Mais cela n'a été dit (*que lorsqu'il sort*) à un temps indéterminé; mais (*s'il sort toujours*) à un temps déterminé (*comme p. ex. pour aller entendre une leçon qui se fait toujours à la même heure*), tout le monde saura fort bien qu'il est accoutumé de sortir à cette heure. *Il ne doit point sortir dans des souliers rapetassés*; ce qui vient à l'appui de l'opinion de Rav Hija, fils d'Abba, qui disait: il est indécent qu'un écolier savant sorte dans des souliers rapetassés; mais ce n'est pas comme cela; vu que R. Hija, fils d'Abba, lui-même sortait (*dans cet état*). Sur quoi Mar Zutra, fils de Rav Nahman, disait: (*il ne doit pas sortir lorsque les souliers*) sont lambeaux sur lambeaux, et cela aussi n'a été dit que pour les lambeaux qui sont sur l'empeigne, mais lorsqu'ils sont dans la semelle, cela ne fait rien. Et on n'a parlé (*des lambeaux sur lambeaux*) qu'à l'occasion qu'on doit sortir dans la rue, car à la maison cela ne fait rien, et il n'en a été parlé que pour les jours de soleil, mais pour les jours de pluie cela ne fait rien (*vu que la boue peut cacher les lambeaux*). *Et il ne doit pas parler avec une femme dans la rue.* Rav Hasda ajoute: lors même qu'elle est sa femme. Nous avons aussi appris ainsi: lors même qu'elle est sa femme, ou sa fille, ou sa soeur, vu que tout le monde n'est pas bien informé de sa parente. *Et il ne doit pas être couché à table dans la compagnie des Idiots.* Par quelle raison? Parce qu'il peut être entraîné à marcher sur leurs traces. *Et il ne doit pas entrer le dernier dans la maison de l'étude* pour ne pas être appelé *transgresseur (ou paresseux). Il y en a qui disent qu'il ne doit pas faire non plus de grands pas;* car Mar a dit: un grand pas ôte le 500e de la lumière des yeux de l'homme. Quel est le moyen de la récupérer? Celui de boire du vin de la *Kidducha* de la nuit du samedi. *Et il ne doit pas marcher en tenant la tête trop haute;* car Mar a dit: quiconque marche en portant la tête levée même de 4 aunes, c'est comme s'il se proposait de heurter contre les pieds de la *Chekina (de la Majesté de Dieu);* car il est écrit (Esa. VI, 3.): *Toute la terre est pleine de sa gloire.*

Mischna VIIe.

Lorsqu'on apporte, au commencement, quelque chose F. 44. a. de salé avec du pain, on fait la bénédiction sur la chose salée, et on délivre par là le pain; car le pain lui sert d'accessoire. Voici la règle générale: Dans tous les cas où il y a une chose principale avec son accessoire, on fait la bénédiction sur la principale, et on délivre par là l'accessoire.

Ghémara.

Est-ce qu'il y a un cas où ce qui est salé peut être la chose principale et le pain son accessoire? Rav Aha, fils de Rav Avira, dit avoir entendu dire à Rav Ache: il s'agit ici de celui qui mange des fruits (פירות *fructus)* de Génésareth[71]). Rabba, fils du fils de Hunna, disait: quand nous allions après R. Johanan pour manger les fruits de Génésareth si nous étions cent, nous en prenions dix chacun, et si nous étions dix, nous en prenions cent chacun, et chaque centaine de ces fruits pouvait remplir un panier de trois Seas. R. Johanan les mangeait tous et jurait qu'il ne lui paraissait pas avoir goûté un mets. Un mets dis-tu?

71) *Raschi:* qui sont plus estimés que le pain. *Tosephoth:* et qui servent pour fortifier le coeur affaibli par la douceur des autres fruits.

Il vaudrait mieux dire, quelque chose de nourrissant *(ou propre à rassasier)*. Rav Avhu en mangeait jusqu'à ce que une mouche pût glisser de son visage *(lisse et arrondi)*. Rav Ami et Rav Asi en mangèrent jusqu'à ce que les cheveux leur tombèrent *(de la tête)*. R. Siméon, fils de Lakisch, en mangea jusqu'à en perdre la raison, et R. Johanan dit cela aux domestiques du prince, et R. Jéhuda le prince envoya une troupe de gens après lui, et le fit porter dans sa maison.

Lorsque Rav Dimi survint, il raconta que le roi Jannaï avait une ville dans la montagne du roi d'où on exportait 60 myriades de tonneaux de *tarit* *(thon)* pour les gens qui coupaient les branches (superflues de) figuiers d'un samedi à l'autre. Lorsque Ravin survint, il rapporta que le même roi Jannaï avait un arbre dans la montagne du roi d'où on prenait 40 Seas de pigeonneaux de trois couvées (*trois fois*) chaque mois. Lorsque R. Isaac survint, il dit qu'il y avait une ville dans la terre d'Israël dont le nom était *Gafnith* où se trouvaient 80 couples de frères prêtres, mariés à 80 couples de soeurs prêtresses (*ou de famille sacerdotale*), et lorsque les rabbins en cherchèrent, depuis Sora jusqu'à Nehardea, ils n'en trouvèrent point excepté les filles de Rav Hisda qui étaient mariées à deux fils de Hama Rami et Mar Ucva. Mais quoiqu'elles fussent prêtresses, cependant eux n'étaient pas prêtres.

Rav disait: tout repas où il n'y a pas de sel n'est pas un repas, et R. Hija, fils d'Abba, disait avoir entendu dire à R. Johanan que tout repas où il n'y a pas de שריף (*un mets liquide, ou du bouillon*) n'est pas un repas.

Mischna VIIIe.

Celui qui mange des figues, du raisin et des grenades, doit faire trois bénédictions après (Voy. *ci-dessus F.* 37. *a.*), paroles de Rabban Gamaliel; mais les savans disent: une seule bénédiction qui soit une espèce d'extrait des trois. R. Akiva dit: celui qui mange des herbes cuites en en faisant son unique nourriture, est tenu de faire trois bénédictions après. Celui qui boit de l'eau pour étancher sa soif doit dire: *car tout existe par sa parole.* R. Tarphon dit (*qu'il doit dire*): *celui qui crée beaucoup d'âmes* [72]).

Ghémara.

Pour quelle raison (*pense ainsi*) Rabban Gamaliel? Parce qu'il est écrit (Deut. VIII, 8.): *un pays de blé et d'orge, etc.* et il est aussi écrit (ib. vs. 9.): *un pays où tu ne mangeras pas le pain avec disette*, et il est encore écrit (ib. vs. 10.): *et tu mangeras et tu seras rassasié, et tu béniras l'Éternel ton Dieu* [73]). Et les rabbins? Ils pensent que le mot ארץ (*terre* du vs. 9.) interrompt la teneur (*et fait que le mot bénir se rapporte seulement à* לחם *pain*). Mais pour Rabban Gamaliel aussi le mot ארץ interrompt la teneur. *Rép.:* Cela lui est nécessaire pour excepter celui qui mâche le froment (חטה vs. 8.: *et qui par conséquent n'a pas besoin de faire les trois bénédictions*). R. Jacob, fils d'Idi, disait avoir entendu dire à R. Hanina: pour tout ce qui appartient aux cinq espèces (*de blé et qui est cuit*) on fait, au commencement, la bénédiction: *le créateur des espèces de nourriture*, et à la fin une bénédiction qui soit une espèce d'extrait des trois. Rabba, fils de Mari, disait avoir entendu dire à Rav Josua, fils de Lévi: pour tout ce qui appartient aux sept espèces (*excepté les blés*) on fait, au commencement, la bénédiction: *celui qui crée les fruits de l'arbre*, et à la fin une bénédiction qui soit une espèce d'extrait des trois. Avaï disait à Rav Dimi: qu'est-ce qu'une bénédiction de l'espèce des trois? Il lui répondit: pour les fruits de l'arbre (*c'est une bénédiction conçue ainsi: béni soit Dieu, etc.*) *pour les arbres, et pour les fruits de l'arbre, et pour le produit du champ, et pour la terre agréable, bonne et vaste que tu as fait hériter à nos pères pour manger de ses fruits, et pour se rassa-*

---

72) L'Halaca n'est ni selon Rabban Gamaliel, ni selon R. Akiva, ni selon R. Tarphon, mais selon les savans.

73) *Raschi:* Rabban Gamaliel soutient qu'il faut faire trois bénédictions parce qu'il fait dépendre ces trois sentences des paroles: *et tu béniras.*

sier de bon bien. Aie de la miséricorde, ô Eternel notre Dieu, sur Israël ton peuple, et sur Jérusalem ta ville, et sur ton sanctuaire, et sur ton autel. Et réédifie Jérusalem ta ville sainte bientôt dans nos jours, et fais nous y monter (aller), et réjouis-nous en elle; car tu es bon et tu fais du bien. Pour tout ce qui est des cinq espèces de blé (*on dit: béni soit Dieu, etc.*) *pour les vivres, pour les alimens, pour le produit du champ, etc.* on conclut (*béni soit Dieu, etc.*) *pour la terre et pour les vivres et pour les fruits.* Mais comment finit-on (*les autres bénédictions*)? Lorsque Rav Dimi survint il dit que Rav finissait la bénédiction de la nouvelle lune (*en disant*)*: béni soit celui qui sanctifie Israël et la nouvelle lune.* Mais ici comment (*faire la louange pour les autres objets*)? Rav Hasda dit (*en ajoutant*)*: pour la terre et pour ses fruits,* et R. Johanan dit: *pour la terre et pour les fruits.* Sur quoi R. Amram observe que ce n'est pas une contradiction; car l'un parle pour nous (*Babyloniens*), et l'autre pour ceux (*qui sont en Palestine*). Or, Rav Nahmani, fils d'Isaac, objectait: eux mangent (*les fruits et les bénissent*), et nous les bénissons seulement. Mais il faut tourner la phrase ainsi: Rav Hasda (*qui était à Babylone*) disait: *pour la terre et pour les fruits*, et R. Johanan (*qui était à Jérusalem*) disait: *pour la terre et pour ses fruits.*

F. 44. *b*. Rav Isaac, fils d'Avdima, dit au nom de notre Rabbi: pour les oeufs et pour toute espèce de viande, on fait, au commencement, la bénédiction: *car tout*, etc. et à la fin: *celui qui crée beaucoup d'âmes*, etc. mais pour le chou on n'en dit rien (*à la fin*). Mais Rav Isaac disait que même pour le chou il faut (*faire une bénédiction à la fin*), et que pour l'eau il n'en faut pas faire. Cependant Rav Papa disait qu'il faut en faire même sur l'eau. Mar Zutra fit selon Rav Isaac, fils d'Avdimi, et Rav Chimi, fils d'Achi, fit selon R. Isaac. Le signe de souvenir de cela est *un* (*celui qui a un seul nom Zutra*) *selon deux* (*selon l'opinion de celui qui en a deux, Rav Isaac, fils d'Avdimi*), *et deux selon un*, etc. Rav Ache dit: moi chaque fois que je m'en souviens je me conforme à l'opinion de tous (*et même à celle de Rav Papa*). Nous avons appris: *tout ce qui est chargé d'une bénédiction après, est aussi chargé d'une bénédiction avant;* cependant il y a des choses qui en sont chargées avant, et qui ne le sont pas après. D'accord que *(cette dernière phrase)* puisse servir à R. Isaac, fils d'Avdimi, pour excepter le chou, et à R. Isaac pour excepter l'eau; mais d'après R. Papa qu'est-ce qu'elle peut excepter? Elle peut excepter les préceptes[74]. Mais selon la coutume des fils de l'Occident *(les Juifs de Palestine)* qui après avoir ôté leurs *Tephillin* font la bénédiction: *qui nous a sanctifiés par ses préceptes, et nous a prescrit de garder ses ordonnances*, que peut-elle excepter? Elle peut excepter les choses odoriférantes *(qui ne demandent pas une bénédiction après).*

R. Jannaï disait avoir entendu dire à Rabbi: un oeuf est meilleur que tout autre mets, qui ait la grandeur d'un oeuf. Lorsque Ravin survint, il dit: un oeuf tourné *(à la coque)* est meilleur que six *Kises (logs)* de fleur de farine *(crue)*. Lorsque Rav Dimi survint, il dit qu'un oeuf tourné est meilleur que six *Kises*, et qu'un oeuf rôti est meilleur que quatre. Quant aux choses cuites *(dans l'eau, vaut la règle)* que l'oeuf est préférable à tout ce qui a la grandeur d'un oeuf, excepté la viande.

Mischna. R. Akiva disait: celui qui mange des herbes cuites, etc.

Ghémara. Est-ce que nous trouvons quelque part que les herbes cuites servent de nourriture? Rav Achi dit: on a enseigné cela de la tige du chou (כרוב *crambe);* car les rabbins nous ont appris: la rate est avantageuse pour les dents, et désavantageuse pour les entrailles; les porreaux sont désavantageux pour les dents, et avantageux pour les entrailles. Tout chou cru rend pâle, et tout ce qui est petit *(qui n'a pas achevé de croître)* rend petit; toute âme *(tout ce qui est mangé entier et vivant)* récrée l'âme, et tout ce qui rapproche de l'âme *(les parties d'un animal,*

---

74) *Raschi:* Les préceptes de ne pas faire de bénédiction lorsqu'on ôte les *Tephillin*, les *Tsitsith* et après avoir sonné de la corne (שופר) et remué la branche de palmier (לולב).

où se trouve la vie) récrée l'âme. Le chou (כרוב) sert de nourriture, et les bettes de médecine; mais malheur à la maison où entrent des raves. Mar a dit: *la rate est avantageuse pour les dents, et désavantageuse pour les entrailles.* Mais quel en est le remède? La mâcher et la rejeter. *Les porreaux sont désavantageux pour les dents, et avantageux pour les entrailles.* Mais quel en est le remède? De les faire bien cuire et de les avaler. *Tout chou cru rend pâle:* sur quoi R. Isaac dit (*que cela est relatif*) au premier repas fait après une saignée. R. Isaac disait encore: il est interdit de converser avec quiconque mange du chou avant la quatrième heure. Pour quelle raison? A cause que sa mauvaise odeur (*est nuisible*). R. Isaac disait en outre: il est défendu à l'homme de manger du chou cru avant la quatrième heure. Amemar, Mar Zutra et Rav Achi étant assis à table on apporta devant eux du chou cru, avant la quatrième heure. Amemar et Rav Achi en mangèrent, mais Mar Zutra n'en mangea pas. Ils lui dirent: es-tu de l'opinion énoncée par R. Isaac, qu'il est interdit de converser avec quiconque mange du chou cru avant la quatrième heure à cause de l'odeur? Cependant nous en avons mangé, et tu converses avec nous. Il leur répondit: je suis (*seulement*) de l'autre opinion énoncée par R. Isaac en ces termes: il est défendu à l'homme de manger du chou cru avant la quatrième heure. *Tout petit rend petit.* Sur quoi Rav Hasda disait: cette maxime vaut même pour un Cabri, fils (*du prix*) d'un *Zuza*, et n'a été dite qu'en supposant qu'il n'ait pas encore la quatrième partie de sa grandeur ordinaire; mais s'il a cette quatrième partie, elle ne mérite pas qu'on y fasse attention. *Toute âme récrée l'âme.* Rav Papa dit: même les *Gildanes* (*petit poisson qui ne croît pas*) des joncs des marais (גילדני דבגילי). *Tout ce qui approche de l'âme récrée l'âme.* Rav Aha, fils de Jacob, dit que c'est la gorge (*des animaux*). Rava disait à son domestique: quand tu m'apportes un morceau de viande, tâche de me l'apporter de l'endroit qui est tout près de la maison de la bénédiction (*du lieu où on égorge un animal en faisant une bénédiction*). Le chou (כרוב) *sert de nourriture, et les bettes de médecine.* Est-ce que le chou sert *de nourriture et non de médecine?* Cependant une Baraïtha porte: six choses guérissent un malade de sa maladie, et leur guérison est une véritable guérison, savoir: le chou (כרוב), les bettes, les eaux de סיסין (*sison* gr.) secs, et le gosier et la matrice (*des animaux*), la crépine du foie. Il faut donc dire: *le chou* (כרוב) *sert de médecine et aussi de nourriture. Malheur à la maison où entrent les raves.* Mais ce n'est pas ainsi, vu que Rava disait à son domestique: lorsque tu vois des raves au marché ne me dis pas: que veux-tu manger avec le pain? Sur quoi Avaï dit (*que ce malheur a lieu lorsqu'on mange les raves*) sans viande, et Rava dit: sans vin. D'autres disent que Rav disait: sans viande, et Samuel: sans bois (*sans les cuire assez*), et que R. Johanan disait: sans vin. Rava disait à Rav Papa Sorani (*marchand de vin de dattes*): nous corrigeons (*ce qu'il y a de nuisible dans les raves*) avec la viande et le vin, mais vous qui n'avez pas assez de vin par quoi le corrigez-vous? Il lui répondit: par le bois; c'est pourquoi la femme de Rav Papa après avoir cuit (*les raves*) en corrigeait (*ce qu'elles ont de nuisible*) par quatre-vingts morceaux de bois fendu.

Les rabbins ont appris: un petit poisson salé quelquefois tue le 7me, le 17e, le 27e, et d'autres disent le 23e jour. Mais cela a été dit seulement lorsqu'il est rôti, et qu'il n'est pas rôti (*c'est-à-dire, lorsqu'il n'est pas bien rôti*). Mais lorsqu'il est bien rôti, on n'y fait pas attention. Et lors même qu'il n'est pas bien rôti, cela n'a été dit qu'en cas qu'on ne boive pas après une boisson enivrante (שכר); mais si on boit après une boisson enivrante, on n'y fait pas attention.

Mischna. Celui qui boit de l'eau pour étancher la soif, etc.

Ghémara. Que veut-on excepter par là? Rav Idi, fils d'Avin dit: on veut excepter celui (*qui boit de l'eau*) parce qu'il a quelque chose dans la gorge qui l'étouffe. F. 45. a.

Mischna. * *R. Tarphon dit: celui qui crée beaucoup d'âmes et leurs nécessités.*

Ghémara. Rava, fils de Rav Hanan, disait à Avaï, et d'autres disent à Rav Joseph: quelle est l'*Halaca?* Il lui répondit: sors et vois ce que le peuple dit à ce sujet [75].

Que notre retour soit sur toi, ô Section.

כיצד מברכין

---

75) *Raschi:* le peuple qui depuis long-temps avait la coutume de faire en pareille circonstance au commencement la bénédiction: *car par sa parole*, etc., à la fin la bénédiction: *le créateur de beaucoup d'âmes.*

BERACOTH.

Septième Section.

שלשה שאכלו

Mischna Ie et IIe.

Trois qui mangent ensemble sont tenus de faire le *Zimun* (*la bénédiction en commun et au pluriel*). Pour celui qui mange le *Demaï* 1), et les premières dîmes dont on a séparé les oblations, et les secondes dîmes, et la chose sainte qui ont été rachetées, et pour le domestique qui aura mangé autant qu'une olive, et pour le *Couthéen* (*ou Samaritain*) on fait le *Zimun*. Mais pour celui qui mange le *Tabal* et les premières dîmes dont on n'a pas encore séparé l'oblation, et les secondes dîmes, et la chose con-

---

1) *Maimonides:* Lorsque le produit de la moisson avait été battu et vanné, c'est-à-dire, rendu גמר מלאכתן *propre à servir de nourriture* avant qu'un particulier pût l'appliquer à son usage il lui fallait en séparer:

1°. תרומה גדולה *la grande oblation* ou les prémices pour le prêtre, c'est-à-dire, le 40e et 60e de tout le produit. On séparait ensuite du résidu:

2°. מעשר ראשין *les premières dîmes* pour le Lévite, qui en séparait à son tour:

3°. מעשך המעשר *la dîme de la dîme* également pour le prêtre, et qu'on appelait aussi תרומת מעשר *oblation de la dîme*. Puis on séparait de ce second résidu:

4°. מעשה שני *les secondes dîmes* pour les consommer à Jérusalem, et tous les trois ans et tous les six ans on les convertissait en מעשר עמי *dîmes des pauvres* qu'on mettait à la porte des pauvres et des Lévites de chaque ville. *

* Aussi long-temps que le produit de la moisson n'avait pas subi ces séparations on le nommait טבל (לא טב *non bon*) *et* דמאי (מאי דא *qu'est-ce cela?*) lorsqu'on n'était pas sûr s'il les avait subies.

sacrée qui n'ont pas été rachetées, et pour le domestique qui mange moins qu'une olive, et pour un *Nocri* (*un étranger qui a été circoncis, mais qui n'est pas baptisé*) on ne fait pas de *Zimun*.

Pour les femmes, les serviteurs et les mineurs on ne fait pas de *Zimun*. Pour combien de nourriture fait-on le *Zimun?* Pour autant qu'une olive; R. Jéhuda dit: pour autant qu'un oeuf[2]).

Ghémara.

D'où déduit-on ces premiers mots (de la Mischna)? Rav Asi dit: de ce qu'il est dit dans la Bible (Psau. XIV, 4.): *magnifiez l'Eternel avec moi*[3]), *et exaltons son nom ensemble.* R. Avhu dit qu'il faut le déduire d'ici (Deut. XXXII, 3.): *car j'invoquerai le nom de l'Eternel, attribuez la grandeur à notre Dieu.* Rav Hanan, fils d'Ava, dit: d'où savons-nous que celui qui répond *Amen* ne doit pas lever sa voix plus que celui qui fait la bénédiction? De ce qu'il est dit: *magnifiez l'Eternel avec moi, et exaltons son nom ensemble.* R. Siméon, fils de Pazi, disait: d'où savons-nous qu'il n'est pas permis au Trucheman (*de la Synagogue*) de lever sa voix plus haut que celui qui lit (*en hébreu*)? De ce qu'il est dit (Exod. XIX, 19.): *Moïse parla, et Dieu lui répondit par une voix* (בקול). Il n'était pas nécessaire que l'Ecriture se servît ici du mot בקול. Qu'a-t-elle donc voulu nous apprendre en s'en servant (*que Dieu répondit*) du même ton de voix (*dont avait parlé*) Moïse? Car la Baraïtha aussi porte: il n'est pas permis au Trucheman de lever sa voix plus haut que le lecteur, et s'il n'est pas à même de lever sa voix autant que le lecteur, ce dernier doit retenir (modérer) sa voix en lisant.

Il a été dit que par rapport à deux qui mangent en-

---

2) Mais la décision n'est pas selon R. Jéhuda.

3) *Raschi*: voilà trois personnes, car un parle à deux, ce qui, à proprement parler, constitue le *Zimun* ou la société qui bénit en parlant au pluriel.

semble Rav et R. Johanan sont partagés d'avis; car l'un dit que s'ils veulent faire le *Zimun* ils peuvent le faire, et l'autre dit que, s'ils veulent faire le *Zimun*, il ne leur est pas permis de le faire. Nous avons appris: trois qui mangent ensemble sont obligés de faire le *Zimun*. Donc trois doivent le faire, mais deux ne doivent pas le faire. *Rép.:* Là (*pour trois*) c'est un devoir; ici (*pour deux*) c'est une permission qui dépend de la volonté. Viens et écoute (*cette autre tradition*): trois qui mangent ensemble sont tenus de faire le *Zimun*, et il ne leur est pas permis de se séparer (*pour le faire à part*). Donc trois, oui (*ils peuvent le faire*), mais deux non (*ne peuvent pas le faire*) [4]). *Rép.:* Mais c'est une autre chose là où ils se sont déterminés à remplir ce devoir dès le commencement. Viens donc et écoute: un domestique qui sert deux à table, doit manger avec eux (*pour faire le Zimun*) quoiqu'ils ne lui en aient pas donné la permission. Mais lorsqu'il sert trois à table, il ne doit pas manger avec eux, s'ils ne lui en ont pas donné la permission. *Rép.:* Mais c'est une autre chose là où il leur est plus agréable de pouvoir se déterminer à remplir ce devoir dès le commencement. Viens donc et écoute: les femmes font le *Zimun* à part, et les valets le font aussi à part; mais les femmes, les valets et les mineurs ne peuvent pas faire le *Zimun* (ensemble), quand même ils le voudraient. Et quant aux femmes cela vaut même dans le cas qu'elles seraient cent. Cependant cent femmes équivalent tout au moins à deux hommes, et néanmoins il est enseigné que les femmes font le *Zimun* à part, et que les valets aussi le font à part. *Rép.:* C'est une autre chose pour un cas où on a la bonne volonté de le faire [5]). Mais si c'est ainsi comment comprendre la *Sepha (qui porte):* les femmes et les valets, lors même qu'ils voudraient faire le *Zimun* ne peuvent pas le

F. 45. b.

4) *Raschi:* car s'il était permis à trois de se séparer il suivrait de là que deux pourraient faire le *Zimun*.

5) *Raschi:* la bonne volonté de faire le *Zimun* de trois femmes qui n'y sont pas obligées est préférable au *Zimun* de deux hommes qui y sont obligés.

faire? Pourquoi pas? On en a cependant eu la bonne volonté. *Rép.:* C'est une autre chose dans ce cas, à cause de la débauche [6]).

Si tu voulais conclure que c'est Rav, celui qui a dit: *(deux qui mangent ensemble) ne peuvent pas faire le Zimun lors même qu'ils le veulent*; et cela à cause que Rav Dimi, fils de Joseph, a dit avoir entendu dire à Rav: si trois mangent ensemble, et que l'un d'eux sorte dans la rue ils l'appellent et font le *Zimun* sur lui *(qui à cet effet doit s'arrêter sur le lieu où il se trouve placé)*. La raison *(qu'ils peuvent faire le Zimun)* c'est donc qu'ils l'ont appelé; car s'ils ne l'avaient pas appelé, ils ne pourraient pas le faire. *(Je te réponds)* que c'est une autre chose dans ce cas, où ils s'étaient déterminés à remplir ce devoir dès le commencement. Donc il te faudra conclure que c'est R. Johanan qui a dit: *s'ils veulent faire le Zimun ils ne peuvent pas le faire;* et cela parce que Rabba, fils du fils de Hunna, disait avoir entendu dire à R. Johanan: lorsque deux mangent ensemble un d'eux sort *(du devoir de bénir)* par la bénédiction de son compagnon. Et nous avons fait *(autre part)* la question: qu'est-ce qu'il nous fait entendre par là, vu que nous avons déjà appris: celui qui écoute, sans répondre, sort de son devoir, et R. Zira a répondu que cela veut dire que la bénédiction appelée *Zimun* ne peut pas avoir lieu entr'eux? Cette conclusion est donc juste. Sur quoi Rava, fils de Rav Hunna, disait à Rav Hunna: mais cependant les rabbins qui viennent d'Occident disent que s'ils veulent faire le *Zimun*, ils peuvent le faire. N'est-ce pas qu'ils ont entendu cela de R. Johanan *(qui demeurait en Palestine)?* Non, mais ils l'ont entendu de Rav avant qu'il fût descendu (venu) à Babylone.

Nous venons de voir [7]) que Rav Dimi, fils de Joseph, disait avoir entendu dire à Rav: *si, lorsque trois mangent ensemble l'un deux sort dans la rue, ils l'appellent et font*

---

6) *Raschi*: que les valets pourraient exercer avec les femmes et les garçons.

7) גמרא dans le corps de cette discussion.

le Zimun sur lui. Sur quoi Avaï dit: mais celui qu'ils rappellent doit répondre de tout près. Mar Zutra disait: on n'a dit cela que de trois; mais s'il y en a dix *(il faut attendre)* jusqu'à ce qu'il revienne. Rav Ache objectait: au contraire l'opinion opposée *(me semble préférable)*, vu que neuf ont l'apparence de dix, tandis que deux n'ont pas l'apparence de trois. Cependant l'*Halaca* est selon Mar Zutra. Par quelle raison? Parce qu'il faut faire la commémoration du nom des cieux *(de Dieu)*. Mais lorsqu'ils sont moins de dix, cette commémoration n'est pas d'usage. Avaï dit: nous concluons de cela que deux qui mangent ensemble ont le précepte de faire la bénédiction à part. La Baraïtha aussi porte: deux qui mangent ensemble ont le précepte de se séparer *(pour faire la bénédiction)*. Ces paroles n'ont été dites que dans l'hypothèse que tous les deux soient savans, mais si l'un est savant et l'autre ignorant, le savant fait la bénédiction, et l'ignorant sort *(par là de son devoir)*. Rava disait: moi j'ai dit une chose, selon laquelle on a enseigné au nom de R. Zira, que si trois mangent ensemble, l'un doit interrompre *(son repas pour faire la bénédiction)* avec les deux *(qui l'ont terminé)*, mais deux ne l'interrompent pas pour un. Mais ce n'est pas ainsi; car Rav Papa l'interrompait pour Abba Mar son fils, et c'était lui *(Rav Papa)* et un autre *(c'est-à-dire, ils étaient deux)*. *Rép.:* C'est une autre chose quant à Rav Papa qui aimait à faire plus que son devoir.

Jéhuda, fils de Maremar, et Mar, fils de Rav Ache, et Rav Aha Midphathi ont rompu le pain ensemble, et aucun d'entre eux n'était plus distingué que son camarade, pour lui laisser faire la bénédiction. Ils étaient donc assis et discutaient sur ce qu'on nous a enseigné: *trois qui mangent ensemble sont tenus de faire le Zimun:* ces mots ont seulement lieu où il y a un homme distingué; mais lorsqu'ils sont égaux la séparation des bénédictions est préférable, ainsi chacun fit la bénédiction à part, puis ils vinrent devant Maremar qui leur dit: vous êtes sortis des mains de la bénédiction, mais vous n'êtes pas sortis des mains du *Zimun*. Or, si vous dites: nous retournerons et ferons le *Zimun (je vous avertis que)* le *Zimun* n'a pas de force rétrogressive. Si quelqu'un entre et trouve qu'ils font la bénédiction que doit-il dire après eux? Rav Zavid dit: *qu'il soit béni et loué;* Rav Papa dit: qu'il réponde *Amen.* Et ils ne diffèrent pas d'avis; car la première sentence vaut s'il les trouve lorsqu'ils disent: *bénissons*, et la seconde s'il les trouve lorsqu'ils disent *béni.* Ainsi si on les trouve quand ils disent *bénissons* il faut dire: *béni soit et loué*, et si on les trouve quand ils disent: *béni*, il faut répondre *Amen.* Un Tanne a dit: celui qui répond *Amen* après ses propres bénédictions est digne de louange, et un autre Tanne dit qu'il est blâmable; cependant cela ne constitue pas une difficulté; car la première sentence a lieu dans la bénédiction בונה ירשלם *(qui est la dernière)* [8]), et la seconde dans les autres bénédictions. Avaï répondait *(Amen)* à haute voix afin que les ouvriers l'entendissent, et qu'ils se levassent *(pour revenir au travail, quoiqu'il n'eût pas dit encore)* la bénédiction *Hatov vehammetif*, car elle n'est pas fondée dans la loi. Rav Ache répondait *(Amen)* à basse voix afin que les ouvriers fissent peu de cas de la bénédiction *Hatov vehammetif.*

F. 46. a. Lorsque R. Zira était malade, alla chez lui R. Avhu, et fit le voeu: si ce petit aux cuisses brûlées se rétablit, je ferai un jour de fête pour les rabbins. S'étant rétabli il fit un repas à tous les rabbins. Quand le moment de rompre le pain fut arrivé, R. Avhu dit à R. Zira: que Mar nous le rompe. Il lui répondit: est-ce que Mar n'est pas de l'opinion de R. Johanan qui dit: le maître de la maison doit le rompre? Ainsi R. Avhu le leur rompit. Lorsque le moment de faire la bénédiction fut arrivé, R. Avhu lui dit: que Mar nous fasse la bénédiction. Il lui répondit: est-ce que Mar n'est pas de l'opinion de Rav Hunna de Babylone, qui disait: celui qui rompt (le pain) doit faire la bénédiction? Mais de quelle opinion était donc R. Avhu? De celle qui a été énoncée par R. Johanan au nom de R.

8) Les bénédictions de la nourriture s'appellent: *Bircath hazan*, *Bircath haarets* et *Bone Jeruschalaïm.* A ces trois il en fut ajouté plus tard une quatrième qui a pour titre: *Hatov vehammetif.*

Siméon, fils de Johaï: que le maître de la maison rompt le pain, et l'hôte fait la bénédiction. Le maître de la maison le rompt afin que cet acte soit accompli d'un bon oeil, et l'hôte fait la bénédiction afin qu'il bénisse le maître de la maison. Quelle bénédiction fait-il? *Qu'il soit la volonté (de Dieu) que le maître de la maison n'ait pas de honte dans ce monde ni de quoi rougir dans l'autre.* Rav ajoutait encore ces paroles: *qu'il ait beaucoup de bonheur dans toutes ses possessions, que ses possessions et nos possessions prospèrent, et se trouvent tout près de la ville (afin de les visiter souvent), et que Satan n'ait de l'empire ni sur les oeuvres de ses mains, ni sur les oeuvres de nos mains, et qu'il ne tombe ni dans son esprit ni dans le nôtre la moindre idée d'un projet de péché, de transgression, et d'iniquité dès à présent jusqu'à l'éternité.*

Jusqu'à quand dure la bénédiction du *Zimun*? Rav Nahman dit: jusqu'à la fin de la bénédiction נברך *(nous bénissons)*, et Rav Chechath dit: jusqu'à la fin de la bénédiction *Bircath hazan*[9]). Dirons-nous que c'est une dispute des *Tanaïm*, car nous avons appris quelque part: les bénédictions de la nourriture sont deux ou trois, et nous avons aussi appris autre part qu'elles sont trois ou quatre? Or, comme tout le monde est d'opinion que la bénédiction *Hatov vehammetif* n'est pas fondée dans la loi, ne pourrait-on pas croire qu'ils diffèrent d'opinion en ce que celui qui dit deux et trois pense *(que le Zimun dure)* jusqu'à הזן, et que celui qui dit trois ou quatre, pense *(qu'il dure)* jusqu'à נברך? Non, Rav Nahman explique *(ces deux traditions)* d'après sa manière de voir, et Rav Chechath les explique d'après la sienne. Rav Nahman les explique d'après sa manière de voir *(c'est-à-dire)* que tout le monde est d'accord *(que le Zimun dure)* jusqu'à נברך. Or, celui qui dit: *trois ou quatre*, dit bien[10]), et celui qui dit: *deux*

---

9) Selon Raschi c'est alors que deux des trois convives peuvent se retirer, et selon *Toseph.* c'est alors que le troisième peut recommencer le repas qu'il avait interrompu.

10) Car si les convives sont deux ils font les trois bénédictions; *Bircath hazan*, *Bircath haarets* et *Bone Jeruschalem*, et s'ils sont trois ils y ajoutent le נברך.

ou trois te fera observer qu'il s'agit ici de la bénédiction des ouvriers[11]; car Mar a dit: (*l'ouvrier*) commence par la bénédiction *hazan*, et insère le *Bone Jéruschalem* dans la *Bircath haarets*[12]). Rav Chechath les explique selon sa manière de voir (*c'est-à-dire*) que tout le monde est d'accord (*que le Zimun dure*) jusqu'au *hazan*. Or, celui qui dit: *deux ou trois*, dit bien; et celui qui dit: *trois ou quatre* est d'opinion que le *Hatov vehammetif* est prescrit par la loi.

Rav Joseph disait: tu dois savoir que le *Hatov vehammetif* n'est pas prescrit par la loi; car les ouvriers le déracinent (*l'omettent*). Rav Isaac, fils de Samuel, fils de Martha, disait au nom de Rav: tu dois savoir que le *Hatov vehammetif* n'est pas prescrit par la loi; car il commence par ברוך, mais il ne finit pas par ברוך selon la Baraïtha qui porte: on commence toutes les bénédictions par ברוך, et on les finit par ברוך *(lorsqu'elles sont fondées dans la loi)* excepté la bénédiction des fruits, et la bénédiction des commandemens, et la bénédiction qui suit immédiatement une autre, et la dernière bénédiction de la lecture du *Chema*.

F. 46. b. Il y en a que l'on commence par ברוך, et qu'on ne finit pas par ברוך; il y en a aussi que l'on finit par ברוך, mais qu'on ne commence pas par ברוך. Or, *Hatav vehammetif* commence par ברוך, mais elle ne finit pas par ברוך, d'où l'on peut conclure qu'elle est une bénédiction à part. Et Rav Nahman, fils d'Isaac, disait: tu dois savoir qu'*Hatov vehammetif* n'est pas fondé dans la loi, vu que *(selon R. Akiva)* on peut la déraciner (*l'omettre*) dans la maison du deuil; car une Baraïtha porte: que disent-ils dans la maison du deuil? *Béni soit le bon et celui qui fait le bien* (הטוב והמטיב). R. Akiva dit: *béni soit le juge de la vérité* (דיין האמת). Le הטוב והמטיב donc oui? Et le דיין אמת non? Mais il vaudrait mieux dire (*qu'il faut y ajouter*) le הטוב והמטיב aussi. Mar Zutra vint dans la maison de Rav Ache, où étant survenu un accident (*funeste*) il commença

11) Voy. ci-dessus Fol. 16. *a.*

12) *Raschi*: et s'il y a trois personnes il y ajoute le נברך.

à faire cette bénédiction: *Le bon et celui qui fait le bien* (הטוב והמטיב) *Dieu de vérité, juge de vérité* (דיין אמת) *qui juge avec justice, qui prend avec discernement, et qui domine dans son monde pour en agir d'après sa volonté, vu que toutes ses voies sont justes, car tout appartient à lui, et nous sommes son peuple et ses serviteurs, et en tout nous sommes obligés de le louer et de le bénir. Lui qui fait une haie à chaque rupture d'Israël, entourera aussi d'une haie cette rupture en Israël pour la vie.*

D'où recommence-t-il (*le Zimun celui qui doit le dire après avoir terminé le repas qu'il avait interrompu*)? Rav Zavid dit au nom d'Avaï qu'il doit le reprendre du commencement (*de la bénédiction hazan*); mais les rabbins disent: du lieu où il a cessé (*de la bénédiction haarets*), et l'Halaca est du lieu où il a cessé.

Le Chef de la captivité disait à Rav Chechath: quoique vous soyez de vieux rabbins, les Perses, dans des choses nécessaires au banquet, sont plus expérimentés que vous; quand il y a deux lits, le plus distingué se couche (*à sa gauche*) dans le premier, et le second au-dessus de lui: et quand il y en a trois, le plus distingué se couche au milieu, le second au-dessus de lui, et le troisième au-dessous. Il lui répondit: mais lorsque (*le plus distingué*) veut s'entretenir avec les autres, il faut qu'il se lève et qu'il s'asséie pour leur parler. L'autre reprit: c'est une autre chose pour les Perses qui se parlent par chirologie (*Rav Chechath demanda: lorsqu'on leur apporta*) les premières eaux (*pour laver les mains avant le repas*) par qui commence-t-on? Il lui répondit: par le plus distingué. Est-ce que le plus distingué sera assis et attendra pour laver ses mains, jusqu'à ce que tous les autres les aient lavées? Il lui répondit: tout de suite on apporte une table devant lui (*afin qu'il puisse manger*)[13]. (*Lorsqu'on donne*) les dernières eaux (*après le repas*) par qui commence-t-on? Il lui répondit: par le moins distingué. Et le plus distingué reste

13) *Raschi*: car on avait la coutume d'en mettre une devant chaque convive.

assis, et ses mains restent souillées jusqu'à ce que tous les autres se soient lavés? Il lui répondit: on n'ôte pas la table de sa présence jusqu'à ce que les eaux soient arrivées jusqu'à lui [14]). Rav Chechath dit: moi je sais une *Mischna* qui nous apprend: dans quel ordre on se couche à table. Lorsqu'il y a deux lits, le plus distingué se couche dans le premier, et le second au-dessous de lui. Quand il y a trois lits, le plus distingué se couche dans le premier, le second au-dessus de lui, et le troisième au-dessous. (*Lorsqu'on apporte*) les premières eaux on commence par le plus distingué. Quant aux dernières eaux lorsqu'il y a cinq personnes, on commence par le plus distingué, mais s'il y en a cent [15]), on commence par le moins distingué jusqu'à ce qu'on arrive aux cinq (*qui sont les plus distingués*), alors en recommence par le plus distingué, et là où les dernières eaux recommencent la bénédiction recommence aussi [16]). Cela vient à l'appui de l'avis de Rav; car Rav Hija, fils d'Achi, dit avoir entendu dire à Rav: quiconque lave ses mains à la fin (*du repas*) le premier est désigné pour faire la bénédiction. Rav et R. Hija étaient assis, etc. Voy. ci-dessus *Fol.* 43. *a.*

F. 47. *a.* Les rabbins ont appris: on n'accorde la préférence (*au plus digne*) ni en voyage, ni sur un pont, ni lorsqu'il s'agit de laver les mains souillées (*à la fin du repas*). Ravin et Avaï se trouvant en chemin, l'âne du premier précédait celui du second, et (*Ravin*) ne disait pas à (*Avaï*) que Mar prenne le pas (*sur moi*). (*Avaï*) pensait donc que cet orgueil lui venait des rabbins d'Occident [17]). Or, lorsqu'ils arrivèrent à la porte de la Synagogue, (*Ravin*) lui dit: que Mar entre (*le premier*). Avaï lui répondit: mais jusqu'à présent je n'étais pas Mar. (*Ravin*) reprit: c'est ainsi qu'a

---

14) *Raschi*: de sorte qu'il peut en attendant continuer à manger.

15) *Raschi*: le nombre 100 signifie ici plus de dix; car dans le Talmud on emploie souvent le nombre indéterminé pour le déterminé sur tout au dela de 100.

16) *Raschi*: mais si le plus distingué a ordonné à un autre de se laver le premier, alors c'est lui qui doit faire la bénédiction.

17) *Raschi*: car Ravin allait souvent de Babel en Palestine.

dit R. Johanan: on ne rend honneur (*au plus digne*) que devant une porte où il y a la *Mezuza*. Donc où il y a la *Mezuza* oui, et où il n'y a pas la *Mezuza* non? Mais alors devant une Synagogue et une Ecole où il n'y a pas de *Mezuza*, on ne devrait pas honorer (*les plus dignes*)! Donc il faut dire plutôt: devant une porte qui est digne de la *Mezuza*.

Rav Jéhuda, fils de Rav Samuel, fils de Chilath, disait au nom de Rav: ceux qui sont couchés à table n'ont pas la permission de manger quelque chose jusqu'à ce qu'en ait goûté celui qui rompt le pain. Rav Siphra se trouvant assis (*dans le même endroit ou dans la même école*) disait que (*Rav*) avait dit *goûter* (*et non manger*). Que résulte-t-il de cette différence? Que l'homme est tenu de parler selon la langue de son maître (*sans l'altérer*).

Les rabbins ont appris: deux s'attendent mutuellement (*pour porter la main*) sur un plat, mais trois n'ont pas besoin de s'attendre. Celui qui rompt le pain y tend la main le premier, et s'il veut accorder la préférence à son Rabbi ou à un autre qui soit plus réputé que lui, il en a la permission. Rabba, fils du fils de Hunna, s'occupait (*des noces*) de son fils dans la maison de Rav Samuel, fils de Rav Catina. Il se mit le premier à table, et enseigna à son fils que celui qui rompt le pain n'a pas la permission d'achever de le rompre jusqu'à ce que la bouche de ceux qui répondent n'ait fini (*de prononcer*) l'*Amen* (*de la bénédiction* המוציא). Rav Hasda dit: la bouche de la plupart de ceux qui répondent. Rama, fils de Hama, lui dit: quelle différence y a-t-il en cela? Si lorsque le plus grand nombre n'a pas encore (*prononcé Amen*) la bénédiction n'a pas été achevée, pour la même raison elle n'aura pas été achevée, lorsque le plus petit nombre (*l'aura omis*). Il lui répondit: mais moi j'ai voulu dire que quiconque en répondant *Amen* le prolonge plus qu'il ne le faut, est sans doute en erreur.

Les rabbins ont appris: on ne répond ni un *Amen* accéléré[18]), ni un *Amen* mutilé (*d'une lettre*), ni un *Amen*

---

18) חטופה *hataphe* dont on fait entendre plus la seconde syllabe

orphelin[19]), et on ne doit pas non plus jeter au hasard une bénédiction de sa bouche. Ben Azaï dit: si quelqu'un répond un *Amen orphelin*, ses enfans aussi seront orphelins, si *accéléré*, ses jours aussi seront accélérés, si *mutilé*, ses jours aussi seront mutilés; mais si quelqu'un prolonge l'*Amen* on lui prolongera les jours et les ans.

Rav et Samuel étant assis à un repas il y survint Rav *Chimi*, fils de Hija, et se hâta de manger. Rav lui dit: quel est ton dessein? De t'associer avec nous (*pour faire le Zimun*)? Nous avons déjà fini de manger. Sur quoi Samuel dit: si l'on m'apportait des champignons (ארדיליא) et des pigeonneaux à toi mon père (אדא) est-ce que nous ne mangerions pas encore[20])?

Les écoliers de Rav étant assis à un repas, et Rav Aha les y ayant trouvés, ils dirent: il vient un grand homme qui nous fera la bénédiction. Il leur répondit: pensez-vous que c'est le plus distingué qui doit faire la bénédiction? Il doit la faire celui qui s'est trouvé présent au repas dès le commencement. Cependant l'Halaca est que le plus distingué fasse la bénédiction, quoiqu'il soit venu à la fin.

Mischna. S'il a mangé le Demaï, etc.

Ghémara. Mais est-ce qu'il lui convient (*de faire le Zimun sur le Demaï*)? Puisque, s'il le veut, il peut laisser ses biens à la merci des autres, et par là devenir pauvre, alors cela lui convient; car nous avons appris: on peut faire manger le Demaï aux pauvres et à une armée qui revient de la guerre[21]). Cependant Rav Hunna dit: on nous a appris que la maison de Chammaï dit: on ne donne à manger le *Demaï* ni aux pauvres, ni à une armée qui revient de la guerre. —

---

que la première ou vice-versa, ou que l'on prononce avant que la bénédiction soit achevée. Voilà selon nous la signification que la Grammaire de ce temps devait attacher à ce mot.

19) *Raschi*: d'un homme qui n'a pas entendu la bénédiction ou un *Amen* qui ne vient pas à la suite d'une bénédiction.

20) *Raschi*: ainsi notre repas n'est point encore terminé et Rav Chimi peut faire le *Zimun* avec nous.

21) *Raschi*: car les soldats qui ne sont pas de la ville qui les nourrit sont envisagés comme autant de pauvres.

Mischna. La première dîme dont on a séparé la Truma. —

Ghémara. Mais cela va sans dire. *Rép :* Il fallait le dire pour le cas où (*le Lévite*) prévienne (*le Prêtre*) dans les épis, et en sépare la *Truma* de la dîme et non la grande *Truma*, alors il faut suivre l'opinion d'Avhu qui dit avoir entendu dire à Risch Lakisch: la première dîme qu'(*un Lévite*) en prévenant (*le Prêtre*) a prise en épis, est libre de la grande *Truma*; car il est dit (Nomb. XVIII, 26.): *vous en offrirez la Truma de l'Eternel, la dîme de la dîme*; on te dit: *la dîme de la dîme*, mais non la grande *Truma*, ni la *Truma* des dîmes de la dîme. Rav Papa disait à Avaï: si c'est ainsi (*cela devrait valoir*) lors même que (*le Lévite*) a prévenu (*le prêtre en prenant la Truma*) d'un tas de blé. C'est pour obvier à ton objection, que le verset dit (ib. vs. 28.): *de toutes vos dîmes vous ferez une Truma.* Et qu'est-ce que cela prouve? que le blé entassé mérite le nom de דגן (*froment*) (Deut. XVIII, 4.), tandis que le blé en épis ne mérite pas ce nom[22]).

F. 47. b.

Mischna. La seconde dîme et la chose sainte rachetée, etc.

Ghémara. Cela va sans dire. *Rép.:* Mais (*la Mischna*) veut nous occuper ici du cas où l'on ait donné la valeur de la chose sans y ajouter la cinquième partie, et nous fait entendre que cette cinquième partie n'empêche pas (*le Zimun*).

Mischna. Le valet qui a mangé autant qu'une olive, etc.

Ghémara. Cela aussi va sans dire. *Rép.:* Mais tu aurais pu dire qu'un valet ne peut pas avoir de place fixe (dans un repas), la Mischna donc nous fait entendre (*que néanmoins il peut être associé à faire le Zimun*).

Mischna. On fait le Zimun avec le Couthéen.

Ghémara. Est-ce qu'il serait quelque chose de plus qu'un *idiot?* Or, la Baraïtha porte: on ne fait pas le *Zimun* avec un idiot. Sur quoi Avaï dit: il s'agit ici d'un

---

22) *Raschi*: Le Lévite n'est obligé de donner les prémices au prêtre que du דגן.

Couthéen qui est *haver* [23]). Rava dit: tu peux même dire qu'il s'agit (*dans la Mischna*) d'un Couthéen Idiot, et qu'on nous entretient dans la Baraïtha de l'Idiot des rabbins qui diffèrent à son sujet de l'opinion de R. Meïr; car une autre Baraïtha porte: qui est un Idiot? Quiconque ne mange pas ses mets profanes [24]) avec pureté: paroles de R. Meïr; mais les savans disent: quiconque ne donne pas la dîme de ses fruits selon qu'il est prescrit. Or, les Couthéens donnent la dîme comme il faut, vu qu'ils observent avec beaucoup d'attention tout ce qui est écrit dans la loi; car Mar a dit dans tout commandement que les Couthéens ont accepté, ils sont beaucoup plus exacts que les Israélites.

Les rabbins ont appris: qui appelle-t-on Idiot? Quiconque ne lit pas le *Chema* du soir et du matin: paroles de R. Eliéser. R. Jéhuda dit: quiconque ne met pas les *Tephillin*. Ben Azaï dit: quiconque n'a pas de *Tsitsiths* à son habit. R. Nathan dit: quiconque n'a pas de *Mezuza* sur sa porte. R. Nathan, fils de Joseph, dit: quiconque a des enfans et ne les élève pas dans l'étude de la loi. D'autres disent que lors même que quelqu'un s'applique à la lecture de la Bible et de la Mischna, mais ne sert pas les savans [25]) il est un idiot. Sur quoi Rav Hunna dit que l'Halaca est selon ce que disent d'*autres*. Rami, fils de Hama, ne fit pas le *Zimun* avec Rav Manachia, fils de Tahalipha, quoiqu'il eût appris la *Siphra*, le *Siphri* et l'*Halaca*. Lorsque l'âme de Rami, fils de Hama, fut en lieu de repos, Rava disait: l'âme de Rami, fils de Hama, n'est allée en lieu de repos que parce qu'il n'a pas fait le *Zimun* avec Rav Manachia, fils de Tahalipha, et cependant la Baraïtha porte: d'autres disent: lors même que quelqu'un a étudié la Bible et la Mischna; mais il n'a pas servi les disciples des savans il est idiot. *Rép.:* C'est une autre chose pour Rav Manachia, fils de Tahalipha qui avait écouté les rab-

---

23) חבר *collègue* d'un docteur aggrégé au corps des docteurs. Voy. Théorie du Judaïsme à la fin.

24) חולין *mets profanes* ou qu'il est permis de manger, parce qu'ils ne sont pas consacrés à Dieu.

25) *Raschi*: qui lui enseignent la Ghémara.

bins; mais Rami, fils de Hama, ne s'en était pas suffisamment informé. D'autres disent que puisque *(ce Rav Manachia)* avait entendu les leçons de la bouche des rabbins et leur avait lu, il était envisagé comme un écolier dont s'honoraient les savans [26].

Mischna. S'il a mangé le Taval et la dîme, etc.

Ghémara. Quant au *Taval*, cela va sans dire. *Rép.:* La Mischna n'avait besoin de dire ceci que pour le *Taval* qu'ont établi les rabbins. Que veut dire cela? *(Une chose qui croît)* dans un vase qui n'est pas troué.

Mischna. La première dîme, etc.

Ghémara. Mais cela va sans dire. *Rép.:* On n'avait besoin de cela que pour le cas où *(le Lévite)* prévient *(le Prêtre)* autour d'un tas de blé; car alors tu aurais pu dire comme a dit *(ci-dessus)* Rav Papa à Avaï: c'est pourquoi *(la Mischna)* nous fait entendre expressément ce qu' *(Avaï)* a enseigné *(à Rav Papa)*.

Mischna. Les secondes dîmes, etc.

Ghémara. Cela aussi va sans dire. *Rép.:* On n'a besoin de ceci que pour le cas où *(tout ce dont on parle dans la Mischna)* a été racheté, mais non comme il le faut. Pour la seconde dîme, par exemple, si on l'a rachetée avec de l'argent qui n'est pas monnayé (אסימון gr.), tandis que la divine miséricorde a dit (Deut. XIV, 25.): *et serreras* (וצרת) *l'argent en ta main (ce qui signifie)* de l'argent sur lequel est une empreinte (צורה), et quant aux choses sanctifiées, si on les a profanées *(rendues d'un usage commun)* avec la terre, *(ou en donnant des terres pour paiement)*, et on ne les a pas rachetées avec l'argent; tandis que la divine miséricorde a dit (Lév. XXVII, 19.): *et il donnera l'argent et il lui demeurera.*

Mischna. Et le valet qui a mangé moins d'une olive.

Ghémara. Cela va sans dire. *Rép.:* Comme il est enseigné dans la *Recha*, autant qu'une olive, il fallait enseigner dans la *Sepha* moins qu'une olive.

---

26) Il est dit dans le *Tosepheth* que si on fait aujourd'hui le *Zimun* avec les Idiots c'est pour ne pas les forcer à embrasser une autre religion.

Mischna. On ne fait pas le *Zimun* avec un Nocri (*non-Juif*).

Ghémara. Ceci encore va sans dire. *Rép.:* Mais il est ici question d'un prosélyte qui est circoncis sans être baptisé; car R. Zira a dit avoir entendu dire à R. Johanan: on ne devient jamais prosélyte tant qu'on n'est pas circoncis et baptisé, et aussi long-temps qu'on n'est pas baptisé on est *Nocri* (*ou Goi*)[27].

Mischna. On ne fait pas le *Zimun* avec les femmes, les valets et les mineurs.

Ghémara. R. Jose disait qu'on peut faire le *Zimun* avec un enfant couché dans le berceau (בעריסה). Cependant nous avons appris: femmes, valets et mineurs on ne fait pas le *Zimun* avec eux. *Rép.:* R. Jose parle comme R. Jehochua, fils de Lévi, qui disait: quoiqu'on ait dit: on ne fait pas de Zimun avec un enfant couché dans le berceau, on peut cependant en faire un supplément (*pour compléter le nombre*) de dix. R. Jéhochua, fils de Lévi, disait encore: neuf personnes et un valet s'associent (*pour le Zimun*). *Question:* Il arriva à R. Eliéser qu'étant entré dans la Synagogue il n'y trouva pas dix personnes. Il mit donc en liberté son valet, et compléta le nombre de dix. (*Il l'associa au Zimun*) parce qu'il le mit en liberté, et s'il ne l'avait pas mis en liberté il n'aurait pu (*l'y associer*). *Rép.:* Il lui fallait deux personnes (*pour compléter le nombre*) il mit en liberté un valet et sortit (*de con devoir en complétant le nombre dix*) par un autre (*qui n'avait pas été mis en liberté*). Mais comment a-t-il pu en agir de la sorte, si R. Jéhuda dit: quiconque met en liberté son valet, viole un précepte affirmatif; car il est dit (Lév. XXV, 46.): *et vous ferez servir* (*les esclaves*) *à perpétuité*. *Rép.:* Pour une chose de précepte c'est un autre cas. Mais ce

27) *Raschi*: on déduit cela de l'Exod. XXIV, 8. où l'on parle d'aspersion; car il n'y a pas d'aspersion sans baptème. (Voyez Jevamoth 46. *b.*) Ce passage démontre que le baptème du temps de J. Ch. avait plus de valeur que la circoncision aux yeux des Juifs, ce qui paraît aussi par le témoignage de Joseph Glavius.

serait un précepte accompli par une transgression. *Rép.:* Pour un précepte qui concerne plusieurs personnes c'est une autre chose.

R. Jehochua, fils de Lévi, disait en outre: l'homme devrait toujours se lever de bonne heure *(pour aller)* à la Synagogue, et pour y avoir l'avantage d'être compté parmi les premiers dix; car quoique cent personnes entrent après lui, il reçoit la récompense d'eux tous. La récompense d'eux tous dis-tu? Il faut donc dire plutôt qu'on lui accorde une récompense qui équivaut à celle de tous les autres.

Rav Hunna disait: neuf et l'arche s'associent *(pour faire dix)*. Rav Nahman lui dit: est-ce que l'arche est un homme? Rav Hunna a donc voulu dire que neuf qui ont l'apparence de dix s'associent. Les uns disent que cela peut arriver *(que neuf paraissent dix)* parce qu'ils se trouvent ensemble, et d'autres disent, parce qu'ils sont dispersés *(et que dans l'un et dans l'autre cas on ne peut pas s'apercevoir de l'erreur)*. Rav Ami disait: deux et le Sabbath s'associent. Sur quoi Rav Nahman lui dit: est-ce que le Sabbath est un homme? Rav Ami a donc voulu dire que deux disciples savans qui s'aiguisent (s'exercent) l'un l'autre dans l'Halaca s'associent *(et sont comme trois)*. Rav Hasda définissait *(cela en disant)* comme p. ex.: moi et Rav Chechath; et Rav Chechath le définissait *(en disant)* comme p. ex.: moi et Rav Hasda.

R. Johanan disait: on peut faire le *Zimun* avec un petit qui commence à fleurir *(ou sur lequel paraissent les signes de la virilité)*. Une Baraïtha porte aussi comme il suit: si un petit a fait paraître deux poils *(in pudendo)* on peut faire le *Zimun* avec lui, mais s'il n'a pas fait paraître deux poils on ne fait pas le *Zimun* avec lui. Cependant on n'y regarde pas de si près. Cela est contradictoire en soi-même. Tu dis: s'il a fait paraître deux poils, oui; mais s'il ne les a pas fait paraître, non, et puis tu enseignes de nouveau qu'on n'y regarde pas de si près. Il devait en venir à un autre résultat; pourquoi en est-il donc venu à ce résultat-ci? *(Pour dire qu'on ne doit pas regarder de si près) si un petit qui fleurit (a atteint l'âge de 13 ans et un jour ou non)*. Cependant l'Halaca n'est pas F. 48. *a.*

selon toutes ces sentences, mais selon ce qu'a dit Rav Nahman: si un petit sait déjà à qui on fait (ou dirige) la bénédiction on peut faire le *Zimun* avec lui. Avaï et Rava *(encore mineurs)* étaient assis devant Rabba qui leur dit: à qui fait-on la bénédiction? Ils lui répondirent: à la divine miséricorde. Et la divine miséricorde où demeure-t-elle? Rava indiqua le ciel du toit, et Avaï sortit dehors et porta le doigt vers le ciel. Sur quoi Rabba leur dit: vous êtes tous deux rabbins selon ce que disent les hommes: le concombre, le concombre on le reconnaît par son calice *(ou par sa tige)*.

R. Jéhuda, fils de Rav Samuel, fils de Chechath, disait au nom de Rav: neuf qui ont mangé *(des mets)* de froment, et un qui a mangé des herbes peuvent s'associer. R. Zira dit qu'il avait demandé à Rav Jéhuda: huit comment? sept comment? et qu'il lui avait répondu: il n'y a pas de différence; mais quant à six, j'avoue que je n'ai pas eu l'idée de l'interroger. Rav Jérémie lui répondit: tu as bien fait de ne pas le lui demander; car dans le premier cas (de 9. 8 et 7.) quelle est la raison *(qu'ils peuvent s'associer)?* Qu'il y a pluralité. Or, dans ce cas aussi (de 6) il y a pluralité. Mais R. Zira pensait qu'il fallait une pluralité qu'on pût reconnaître comme telle au premier coup d'oeil *(p. ex. 9. 8 et 7, et non 6.)*.

Le Roi Jannaï *(l'Hasmonéen)* et la reine rompent le pain ensemble, et puisqu'ils avaient tué les rabbins il n'y avait personne qui leur fît la bénédiction. Il dit donc à sa femme: qui nous donnera un homme pour nous faire la bénédiction? Elle lui répondit: fais-moi serment que si je t'amène un tel homme, tu ne lui feras point de mal. Il le lui jura, et elle fit venir Siméon, fils de Chetah son frère. Jannaï le fit asseoir entre lui et la reine et lui dit: vois-tu combien d'honneur je te fais? Il lui répondit: ce n'est pas toi qui m'honores, mais la loi m'honore; car il est écrit (Prov. IV, 8.): *Elève-la et elle t'exaltera; elle te glorifiera quand tu l'auras embrassée*[28]). Le roi lui dit: tu

---

28) Dans le Talmud de Cracovie et dans l'Ain Jacob on lit: *et parmi les princes lui fera prendre place.* Citation faite ad [illegible].

vois que je ne te garde aucune inimitié. Lorsqu'on lui donna le calice pour faire la bénédiction il dit: comment dois-je faire la bénédiction? *(Dois-je dire)* béni celui qui a nourri Jannaï et ses convives de son bien? *(Je ne peux pas le dire, car je n'ai pas mangé avec vous.)* Il vida donc ce calice, et on lui donna le dernier calice, et il fit la bénédiction *(du Zimun)*.

R. Abba, fils de R. Hija, fils d'Abba, disait avoir entendu dire à R. Johanan: ce que Siméon, fils de Chetah, a fait, il l'a fait d'après son avis particulier; car c'est ainsi qu'a dit R. Hija, fils d'Abba: R. Johanan disait qu'on ne tire jamais plusieurs d'entre les mains de leur devoir, jusqu'à ce qu'on ait mangé du froment dans la quantité d'une olive. *Question.* Rabban Siméon, fils de Gamaliel, disait: lorsque quelqu'un monte et se couche à table avec d'autres, quand même il n'aurait trempé *(ses mains dans les mets)* avec eux que fort peu, et qu'il n'aurait mangé avec eux qu'une figue sèche il peut s'associer avec eux. *Rép.:* Il peut bien s'associer, mais pour tirer plusieurs d'entre les mains de leur devoir, il faut qu'il mange du froment dans la quantité d'une olive. Il nous a été dit aussi que Rav Hana, fils de Jéhuda, disait au nom de Rava: quand même il n'aurait trempé sa main *(dans les mets)* avec eux que fort peu, et qu'il n'aurait mangé avec eux qu'une seule figue sèche, il peut s'associer; mais pour tirer plusieurs de la main de leur devoir, il ne peut pas le faire jusqu'à ce qu'il ait mangé du froment dans la quantité d'une olive. Rav Hana, fils de Jéhuda, dit au nom de Rava: l'Halaca est que si quelqu'un mange une feuille d'herbes et vide un calice de vin, il peut s'associer; mais quant à tirer *(les autres de leur devoir)*, il ne peut pas le faire jusqu'à ce qu'il ait mangé une olive de froment. F. 48. b.

Rav Nahman disait: Moïse a institué, pour Israël, la bénédiction הזן à l'heure que la manne leur descendait. Josua a établi pour eux la bénédiction הארץ lorsqu'ils entraient dans la terre *(de Palestine)*. David et Salomon ont institué *(la bénédiction)* בונה ירושלם, c'est-à-dire, David a institué les mots: *sur Israël ton peuple, et sur Jérusalem ta ville;* et Salomon *(les paroles)*: *sur la maison la grande et la sainte.* (*La bénédiction*) הטוב והמטיב fut établie à *Javne* pour les tués de *Bether;* car Rav Mattana a dit: le jour que l'on donnait la sépulture aux tués de *Bether* on institua à *Javne* הטוב והמטיב, (*savoir*) הטוב parce qu'ils ne puaient pas encore, et המטיב parce qu'on put leur accorder les honneurs de la sépulture.

Les rabbins ont appris: la bénédiction de la nourriture se fait ainsi: la première bénédiction est ברכת הזן, la seconde ברכת הארץ, la troisième בונה ירושלם, la quatrième הטוב והמטיב, et le samedi on commence par la נחמה (*qui est la bénédiction de la construction de Jérusalem*), et on finit par la נחמה, et on dit la sanctification du jour (*du Sabbath*) au milieu. R. Eliéser dit: s'il veut la dire dans la נחמה, il peut la dire; si dans la ברכת הארץ, il peut la dire; si enfin dans la bénédiction établie par les savans à *Javne*, il peut la dire; cependant les savans disent: il ne peut la dire que dans la נחמה. Mais alors les savans diraient la même chose que le premier *Tanne. Rép.:* Il y a cette différence que, quand on a fait (*la sanctification du jour dans une autre bénédiction que dans la* נחמה *selon les savans, il faut la commencer de nouveau*).

Les rabbins ont appris: d'où savons-nous que la bénédiction de nourriture est de la loi? De ce qu'il est dit (Deut. VIII, 10.): *et tu mangeras et seras rassasié, et tu béniras* (*ce qui signifie la bénédiction de la nourriture*) *l'Eternel ton Dieu* (*ce qui signifie la bénédiction du Zimun*) *pour la terre* (*ce qui est le* ברכת הארץ) *bonne* (*ce qui est le* בונה ירושלם). De même il est dit (ib. III, 25.): *cette bonne montagne, le Liban, qu'il t'aura donnée* (*cela est le* הטוב והמטיב). Ceci ne me prouve autre chose, si ce n'est (*qu'il faut bénir*) après le repas; mais avant, d'où le savons-nous? Fais à cet effet un *a minori ad majus*, en disant: si celui qui est rassasié doit bénir, d'autant plus celui qui a faim. Rabbi dit: *et tu mangeras et seras rassasié* (cela est la bénédiction de la nourriture; mais la bénédiction du *Zimun* on la déduit du Psau. XXXIV, 4.: *magnifiez l'Eternel avec moi*) *pour la terre* (c'est le ברכת הארץ) *bonne* (c'est la בונה ירושלם, et de même il est dit: *cette bonne montagne de Liban*). La bénédiction הטוב והמטיב a été établie à *Javne*. Cependant cela ne me prouve autre chose, si ce n'est (*qu'il faut bénir*) après le repas; mais avant d'où le savons-nous? Le verset dit: *qu'il t'a donnée* (*ce qui veut dire qu'il faut bénir avant le repas l'Eternel*) pour ce qu'il nous a donné. R. Isaac disait: on n'a pas besoin de tout cela, vu qu'il est dit (Exod. XXIII, 25.): *et il bénira* (וּבֵירַךְ) *ton pain* (לחם) *et les eaux*. Ne lisez pas בירך (*bénira*), mais ברך (*bénis*). Et quand est-il appelé לחם (*pain*)? Avant qu'on le mange. R. Nahman dit: on n'a pas besoin de tout cela; car il est dit (1 Sam. IX, 13.): *comme vous entrerez dans la ville, vous le trouverez avant qu'il monte au haut lieu pour manger; car le peuple ne mangera point jusqu'à ce qu'il soit venu; car il doit bénir le sacrifice après cela ceux qui sont conviés en mangeront*. Mais à quoi bon tant de paroles? Parce que les femmes (*qui parlent dans ce verset*) sont bavardes; et, si Samuel a parlé long-temps (ib. X, 24.) c'est pour faire remarquer la beauté de Saül; car il est écrit (ib. vs. 23.): *depuis les épaules en haut il était plus haut que tout le peuple*. Mais R. Johanan dit: Samuel a parlé long-temps afin que le Royaume précédent (*le sien*) ne touche pas le suivant (*celui de Saül*) même autant qu'un cheveu.

De cela je ne peux déduire que la bénédiction de la nourriture; mais d'où savons-nous la bénédiction de la loi? R. Ismaël dit: de cet *a minori ad majus*: si on fait la bénédiction pour ce qui appartient à la vie d'une heure (*passagère*) d'autant plus on doit la faire pour la vie du monde à venir. R. Hija, fils de Nahmani, disciple de R. Ismaël, dit au nom de R. Ismaël: on n'a pas besoin de cela; car il est dit (Deut. VIII, 10.): *pour la terre bonne, etc. terre que je t'ai donnée* (נתן), et autre part il est aussi dit (Exod. XXIV, 12.): *et je te donnerai* (ואתנה) *des tables de pierre et la loi et les commandemens, etc.*[29]). Rav Meïr dit: d'où savons-nous que de même qu'il faut bénir Dieu pour le bien il faut aussi le bénir pour le mal? De

29) Pour la même raison qu'il faut bénir pour la terre il faut aussi bénir pour la loi.

ce que l'Ecriture dit (Deut. VIII, 10.): *que l'Eternel* (יהוה *nom qui indique la miséricorde*) *ton Dieu* (אלהיך *nom qui indique la justice*) *t'a donnée*, (*ce qui veut dire*) il est ton juge en tout jugement, soit qu'il te juge avec la mesure du bonheur, ou avec celle du malheur (du châtiment). R. Jéhuda, fils de Bethira, disait: on n'a pas besoin (*de cet a minori ad majus*); car il est dit: טובה et הטובה. Or, טובה (*bonne*) signifie la *loi*, et dans ce même sens il est dit (Prov. IV, 2.): *car je vous ai donné une bonne* (טוב) *doctrine*; et הטובה (*la bonne*) signifie la construction de Jérusalem, et dans le même sens il est dit (Deut. III, 25.): *cette bonne montagne, le Liban.*

Baraïtha. R. Eliéser disait: quiconque n'a pas dit (*les paroles*): *une terre agréable, bonne et spacieuse* dans le ברכת הארץ, et *le Royaume de la maison de David* dans le בונה ירושלם n'est pas sorti d'entre les mains de son devoir. Nahum le vieux disait: il faut aussi faire (*dans la première*) la commémoration de l'alliance [30]). R. Jose dit: il faut aussi faire la commémoration de la loi. Polimo disait: il faut que l'*alliance* précède la *loi*, vu que la dernière a F. 49. a. été donnée par trois alliances [31]), et que la première a été donnée par treize. R. Abba dit: il faut dire dans la ברכת הארץ une action de grâce au commencement et à la fin, et celui qui veut abréger qu'il n'en omette pas une; car quiconque en omet une, devient blâmable, et quiconque finit (*par les mots*): *celui qui donne en partage le pays*, la ברכת הארץ *et celui qui sauve Israël*, la בונה ירושלם, c'est un stupide; et quiconque ne dit pas l'*alliance* et la *loi* dans la ברכת הארץ et *le royaume de la maison de David* dans la בונה ירושלם n'est pas sorti d'entre les mains de son devoir. Cela appuie l'opinion de R. Ilaa qui disait avoir entendu dire à R. Jacob, fils d'Aba, au nom de Rabbenu: quiconque n'a pas dit l'*alliance* et la *loi*, etc.

---

30) *Raschi*: vu que la terre de promission a été donnée à Abraham à cause de la circoncision.

31) C'est-à-dire: en répétant trois fois le mot *alliance* (ברית) sur le Sinaï, dans le Tabernacle, sur la montagne *Garizim* et dans les champs de Moab.

Abba Jose, fils de Dostaï, et les rabbins diffèrent d'opinion relativement à la bénédiction הטוב והמטיב; car l'un dit qu'il faut *(y insérer la commémoration)* du royaume, et un autre dit que cela n'est pas nécessaire. Celui qui dit qu'il le faut est d'avis (que cette bénédiction) soit des rabbins *(et qu'elle ne se rapporte pas à la* ברכת הארץ), et celui qui dit qu'il ne le faut pas est d'avis qu'elle est de la loi.

Les rabbins ont appris: comment finit-on la bénédiction בונה ירושלם? R. Jose, fils de Jéhuda, dit: *(par les mots) celui qui sauve Israël. Celui qui sauve Israël* oui, et *celui qui bâtit Jérusalem* non [32])? Mais il faudrait plutôt dire: *(qu'on doit la finir)* même *(par les mots) celui qui sauve Israël.* Rabba, fils de Rav Hunna, étant arrivé dans la maison du Chef de la captivité commença par une *(de ces formules)* et finit par toutes les deux.

Rav Hasda dit: quant à la גברתא (la IIe des 18) on la finit par deux *(actions de grâce)*. Cependant la Baraïtha porte que Rabbi disait qu'on ne finit pas par deux *(actions de grâce)*. Comme il est dit ici que Rabbi disait: *on ne finit pas par deux.* Lévi lui objectait *(que l'on finit cependant) pour la terre et pour la nourriture. Rép.: (C'est-à-dire)* la terre qui fait éclore la nourriture *(ce qui constitue une seule action de grâce): pour la terre et pour les fruits. Rép.: (C'est-à-dire)* la terre qui produit les fruits. *Celui qui sanctifie Israël et les temps. Rép.: (C'est-à-dire)* Israël qui sanctifie les temps: *Celui qui sanctifie Israël et les commencemens des mois. Rép.: (C'est-à-dire)* Israël sanctifie les commencemens de mois: *Celui qui sanctifie le Sabbath, Israël et les temps. Rép.:* Excepté celle-ci [33]). Mais quelle en est la différence? Celle-ci constitue une seule chose; tandis que (*le sauveur d'Israël, et celui qui construit Jérusalem sont deux formules*) dont

---

32) *Raschi:* comment cela, vu que la chose principale est la construction de Jérusalem.

33) *Raschi:* Cette dernière seulement forme une excepfion à la règle de Rabbi; car le Beth-din et non Israël sanctifiait les fêtes par les témoins.

chacune constitue une chose à part[34]). Mais quelle est la raison qu'on ne finit pas par deux (*actions de grâce*)? Parce qu'on ne pratique pas les préceptes par faisceaux (ou en les accumulant). Quel est donc le dernier résultat? Rav Chechath dit: que celui qui a commencé par: *aie de la miséricorde sur ton peuple Israël*, finisse par: *celui qui sauve Israël*, et que celui qui a commencé par: *aie de la miséricorde sur Jérusalem*, finisse par: *celui qui bâtit Jérusalem*. Mais Rav Nahman disait: lors même qu'il aura commencé par: *aie de la miséricorde sur Israël*, il peut finir par: *celui qui bâtit Jérusalem*, vu qu'il est dit (Psau. XLVII, 2.): *L'Eternel est celui qui a bâti Jérusalem, il rassemblera les dispersés d'Israël.* Quant l'Eternel réédifiera Jérusalem? Dans le temps qu'il rassemblera les dispersés d'Israël.

Rav Zira disait à Rav Hasda: viens Mar, et répétons la Mischna. Il lui répondit: pour la bénédiction de la nourriture je n'ai aucune (nouvelle) doctrine; mais cependant nous avons une tradition. L'autre reprit: laquelle? Alors il lui dit: étant arrivé dans la maison du Chef de la captivité, je fis la bénédiction de la nourriture; mais Rav Chechath dressa son cou contre moi comme un serpent. Et pourquoi? A cause que je n'avais dit ni *alliance*, ni *loi*, ni *royaume*. Et pourquoi ne l'as-tu pas dit? Parce que je me suis conformé à l'opinion de Rav Hananaël, qui disait avoir entendu dire à Rav: si quelqu'un n'a dit ni *alliance*, ni *loi*, ni *royaume*, il a fait son devoir. L'*alliance (ou la circoncision)* parce qu'elle n'a pas lieu chez les femmes, la *loi* et le *royaume*, parce qu'ils n'ont lieu ni chez les femmes, ni chez les domestiques. Tu as donc abandonné tous ces *Tanaïm* et *Amoraïm*, et as fait comme Rav.

Rabba, fils du fils de Hunna, disait avoir entendu dire à R. Johanan: dans la (*bénédiction*) הטוב והמטיב il faut faire la commémoration du royaume. Qu'est-ce qu'il nous

---

34) *Raschi*: or, on finit par deux formules qui constituent une seule et même chose et non par deux formules qui constituent deux choses différentes.

fait entendre par cela? Que toute bénédiction où on ne fait pas la commémoration du *royaume*, ne mérite pas ce nom. Et cela veut dire selon R. Johanan qu'il faut (*y faire cette commémoration*) une seule fois; mais R. Zira dit qu'il faut y dire deux commémorations du *royaume*, une fois pour הטוב והמטיב même, et une seconde fois pour בונה ירושלם. Mais si c'est ainsi, il faudrait la dire trois fois, une fois pour הטוב והמטיב même, une seconde fois pour בונה ירושלם et une troisième fois pour ברכת הארץ; mais pourquoi donc on ne la dit pas pour la ברכת הארץ? Parce que c'est une bénédiction qui est appuyée sur la précédente. Mais alors בונה ירושלם aussi ne devait pas en avoir besoin, parce que c'est une bénédiction qui s'appuie sur la précédente. *Rép.:* En effet, בונה ירושלם aussi n'en a pas besoin. Mais puisqu'il a dit: *le royaume de la maison de David*, il ne convient pas qu'il omette de dire *le royaume du ciel*. Rav Papa disait: c'est ainsi qu'a voulu dire (*R. Zira*): il faut faire deux fois la commémoration du royaume outre celle que l'on fait pour הטוב והמטיב même.

R. Zira était assis derrière Rav Ghiddel, et Rav Ghiddel était assis devant Rav Hunna; il était donc assis (*Rav Ghiddel*) et disait: s'il s'est trompé et n'a pas fait la commémoration du samedi, il dit: *béni soit celui qui a donné le Sabbath pour le repos à son peuple Israël, avec amour, pour signe et pour alliance; béni soit celui qui sanctifie le Sabbath.* (*Rav Hunna*) lui dit: qui a dit cela? Rav. De nouveau il était assis et disait: si quelqu'un s'est trompé et n'a pas fait la commémoration de la fête, il dit: *béni soit celui qui a donné des jours de fête à son peuple Israël, pour la joie et le souvenir; béni celui qui sanctifie Israël et les temps.* Il lui dit: qui a dit cela? Rav. De nouveau il était assis et disait: si quelqu'un s'est trompé et n'a pas fait la commémoration du commencement du mois, il dit: *béni soit celui qui donne les commencemens des mois à son peuple Israël pour souvenir;* mais je ne sais si Rav y a dit *pour la joie*, ou s'il n'y a pas dit *pour la joie;* s'il a fini (*par une louange*), ou s'il n'a pas fini (*par une louange*) s'il a dit cela en son nom, ou au nom de son maître.

Ghiddel, fils de Manjani, était debout devant Rav Nah-
F. 49. b. man qui s'étant trompé (*dans la bénédiction de la nourriture*) la répéta du commencement. Il lui dit: quelle raison as-tu, Mar, de faire ainsi? L'autre lui répondit: parce que R. Chila a dit avoir entendu dire à Rav: celui qui se trompe doit recommencer. Mais cependant Rav Hunna a dit avoir entendu dire à Rav: celui qui se trompe doit dire: *béni soit celui qui a donné, etc.* Il lui répondit: n'avons-nous pas entendu dire là-dessus que Rav Menachie, fils de Tahliphtha, disait avoir entendu dire à Rav: on n'a enseigné cela que pour le cas où il n'a pas commencé par הטוב והמטיב; mais s'il a commencé par הטוב והמטיב il doit répéter le tout du commencement.

Rav Idi, fils d'Avin, disait avoir entendu dire à Rav Amram que Rav Nahman disait avoir entendu dire à Samuel: si quelqu'un se trompe et ne fait pas la commémoration du commencement du mois dans la prière, on la fait recommencer; mais dans la bénédiction de la nourriture on ne la fait pas recommencer. Rav Avin disait à Rav Amram: quelle différence y a-t-il entre la prière et la bénédiction de la nourriture? Il lui répondit: c'est aussi pour moi une difficulté, et je le demandai à Rav Nahman qui me dit: de Mar Samuel lui-même je n'en ai pas entendu (*la raison*). Voyons donc nous (*si nous pouvons l'assigner*). La prière est un devoir, c'est pourquoi on la fait recommencer, mais quant à la bénédiction de la nourriture, comme on mange si l'on veut, et si l'on ne veut pas on ne mange point, on ne la fait pas recommencer. Ainsi donc dans les Sabbaths et dans les fêtes où il ne suffit pas de ne point vouloir manger, (*où il faut manger nécessairement*) on devrait de même la faire répéter à celui qui se trompe. Il lui répondit: Oui, car R. Chila a dit avoir entendu dire à Rav: celui qui se trompe doit recommencer; mais cependant Rav Hunna a dit avoir entendu dire à Rav: celui qui se trompe doit dire: *béni soit celui qui donne, etc.* Mais n'avons-nous pas entendu dire, etc.? (Voy. *ci-dessus ce que dit Rav Menachie.*)

Mischna. Pour combien de nourriture fait-on le Zimun, etc.?

Ghémara. Devions-nous dire que R. Meïr porte cette quantité à autant qu'une olive, et R. Jéhuda à autant qu'un oeuf? Cependant nous avons entendu le contraire; car nous avons appris (Pesahim C. 3. M. 8.): de même si quelqu'un est sorti de Jérusalem et se souvient qu'il a dans sa main de la viande sanctifiée[35]) s'il a passé les *Tsophim* (*lieu d'où on peut encore voir le temple*) il la brûle sur ce même endroit, sinon il retourne et la brûle devant la *Bira* (*Palais, Temple*) avec le bois préparé. Pour combien retournent-ils (*celui qui a la viande dans sa main, et l'autre qui a du levain dans sa maison, et dont il est question ib. M. 7.*). R. Meïr dit: l'un et l'autre pour autant qu'un oeuf, et R. Jéhuda dit: l'un et l'autre pour autant qu'une olive. *Rép.:* R. Johanan disait: il faut donc renverser la phrase; mais Avaï dit que l'on n'a nullement besoin de la renverser, vu qu'ici (pour le *Zimun*) ils sont en dispute concernant le verset; car R. Meïr pense que le mot (Deut. VIII, 10.): ואכלת (*et tu mangeras*) est relatif à manger, et l'autre ושבעת (*et seras rassasié*) est relatif à boire, et que pour manger (*il faut*) autant qu'une olive; mais R. Jéhuda pense que les mots ואכלת, ושבעת signifient un repas capable de rassasier, ce qui exige la quantité d'un oeuf. Mais là (*concernant la viande et le levain*) c'est sur une différence d'opinions que se fonde leur dispute. R. Meïr pense que (*la mesure pour laquelle*) il faut retourner est comme (*celle qui peut rendre la viande*) profane. Or, de même que pour la rendre profane il faut autant qu'un oeuf, de même pour retourner, il faut autant qu'un oeuf. Mais R. Jéhuda pense que (*la mesure*) pour retourner est comme celle qui empêche (*d'en manger*). Or, de même que pour la prohibition il faut autant qu'une olive de même pour son retour il faut autant qu'une olive.

Mischna IIIe.

Comment fait-on le *Zimun?* A trois (*celui qui le fait*) doit dire: *bénissons*; s'ils sont trois et lui, alors il dit: *bé-*

---

35) *Raschi*: laquelle devient profane hors des murailles de la ville sainte.

nissez. A dix[36]) il dit: *bénissons notre Dieu*; s'ils sont dix et lui, il dit: *bénissez*. C'est tout un si l'on est dix ou dix mille (*selon R. Akiva, mais selon R. Jose le Galiléen* en cent, il dit: *bénissons l'Eternel notre Seigneur*; s'ils sont cent et lui, il dit: *bénissez*. En mille il dit: *bénissons l'Eternel notre Seigneur, Dieu d'Israël*. S'ils sont mille et lui, il dit: *bénissez*. En dix mille il dit: *bénissons l'Eternel notre Seigneur, Dieu d'Israël, Dieu des armées, qui est assis sur les Chérubins, pour la nourriture que nous mangeons*. S'ils sont dix mille et lui, il dit: *bénissez*. Dans les mêmes termes qu'il aura béni on doit répondre après lui: *béni l'Eternel notre Seigneur, Dieu d'Israël, Dieu des armées, qui est assis sur les Chérubins, pour la nourriture que nous mangeons*. R. Jose le Galiléen dit: on bénit selon le nombre de l'assemblée; car il est dit (Psau. LXVIII, 27.): *Dans les assemblées bénissez le Seigneur, Dieu de la source d'Israël*. Mais R. Akiva dit: quelle est la pratique que nous trouvons dans la Synagogue? Il est tout un s'il y a un grand ou un petit nombre. Il faut dire: *bénissez l'Eternel*. R. Ismaël dit: *bénissez l'Eternel, le béni*[37]).

Ghémara.

Samuel dit: l'homme ne devrait jamais s'exclure de la pluralité (*il devrait toujours dire: bénissons, et non: bénissez*); cependant nous avons appris: à trois et lui, il dit: *bénissez*. *Rép.:* Je dirai donc qu'il peut dire aussi: *bénissez*, mais que (*la formule*) *bénissons* est toujours préférable; car Rav Ada, fils d'Ahva, a dit: on a dit dans l'école de Rav: nous avons appris: six personnes se partagent (*pour faire le Zimun*) jusqu'à dix[38]). D'accord si tu dis que la formule bénissons est préférable, c'est pourquoi ils

F. 50. a.

---

36) L'Halaca est qu'un des trois jusqu'à dix, fasse la bénédiction en ces termes: *benedicamus eo quod comedimus de suo.*

37) L'Halaca est selon R. Ismaël.

38) *Raschi*: car seulement lorsqu'on est dix on peut prononcer le nom de Dieu.

se partagent; mais si tu dis que *bénissez* vaut mieux, pourquoi alors devraient-ils se partager? N'est-ce donc pas qu'on déduit de cela que *bénissons* est préférable? Oui c'est ce qu'on en déduit. La Baraïtha aussi porte dans le même sens: soit qu'il ait dit *bénissez*, soit qu'il ait dit *bénissons*, on ne le blâme pas pour cela. Mais cependant les scrupuleux le blâment pour cela, et de la manière de bénir de l'homme on peut reconnaître s'il est un disciple savant ou non. Comment cela? Selon Rabbi, celui qui dit: *et en son bien* (ובטובו) est un disciple savant, mais *(celui qui dit): et de son bien* (ומטובו) est un stupide [39]. Avaï disait à Rav Dimi: cependant il est écrit (II Sam. VII, 29.): *de ta bénédiction* (ומברכתך) *soit bénite la maison de ton serviteur à jamais. Rép.:* Dans une demande c'est une autre chose *(car il ne faut pas avoir l'air de demander beaucoup)*. Mais pour une demande aussi il est écrit (Psau. LXXXI, 11.): *ouvre ta bouche et je la remplirai. Rép.:* Cela est écrit relativement aux paroles *(à l'étude)* de la loi. *Baraïtha.* Rabbi disait: *(celui qui dit) dans sa bonté nous vivons* (חיינו) est un disciple savant; mais *(celui qui dit) la vie* (חיים) est un stupide *(parce qu'il s'exclut de la pluralité)*. Mais Naharbalaï enseignait le contraire. Cependant l'Halaca n'est pas selon Naharbalaï. R. Johanan disait: *(celui qui dit) bénissons, car nous avons mangé du sien*, est un disciple savant; *(mais celui qui dit) rendons grâces à celui* (למי) *du bien duquel nous avons mangé* est un stupide *(car cela se rapporte aussi au maître de la maison)*. Or, Rav Aha, fils de Rava, disait à Rav Ache: et cependant nous disons: *à celui* (למי) *qui a fait à nos pères et à nous tous ces miracles.* Il lui répondit: là c'est une chose évidente que celui qui a fait les miracles est le Saint, béni soit-il. R. Johanan disait: *(celui qui dit), béni soit-il, car nous avons mangé de son bien*, est un disciple savant; *(mais celui qui dit) sur la nourriture que nous avons mangée*, est un stupide. Sur quoi Rav Hunna, fils de Rav Jehochua, disait: cela n'a été dit que

39) *Raschi*: car il parle comme si la bonté de Dieu était limitée.

de trois; car le nom de Dieu n'y a pas lieu, mais quant à dix qui doivent prononcer le nom de Dieu, c'est une chose évidente: *(que la bénédiction se rapporte à lui seul)* selon ce qui est dit dans la *Mischna. Dans les mêmes termes selon lesquels il aura fait la bénédiction, etc.*

Mischna. C'est tout un s'ils sont dix, ou dix mille.

Ghémara. Ceci est contradictoire en soi-même; car tu dis: *c'est tout un pour dix ou pour dix mille*, donc un nombre est comme l'autre, et puis on enseigne de nouveau *pour cent il dit, etc. pour mille il dit, etc. pour dix mille il dit, etc. Rép.:* Rav Joseph disait que cela ne constitue pas une contradiction; car une sentence est de R. Jose le Galiléen, et l'autre de R. Akiva, car on nous enseigne dans la Mischna: *R. Jose le Galiléen dit, etc.*

Mischna. R. Akiva disait: quelle est la pratique que nous trouvons dans la Synagogue, etc.?

Ghémara. Mais que fait R. Akiva du verset de R. Jose le Galiléen? Il lui faut pour ce que nous avons appris: R. Meïr avait dit: d'où savons-nous que même les embryons dans les entrailles de leurs mères ont dit le cantique sur la mer *(rouge)?* De ce qu'il est dit: *dans les assemblées bénissons le Seigneur, Dieu de la source d'Israël.* Et l'autre? Il déduit cela de ממקור *(de la source).* Rava dit que l'Halaca est selon R. Akiva *(qui dit: que dix ou dix mille c'est la même chose).* Ravina et Rav Hama, fils de Puzi, étant arrivés dans la maison du Chef de la captivité, Rav Hama se leva et répondit (*à la bénédiction*) comme s'ils étaient cent. Ravina lui dit: on n'a pas besoin de cela, car c'est ainsi qu'a dit Rava: l'Halaca est selon R. Akiva. Rava disait: lorsque nous mangeâmes du pain dans la maison du Chef de la captivité *(qui aimait à rester à table long-temps)* nous fîmes la bénédiction trois à trois *(tout bas).* Mais pourquoi ne firent-ils pas la bénédiction dix à dix? Parce que le Chef de la captivité les aurait entendus [40]), et se serait fâché. Mais n'auraient-ils pu sortir *(des mains de leur devoir)* par la bénédiction

---

40) Car on est dix il faut lever la voix.

du Chef de la captivité? Comme tout le monde aurait fait du bruit, ils ne l'auraient pas entendue. Rabba Tosphaa disait: trois qui rompent du pain ensemble et un d'eux prévient *(les autres)*, et fait la bénédiction à part *(sans le Zimun)* eux sortent *(des mains de leur devoir)* par le *Zimun* qu'ils font sur lui, mais lui n'en sort pas par leur Zimun, car le Zimun ne peut rien à rebours *(pour celui qui a déjà fait la bénédiction)*.

Mischna. R. Ismaël dit, etc.

Ghémara. Raphram, fils de Papa, étant arrivé dans la Synagogue d'Avi Ghibber, il se leva et lut dans le livre *(de la Thora)* et dit: *bénissez l'Eternel*, puis il se tut, et ne dit pas *le loué*. Tout le monde s'écria: *bénissez l'Eternel le loué*. Or, Rav lui dit: Pot (פסירא B.) noir, pourquoi t'attaches-tu à ce qui est controversé, vu que la pratique de tout le monde est selon l'opinion de R. Ismaël.

Mischna IVe et Ve.

Trois qui mangent ensemble n'ont pas la permission de se séparer: c'est la même chose de quatre et de cinq. Mais six peuvent se séparer jusqu'à dix, et dix ne peuvent pas se séparer jusqu'à ce qu'ils ne soient vingt.

Deux compagnies *(de convives)* qui mangent dans la même maison, pourvu qu'une partie d'entr'eux se voie mutuellement, peuvent s'associer pour le *Zimun*, autrement les uns font le *Zimun* à part, et les autres aussi le font à part. Ils ne font pas la bénédiction du vin, jusqu'à ce qu'on y ait versé de l'eau[41]. Paroles de R. Eliéser[42], mais les savans disent qu'on peut la faire.

Ghémara.

Qu'est-ce qu'on nous fait entendre par là après que l'on nous a enseigné une autre fois que trois qui mangent ensemble sont obligés de faire le *Zimun*? On nous fait en-

---

41) *Maimonides*: pour le rendre potable, car autrement il était trop fort ou trop âpre.

42) Mais l'Halaca n'est pas selon R. Eliéser.

tendre ce que R. Abba a dit avoir entendu dire à Samuel: trois qui se sont assis pour manger ensemble, et qui n'ont pas encore mangé, n'ont pas la permission de se séparer. Selon d'autres R. Abba a dit avoir entendu dire à Samuel: c'est ainsi que nous avons appris: trois qui se sont assis pour manger ensemble, quoique chacun d'eux mange de son propre pain, n'ont pas la permission de se séparer. Ou même ainsi selon ce qu'a dit Rav Hunna: trois qui se réunissent de trois sociétés différentes, n'ont pas la permission de se séparer. Rav Hasda ajoute: et cela s'ils se sont réunis *(en se séparant)* de trois sociétés dont chacune est F. 50. b. composée, de trois hommes [43]). Rava disait: ceci n'a été dit que *(dans la supposition)* qu'on n'ait pas fait déjà le *Zimun* sur eux, dans leurs lieux *(dans leurs sociétés)*, mais si on a déjà fait le Zimun sur eux dans leurs lieux (*l'obligation de le répéter*) s'envole d'eux. Rava dit: d'où déduis-je cela? De ce que nous avons appris: un lit (*impur*), dont la moitié a été volée ou perdue, ou que des frères ou des associés se sont partagé, est pur; si on en rassemble de nouveau (*ses parties*) il est capable de devenir impur pour l'avenir. Pour l'avenir oui, mais pour le passé non; c'est donc à cause qu'on l'a partagé, que l'impureté s'est envolée de lui. Or, ici aussi ce doit être à cause qu'on a déjà fait le Zimun sur eux que son obligation s'est envolée d'eux.

Mischna. Deux compagnies (de convives), etc.

Ghémara. Une tradition porte: s'il y a un valet (*qui sert*) l'une et l'autre (*compagnie*) elles peuvent s'associer (*quoiqu'elles ne se voient pas*).

Mischna. On ne fait pas la bénédiction sur le vin.

Ghémara. Les rabbins ont appris: sur le vin jusqu'à ce qu'on y ait mêlé de l'eau (*pour le rendre potable*) on ne fait pas la bénédiction: *le créateur du fruit de la vigne*, mais: *le créateur du fruit de l'arbre* (*car on le regarde comme du raisin*), et on s'en sert pour laver les mains (*comme avec l'eau des autres fruits*). Dès qu'on y a versé

43) *Raschi*: vu que chacun a été obligé de faire le *Zimun* dans sa société.

de l'eau on fait sur lui la bénédiction: *le créateur du fruit de la vigne*, et on ne s'en sert plus pour laver les mains; paroles de R. Eliéser. Mais les savans disent: dans l'une comme dans l'autre circonstance, on fait sur lui la bénédiction: *le créateur du fruit de la vigne*, et on ne s'en sert pas pour laver les mains *(pour ne point gâter une chose qui sert à la nourriture)*. Selon qui donc doit aller *(doit être entendu)* ce qu'a dit Samuel; c'est-à-dire, que l'homme peut employer le pain à tous ses besoins? Selon R. Eliéser *(qui dit qu'on peut se laver avec le vin)*. R. Jose, fils de Hanina, disait: Les savans avouent à R. Eliéser, que quant au calice de la bénédiction, on ne bénit pas sur lui, jusqu'à ce qu'on y ait mêlé de l'eau. Quelle en est la raison? Rav Ochia dit: lorsqu'il s'agit des préceptes, il faut choisir ce qui est meilleur *(le vin rendu potable par l'eau)*. Mais les rabbins, qu'ont-ils eu en vue, en disant qu'il faut faire la bénédiction sur le vin sans eau? R. Zira dit: qu'ils ont eu en vue le vin de dattes (קירייטי *la Caryota)*.

Les rabbins ont appris: quatre choses ont été dites par rapport au pain: qu'on ne place pas de la viande crue sur le pain; qu'on ne fasse pas passer un calice plein sur le pain; qu'on ne se jette pas (l'un à l'autre) le pain, et qu'on n'appuie pas un plat sur le pain. Amemar, Mar Zutra et Rav Ache se trouvant à rompre le pain *(à manger)* ensemble on leur servit des dattes et des grenades. Alors Mar Zutra prit et jeta un os devant Rav Ache. Il lui dit: est-ce que Mar ne pense pas comme nous avons appris: on ne jette pas les choses qu'on peut manger? *(L'autre lui répondit)* cela est enseigné relativement au pain. Mais cependant une Baraïtha porte: de même qu'on ne jette pas le pain, ainsi on ne jette pas tout ce qu'on peut manger; mais *(il est dit)* dans une autre Baraïtha, répliqua l'autre, que quoiqu'on ne jette pas le pain, on jette néanmoins les choses qu'on peut manger, et cependant cela ne constitue pas une contradiction; car une sentence regarde les choses qui *(étant jetées s'écrasent et excitent)* de l'aversion, et l'autre sentence regarde des choses qui ne donnent pas de l'aversion. Les rabbins ont appris: on fait couler du vin dans des tubes devant le fiancé et la fiancée, et on jette devant eux des épis et des noix dans les jours d'été, et non dans les jours de pluie; mais quant aux gâteaux *(qui peuvent se casser)* on ne les jette ni dans les jours d'été ni dans les jours pluvieux.

R. Jéhuda disait: si quelqu'un a fait entrer (par oubli) des mets dans sa bouche, sans les bénir, il les fait aller d'un côté *(de la bouche)* et fait la bénédiction. Un Tanne enseigne qu'on les avale, et un autre Tanne enseigne qu'on les crache, et un troisième enseigne qu'on les fait aller *(d'un côté de la bouche)*. Cela n'est pas une contradiction; car la tradition qui porte qu'on les avale *(parle)* des boissons; et la tradition qui dit qu'on les crache *(parle)* des choses qui ne donnent pas de l'aversion, et la tradition enfin *(qui recommande)* de les pousser *(d'un côté de la bouche, parle)* des choses qui donnent de l'aversion. Mais pourquoi même quant aux choses qui ne dégoûtent pas, on ne les pousse point d'un côté de la bouche, et on fait la bénédiction? Selon l'interprétation que Rav Isaac Caskesaa faisait en présence de R. Jose, fils de R. Avin, et au nom de R. Johanan, c'est parce qu'il est dit (Psau. LXXI, 8.): *que ma bouche soit remplie de ta louange.* On demanda à Rav Hasda: si quelqu'un a mangé et bu sans faire la bénédiction, doit-il se corriger en la faisant après? Il répondit: est-ce que celui qui a mangé de l'ail, et sent mauvais, doit commencer à en manger encore davantage, afin qu'il sente plus mauvais encore[44]? Ravina a dit: c'est lorsqu'*(il s'en ressouvient au milieu du repas)* que même après l'avoir terminé, il peut se corriger et faire la bénédiction; car une Baraïtha porte (Pesahim 7. *b.*): si quelqu'un est entré dans le bain et en est sorti, il doit dire: *béni soit celui qui nous a sanctifiés par ses commandemens, et nous a ordonné le bain*[45]). Cependant ce n'est pas ainsi, car là *(par rapport au bain)*, du commencement l'homme n'en

F. 51. *a.*

44) La faute d'avoir omis la bénédiction deviendrait plus grave encore en la faisant inutilement.

45) On pourrait donc faire de même la bénédiction après le repas comme on la fait après le bain.

était pas capable *(ne pouvait pas bénir parce qu'il était impur)* tandis qu'ici *(dans le repas)* il en était capable du commencement, et puisqu'on en a laissé passer le moment, ce moment est passé pour toujours.

Les rabbins ont appris: *l'aspargos (vinum asparaginum* gr.) fait du bien au coeur, est bon pour les yeux et d'autant plus pour les entrailles, et si quelqu'un s'y accoutume, il fait du bien à tout le corps; mais si quelqu'un en devient ivre, cela fait du mal à tout le corps. De ce qu'il est enseigné *qu'il fait du bien au coeur*, on peut conclure qu'il s'agit du vin; mais on enseigne aussi: *et d'autant plus pour les entrailles*; cependant une Baraïtha porte: il fait du bien au לע״ט *(c'est-à-dire, au coeur* (לב), *à l'oeil* (עין) et à la râte (טחול), et il nuit au רמ״ת. *(C'est-à-dire, à la tête* (ראש) *et aux entrailles inférieures* (מעים התחתונירת). *Rép.:* La tradition *(qui dit qu'il est bon pour les entrailles)* parle du vieux *aspargos*, selon ce que nous avons appris (*Nedarim* 66. *a.*): je fais voeu de ne plus boire du vin que je goûte, car le vin nuit aux entrailles, si quelqu'un dit *(à celui qui fait ce voeu)* que le vieux (*aspargos*) fait du bien aux entrailles, et s'il se tait, le nouveau lui est défendu et le vieux permis. Oui, c'est ce qu'il faut en conclure. Les rabbins ont appris: six choses ont été dites de l'aspargos (*savoir*): qu'on ne le boit que pur et plein (*en rasades*); qu'on le prend dans la droite et on le boit avec la gauche; qu'on ne parle pas après l'avoir bu; qu'on ne le boit pas à petits traits; qu'on ne le rend qu'à celui qui nous l'a donné et qui a craché après (*l'avoir bu*), et qu'on ne le fait suivre que (*par des mets*) de son espèce. Mais cependant une Baraïtha porte: on ne le fait suivre que par du pain. Cela ne constitue pas une difficulté; car une sentence se rapporte au vin (*de raisin*), et l'autre à une boisson faite de fruits[46]. Nous avons appris une fois que (*l'aspargos*) fait du bien au לע״ט, et du mal au רמ״ת, et on nous dit dans une autre Baraïtha qu'il fait du bien au רמ״ת et du mal au לע״ט. Mais ceci ne constitue pas une difficulté; car

46) *Raschi*: de sorte que si cette boisson est faite de dattes il ne faut manger que des dattes après l'avoir prise.

une tradition est relative au vin, et l'autre à une boisson (*faite de fruits*). On nous apprend une fois que celui qui crache après (*l'avoir bu*), est frappé (*par quelque maladie*), et une autre Baraïtha porte que celui qui ne crache pas après (*l'avoir bu*), est frappé (*par une maladie*). Mais cela ne constitue pas une difficulté; car une tradition est relative au vin, et l'autre à une boisson faite de fruits. Sur quoi Rav Ache disait: maintenant que tu as dit, que celui qui ne crache pas (*après l'avoir bu*) est frappé (*d'une maladie*), il faut jeter (*cracher*) ses eaux même en face du roi [47].

R. Ismaël, fils d'Elicha, (*qui était monté au ciel par la force d'un des noms de Dieu*) disait: trois choses m'ont été contées par Suriel prince des fâces (*divines; ange qui reste en présence de Dieu*): ne prends pas ta chemise le matin, des mains du valet pour te la mettre; ne fais pas laver tes mains par celui qui n'a pas lavé les siennes, et ne rends le calice de l'*aspargos* qu'à celui qui te l'a donné, à cause que la *Tacsaphith* (*la horde*) et d'autres disent l'*Istalganith* (*la bande*) des anges de la destruction suivent de leurs yeux, l'homme en disant: aussitôt qu'il tombera entre les mains d'une de ces choses il y sera attrapé.

R. Jéhochua, fils de Lévi, disait: trois choses m'ont été exposées par l'ange de la mort: ne prends pas ta chemise, etc. ne fais pas laver tes mains, etc. et ne te place pas devant des femmes à l'heure qu'elles reviennent (*d'accompagner*) un mort; car alors je danse et marche devant elles, mon glaive en main, et j'ai la permission d'exterminer. Mais si quelqu'un les rencontre, quel en est alors le préservatif? Celui de sauter loin de sa place 4 coudées, et s'il y a un fleuve, celui de le passer, et s'il y a un autre chemin, celui de le prendre, et s'il y a une muraille, celui de se placer derrière elle, ou s'il n'y a rien de tout cela, celui de tourner son visage et de dire (Zachar. III, 2.): *Et l'Eternel dit à Satan: que l'Eternel te tance rudement, ô Satan, etc.* jusqu'à ce qu'elles les aient dépassés.

R. Zira disait avoir entendu dire à R. Avhu, et selon

---

47) *Raschi*: il vaut mieux cracher en présence du roi que de s'exposer à un danger.

d'autres c'est dans une Mischna qu'il a été enseigné, que dix choses ont été dites à l'égard du calice de la bénédiction (*du repas, savoir*): on est chargé (*obligé*) de le rincer et de le nettoyer; il doit être frais (*ou contenir du vin pur*), plein, couronné et couvert; on doit le prendre avec ses deux mains, et le mettre dans la droite, et le lever de terre (*lorsqu'on est couché*), et de table (*lorsqu'on est assis*) à la hauteur d'une palme, et y fixer ses yeux. Il y en a qui disent qu'il faut aussi l'envoyer en cadeau aux gens de sa maison (*à sa femme*) [48]. R. Johanan disait: quant à nous, nous n'observons que quatre de ces choses: rincer, nettoyer, frais (*ou pur*), plein (מלא). On nous a appris que *rincer (regarde)* l'intérieur (*du calice*), et *nettoyer* l'extérieur. R. Johanan dit: quiconque fait la bénédiction sur un calice plein, on lui donne un héritage sans limites; car il est dit (Deut. XXXIII, 23.): *et rempli* (מלא) *de la bénédiction de l'Eternel possédera* (ירשה) *la mer et le midi.* R. Jose, fils de Hanina, disait: il sera digne d'hériter des deux mondes (*savoir*) de ce monde et du monde à venir (*créés par l'*י *et l'*ה *de* ירשה). *Couronné* selon R. Jéhuda veut dire *couronné* (*ou entouré*) des disciples, et selon Rav Hasda *couronné* de vases. R. Hunan disait: le vin en doit être *pur* (חי). Rav Chechath disait: mais cela seulement jusqu'à la ברכת הארץ [49]). Le mot *couvert* (*signifie*) selon Rav Papa que (*celui qui fait la bénédiction*) doit s'envelopper dans (*son Talleth*) et s'asseoir. Rav Ase étendait le suaire sur la tête, et le prenait de ses deux mains. Rav Hanina, fils de Papa, disait: (*on déduit cela*) du verset (Psau. CXXXIV, 2.): *Elevez vos mains dans le sanctuaire, et bénissez l'Eternel.* (*Quant aux paroles*) *et on le met dans la droite*, disait R. Hija, fils d'Abba, avoir entendu dire à R. Johanan: les anciens ont demandé: la gauche doit-elle venir à l'appui de la droite? Sur quoi disait Rav Ache: puisque les anciens ont fait cette question,

---

48) אנשי ביתו homines domus; femme en tant qu'elle était à la tête du ménage de la maison. — Voy. ci-dessus.

49) *Raschi*: car lorsqu'on arrive à cette bénédiction on y ajoute de l'eau.

et qu'elle ne leur a pas été décidée nous nous attacherons au parti le plus rigoureux[50]). (*Quant aux paroles*) *et il le lève de terre à la hauteur d'un palme* R. Aha, fils de R. Hanina, disait que cela se fonde sur le verset (Psau. CXVI, 13.): *j'éleverai la coupe des délivrances, et j'invoquerai le nom de l'Eternel. Et il y fixe ses yeux;* afin que ses pensées ne s'en détournent pas. *Et l'envoie aux gens de sa maison* (*à sa femme*) *en cadeau;* afin qu'elle soit bénite. Ulla étant arrivé dans la maison de R. Nahman, y rompit le pain, y fit la bénédiction de la nourriture, et donna le calice de la bénédiction à Rav Nahman qui lui dit: Mar doit envoyer le calice de la bénédiction à Jaltha (*ma femme*). Il lui répondit: c'est ainsi qu'a dit R. Johanan: le fruit du ventre de la femme n'est béni que par le fruit du ventre de l'homme; car il est dit (Deut. VII, 13.): *et il bénira le fruit de ton ventre.* Il n'est pas dit פרי בטנה (*le fruit de ton ventre au féminin*), mais פרי בטנו (*le fruit de ton ventre au masculin*). Une Baraïtha aussi dit dans le même sens: R. Nathan disait: d'où savons-nous que le fruit du ventre de la femme n'est béni que par le fruit du ventre de l'homme? De ce qu'il est dit, etc. En attendant Jaltha ayant entendu (*ce discours*) se leva en colère, monta dans la cave et cassa 400 cruches de vin. Alors Rav Nahman dit à Ulla: que Mar lui envoie un autre calice. Mais (*Ulla*) envoya dire (*à Jaltha*) que toutes (*ces cruches*) tenaient bien lieu du calice de la bénédiction. Sur quoi elle lui manda en réponse: c'est des vagabonds que viennent les propos (inutiles, et des déguenillés, les pous)[51]).

Rav Ase disait: on ne cause pas sur le calice de la bénédiction. Rav Asi disait encore: on ne fait pas de bénédiction sur le calice des calamités. Qu'est-ce que le calice des calamités? Rav Nahman, fils d'Isaac, disait: c'est le se-

---

50) *Raschi*: qui est que la gauche n'appuie pas la droite dans une bénédiction.

51) Eloge et portrait des rabbins de ces temps faits par une femme.

cond calice [52]. Une Baraïtha aussi dit dans le même sens: celui qui boit deux calices (*dans un nombre pair*), ne doit pas faire la bénédiction; car il est dit (Amos IV, 12.): *prépare-toi* [53]) *à la rencontre de ton Dieu ô Israël.* Mais ceci ne répare rien. R. Avhu disait, et selon d'autres c'est dans la Mischna qu'il est enseigné: celui qui mange en marchant fait la bénédiction debout, et lorsqu'il mange debout, il fait la bénédiction en se tenant assis, et celui qui mange étant couché à table, s'assied et fait la bénédiction. Mais l'*Halaca* est dans tous ces cas qu'il faut s'asseoir pour faire la bénédiction.

Que notre retour soit sur toi, ô Section.

שלשה שאכלו.

52) *Raschi*: vu que c'est le calice pair et celui qui est à table et boit une couple de calices est blessé par les mauvais esprits.

53) *Raschi*: On se prépare à la rencontre de Dieu lorsqu'on en espère le bien et non lorsqu'on en craint le mal.

BERACOTH.

Huitième Section.

אלו דברים.

Mischna Ire—VIIIe.

Voici les choses controversées entre la maison de Chammaï et celle d'Hillel, au sujet du repas. La maison de Chammaï dit qu'il faut faire la bénédiction sur le jour *(de samedi ou de fête)*, et après sur le vin; mais la maison d'Hillel dit qu'il faut la faire sur le vin, et après sur le jour.

La maison de Chammaï dit: on lave les mains, et puis on verse dans le calice; mais la maison d'Hillel dit qu'on verse dans le calice, puis qu'on lave les mains.

La maison de Chammaï dit: on se nettoie les mains à la nappe (מפה lat. *ou à la serviette*), et on la place sur la table; mais la maison d'Hillel dit: sur le coussin (כסת f. et it.).

La maison de Chammaï dit: on balaie la maison [1]) *(après le repas)*, et puis on lave les mains [2]); mais la maison d'Hillel dit qu'on lave les mains et puis qu'on balaie la maison.

La maison de Chammaï dit: la lampe, la nourriture, les parfums [3]) et l'*Havdala* (*ou la séparation*); mais la maison d'Hillel dit: la lampe, les parfums, la nourriture et l'*Havdala.* La maison de Chammaï dit: *(dans la béné-*

---

1) Mot pour mot מכבד-ין את הבית *on rend honneur à la maison.*

2) La décision est ici selon la maison de Chammaï.

3) On indique ici l'ordre dans lequel on doit réciter les bénédictions à la sortie du Sabbath

diction de la lampe) celui qui a créé le luminaire du feu; mais la maison d'Hillel dit: *celui qui crée les luminaires du feu.*

On ne fait la bénédiction ni sur la lampe, ni sur les parfums des *Goim;* ni sur la lampe ni sur les parfums des morts; ni sur la lampe, ni sur les parfums qui se trouvent devant une idole. On ne fait pas la bénédiction sur la lampe jusqu'à ce qu'on jouisse de sa lumière.

Si celui qui mange, a oublié de faire la bénédiction, la maison de Chammaï dit qu'il doit revenir au lieu *(où il a mangé)* et la faire; mais la maison d'Hillel dit qu'il doit faire la bénédiction dans le lieu où il se le rappelle. Jusqu'à quand est-il tenu de bénir? Jusqu'à ce qu'on ait digéré la nourriture qui est dans les entrailles.

Lorsqu'on leur apporte le vin après le repas et qu'il n'y a que le calice *(où on l'apporte)*, la maison de Chammaï dit qu'on fait la bénédiction sur le vin, et puis sur la nourriture; mais la maison d'Hillel dit qu'on la fait sur la nourriture, et puis sur le vin. On doit répondre *Amen* après un Israélite qui fait la bénédiction; mais on ne répond pas *Amen* après un Couthéen[4]) qui fait la bénédiction, jusqu'à ce qu'on ne l'ait entendue toute entière.

Ghémara.

Les rabbins ont appris: *(la raison)* des choses qui sont controversées entre la maison de Chammaï et celle d'Hillel par rapport au repas, c'est que la première dit: on fait la bénédiction sur le jour et puis sur le vin, vu que le jour est cause qu'on apporte le vin, et que le jour était déjà sanctifié avant que le vin fût venu. Mais la maison d'Hillel dit que l'on fait la bénédiction sur le vin, et puis sur le jour; car le vin est cause que tu dis la Keducha (*la sanctification du Samedi*). Autre explication (*de la maison d'Hillel*): la bénédiction du vin est quotidienne, tandis

---

4) *Maimonides*: Tout ce qu'on trouve dans la *Mischna* sur les Couthéens, on doit l'entendre d'un peuple qui est supérieur aux Idolâtres, mais inférieur aux Israélites.

que la bénédiction du jour (*du Sabbath*) n'est pas quotidienne; or, lorsqu'une chose est quotidienne et qu'une autre ne l'est pas, la première a la préférence. Et l'Halaca est selon les paroles de la maison d'Hillel. A quoi bon l'autre explication? Parce que tu pourrais dire, là (*pour la maison de Chammaï*) il y a deux raisons, et ici une seule; c'est pourquoi ici aussi il y en a deux, vu que la bénédiction du vin est quotidienne, etc. Mais c'est tout simple (*que l'Halaca soit selon la maison d'Hillel*); car la Bath-Col avait déjà déclaré (*que son autorité doit prévaloir sur celle de la maison de Chammaï*). *Rép.:* Si tu veux je peux dire (*que cela a été dit*) avant la *Bath-Col*, et si tu

F. 52. a. veux je peux dire (*qu'il a été dit*) après la *Bath-Col*, et que c'est d'après l'opinion de R. Jehochua qui dit qu'on ne fait pas attention à une *Bath-Col*. Mais est-ce que la maison de Chammaï est d'avis que la bénédiction du jour doit avoir la préférence? Cependant une Baraïtha porte: celui qui rentre à la maison à la sortie du Sabbath fait la bénédiction sur le vin, sur le luminaire et sur les parfums, après quoi il dit l'*Havdala;* et s'il n'a qu'un calice (*de vin*) il le garde pour après le repas, et dispose tout cela dans l'ordre indiqué. Or, d'où sait-on que ceci est de l'Ecole de Chammaï? Peut-être est-il de la maison d'Hillel? *Rép.:* Que cela ne te vienne pas dans l'ésprit; car nous avons appris (*dans la Mischna*) *le luminaire et puis les parfums.* Et d'où sais-tu que cette opinion est de la maison de Chammaï, vu qu'il y a une Baraïtha qui porte: R. Jéhuda dit: la maison de Chammaï et celle d'Hillel ne sont pas partagées d'avis sur ce que (*la bénédiction*) de la nourriture doive être au commencement, et l'*Havdala* à la fin? Sur quoi donc diffèrent-ils? Sur le luminaire et sur les parfums; car la maison de Chammaï dit: le *luminaire* et puis les *parfums*, et la maison d'Hillel dit: les *parfums* et puis les *luminaires.* Or, donc d'où sait-on que l'opinion en question est de la maison de Chammaï, et cela conformément à l'avis de R. Jéhuda? Peut-être qu'elle appartient à la maison d'Hillel, et cela conformément à l'avis de R. Meïr. Que cela ne te vienne pas dans l'esprit, car nous avons appris ici dans la *Mischna:* la maison de Chammaï dit: *la lampe, la nourriture, les parfums et l'Havdala*, et la maison d'Hillel dit: *la lampe, les parfums, la nourriture et l'Havdala*, et là dans la Baraïtha il est enseigné: s'il n'a qu'un calice il le garde jusqu'après le repas, et dispose tout cela dans l'ordre indiqué. Il faut donc en conclure que cette Baraïtha est de l'Ecole de Chammaï, et cela conformément à l'avis de R. Jéhuda[5]). Mais néanmoins il reste toujours une difficulté[6]). *Rép.:* La maison de Chammaï est d'avis que c'est une autre chose l'entrée du jour (*la Keducha*), et une autre la sortie du jour (*l'Havdala*). Quant à l'entrée plus on l'accélère, mieux il vaut; quant à la sortie, plus on la retarde, mieux il vaut; afin que cela n'ait pas l'air qu'elles nous soient à charge. Or, est-ce que la maison de Chammaï est d'avis que la bénédiction de la nourriture est chargée du calice[7])? Et cependant nous avons appris (*dans notre Mischna*) si lorsqu'on leur apporte du vin après le repas, ils n'ont que ce seul calice, la maison de Chammaï dit que l'on doit bénir le vin et puis la nourriture. N'est-ce pas que celui qui fait la bénédiction du vin, le boit aussi (*au lieu de le conserver jusqu'à la fin*)? Non, il fait la bénédiction du vin et le garde. Mais cependant Mar a dit: celui qui fait la bénédiction, doit en goûter; donc il en a goûté, et cependant Mar a dit que celui qui en goûte le rend incapable (*d'une autre bénédiction*). *Rép.:* Il en a goûté dans sa main (*et non dans le calice*). Mais cependant Mar a dit: le calice de la bénédiction a besoin d'une mesure (*déjà fixée par les rabbins*); or, il aurait diminué cette mesure (*en en goûtant*). *Rép.:* Mais il y en avait plus que la mesure (*requise*). Cependant il est enseigné dans la Mischna: *s'il ne s'y trouve que ce seul calice* (*de vin*). *Rép.:* (*Il est vrai*)

---

5) *Raschi*: cette Baraïtha ne peut pas s'accorder avec la tradition expliquée par R. Meïr, vu que les *mets* et la *lumière* sont disposés dans l'une autrement que dans l'autre.

6) *Raschi:* vu que dans la Baraïtha le vin précède l'*Havdala*, et que dans la Mischna la maison de Chammaï soutient que la bénédiction du jour doit précéder.

7) *Raschi:* vu qu'il est dit: il garde le calice jusqu'après le repas.

qu'il ne s'y trouve pas deux calices (*de vin*), mais dans un calice (*il y en avait*) plus qu'il n'en fallait. Cependant R. Hija a enseigné: la maison de Chammaï dit: il fait la bénédiction du vin et le boit, et puis il fait la bénédiction de la nourriture. *Rép.:* (*Il faut donc dire*) qu'il y a deux Tannes qui rapportent (*de deux manières différentes*) l'explication de la maison de Chammaï [8]).

Mischna. La maison de Chammaï dit, etc.

Ghémara. Les rabbins ont appris: la maison de Chammaï dit: on lave les mains et puis on verse dans le calice; car si tu disais qu'on doit verser dans le calice au commencement, il serait à craindre que les *humeurs* (משקין) du dehors du calice ne devinssent impures à cause des mains, et ne rendissent de nouveau impur le calice. Mais alors (*il devait dire*) que les mains rendent impur le calice (*sans qu'il y ait de l'humeur au dehors*). *Rép.:* Les mains sont impures au second degré, et tout ce qui est impur au second degré ne rend pas impures les חולין (*les choses profanes*) au troisième, si ce n'est que moyennant les humeurs. Or, la maison d'Hillel dit: on verse dans le calice, et puis on lave les mains; car si tu disais qu'on doit laver les mains au commencement, il serait à craindre que les humeurs (משקין) qui sont sur les mains ne devinssent impures à cause du calice, et qu'elles ne rendissent de nouveau impures les mains. (*Dirons-nous*) que le calice rend impures les mains? *Rép.:* Un vase ne rend impur l'homme (*que par les humeurs*). Dirons-nous que (le calice) rend impures les humeurs qu'il contient? *Rép.:* Il s'agit ici d'un vase dont l'extérieur est devenu impur par les humeurs, cas dans lequel l'intérieur est pur, et impur l'extérieur; car nous avons appris: un vase dont l'extérieur est devenu impur par des humeurs, l'extérieur est impur, l'intérieur, F. 52. b. le bord, son anse et ses mains sont purs. Or, si l'intérieur est devenu impur, tout est impur. Mais en quoi donc sont-ils en dispute? La maison de Chammaï pense qu'il est in-

8) *Raschi:* le Tanne de la *Mischna* explique selon R. Jéhuda que les Chamméens sont d'avis que la bénédiction est chargée d'un calice, tandis que R. Hija lui fait dire le contraire.

terdit de se servir d'un vase dont l'extérieur est devenu impur par les משקין, et où il y a à craindre à cause des gouttes (*qui de l'intérieur pourraient tomber à l'extérieur, c'est pourquoi on doit laver les mains avant*)[9]), et il n'y a pas à craindre que les משקין des mains ne deviennent impurs par le calice (*vu qu'il est interdit de s'en servir selon la maison de Chammaï*). Mais la maison d'Hillel est d'avis qu'il est permis de se servir d'un vase dont l'extérieur est devenu impur par les משקין, et dit qu'il ne faut pas faire attention aux gouttes; mais qu'il y a plutôt à craindre que les משקין des mains ne deviennent impurs à cause du calice (*c'est pourquoi on doit laver les mains après*). Une autre grave objection c'est que tout de suite après qu'on a lavé les mains, suit le repas. Que signifie cette autre objection? C'est ainsi que la maison d'Hillel dit à celle de Chammaï: même selon vous qui dites qu'il est interdit de se servir d'un vase dont l'extérieur est impur, vu qu'il y a à craindre à cause des gouttes, notre avis est préférable (*car vous avez contre vous*) que tout de suite après qu'on a lavé les mains, le repas doit commencer. —

Mischna. La maison de Chammaï dit: il s'essuie les mains, etc.

Ghémara. Les rabbins ont appris: la maison de Chammaï dit: il essuie ses mains à l'essuie-main, et le dépose sur la table; car si tu dis (*qu'il faut le mettre*) sur le coussin, il est à craindre que les משקין de l'essuie-main ne deviennent impurs à cause du coussin, et ne rendent à leur tour impures les mains. (*On pourrait donc dire*) que le coussin rend impur l'essuie-main. *Rép.:* Un vase (*un ustensile*)[10]) ne rend pas impur un autre vase. (*On pourrait donc dire*) que le coussin rend impur l'homme même. *Rép.:* Un vase ne rend pas impur un homme; mais la mai-

---

9) Les mains qui ne sont pas lavées peuvent contracter le premier degré d'impureté et polluer les liqueurs qui à leur tour rendent impurs les vases.

10) *Raschi:* qui n'est pas père d'impureté. Les Talmudistes appellent *père* אב une chose principale qui en contienne plusieurs autres accessoires תולדות, ainsi que nous le verrons en temps et lieu.

son d'Hillel dit: (*qu'il faut le mettre*) sur le coussin; car si tu dis (*qu'il faut le placer*) sur la table, il est à craindre que les משקין de l'essuie-main ne deviennent impurs à cause de la table, et ne rendent impurs les mets à leur tour. On devait donc dire que la table rend impurs les mets qui se trouvent dessus. *Rép.:* Il s'agit ici d'une table (*impure*) au second degré, et ce qui est impur au second degré ne rend pas impurs les חולים au troisième, si ce n'est moyennant les משקין. En quoi donc diffèrent-ils d'opinion? La maison de Chammaï pense qu'il est interdit de se servir d'une table impure au second degré; car il est à craindre pour ceux qui mangent la *Truma* (*qu'elle n'en devienne illégale* פסול). Mais la maison d'Hillel opine qu'il est permis de se servir d'une table impure au second degré; vu que ceux qui mangent la *Truma*, savent bien se tenir sur leur gardes. Autre objection: laver les mains pour les חולין n'est pas de la loi. Que signifie cette autre objection? C'est ainsi que la maison d'Hillel dit à celle de Chammaï: si vous dites quelle est la raison que concernant les mets on craint (*l'impureté*), et quelle est la raison que concernant les mains on ne la craint pas. (*Nous vous répondons*) que même selon votre avis notre opinion sur l'essuie-main est préférable, vu que laver les mains pour (*manger*) les חולין n'est pas de la loi. Il vaut donc mieux que ce soient les mains qui deviennent impures, vu qu'elles ne sont pas fondées dans la loi, et non les mets qui ont leur fondement dans la loi.

Mischna. La maison de Chammaï dit: on balaie, etc.

Ghémara. Les rabbins ont appris: la maison de Chammaï dit: on balaie la maison, et puis on lave les mains; car si tu dis qu'il faut avant laver les mains, on croira de toi, que tu veux que les mets soient gâtés (*par les eaux qui y tombent dessus et qui les rendent degoûtants*). Or, la maison de Chammaï n'est pas d'avis qu'on doive laver les mains avant. Pour quelle raison? A cause des miettes (*qui pourraient devenir degoûtantes*). Mais la maisson d'Hillel dit: si le domestique est un disciple savant, il écarte les miettes de la grandeur d'une olive, et laisse celles qui n'ont pas la grandeur d'une olive; ce qui vient à l'appui de l'opinion de R. Johanan qui disait: quant aux miettes qui n'ont pas la grandeur d'une olive, il est permis de les gâter à desssin. En quoi donc diffèrent-ils d'avis? En ce que la maison d'Hillel opine qu'il est interdit de se servir d'un valet idiot, et la maison de Chammaï opine le contraire. R. Jose, fils de Hanina, disait avoir entendu dire à Rav Hunna: dans toutes ces thèses l'Halaca est selon la maison d'Hillel excepté cette dernière où l'Halaca est selon la maison de Chammaï. Mais R. Ochia enseigne au contraire que même dans cette dernière l'Halaca est selon la maison d'Hillel.

Mischna. La maison de Chammaï dit: la lampe, la nourriture, etc.

Ghémara.. Rav Hunna, fils de Jéhuda, étant arrivé dans la maison de Rava, vit que Rava faisait la bénédiction sur les parfums *(épiceries)* au commencement. Il lui dit: cependant la maison de Chammaï et celle d'Hillel ne diffèrent pas d'avis quant au luminaire; car une Baraïtha porte: la maison de Chammaï dit: la lampe, la nourriture les parfums et l'*Havdala*; et la maison d'Hillel dit: la lampe, les parfums, la nourriture et l'*Havdala*. Rava répondit après lui: c'est l'opinion de R. Meïr; mais R. Jéhuda dit que la maison de Chammaï et celle d'Hillel ne se partagent pas d'avis en ce que la *nourriture* doit être au commencement et en ce que l'*Havdala* soit à la fin. En quoi donc se partagent-ils d'avis? Sur le luminaire et sur les parfums; car la maison de Chammaï dit: sur le *luminaire* et puis sur les *parfums*, et la maison d'Hillel dit: sur les *parfums* et puis sur le *luminaire*. Et R. Johanan a dit que l'usage du peuple *(du plus grand nombre)* est selon ce que dit la maison d'Hillel conformément à l'avis de R. Jéhuda.

Mischna. La maison de Chammaï dit: qui a créé ברא, *etc.*

Ghémara. Rava dit: sur le mot ברא tout le monde est d'accord qu'il signifie: *qui a créé (la lumière pendant les six jours de la création)*; mais ils se partagent d'avis *(sur le sens)* du mot בורא. La maison de Chammaï opine qu'il signifie: *il est prêt à créer*, et la maison d'Hillel opine que בורא aussi signifie la même chose que ברא. Rav Joseph objecta (*qu'il est dit de Dieu*) (Esa. XLV, 7.): *qui forme la lumière, et qui crée* (בורא) *les ténèbres*; (Amos IV, 13.): *celui qui a formé les montagnes, et qui a créé* (בורא) *le vent*; (Esai. XLII, 5.): *qui a créé* (בורא) *les cieux et les a étendus*. Donc, dit R. Joseph, tout le monde doit se trouver d'accord, que les mots ברא et בורא signifient: *qui a créé*. Mais l'on diffère d'avis quant aux mots באור *(luminaire)* et מאורי *(luminaires)*; car la maison de Chammaï opine qu'il n'y a qu'une splendeur dans la lumière; mais la maison d'Hillel opine qu'il y en a beaucoup[11]). La Baraïtha aussi dit dans le même sens: les Hilleliens disent aux Chamméens: plusieurs splendeurs sont dans la lumière.

Mischna: on ne fait pas la bénédiction, etc.

Ghémara. D'accord quant à la lampe *(d'un idolâtre)* vu qu'elle n'a pas célébré (*qu'on n'a pas célébré avec elle*) le Sabbath. Mais pour les parfums, quelle est la raison pour laquelle on ne doit pas faire la bénédiction sur eux? Rav Jéhuda disait avoir entendu dire à Rav qu'il s'agit ici de l'action d'être couché à la table des Couthéens (*Gentils, Goim*); car cette action des Couthéens est tout simplement regardée comme un acte d'idolâtrie. Cependant de ce qu'il est enseigné dans la *Sepha: qu'on ne fait la bénédiction ni sur la lampe ni sur les parfums des idolâtres* (Variante: *qui sont en présence d'une idole)*, on peut déduire que dans la *Recha* on ne parle pas d'idolâtrie. Sur quoi R. Hanina de Sora disait: la raison *(que l'on cite dans l'une sert d'explication à l'autre)* c'est-à-dire: pour quelle raison on ne fait la bénédiction ni sur la lampe ni sur les parfums des Couthéens? Parce que leur action d'être couchés à table est tout simplement un acte d'idolâtrie.

Les rabbins ont appris: on fait la bénédiction sur une lumière qui a célébré le Sabbath, mais non sur celle qui ne l'a pas célébré. Que veut dire l'expression: *qui a célébré ou qui n'a pas célébré le Sabbath?* Dirons-nous

---

11) *Raschi:* car la flamme est rouge, blanche et verte en même temps.

qui elle n'a pas célébré le Sabbath à l'égard du travail, F. 53. *a.* et même d'un travail permis? Mais cependant une Baraïtha porte: qu'on fait la bénédiction sur la lumière d'une accoucheuse et d'un malade. *(C'est pourquoi)* Rav Nahman, fils d'Isaac dit, que célébrer le Sabbath *(signifie)* s'abstenir de faire un travail de transgression *(défendu)*. Nous avons aussi appris comme cela: quant à une lanterne qui a continué à être allumée un jour tout entier jusqu'à la sortie du Sabbath, on fait la bénédiction sur elle [12]).

Les rabbins ont appris: on fait la bénédiction sur *(une lampe)* qu'un Couthéen a allumée chez un Israélite *(pendant les ténèbres de la sortie du Sabbath)* ou qu'un Israélite a allumée chez un Couthéen. Mais si un Couthéen l'a allumée chez un autre Couthéen, on n'y fait pas la bénédiction. Qu'est-ce qu'il y a de différence lorsqu'un Couthéen l'a allumée chez un autre Couthéen, pour n'y point faire la bénédiction? Qu'elle n'a pas célébré le Sabbath. Mais si c'est ainsi, celle qu'un Israélite allume chez un Couthéen n'a pas non plus célébré le Sabbath. Dirastu que la défense s'en est allée *(avec la flamme)*, et qu'elle devient comme une autre lampe, car *(sa flamme)* se régénère entre les mains d'un Israélite? Mais que voudra dire alors cette Baraïtha (Betsa 39. *a.*) quiconque porte un flambeau *(d'un lieu privé)* à une possession commune se rend criminel *(de la violation du Sabbath)*. Or, comment s'en rendrait-il criminel, si ce qu'il a pris n'est plus ce qu'il apporte, et si ce qu'il apporte n'est plus ce qu'il a pris *(car la flamme en serait devenue une autre chose entre ses mains)*? Il faut donc dire que la défense continue toujours, et que si l'Israélite y fait la bénédiction, il ne la fait que sur le reste *(de la chandelle, qui en brûlant)* devient permis. Mais si c'est ainsi cela devrait valoir aussi *(pour une chandelle)* qu'un Couthéen allumerait chez un autre Couthéen. *Rép.:* Oui, dans ce cas aussi *(cela devrait valoir)*; mais on l'a défendu à cause d'un *Couthéen* *(qui l'aurait pu allumer)* avant *(la sortie du Sabbath)* et à cause *(d'une chandelle)* qui pourrait être restée dans son

---

12) *Raschi*: pourvu qu'elle n'ait pas été allumée pendant le samedi.

état primitif (*ou qui n'aurait pas continué à brûler pendant les ténèbres de la sortie du Sabbath*).

Les rabbins ont appris: lorsque quelqu'un marche hors d'une ville, et y voit une lumière, si la plupart (*des habitans*) en sont Couthéens, il ne fait pas la bénédiction; mais s'ils sont pour la plupart Israélites il fait la bénédiction. Mais cela est contradictoire en soi-même. Tu dis: *si la plupart sont Couthéens on ne fait pas la bénédiction*, donc on pourra la faire lorsqu'ils sont moitié et moitié; et puis il est de nouveau enseigné: *si la plupart sont Israélites on fait la bénédiction*, donc on ne pourra pas la faire lorsqu'ils seront moitié et moitié? *Rép.:* Il est juste que même lorsqu'ils seront moitié et moitié on fasse la bénédiction; mais comme il est enseigné dans la *Recha: la plupart Couthéens*, il est aussi enseigné dans la *Sepha: la plupart Israélites.* Les rabbins ont appris: lorsque quelqu'un marche hors d'une ville, et voit un enfant un flambeau en main, il étamine בדק it. *bodare*) après lui, et s'il est Israélite il fait la bénédiction, et s'il est Couthéen il ne la fait pas. Mais pourquoi s'il voit un enfant seulement? Cela devrait aussi valoir pour un adulte. Rav Jéhuda disait avoir entendu dire à Rav qu'il s'agit ici du temps qui succède immédiatement au coucher du soleil. Or, s'il est un homme fait, c'est une chose très-sûre qu'il ne peut être qu'un Couthéen [13]). Mais s'il est un enfant on peut penser qu'il est Israélite, et qu'il a pris (*ce flambeau*) par hasard. Les rabbins ont aussi appris: lorsque quelqu'un marche hors d'une ville, et y voit une lumière si elle est épaisse comme celle d'une fournaise on fait la bénédiction; mais si non, on ne fait pas la bénédiction sur elle [14]). On nous a appris dans un endroit qu'on fait la bénédiction sur la lumière d'une fournaise, et une autre Baraïtha porte qu'on n'y fait pas la bénédiction. Cela n'est pas contradictoire; car une tradition est relative au com-

---

13) *Raschi:* car un Israélite ne prend pas un flambeau à la main tout de suite après le coucher du soleil.

14) *Raschi:* on ne fait pas la bénédiction sur une lumière lorsqu'elle sert pour luire et non pour cuire.

mencement (*lorsque la lumière sert uniquement pour cuire dans une fournaise*), et l'autre tradition est relative à la fin (*lorsqu'elle sert pour luire plutôt que pour cuire*). Nous avons appris une fois que sur la lumière d'un four et d'un foyer on fait la bénédiction, et qu'une autre Baraïtha porte, qu'on n'y fait pas la bénédiction. Cela n'est pas contradictoire, car une tradition est relative au commencement, et une autre à la fin. Nous avons appris une fois que sur la lumière d'une Synagogue et d'une Ecole on fait la bénédiction; et une autre Baraïtha porte qu'on n'y fait pas la bénédiction. Cela n'est pas contradictoire, car une tradition (*parle du cas*) s'il y a un homme très-réputé [15]), et l'autre (*du cas*) s'il n'y a pas un homme très-réputé. Et si tu veux, je peux dire, que l'une et l'autre (*parlent du cas*) s'il y a un homme très-réputé, et que cependant cela ne constitue pas une difficulté; car une tradition (*est relative au cas*) s'il y a un Chantre [16]), et l'autre (*du cas*) où il n'y a pas de Chantre. Si tu veux, je peux dire que l'une et l'autre (*parlent du cas*) où il y a un Chantre, et que cependant cela ne constitue pas une difficulté; car l'une (*est relative au cas*) où il y a la lune [17]), et l'autre (*au cas*) où il n'y a pas de lune.

Les rabbins ont appris: si on apporte une lumière devant ceux qui sont assis dans une école, la maison de Chammaï dit que chacun doit faire la bénédiction à part; mais la maison d'Hillel dit qu'un seul doit la faire pour tous à cause qu'il est dit (Prov. XIV, 28.): *Dans la multitude du peuple est la magnificence du roi.* D'accord,

---

15) *Raschi*: car comme alors on n'a pas allumé cette lumière pour luire, mais pour faire honneur à cet homme, on ne doit pas y faire la bénédiction.

16) *Raschi*: le Chantre de la Synagogue mange à cette lumière, mais comme elle est allumée en même temps pour luire, on n'y fait pas la bénédiction.

17) *Raschi*: comme le Chantre peut alors manger au clair de la lune, on doit dire que la lumière ne sert pas pour luire, mais pour honorer un homme distingué et par conséquent on ne doit pas y faire la bénédiction.

pour la maison d'Hillel qui appuie cela d'une raison. Mais quelle raison peut avoir la maison de Chammaï? Elle opine ainsi à cause qu'on devrait interrompre (*les études*) dans l'école (*pour répondre Amen*). Il y a aussi une Baraïtha qui dit dans le même sens: ceux de la maison de Rabban Gamaliel n'étaient pas accoutumés de dire: *à votre santé* dans l'école, vu que les études en étaient interrompues.

Mischna. On ne fait la bénédiction ni sur la lampe ni sur les parfums des morts.

Ghémara. Quelle en est la raison? Qu'on allume la lampe pour leur honneur (*et non afin qu'elle luise*), et qu'on brûle les parfums pour chasser la mauvaise odeur (*et non afin qu'ils sentent bon*). Rav Jéhuda disait avoir entendu dire à Rav: on ne fait pas la bénédiction sur la lumière de tout mort (*dont la réputation exige*) que l'on porte devant lui (*des flambeaux*) le jour comme la nuit [18]; mais on la fait sur la lumière de tout mort devant lequel on doit porter (*des flambeaux*) seulement pendant la nuit [19]. Rav Hunna disait: sur les parfums d'un privé et sur l'huile préparée pour faire disparaître les souillures (*des mains après le repas*) on ne fait pas la bénédiction. Dira-t-on que c'est parce que chaque fois que leur confection n'est pas pour l'odeur, on n'y fait pas la bénédiction? Mais alors voici une objection: celui qui entre dans une boutique de parfums, et en sent l'odeur, lors même qu'il y demeure assis une journée toute entière ne fait la bénédiction qu'une seule fois. Mais s'il entre et sort, entre et sort (*à plusieurs reprises*) il doit faire la bénédiction chaque fois (*qu'il sent l'odeur*). Or, voici un cas, où leur confection n'avait pas eu pour but l'odeur, et cependant on y fait la bénédiction. *Rép.:* Oui, elle a eu aussi pour but l'odeur, c'est-à-dire, que les hommes en sentent l'odeur, et viennent en acheter. Les rabbins ont appris: lorsque quelqu'un marche hors d'une ville et sent une bonne odeur, si la plupart (*de*

---

18) *Raschi*: on ne fait pas la bénédiction sur la lumière lorsqu'on porte un mort au tombeau après la sortie du Sabbath.

19) *Raschi*: car alors ces flambeaux sont allumés pour luire et non pour lui faire honneur.

ses habitans) sont idolâtres, on n'y fait pas la bénédiction; mais s'ils sont pour la plupart Israélites, on y fait la bénédiction. R. Jose dit: lors même qu'ils sont pour la plupart Israélites on n'y fait pas la bénédiction, à cause que les filles d'Israël brûlent de l'encens pour des sorcelleries. Comment, (*crois-tu*) que toutes brûlent de l'encens pour des sorcelleries? J'ai voulu dire: une partie pour des sorcelleries et une autre partie aussi pour perfectionner (*parfumer*) les habits. Il se trouve donc que la plupart ne font pas cela pour la bonne odeur, et on ne fait pas la bénédiction sur toute odeur que la plupart ne préparent pas pour la sentir. R. Hija, fils d'Abba, disait avoir entendu dire à R. Johanan: quiconque marche la veille du Sabbath à *Tibériade et* la sortie du Sabbath à *Tsippore*, et sent une odeur ne doit pas y faire une bénédiction, à cause qu'on peut présumer que (*cette odeur*) n'a été faite que pour perfectionner les habits. Les rabbins ont appris: celui qui marche dans une rue d'idolâtres et se plaît à sentir une odeur, est un pécheur.

Mischna. On ne fait pas de bénédiction sur une F. 53. *b.* *lampe jusqu'à ce qu'on en ait une jouissance.*

Ghémara. R. Jéhuda disait avoir entendu dire à Rav: le mot *jouissance* ne doit pas être pris à la rigueur; mais pourvu que quelqu'un se trouve devant la lumière à telle distance qu'il puisse s'en servir (*il doit y faire la bénédiction*) quand même il se trouverait dans un lieu éloigné. Et c'est ainsi qu'explique cela Rav Ache en disant que la tradition parle aussi d'un lieu éloigné. Question: si quelqu'un a une lampe cachée dans son sein ou dans une lanterne (פנס gr.) ou s'il voit une flamme sans se servir de sa lumière, ou qu'il se serve de sa lumière sans voir la flamme, il ne fait pas la bénédiction jusqu'à ce qu'il voie la flamme, ou qu'il se serve de sa lumière. Or, d'accord (*pour le cas*) où il se sert de la lumière, sans voir la flamme (*cas*) qui peut avoir lieu lorsque (*la flamme*) reste dans le coin d'un angle; mais (*le cas*) où il voit la flamme sans se servir de la lumière, comment peut-il avoir lieu? Ne serait-ce pas dans l'éloignement? Non, mais lorsque par exemple une lampe s'obscurcit et s'éteint peu à peu. Les rabbins ont appris: sur les charbons, on fait la bénédiction, mais non sur des charbons qui s'éteignent (אומעמות). Qu'est-ce qu'on doit entendre par *ardens?* Rav Hasda dit: tout charbon qui si l'on y met un éclat de bois s'allume de lui-même. On fit cette question: doit-on écrire אומעמות ou עוממות? Viens et écoute ce que dit Rav Hasda, fils d'Avdimi (*en faveur de la dernière leçon*): *il est écrit* (Ezéch. XXXI, 8.): *les cèdres ne l'ont pas obscurci* (עממוהו) *dans le jardin de Dieu.* Or, Rava disait que les mots: *jusqu'à ce qu'on en ait une jouissance* doivent être pris strictement (*c'est-à-dire, il faut qu'on soit près de la lumière*). Et jusqu'à quel point? Ulla disait: jusqu'à ce qu'on sache distinguer entre (*les monnaies*) *Isar* (איסר assarium gr.) et *Pondéon* (פנדיון lat.). Hiskie dit: jusqu'à ce qu'on sache distinguer entre le *Meluzma (poids* מלוזמא) de Tibériade et le *Meluzma* de *Zippore.* Rav Jéhuda fit la bénédiction *(sur la lumière)* de la maison d'Ada Dajala *(qui était éloignée)*, Aava fit la bénédiction sur celle de la maison de Goria, fils de Hama *(qui était tout près)*, et Avaï la fit sur celle de la maison du fils d'Avhu. Rav Jéhuda disait avoir entendu dire à Rav: on ne cherche pas la lumière *(pour y faire la bénédiction)* comme l'on cherche *(l'occasion de pratiquer)* les autres préceptes. R. Zira disait: au commencement je la cherchais, mais dès que j'ai entendu cette maxime de Rav Jéhuda énoncée par Rav, moi aussi je ne la cherche plus; mais si elle me rencontre d'elle même, je fais la bénédiction.

Mischna. Quiconque a mangé, etc.

Ghémara. Rav Zevid disait, (et selon d'autres Rav Dimi, fils d'Abba) que la dispute a lieu en cas qu'il l'ait oubliée; mais s'il l'a omise à dessein tout le monde avoue qu'il faut retourner à sa place et faire la bénédiction. Mais cela va sans dire, une fois qu'il est enseigné expressément *s'il l'a oubliée.* A quoi bon donc *(cette remarque)?* C'est parce que tu aurais pu dire que c'est la même chose, lorsqu'on le fait à dessein; et ce qu'il est enseigné: *s'il l'a oubliée (sert)* pour te faire connaître la force *(la rigueur)* de la maison de Chammaï. Voilà donc pourquoi tout cela est enseigné expressément.

Baraïtha: La maison d'Hillel disait à la maison de Chammaï: selon vos paroles: celui qui a mangé au sommet d'un palais, et par oubli en est descendu, sans faire la bénédiction, devrait monter encore une fois au sommet de ce palais, et y faire la bénédiction. La maison de Chammaï répondit à la maison d'Hillel: selon vos paroles, si quelqu'un a oublié une bourse *(d'argent)* au sommet d'un palais ne devrait-il pas y remonter pour la reprendre? Or, s'il y remonte pour son propre honneur, d'autant plus pour l'honneur du ciel. Il y avait deux écoliers dont un, dans un cas d'erreur, s'étant réglé selon la maison de Chammaï, trouva une bourse *(remplie)* d'or, et l'autre, dans un cas d'omission faite à dessein, s'étant comporté selon la maison d'Hillel fut dévoré par un lion. Rav, fils du fils de Hunna, voyageant avec une caravane mangea, et par mégarde ne fit pas la bénédiction. Il dit: comment dois-je faire? Si je leur dis: j'ai oublié de faire la bénédiction; ils me diront: fais-la ici, vu qu'en tout lieu est la divine miséricorde; car dans quelque lieu que tu la fasses tu la fais toujours à la divine miséricorde. Il vaut donc mieux que je leur dise: j'ai oublié une colombe d'or. Il leur dit donc: attendez-moi; car j'ai oublié une colombe d'or. Il alla, il fit la bénédiction et trouva une colombe d'or. Mais pourquoi *(a-t-il dit) une colombe?* Parce que la commune d'Israël est comparée à une colombe; car il est écrit (Psau. LXVIII, 14.): *les ailes d'une colombe couverte d'argent et dont les plumes sont comme la couleur jaune du fin or.* De même que la colombe ne trouve son salut que dans ses ailes; de même Israël ne se sauve (dans ce monde) que *(par la pratique)* des préceptes. Et selon une variante: de même que pour une colombe les ailes servent de bouclier, de même pour les Israélites les préceptes servent de bouclier.

Mischna. Jusqu'à quand, etc.

Ghémara. Combien de temps dure la mesure de la digestion? R. Johanan dit: aussi long temps qu'on n'a pas faim; mais Risch Lakisch disait: aussi long temps qu'on a soif à cause de la nourriture mangée. Rav Jemar, fils de Chalmaja, disait à Mar Zutra, et selon d'autres, Rav Jemar, fils de Chazbi, disait à Mar Zutra? est-ce que Risch Lakisch a dit comme cela? Et cependant Rav Ami disait avoir entendu dire à Risch Lakisch: combien de temps dure la mesure de la digestion? Autant qu'il en faut pour faire quatre milles. Cela ne constitue pas une difficulté; car ici *(on parle du cas)* où l'on a beaucoup mangé et là *(du cas)* où l'on a peu mangé.

Mischna. Si on leur apporte du vin, etc.

Ghémara. Dirons-nous qu'un Israélite doit répondre *(Amen)* lors même qu'il n'a pas entendu toute la bénédiction? Mais s'il ne l'a pas entendue, comment a-t-il accompli *(son devoir de faire la bénédiction après le repas)?* Hija, fils de Rav, dit *(qu'il s'agit ici d'un homme)* qui n'a pas mangé avec les autres; et dans le même sens Rav Nahman disait avoir entendu dire à Rabba, fils d'Avhu *(qu'il s'agit de quelqu'un)* qui n'a pas mangé avec les autres. Rav disait à Hija son fils: mon fils, prends vite *(le calice avant les autres)* et fais la bénédiction. Rav Hunna disait la même chose à Rava son fils. Devrions-nous dire *(que c'est parce que)* celui qui fait la bénédiction mérite d'être préféré à celui qui répond *Amen?* Cependant une Baraïtha porte que R. Jose disait: celui qui répond *Amen* surpasse en mérite celui qui fait la bénédiction. Rav Nehoraï lui disait: par le ciel il en est ainsi, et tu peux en acquérir la conviction en (voyant) que les vélites (גוליירין *Galearii* lat.) descendent et commencent la bataille, et que les vaillans descendent et finissent par remporter la victoire *(les derniers sont préférables aux premiers). Rép.:* Mais ce n'est qu'une opinion particulière de quelques *Tanaïtes;* car la Baraïtha porte que faire la bénédiction c'est au fond la même chose que répondre *Amen,* mais on accélère la récompense de celui qui bénit, plus que celle de celui qui répond *Amen.* Samuel demandait à Rav: est-ce qu'il faut répondre *Amen,* même après les enfans *(qui apprennent à faire la bénédiction)* dans la maison *(école)* de leurs précepteurs? Il lui dit: on répond Amen après *(la bénédiction)* de tout le monde, excepté après *(celle)* que les enfans *(apprennent à faire)* dans la maison *(école)* de leurs précepteurs, vu qu'ils ne la font que pour apprendre, et que cela a lieu hors du temps *(qu'ils font la bénédiction)* de leur *Haphtora;* mais dans le temps de leur *Haphtora* on doit répondre *Amen.*

Les rabbins ont appris: l'huile *(dont on se sert après le repas)* retarde la bénédiction *(on ne peut faire la bénédiction avant qu'on apporte cette huile);* paroles de R. Zilaï. Mais R. Zivaï dit qu'elle ne la retarde pas. R. Aha disait que la bonne huile la retarde. R. Zohamaï disait: de même que tout ce qui est souillé est impropre au service divin, de même les mains souillées sont impropres à la bénédiction. Rav Nahman, fils d'Isaac, disait: moi je ne connais ni Zilaï, ni Zivaï, ni Zohamaï, mais je sais qu'une *Mischna* porte que Rav Jéhuda disait avoir entendu dire à Rav, et d'autres disent: qu'il se trouve tout simplement enseigné dans une tradition, que dans le Lév. XX, 7 et 26. (les mots) *Sanctifiez-vous*, signifient les premières eaux, *et soyez saints*, ce sont les dernières eaux; *car saint*, c'est l'huile, *moi l'Eternel, votre Dieu*, c'est la bénédiction. —

Que notre retour soit sur toi, ô Section.

אלו דברים.

BERACOTH.

Section neuvième.

הרואה.

Mischna Ie—Ve.

F. 54. a. Celui qui voit un endroit où ont été opérés des prodiges en faveur d'Israël, doit dire: *béni celui qui a fait des prodiges à nos pères dans ce lieu.* S'il s'agit d'un lieu d'où on a extirpé l'idolâtrie, il doit dire: *béni celui qui a extirpé l'idolâtrie de notre terre.*

A cause des comètes, des tremblemens de terre, des éclairs, des tonnerres et des vents, on doit dire: *béni celui dont la force et la puissance remplissent le monde.* Pour les montagnes, les collines, les mers, les fleuves, les déserts on doit dire: *béni celui qui a fait le* בראשית (*l'oeuvre de la création*). R. Jéhuda dit: celui qui voit la mer grande *(l'Océan)* doit dire: *béni celui qui a fait la mer grande*, c'est-à-dire, lorsqu'il la voit par intervalles (*de temps*)[1]. Pour les pluies et de bonnes nouvelles on doit dire: *béni le bon et qui fait le bien.* Mais pour de mauvaises nouvelles on dit: *béni le juge de la vérité.*

Celui qui a bâti une nouvelle maison et acheté de nouveaux ustensiles doit dire: *béni celui qui nous vivifie, et nous soutient, et nous a fait parvenir jusqu'à ce temps.* Il faut bénir pour le mal qui se présente sous l'aspect du bien (*en disant: béni le bon et qui fait du bien*), et pour le bien qui se prétente sous l'aspect du mal (*en disant: béni le juge de la vérité*). Si quelqu'un supplie pour une chose qui est passée, voilà que sa prière est vaine, comme

1) Mais l'Halaca n'est pas selon R. Jéhuda.

par exemple si sa femme étant enceinte il disait: *qu'il plaise* (à Dieu) que ma femme enfante *un mâle*, voilà une prière qui serait vaine. Si celui qui se trouvant en chemin, et entendant des voix et des exclamations dans la ville, disait: *qu'il plaise (à Dieu)* que cela n'ait pas lieu *au milieu de ma maison*, voici une prière qui serait vaine.

Celui qui entre dans une place fortifiée, doit prier deux fois, une fois lorsqu'il y entre, et une autre fois lorsqu'il en sort. Le fils d'Azaï dit: quatre fois, deux fois en y entrant et deux fois en en sortant et qu'il doit rendre grâce pour ce qui est déjà arrivé, et supplier pour ce qui doit arriver [2]).

L'homme est obligé de faire une bénédiction tant pour le mal que pour le bien; car il est dit (Deut. VI, 5.): *et tu aimeras l'Eternel ton Dieu de tout ton coeur, de toute ton âme et de toutes tes forces. De tout ton coeur (c'est-à-dire)* avec tes deux penchans, (savoir) avec le bon penchant et le mauvais. *De toute ton âme* (c'est-à-dire) lors même qu'il prendrait ton âme. *Et de toutes tes forces (c'est-à-dire)* avec toutes tes richesses. Selon une autre exposition de toutes tes forces (בכל מאדך) *(veut dire) pour chaque mesure* (מדה) *qu'il t'aura mesurée* (מודך) *il faut que tu lui rendes grâces* (מודה). L'homme ne doit pas porter légèrement *(avec peu de respect)* sa tête devant la porte orientale qui reste directement vis-à-vis de la maison du Saint des Saints: il ne doit pas entrer dans la montagne de la maison *(de Dieu)* avec un bâton, avec des souliers, avec une fronde (פונדה lat.) [3]) ou avec de la poussière sur les pieds: il ne doit pas y faire un chemin abrégé (קפנדריא lat.), et sur-tout il ne doit pas y cracher. A chaque conclusion des bénédictions

---

2) L'Halaca est selon le fils d'Azaï.

3) *Bartenora*: פונדה *funda* c'était une ceinture où on apportait de l'argent (Matth. X, 9.) et selon d'autres une espèse d'habillement propre à empêcher que les habits précieux ne fussent tachés par la sueur. *Guisius* dit qu'il faut distinguer le mot „פונדה, de l'autre אפונדה et que le premier signifie une bourse en guise de filet, et l'autre une sorte d'habillement que les Grecs appellent ἐπενδύτης.

(que l'on faisait) dans le Sanctuaire, on disait *a saeculo* מן העולם); mais depuis que les *Epicuriens* האפיקורסים gr.) selon d'autres les *Minéens* המינים[4]) en propageant leurs opinions corrompues, disaient qu'il n'y a qu'un seul siècle, on établit qu'il fallait dire *a saeculo ad saeculum* מן העולם ועד העולם). Il fut aussi établi que l'homme saluât son compagnon dans le nom (de Dieu); car il est dit: (Ruth II, 4.) *or, voici Booz vint de Bethlehem et dit aux moissonneurs: l'Eternel soit avec vous, et il lui répondirent: l'Eternel te bénisse.* Il est aussi dit (Jug. VI, 12.): *l'Eternel soit avec toi, homme vaillant.* Il est dit en outre (Prov. XXIII, 22.): *Et ne méprise pas ta mère quand elle sera devenue vieille*[5]). Et il est dit enfin (Psau. CXIX, 26.): *Tempus agendi Domino, irritam fecerunt legem tuam.* R. Nathan dit: *irritam fecerunt legem tuam, quia tempus agendi Domino.*

Ghémara.

D'où savons-nous ces choses? R. Johanan disait de ce que le verset dit (Exod. XVIII, 10.): *Puis Jéthro dit: béni soit l'Eternel qui vous a délivrés de la main des Egyptiens, etc.* Sur un prodige (fait) à plusieurs, nous faisons la bénédiction, mais sur un prodige fait à un seul individu, nous ne la faisons pas. Cependant cet homme qui voyageant en *Avav Jamina (au sud du Phrath)* fut attaqué par un lion, et pour lequel se fit un prodige qui le délivra de ce danger; alla en présence de Rava qui lui dit: chaque fois que tu parviendras là, fais la bénédiction: *béni celui qui m'a fait un prodige dans ce lieu.* De même Mar, fils de Ravina, étant en voyage dans la vallée[6]) d'*Arvoth* sentit grande envie de boire.

---

4) *Guisius: solenne est Judaeis haec nomina confundere ut censoribus fraude sint.* Nicolas Fuller prétend que מין dérive de מאן et qu'il signifie en général *abnegans fidem.* Ici il vient visiblement pour *Sadducéen.*

5) *Maimonides:* c'est-à-dire, il ne faut pas mépriser les ordonnances des savans ou des vieillards.

6) פקתא au lieu de פקעתא *Littera gutturali exclusa ut saepe,*

Par un prodige qui fut fait alors en sa faveur, une fontaine d'eau fut créée, et il but, et de nouveau une autre fois lorsqu'il marchait sur la place de *Mahoza* tomba sur lui un chameau farouche (פריצא). Alors il s'ouvrit devant lui la muraille *(d'une maison)* où il put entrer. Or, lorsque par la suite, il parvenait à Arvoth, il faisait la bénédiction: *béni celui qui m'a fait un prodige en Arvoth. Ainsi qu'avec le chameau.* Et lorsqu'il revenait sur la place de *Mahoza* il faisait la bénédiction: *béni celui qui m'a fait un prodige avec le chameau ainsi qu'en Arvoth. Rép.:* Il faut donc dire que pour un prodige (*fait*) pour plusieurs, tout le monde est obligé de faire la bénédiction, et que pour un prodige (*fait en faveur*) d'un seul individu, lui seul est obligé de la faire.

Les rabbins ont appris: quiconque voit les endroits par où on a passé la mer (*rouge*), le Jourdain, et le torrent Arnon, et les pierres de grêle en descendant Beth-Horon (Jos. X, 11.), et la pierre que tâcha de jeter sur Israël Og, roi de Bachan, et la pierre sur laquelle fut assis Moïse pendant que Josué combattait contre Amalec, et la femme de Lot, et les murailles de Jéricho qui furent englouties sur place, pour tout cela il faut qu'il donne louange et gloire à Dieu.

D'accord pour le passage de la mer, vu qu'il est écrit (Exod. XIV, 22.): *Et les enfans d'Israël entrèrent au milieu de la mer à sec;* et pour le passage du Jourdain; car il est écrit (Jos. III, 17.): *Mais les sacrificateurs qui portaient l'Arche de l'alliance de l'Eternel s'arrêtèrent à sec au milieu du Jourdain pendant que tout Israël passa à sec jusqu'à ce que tout le peuple eût achevé de passer le Jourdain.* Mais quant au passage du torrent Arnon d'où savons-nous cela? De ce qu'il est écrit (Nomb. XXI, 14.): *C'est pourquoi il est dit au livre des batailles de l'Eternel* את והב בסופה, etc. — Une tradition porte qu'Eth (את) et Hav (הב) étaient deux lépreux qui marchaient à la queue (בסוף) du camp d'Israël. Lorsque les

---

dit Buxtorf; c'est-à-dire, comme il arrive souvent dans le dialecte qu'ont parlé les Talmudistes.

F. 54. b. Israélites passaient *(entre deux montagnes)*, vinrent les Amoréens et s'y firent des cavernes, et s'y tinrent cachés en disant: quand les Israélites passeront par ici, nous les tuerons. Or, ils ne savaient pas que l'Arche précédait Israël, et qu'elle aplanissait les montagnes devant eux. Aussitôt que l'Arche arriva, les montagnes s'accrochèrent l'une à l'autre, et tuèrent les Amoréens, dont le sang *(parvint)* jusqu'aux ruisseaux d'Arnon. Quand *Eth* et *Hav* arrivèrent, ils virent le sang qui sortait d'entre les deux montagnes *(qui étaient déjà revenues à leur place)*. Ils le dirent aux Israélites qui chantèrent un cantique. Cela se combine avec ce qui est écrit (ib. vs. 15.): *et le cours* (אֶשֶׁד) *des torrens qui tend vers le lieu où Hav est située et qui se rend aux frontières de Moab* (Talm.: *une montagne s'est renversée* (אֶשֶׁד) *sur l'autre)*.

אבני אלגביש *(les pierres de grêle)* que signifient ces paroles? Une tradition porte *(qu'elles signifient)* על גב איש *(à cause d'un homme)* c'est-à-dire, des pierres qui sont restées suspendues *(en l'air)* à cause d'un homme, et qui en sont descendues à cause d'un homme. *Elles y ont demeuré suspendues à cause d'un homme*, c'est-à-dire, à cause de Moïse; car il est écrit (Nomb. XII, 3.): *Or, cet homme* (איש) *Moïse fort doux etc.*, et il est aussi écrit (Exod. IX, 33.): *et les tonnerres cessèrent, et la grêle et la pluie ne tombèrent plus sur la terre.* — *Elles en descendirent à cause d'un homme*, c'est-à-dire, de Josué; car il est écrit (Ib. XXVII, 18.): *Prends-toi Josué, fils de Nun, qui est un homme* (איש) *en qui est l'esprit, etc.*, et il est aussi écrit (Jos. X, 11.): *Et comme ils s'enfuyaient de devant les fils d'Israël, et qu'ils étaient à la descente de Beth-Horon, l'Eternel jeta sur eux de grosses pierres.*

La pierre qu'Og, roi de Bachan, tâcha de jeter sur Israël. On nous a enseigné qu'il raisonna ainsi: quelle est l'étendue du camp d'Israël? Trois *parses*. J'irai donc, je déracinerai une montagne de trois *parses*, je la jetterai sur eux et les tuerai. Il alla donc, déracina une montagne de trois *parses* et la mit sur sa tête. Alors le Saint, béni soit-il, fit venir sur elle des fourmis (קמצי Buxt.) qui la trouèrent et elle descendit jusqu'à son cou. Il voulut donc l'en retirer; mais les dents lui poussèrent d'un côté et de l'autre; de sorte qu'il ne put en venir à bout. Cela se combine avec ce qui est écrit (Psau. III, 8.): *Tu as cassé les dents des méchans*, et avec l'explication de R. Siméon, fils de Lakisch, qui disait: que signifie le verset: *tu as cassé les dents des méchans?* Ne lisez pas שברת (*tu as cassé*), mais שרבבת (*tu as fait croître*). Et de quelle stature était Moïse? Il avait dix coudées (*de taille*)[7] il prit une hache de dix coudées et fit un saut de dix coudées; mais il ne blessa (Og) (חיה Buxt.) qu'à la cheville et le tua.

La pierre où Moïse était assis? Parce qu'il est écrit (Exod. XVII, 12.): *Et les mains de Moïse étant devenues pesantes, ils prirent une pierre et la mirent sous lui, et il s'assit dessus.*

Et la femme de Lot? Parce qu'il est dit (Gen. XIX, 26.): *Mais la femme de Lot regarda derrière elle, et elle devint une statue de sel.*

Et la muraille de Jericho engloutie? Parce qu'il est écrit (Jos. VI, 20.): *La muraille tomba sous soi.* D'accord (*que l'on fasse une action de grâce*) pour tout ce qui est un prodige; mais ce qui est arrivé à la femme de Lot est une punition. *Rép.:* Il faut donc dire pour elle *béni le juge de vérité.* Cependant il est enseigné *louange et gloire. Rép.:* Il est enseigné que sur Lot et sa femme on fait deux sortes de bénédictions. Sur sa femme on dit: *béni le juge de vérité*, et sur Lot: *béni celui qui se ressouvient des justes.* R. Johanan disait: même dans l'heure de sa colère le Saint, béni soit-il, se souvient des justes; car il est dit (Gen. XIX, 29.): *Et il était arrivé lorsque Dieu détruisait les villes de la plaine, qu'il s'était souvenu d'Abraham, et avait envoyé Lot hors de la submersion, etc. — Et la muraille de Jericho qui fut engloutie.* Mais est-ce qu'elle a été réellement engloutie?

---

7) *Raschi*: on déduit cela de ce qu'il est dit que Moïse érigea le Tabernacle, ce qui signifie selon le Talmud qu'il prit la mesure des planches du Tabernacle à sa propre taille, or, il est connu que ces planches avaient dix coudées de hauteur.

Elle est plutôt tombée; car il est dit (Jos. VI, 20.): *Et quand le peuple eut oui le son du cor, et eut jeté un grand cri de joie, la muraille tomba sous soi. Rép.:* Comme elle était aussi large qu'elle était haute, elle restait toujours la même, *(après qu'elle fut tombée)* c'est pourquoi elle a été engloutie *(ainsi que le montre le mot* תחתיה *sous soi).*

Rav Jéhuda disait avoir entendu dire à Rav quatre *(espèces d'hommes)* sont obligés de rendre grâces *(à Dieu)*, ceux qui voyagent sur mer; ceux qui voyagent dans des déserts; ceux qui ayant été malades sont guéris, et ceux qui ayant été en prison en sont sortis. Pour ceux qui voyagent sur mer d'où le savons-nous? De ce qu'il est écrit (Psau. CVII, 24—31.): *Ceux qui descendent sur la mer dans des navires, etc. Qui voient les oeuvres de l'Eternel, etc., car il dit et fait comparaître le vent de la tempête, etc. Ils montent aux cieux, ils descendent aux abîmes, etc.* Et il est dit: *Ils branlent et chancellent comme un homme ivre, etc.* Et il est aussi dit plus loin: *Et ils crient vers l'Eternel dans leur détresse, et il les tire hors de leurs angoisses.* Et il est dit en outre: *Il change la tourmente en calme, etc.* Et il est dit: *Puis ils se réjouissent de ce qu'elles sont appaisées* Et il est dit enfin: *qu'ils célèbrent donc envers l'Eternel sa gratuité et ses merveilles envers les fils des hommes.* Ce qui regarde les voyageurs des déserts, d'où le savons-nous? De ce qu'il est écrit (Ib. vs. 4—8.): *Ils étaient errans par le désert en un chemin solitaire, et ils ne trouvèrent aucune ville habitéé, etc. Et ils ont crié vers l'Eternel, etc. Et il les a adressés au droit chemin, etc. Qu'ils célèbrent donc envers l'Eternel sa gratuité, etc.* Et ce qui regarde ceux qui sont sortis d'une maladie? De ce qu'il est écrit (ib. vs. 17—21.): *Les fous qui sont affligés à cause du train de leur transgression et à cause de leurs iniquités, en sorte que leur âme a en horreur toute viande, etc. Alors ils ont crié vers l'Eternel en leur détresse, etc. Il envoie sa parole et il les guérit, et qu'ils célèbrent donc envers l'Eternel sa gratuité, etc.* Et ce qui regarde les prisonniers, d'où le savons-nous? De ce qu'il est écrit (ib. vs. 10—15): *Ceux qui demeurent dans les ténèbres, et dans l'ombre de la mort, etc. Parce qu'ils ont été rebelles aux paroles de Dieu, etc.* Et il est dit: *Et il a humilié leur coeur par le travail, etc.*, et il est dit aussi: *Alors ils ont crié vers l'Eternel en leur détresse, etc.*, et il est dit: *il les a tirés hors des ténèbres, et de l'ombre de la mort, etc.* Et il est dit enfin: *Qu'ils célèbrent donc envers l'Eternel sa gratuité, etc.* Mais quelle bénédiction doivent-ils faire? R. Jéhuda dit: *béni celui qui récompense par des faveurs remplies de bontés.* Avaï dit qu'ils doivent rendre grâce (à Dieu) en présence de dix personnes, car il est écrit (ib. vs. 32.): *Et ils l'exaltent dans la Congrégation* (בקהל) *du peuple, etc.* Mar Zutra dit: il faut que deux *(d'entre ces dix)* soient rabbins, car il est dit: (ib.): *et qu'ils le louent dans l'assemblée des Anciens* (זקנים). Rav Ache lui objecta que dans ce cas, on pourrait dire que tous doivent être rabbins. *Rép.:* Est-ce qu'il est écrit *dans la congrégation des Anciens?* Il est écrit: *dans la congrégation du peuple.* Mais on pourrait dire qu'outre les dix personnes du peuple, il faut aussi deux rabbins. Cette difficulté est insoluble. Rav Jéhuda ayant été malade, et s'étant rétabli, alla trouver Rav Hana de Bagdad, et d'autres rabbins qui lui dirent: *bénie soit la divine miséricorde, qui t'a rendu à nous, et ne t'a pas rendu à la poussière.* Il leur répondit: vous m'avez délivré *(du devoir)* d'en remercier *(Dieu)*. Cependant Avaï disait qu'il faut faire ce remercîment en présence de dix personnes. *Rép.:* Il l'a fait car il a répondu *Amen* après leur bénédiction[8]).

Rav Jéhuda disait: trois espèces d'hommes ont besoin d'être sur leurs gardes *(contre les mauvais esprits)* ce sont les malades, un fiancé et une fiancée. Dans une Mischna nous avons appris: *un malade, une accoucheuse, un fiancé et une fiancée;* il y en a qui ajoutent aussi celui qui est en deuil, et il y en a qui disent la même chose des écoliers des savans pendant la nuit. Rav Jéhuda di-

8) Il y a ici une variante entre les éditions anciennes et les modernes qui est de peu de conséquence.

sait en outre: trois choses prolongent les jours et les années de l'homme; prolonger la prière, rester long-temps à table, rester long-temps dans la maison de la chaise (*à la selle*) [9]). Mais est-ce que celui qui prolonge sa prière fait une bonne action? Cependant R. Hija, fils d'Abba disait avoir entendu dire à R. Johanan (Voy. ci-dessus 32. *b.*) Et R. Isaac disait: trois choses font que l'on fixe l'attention sur les iniquités de l'homme, savoir passer sous une muraille qui menace ruine; méditer dans la prière, et abandonner au ciel le jugement contre son compagnon (*en espérant qu'il le condamnera en vertu de nos mérites*). Cela ne constitue pas une difficulté; car ici il s'agit s'il a médité dans la prière (*en pensant qu'elle sera exaucée parce qu'il a médité*), et là il s'agit s'il n'y a pas médité ainsi; mais s'il l'a prolongée en s'abandonnant entièrement à la miséricorde (*de Dieu*). Celui qui reste long-temps à table (*fait un acte méritoire*); car peut-être il viendra un pauvre, et il lui donnera (*quelque chose*) vu qu'il est écrit (Ezech. XLI, 22.): *L'autel était de bois de la hauteur de trois coudées*, etc., et il est aussi écrit (ib.): *C'est ici la table qui est devant l'Eternel.* Ce verset commence donc par l'autel, et finit par la *table.* Sur quoi R. Johanan et R. Elieser disent tous deux: aussi long-temps que le temple a existé, l'autel expiait (*les péchés*) d'Israël; maintenant c'est la table de l'homme qui les expie. Mais celui qui reste long-temps dans la maison de la chaise, fait-il une bonne action? Cependant une Baraïtha porte: dix choses conduisent l'homme sous terre; manger des feuilles de roseau, les feuilles de la vigne, les crossettes de la vigne, les מורניגן d'une bête [10]) l'échine d'un poisson, du poisson salé qui n'est pas suffisamment cuit, boire la lie du vin, se nettoyer (*après avoir purgé*) avec de la chaux, se nettoyer avec un tesson, se nettoyer avec une pierre dont s'est nettoyé notre compagnon, et il

F. 55. *a.*

---

9) *Raschi*: à l'occasion de ces trois choses on dit dans le ciel: cet homme se confie en ses mérites, voyons s'il en a.

10) *Raschi*: les parties d'un animal qui sont hérissées comme un traineau à battre le blé p. ex. le palais, la langue, la panse etc.

y en a qui disent aussi s'accroupir dans la maison de la chaise plus (ou plus long-temps) qu'il ne faut[11]. *Rép.:* Cela ne constitue pas une difficulté; car ici il s'agit si l'on y reste long-temps et si on s'accroupit, et là si l'on y reste long-temps sans s'accroupir. Cela est comme ce que disait une certaine matrone (מטרוניתא) à R. Jéhuda, fils d'Elaï: ton aspect est (*comme l'aspect*) de ceux qui nourrissent des cochons, et qui prêtent à usure (Voy. *Nedarim f.* 49. *b.*)[12]. Il lui répondit: ma foi l'une et l'autre chose m'est défendue, mais (*la raison de ma santé est*) qu'il y a vingt quatre maisons de la chaise depuis mon hospice (אושפיזאי) jusqu'à la maison de l'étude et que, quand je tiens ce chemin, je m'essaie en toutes.

R. Jéhuda disait encore: trois choses raccourcissent les jours et les années de l'homme; si quelqu'un lui donne le livre de la loi pour le lire, et il ne le lit pas, ou le calice de la bénédiction pour bénir, et il ne bénit pas, ou s'il cherche à s'élever à de grandes dignités. — *Le livre de la loi pour le lire, et il ne lit pas*, vu qu'il est écrit (Deut. XXX, 20.): *car lui est ta vie et la longueur de tes jours.* — *Le calice de la bénédiction pour bénir, et il ne bénit pas*, car il est écrit (Gen. XII, 3.): *Je bénirai ceux qui te béniront* — *Et s'il cherche à s'élever à de grandes dignités*, car R. Hama, fils de Hanina, disait (*à ce sujet*) pourquoi Joseph est-il mort avant ses frères? (Voy. Exod. I, 6.) Parce qu'il a voulu s'élever à de grandes dignités. Le même R. Jéhuda disait avoir entendu dire à Rav: trois choses exigent qu'on implore la miséricorde de Dieu (*pour les avoir*), un bon roi, une bonne année et un bon rêve. — *Un bon roi*, car il est écrit (Prov. XXI, 1.): *Le coeur du roi est en la main de l'Eternel comme des ruisseaux d'eau.* — *Une bonne année*, car il est écrit (Deut. XI, 12.): *Toujours les yeux de ton Dieu sont sur elle* (*la terre*) *depuis le commencement de l'année jusqu'à la fin.* — *Un bon rêve*; car il est écrit

11) *Raschi*: en demeurant suspendu sur les genoux, vu qu'alors *foramina plus nimio dilabantur.*

12) *Raschi*: qui n'ont point de soucis.

(Esa. XXXVIII, 16.): *Et tu m'as fait rêver* (ותחלימני) *et me feras revivre.*

R. Johanan disait: il y a trois choses que le Saint, béni soit-il, proclame lui-même (*sans se servir d'un ange*) ce sont: la famine, l'abondance, et un bon Parnes (*ou Magistrat*). La famine; car il est écrit (II rois VIII, 1.): *car l'Eternel a appelé la famine, etc. L'abondance;* car il est écrit (Ezech. XXXVI, 29.): *Et j'appellerai le froment et le multiplierai. Un bon Parnes;* car il est écrit (Exod. XXXI, 1—2.): *l'Eternel parla aussi à Moïse en disant: regarde, j'ai appelé par son nom Betsaleél,* etc. R. Isaac dit: on ne prépose pas un Parnes sur une commune sans que la même commune ait été consultée; car il est écrit (Exod. XXXV, 30.): *Voyez (dit Moïse aux enfans d'Israël) l'Eternel a appelé par son nom Betsaleél.* Le Saint, béni soit-il, disait donc à Moïse: Moïse, est-ce que tu trouves digne Betsaleél? Il lui répondit; Seigneur du monde, s'il est digne à tes yeux, d'autant plus il le doit être aux miens? Il lui dit: nonobstant cela va et parles-en à eux (*aux enfans d'Israël*). Il alla et dit aux Israélites: trouvez-vous digne Betsaleél? Ils lui répondirent: s'il est trouvé digne aux yeux du Saint, béni soit-il, et aux tiens; d'autant plus aux nôtres. R. Samuel, fils de Nahmani, disait avoir entendu dire à R. Jonathan: c'est à cause de sa sagesse qu'il a été appelé Betsaleél; car à l'heure que le Saint, béni soit-il, disait à Moïse (Exod. XXXI, 7. XXXV, 11.): *va et dis à Betsaleél: fais-moi le Tabernacle, l'Arche et les ustensiles,* Moïse alla, et intervertit l'ordre (*de ces choses*) en lui disant (ib. XXV, 10. XXVI, 1.): *fais une Arche, les ustensiles et le Tabernacle.* Celui-ci répondit: Moïse notre maître, d'après ce qui se passe dans le monde, l'homme bâtit une maison, et puis y met dedans les ustensiles, et tu me dis: *fais-moi une Arche, des ustensiles et un Tabernacle;* mais les vases que je ferai où les placerai-je? Peut-être est-ce ainsi que le Saint, béni soit-il, t'a parlé: *fais un Tabernacle, une Arche; et des ustensiles.* Moïse repartit: peut-être as tu été בצל *(dans l'ombre)* אל *(de Dieu)* vu que tu sais cela. Rav Jéhuda disait avoir entendu dire à Rav *Betsaleél* qu'il savait associer ensemble les lettres *(du nom de Dieu)* par lesquelles les cieux et la terre ont été créés; car il est écrit ici (Exod. XXXI, 3.): *Et je l'ai rempli de l'esprit de Dieu en sagesse, en intelligence et en science;* et il est écrit autre part (Prov. III, 19.): *l'Eternel a fondé la terre par la sapience, et il a agencé les cieux par l'intelligence;* et il est aussi écrit (ib. vs. 20.): *Par sa science se débordent les abîmes.* R. Johanan dit: le Saint, béni soit-il, ne donne la sagesse qu'à celui qui a de la sagesse; car il est dit (Dan. II, 21.): *qui donne la sagesse aux sages, et la connaissance à ceux qui ont de l'intelligence.* Rav Taholipha, fils de Maarva, entendit cela, et le répéta en présence de R. Avhu qui lui dit: vous enseignez ceci *(en vous fondant)* dans ce passage, et nous l'enseignons *(en nous fondant)* en ce qu'il est écrit (Exod. XXXI, 6.): *Et dans le coeur de tout homme sage j'ai mis la sagesse.*

Rav Hasda disait: aie toute espèce de rêves (excepté ceux) où il faut jeûner[13]). Le même Rav Hasda disait: un rêve qui n'est pas expliqué est comme une lettre qui n'est pas lue[14]). Rav Hasda disait en outre: un bon rêve ne se remplit pas entièrement, et un mauvais rêve aussi ne se remplit pas entièrement. Rav Hasda disait encore: un mauvais rêve est préférable à un bon *(vu qu'il oblige à faire pénitence)*. Rav Hasda disait aussi: on est quitte d'un mauvais rêve pour la peine *(qu'il produit)*, et d'un bon, pour la joie *(qu'il cause)*. Rav Joseph disait: un bon rêve même pour moi *(qui suis aveugle)*, par la joie *(que j'en ressens)* devient sans effet. Rav Hasda disait encore: un mauvais rêve fait plus de mal que des coups; car il est dit (Eccles. III, 14.): *Et Dieu le fait afin qu'on le craigne.* Sur quoi Rabba, fils du fils de Hunna disait avoir entendu dire à R. Johanan que cela doit être appli-

---

13) *Raschi*: vu qu'ils ne présagent rien de bon. Tout ce qu'on dit ici des rêves mérite d'être remarqué pour bien comprendre l'esprit de l'antiquité.

14) *Raschi*: c'est-à-dire, il n'est ni bien ni mauvais à cause que les rêves se dirigent selon l'explication.

qué à un mauvais rêve. (*Il est dit* Jérém. XXIII, 28.): *que le prophète par devers lequel est le songe, récite le songe, et que celui par devers lequel est ma parole, profère ma parole en vérité. Quelle (convenance y a-t-il) de la paille avec le froment? dit l'Eternel.* Mais quel rapport a le froment, et la paille avec un rêve. Nul autre, disait R. Johanan au nom de R Siméon, fils de Johaï, si ce n'est que de même qu'il est impossible qu'il y ait du froment sans paille, de même il est impossible qu'il y ait des rêves sans paroles inutiles. R. Barakia disait: quoiqu'un songe se remplisse en partie, entièrement il ne se remplit jamais. D'où savons-nous cela? De Joseph; car il est écrit (Gen. XXXVII, 9.): *et voici le soleil et la lune, etc.* Mais à cette heure sa mère (*signifiée par la lune*) ne vivait plus. R. Lévi disait: l'homme devrait toujours attendre (*l'accomplissement*) d'un bon rêve jusqu'à 22 ans. D'où savons-nous cela? De Joseph; car il est écrit (Gen. XXXVII, 2.): *Ce sont ici les générations de Jacob: Joseph âgé de dix-sept ans, etc.* et il est aussi écrit Ib. XLI, 46.): *Et Joseph était âgé de trente ans quand il se présenta devant Pharaon, etc.* De 17 à 30 combien y en a-t-il? 13. Ajoutez les 7 d'abondance et les 2 de famine et voilà 22.

F. 55. b.

Rav Hunna disait: à un homme de bien (*le ciel*) ne laisse pas voir un bon songe (*parce qu'il aime à l'affliger*), et à un méchant il ne laisse pas voir un mauvais rêve (*parce qu'il aime à le récompenser dans ce monde*). La Baraïtha aussi dit dans le même sens: David pendant toutes les années (*de sa vie*) n'a pas vu un bon rêve, et Achitophel pendant toutes les années (*de la sienne*) n'en a pas vu un mauvais. Cependant il est écrit (Psau..XCI, 10.): *Aucun mal ne te rencontrera.* Sur quoi Rav Hasda disait avoir entendu dire de Rav Jérémie, fils d'Abba, (*que ces paroles signifient*) ne te laisse troubler ni par des songes sinistres, ni par de mauvaises pensées: (*et que les autres qui suivent ib.*) *aucune plaie n'approchera de ta tente* (*veulent dire*): tu ne trouveras pas ta femme en doute au sujet de ses règles lorsque tu reviendras d'un voyage. *Rép.:* Il faut donc dire que quant à lui il ne voit pas (*de mauvais songes)*; mais que les autres en voient (*sur son compte*). Mais si lui n'en voit pas, est-ce (*pour lui*) une bonne chose? Cependant R. Zeira a dit: quiconque passe la nuit pendant sept jours sans rêves, s'appelle mauvais sujet. (Voy. ci-dessus 14. *a*.) *Rép.*: C'est comme cela qu'il veut dire: il en voit, mais il ne sait plus (*à son réveil*) ce qu'il a vu.

Rav Hunna, fils d'Ame, dit avoir entendu dire à R. Pedath que R. Johanan disait: celui qui voit un rêve dont son âme est affligée doit aller l'interpréter devant trois. L'interpréter! Mais si Rav Hasda a dit qu'un songe qui n'est pas interprété est comme une lettre qui n'est pas lue. Il faut donc dire: qu'il aille l'interpréter en bien devant trois (c'est-à-dire) qu'il fasse venir trois et qu'il leur dise: j'ai vu un songe favorable: et qu'ils lui répondent: il est favorable, et il doit être favorable; car la divine miséricorde disposera de manière qu'il soit favorable. Sept fois on doit décréter dans le ciel en ta faveur qu'il soit favorable, et qu'il demeure favorable. Puis ils doivent dire trois versets où se trouve le mot הפך (*changer*) trois où se trouve le mot פדה (*rédimer*), et trois autres où se trouve le mot שלום (*paix*). Les trois versets avec le mot הפך sont (Psau. XXX, 12.): *Tu as changé mon deuil en allégresse, tu as détaché mon sac, et tu m'as ceint de joie.* (Jér. XXXI, 13.): *Alors la vierge se réjouira en la danse, et les jeunes gens et les anciens ensemble et je changerai leur deuil en joie, etc.* (Deut. XXIII, 5.): *Mais l'Eternel ton Dieu n'eut point agréé d'écouter Robaam, et changea, etc.* Les trois avec פדה sont (Psau. LV, 19.): *Il rachetera en paix mon âme de la guerre qu'on me fait, etc.* (Esai. XXXV, 10.): *Ceux que Dieu aura rachetés retourneront, etc.* (I. Sam. XIV, 45.): *Mais le peuple dit à Saül: Jonathan qui a fait cette grande délivrance en Israël mourrait-il? etc.* Les trois enfin avec שלום sont (Esai. LVII, 19.): *Je crée ce qui est proféré par les lèvres; paix, paix à celui qui est loin, et à celui qui est près, a dit l'Eternel; car je le guérirai* (I. Paral. XII, 18.): *et l'esprit revêtit Hamasaï, etc.* (I. Sam. XXV, 6.): *Et lui dites ainsi: que ta vie soit en paix, et ta maison en paix, etc.*

Amemar, Mar Zutra et Rav Ache étant assis ensemble, disaient: que chacun de nous dise une chose que son camarade n'ait pas entendue. Alors l'un d'eux commença à dire: si quelqu'un a vu un rêve, et ne sait pas ce qu'il a vu, qu'il se tienne debout devant les prêtres dans le temps qu'ils étendent leurs mains (*pour bénir*), et qu'il dise ainsi: *Seigneur du monde, j'appartiens à toi et mes songes appartiennent à toi: j'ai rêvé un rêve, et je ne sais ce que c'était. Soit que j'aie rêvé de moi-même, soit que mes camarades aient rêvé de moi, soit que j'aie rêvé des autres; si (ces rêves) sont bons, fortifie-les et accomplis-les comme les songes de Joseph; mais s'ils ont besoin d'être corrigés, corrige-les comme (tu as fait) des eaux de Mara par la main de Moïse, comme tu (as guéri) Mirjam de sa lèpre, et Hizkie de ses infirmités, et comme (tu as corrigé) les eaux de Jériho par la main d'Elisa, et de même que tu as tourné la malédiction de Biléum l'impie, en bénédiction, de même tourne mes rêves en bien pour moi;* et qu'il finisse ensemble avec les prêtres, afin que la commune réponde *Amen.* Autrement, il doit dire ainsi: *Magnifique dans la sublimité! toi qui habites dans la puissance, tu es paix et ton nom est paix; qu'il te soit agréable de mettre la paix sur nous.* Ici l'autre commença à dire: si quelqu'un monte vers une ville, et craint le mauvais oeil, qu'il prenne le pouce de la main droite dans la main gauche, et le pouce de la main gauche dans la main droite, et qu'il dise ainsi: *moi N., fils d'N. je descends de la semence de Joseph sur laquelle n'a aucun pouvoir le mauvais oeil; car il est dit* (Voy. ci-dessus 20. *a.*) Mais s'il craint son propre mauvais oeil, qu'il regarde l'aile (אטרפא Buxt.) gauche de son nez. Alors le troisième commença à dire: si quelqu'un est malade, ne doit pas manifester cela le premier jour (*de sa maladie*) afin que son étoile n'empire pas; mais en suite il peut le manifester, et c'est ce qu'a fait Rava, qui étant malade, le premier jour ne le découvrit pas, mais ensuite il dit à son serviteur: sors et t'écrie: Rava est malade; afin que celui qui m'affectionne, implore la divine miséricorde sur moi, et que celui qui me hait, se réjouisse; car il est écrit (Prov. XXIV, 17—18.): *Quand ton ennemi sera tombé, ne t'en réjouis point, et quand il trébuchera que ton coeur ne s'en égaie point de peur que l'Eternel ne le voie, et que cela ne lui déplaise, tellement qu'il détourne de dessus lui sa colère.*

Lorsque Samuel voyait un rêve siniste, il disait (Zach. X, 2.): *Les songes profèrent des choses vaines*, et lorsqu'il voyait un songe favorable, il disait: est-ce que les songes peuvent dire des choses vaines? Cependant il est écrit (Nomb. XII, 6.): *je lui parlerai en songe.* Rava fit ici l'exposition: il est donc écrit (*une fois*) *je lui parlerai en songe*, et il est écrit (*une autre fois*) *les songes parlent des choses vaines. Rép.:* Cela ne constitue pas une difficulté, car un passage (*parle des songes envoyés*) par un ange, et l'autre (*des songes envoyés*) par un démon.

R. Bizna, fils de Zavda disait avoir entendu dire à R. Akiva, que R. Panda disait avoir entendu dire à R. Nahun, que R. Biriam disait au nom d'un vieillard, c'est-à-dire de R. Banax, vingt quatre interprètes des songes étaient à Jérusalem. Une fois ayant rêvé un rêve j'allai chez tous et l'interprétation de l'un ne combinait pas avec l'interprétation de l'autre; cependant toutes se sont accomplies à mon égard, ce qui confirme le dicton: *tous les rêves vont d'après la bouche* (*qui les interprète*). Comment, est-ce que ces paroles se fondent sur un verset? Oui, selon R. Eliéser qui dit: d'où savons-nous que tous les rêves vont d'après la bouche? De ce qu'il est dit: (Gen. XLI, 13.): *Et il arriva comme il nous l'avait interprété, il arriva ainsi.* Sur quoi Rava disait: il faut cependant que l'interprétation soit analogue au songe; car il est dit (ib. vs. 12.): *donnant à chacun l'explication selon son songe. Il est écrit* (ib. XL, 16.): *Alors le grand Panetier voyant qu'il avait donné une bonne explication, etc.* Mais d'où savait-il cela? R. Eliéser dit: ceci nous apprend que chacun voyait son rêve, et l'interprétation du rêve de son camarade.

R. Johanan disait: si à celui qui se lève de bonne heure un verset vient à tomber (de lui-même) dans la bouche, c'est une petite prophétie. R. Johanan disait encore: trois espèces de songes s'accomplissent: le songe du matin, le songe que notre camarade rêve de nous, et le songe dont l'interprétation se fait pendant le songe. Il y en a qui disent: même le songe répété; car il est dit (Gen. XLI, 32.): *Et quant à ce que ce songe a été réitéré, etc.* — R. Samuel, fils de Nahmani, disait avoir entendu dire à R. Jonathan: l'homme ne voit en rêve que selon le désir de son coeur (*ou selon les pensées du jour*); car il est dit (Dan. II, 29.): *Quant à toi, ô roi, tes pensées te sont montées dans ton lit.* Et si tu veux je dirai (*qu'on peut le déduire*) d'ici (ib. vs. 30.): *Et afin que tu connaisses les pensées de ton coeur.* Rava disait: tu peux conjecturer cela de ce qu'on ne montre à personne (*en rêve*) ni un palmier d'or, ni un éléphant qui passe par le trou d'une ai-

F. 56. *a.* guille. César[15]) disait à R. Jéhochua, fils de R. Hanina: vous dites que vous êtes de grands savans; dis-moi donc ce que je verrai en songe. Il lui répondit: tu verras que les Perses te réduiront en servitude, te dépouilleront (גרבי it.), et te feront garder les troupeaux (שקצי Buxt.) avec une verge d'or. Il médita là-dessus toute la journée, c'est pourquoi il vit tout cela la nuit. Le roi Sapor disait à Samuel: vous dites que vous êtes de grands savans; dis moi donc ce que je verrai dans mon rêve. Il lui répondit: tu verras venir les Romains te rendre captif, et te faire moudre les noyaux de dattes avec un moulin (רחייא Buxt.) d'or. Il y pensa toute la journée, c'est pourquoi il vit cela pendant la nuit[16]).

Le fils de Hadia était interprète de rêve. Pour celui qui lui donnait une récompense il interprétait toujours en bien, et pour celui qui ne lui donnait pas de récompense il interprétait toujours en mal. Or, Avaï et Rava ayant eu le même rêve, Avaï lui donna de l'argent, mais Rava ne lui en donna pas. Ils lui dirent: nous avons lu en songe le verset (Deut. XXVIII, 31.): *Ton boeuf sera tué devant tes yeux, etc.* Il dit donc à Rava: tu seras endommagé dans tes affaires[17]), et les mets ne te feront aucun plaisir

---

15) *Raschi*: César, roi de Rome, qui fit la guerre aux Perses.

16) Ces deux passages montrent de quelle manière plusieurs imposteurs de l'antiquité se sont pris pour séduire les simples d'esprit, et pour amener les événemens les plus fâcheux pour un état.

17) *Raschi*: tes marchandises diminueront de prix ou se gâteront.

à cause de l'affliction de ton coeur. Quant à Avaï: tu auras, lui dit-il, un profit dans tes affaires, et ne trouveras aucun plaisir dans les mets à cause de la satisfaction de ton coeur. Ils lui dirent: nous avons lu *(en songe)* le verset (ib. vs. 41.): *tu engendreras des fils et des filles, etc.* Sur quoi il dit à Rava *(que cela signifiait)* la captivité de ses enfans; mais quant à Avaï: tes fils et tes filles, lui dit-il, seront en si grand nombre, que tu marieras tes filles par tout, et elles te sembleront comme si elles étaient allées en captivité. Nous avons lu le verset (ib. 32.): *Tes fils et tes filles seront livrés à un autre peuple.* Sur quoi il disait à Avaï: tes fils et tes filles seront en si grand nombre que tu diras *(qu'il faut les marier)* à tes parens, et elle *(ta femme)* dira, à ses parens. Mais elle te persuadera, et tu les donneras à ses parens qui te sembleront comme un peuple étranger. Quant à Rava, ta femme, disait-il, mourra et tes fils et tes filles viendront entre les mains d'une autre femme, car Rava lui-même a dit avoir entendu dire à R. Jérémie, fils d'Abba, que Rav disait: que signifie le verset: *tes fils et tes filles seront donnés à un peuple étranger?* La femme du père *(la marâtre)*. Nous avons lu en songe le verset (Eccles. IX, 7.): *Va, mange ton pain avec joie.* Sur quoi il dit à Avaï: tu auras du profit dans ton commerce, tu mangeras, tu boiras et liras l'Ecriture dans la joie de ton coeur. Quant à Rava, tu auras, lui disait-il, une perte dans ton commerce, tu tueras *(des bêtes)* mais tu n'en mangeras pas, tu ne boiras pas non plus, tu liras dans la Bible pour atténuer ton chagrin. Nous avons lu le verset (Deut. XXVIII, 38.): *Tu jetteras beaucoup de semence dans ton champ, et tu en recueilleras peu.* *(Sur cela)* pour Avaï il tirait son interprétation de la *Recha*, et pour Rava de la *Sepha.* Nous avons lu (ib. vs. 40.): *Tu auras des oliviers en tous tes quartiers, mais tu ne t'oindras point d'huile, etc.* *(Sur cela aussi)* il tirait pour Avaï son interprétation de la *Recha*, et pour Rava de la *Sepha.* Nous avons lu (ib. vs. 10.): *Et tous les peuples de la terre verront, etc.* *(Sur cela)* il disait à Avaï, ton nom se répandra, et tu deviendras Chef d'une Académie; ta terreur tombera sur tout le monde.

Quant à Rava, les magasins (בדייני Buxt.)[18]) du roi (disait-il) seront enfoncés, et tu seras saisi comme un voleur, et tout le monde jugera de cela en faisant un *a majori ad minus* sur ton compte[19]). Le lendemain on enfonça les magasins du roi, on vint, et on se saisit de Rava.

Ils continuèrent à dire *(à Bar Hadja)* nous avons vu de la laitue sur l'ouverture d'un tonneau. *(Sur quoi)* il disait à Avaï: ta fortune augmentera comme la laitue. Quant à Rava, ton commerce, lui disait-il, te paraîtra aussi amer que la laitue. Ils lui dirent: nous avons vu de la viande sur l'ouverture d'un tonneau. *(Sur quoi)* il disait à Avaï: ton vin sera doux, et tout le monde viendra acheter de la viande et du vin chez toi. Quant à Rava, ton vin, disait-il, est aigre, c'est pourquoi tout le monde ira (ailleurs) acheter de la viande pour la manger avec. Ils lui dirent: nous avons vu un vase de vin suspendu à un palmier. Il dit à Avaï: ton commerce s'élevera comme un palmier. Quant à Rava, ton commerce, lui dit-il, sera doux *(à bon marché)* comme les dattes. Ils lui dirent: nous avons vu un grenadier qui mûrissait *(croissait)* dans l'ouverture d'un tonneau. Il dit à Avaï: ta marchandise sera chère comme une grenade. Quant à Rava, ta marchandise, lui dit-il, agacera les dents comme une grenade. Ils lui dirent: nous avons vu un vase de vin qui tombait dans un puits: ta marchandise sera recherchée, comme dit le proverbe: si un morceau de pain tombe dans un puits, on ne le trouve plus. Quant à Rava, ta marchandise, lui dit-il, se gâtera et on la jettera dans un puits. Ils lui dirent: nous avons vu le fils d'un âne (בר חמרא) qui se tenait auprès de notre oreiller en brayant. Il dit à Avaï: tu seras roi[20]), et le crieur *(ou*

---

18) בדייני au lieu de בי זינא *domus nutrimenti* commé je lis dans l'Ain Jacob; ce mot contient une de plusieurs abréviations vulgaires des Talmudistes de ce temps.

19) *Raschi*: en disant si cela arrive à Rava, d'autant plus à nous, et on sera en crainte à cause de ce fait.

20) Chef d'Académie. A-t-on jamais vu plus d'orgueil et de sottise? Un marchand de vin qui se croit roi en devenant Chef d'une Académie, et qui prend un âne pour son interprète. Le Talmud de Jéru-

interprète) se tiendra à ton côté. Quant à Rava, les mots, lui dit-il (פטר חמור) première portée d'ânesse (voy. Exod. XIII, 13.) sont effacés de tes *Tephillin*. Celui-ci lui dit; mais j'ai vu qu'ils sont là. Il est sûr, reprit l'autre, que le ו de פטר חמור a été rayé de tes *Tephillin*[21]).

A la fin Rava alla seul chez lui et lui dit: j'ai vu la porte extérieure *(de la maison)* qui tombait. Il lui répondit: ta femme va mourir. L'autre lui dit: j'ai vu mes dents mâchelières (ככי Buxt.), et les autres dents se détacher. Il lui repartit: tes fils et tes filles mourront. L'autre continua: j'ai vu deux colombes qui s'envolaient. Il lui dit: tu te sépareras de deux femmes. L'autre reprit: j'ai vu deux têtes (גר־גיליד gr.) de raves. Il lui dit: tu seras obligé d'avaler deux coups de main (קולפת gr. it. *colpo)*[22]). Rava s'en alla donc *(et pour éviter les effets de ce pronostic)* se tint assis tout ce jour là dans la maison de l'étude; mais il finit par se rencontrer avec deux aveugles qui se disputaient ensemble, et étant allé pour les séparer, il en reçut deux coups; et lorsqu'ils levèrent la main pour lui en appliquer encore un autre, il dit: assez (מכחיי lat.) je n'ai vu que deux raves[23]). Mais enfin

---

salem (Berac. 29. a.) nous rapporte l'exemple de Siméon, fils de Chatah qui se compare au roi Jannaï et qui lui démontre que son trésor est la science de la loi, et qu'en délivrant par des sublilités captieuses les pauvres de l'obligation de donner des sacrifices, il en avait fait autant que lui qui avait fourni à d'autres pauvres l'argent qui leur était necessaire pour les acheter.

21) *Raschi:* par un faiseur de *Tephillin* qui après avoir écrit le ו en חמור s'apercevant qu'il ne se trouvait pas dans le texte, l'avait rayé.

22) *Raschi*: קולפא bâton dont la tête a la forme d'une rave.

23) On rapporte dans le Talmud de Jérusalem (Berac. 13. a.) une anecdote qui a quelque analogie avec celle-là et qui sert à expliquer les usages de temps d'oppression et de barbarie. On y dit donc que R. Zeïra s'étant fait saigner, voulut acheter une livre de viande et qu'il en demanda le prix au boucher. Celui-ci répondit qu'elle coûtait 50 *minis*, et un soufflet. R. Zeïra lui dit qu'il lui en donnerait 60 pourvu qu'il trouvât bon de le dispenser de recevoir le soufflet:

Boucher. Je ne peux les accepter. — *Zeïra.* Je t'en donnerai soixante. — *Boucher.* Je ne peux pas les accepter. — *Zeïra.* Qua-

Rava vint et lui donna une récompense; puis lui dit: j'ai vu une muraille qui tombait. L'autre lui répondit: tu achèteras des biens sans bornes. Il lui dit: j'ai vu le palais d'Avaï qui tombait, et j'ai été couvert par sa poussière. L'autre lui répondit: Avaï mourra, et son académie viendra sur toi. Il lui dit: j'ai vu mon palais qui tombait, et tout le monde venait en emporter les briques l'une après l'autre. L'autre lui répondit: tes leçons se propageront dans le monde. Il lui dit: j'ai vu ma tête se fendre, et en sortir mon cerveau. L'autre lui répondit: c'est la laine de ton oreiller qui en sort. Il lui dit: j'ai lu la louange de l'Ægypte *(qu'on lit pendant la pâque)* en rêvant. L'autre lui répondit: un miracle arrivera en ta faveur. Ensuite il arriva que *(cet interprète)* allant avec Rava dans le même navire dit: pourquoi me trouvé je dans la compagnie d'un homme auquel il doit arriver un miracle? Lorsqu'il sortait, un livre tomba de lui. Rava l'ayant trouvé, vit qu'il y était écrit: tous les rêves vont d'après la bouche. Alors il lui dit: scélérat, c'est donc de toi que dépendaient tous les chagrins que tu m'as causés; je te les pardonne tous, excepté *(la perte)* de la fille de Rav Hasda *(ma femme)*; qu'il soit donc la volonté *(de Dieu)* que cet homme soit livré entre les mains d'une autorité *(du royaume des non-Juifs)* qui n'ait aucune pitié de lui. *(Sur quoi l'autre)* dit: que dois-je faire? On nous a enseigné (Maccoth 11. *a.* Sanh. 37. *b.)* que la malédiction d'un savant s'accomplit, lors même qu'elle n'est pas motivée; or, d'autant plus celle de Rava qui a tout le droit de me maudire. Il se dit donc: je me leverai, et j'irai en exil; car Mar a dit: l'exil expie l'iniquité. Il s'exila chez les Romains, et alla s'asseoir devant la porte du Grand Trésorier en Chef (טור־זינא lat.) du roi. Or, le Grand Trésorier en Chef ayant eu un songe lui dit: j'ai vu en songe qu'une aiguille est entrée

---

tre vingt. — *Boucher.* Je ne peux pas les accepter. — *Zeïra.* Quatre vingt dix. — *Boucher.* Je ne peux pas. R. Zeïra ayant porté son offre jusqu'à 100 *minis* inutilement, prit la résolution de permettre au boucher de faire selon son usage, et acheta la livre de viande pour 50 *minis* et un soufflet.

dans mon doigt. *(Bar Hadja)* lui répondit: donne-moi de l'argent, et comme il ne lui en donna pas, il ne lui fit aucune explication. *(Le Trésorier)* lui dit: *(une autre fois)* j'ai vu qu'un ver tombait en deux de mes doigts. L'autre lui répondit: donne-moi de l'argent, et comme il ne lui en donna pas, il ne lui fit aucune explication *(Le Trésorier)* lui dit: j'ai vu qu'un ver tombait dans toute ma main. L'autre lui répondit: le ver tombera dans toute la garderobe (שיריא lat.) du roi. Lorsque cette nouvelle arriva auprès du roi, il fit venir le Trésorier en Chef pour le faire tuer; mais celui-ci dit: pourquoi moi? Faites venir celui qui le savait, et ne l'a pas dit. On fit donc venir Bar Hadja qui dit au Trésorier: c'est à cause de ton argent que s'est gâtée la garderobe du roi. Alors on attacha des cordes à deux cèdres, et on lia un genou *(de Rav Hadja)* à un cèdre, et l'autre genou à l'autre; puis on lacha les cordes de sorte qu'il fut dechiré. *(Addition de l'Ain Jacob.* Rava *(qui se trouvait présent)* dit: je ne lui pardonnerai pas jusqu'à ce que j'aie vu sa tête fendue en deux). Alors l'un et l'autre cèdre retournèrent à leur place, et sa tête déchirée tomba fendue en deux. *F. 56. b.*

Ben Dama, fils de la soeur de R. Ismaël demandait à R. Ismaël: *(que veut-il dire)* que j'ai vu mes deux mâchoires qui tombaient. Il lui répondit: deux grands personnages romains méditaient de mauvais desseins contre toi, et ils sont morts. Bar Kaphra disait à Rav: j'ai vu mes narines qui tombaient. Il lui répondit: l'emportement de la colère *(de Dieu)* [24]) s'est détourné de toi. Il lui dit: j'ai vu mes deux mains qui étaient coupées. L'autre lui répondit: tu n'auras pas besoin du travail de tes mains. Il lui dit: j'ai vu que mes deux pieds étaient mutilés. L'autre lui répondit: tu monteras sur un cheval. J'ai vu qu'on me disait: tu mourras dans le mois d'Adar (אדר), et ne verras pas le mois Nisan (ניסן). L'autre lui répondit: tu

---

24) On fait ici un jeu de mot sur אף qui peut signifier *colère* et *nez* en même temps. Ces tours de passe-passe qui font les délices de tous les esprits médiocres et peu cultivés reparaissent bien souvent dans le Talmud.

mourras dans l'honneur (באדרותא), et ne viendras pas entre les mains de la tentation (נסיון).

Un *Minéen* (autrement *un Saducéen)* disait à R. Ismaël: j'ai vu que j'arrosais les oliviers avec de l'huile. Il lui répondit: qu'il avait couché avec sa mère. Il lui dit: j'ai vu que je m'étois arraché une étoile. L'autre lui répondit: tu as volé un des fils d'Israël. Il lui dit: j'ai vu que j'ai avalé une étoile. L'autre lui répondit: tu as vendu cet Israélite, et en as mangé le prix. Il lui dit: j'ai vu mes yeux qui se baisaient entr'eux. L'autre lui répondit: qu'il avait couché avec sa seur. Il lui dit: j'ai vu que je baisois la lune. L'autre lui répondit: qu'il avait couché avec la femme d'un Israélite [25]). Il lui dit: j'ai vu que je foulois aux pieds une branche (בטונא baton.) de myrte. L'autre lui répondit: qu'il avait couché avec une demoiselle fiancée *(couronnée de myrte)*. J'ai vu une semblable branche (טונא Buxt.) au-dessus et au-dessous de moi. L'autre lui répondit qu'il avait tourné son lit *(péché contre nature)*. Il lui dit: j'ai vu des corbeaux qui venaient et revenaient vers mon lit nuptial. L'autre lui répondit: ta femme a paillardé avec beaucoup d'hommes. Il lui dit: j'ai vu des colombes qui venaient et revenaient vers mon lit nuptial. L'autre lui répondit: tu as contaminé beaucoup de femmes. Il lui dit: j'ai vu que j'avois pris deux colombes et qu'elles s'envolaient. L'autre lui répondit: tu as pris deux femmes, et les as renvoyées sans la lettre de répudiation [26]).

---

25) Les hommes et les femmes israëlites sont comme autant d'étoiles et de lunes vis-à-vis des hommes et des femmes non-Juifs. Ils diffèrent les uns des autres autant que les astres diffèrent des yeux. Quant aux yeux, symbole des astres, voy. ma dissertation sur Ezéchiel.

26) Je conjecture que ceux qui ont substitué ici le mot *Saducéen* à l'autre *Minéen*, se sont laissé faire illusion par la phrase בלא גט *(sans lettre de répudiation)*. Mais tout ce qui précède est propre à nous convaincre qu'il s'agit ici d'un non-juif. Le seul moyen de concilier cette contradiction, c'est de supposer que *Minéen* veut dire ici Néophyte, et que les Néophytes étaient toujours obligés, aux yeux des Juifs, d'observer la loi de Moïse. Nous verrons par la suite que les Juifs croient même aujourd'hui que les Néophytes sont tenus de pratiquer les prescriptions talmudiques aussi long-temps qu'ils ne se marient pas avec une femme non juive.

Il lui dit: j'ai vu que je pelois des oeufs. L'autre lui répondit: tu as dépouillé les morts. Il lui dit: Tous ces crimes sont en moi, excepté le dernier qui n'est pas en moi. Dans ces entrefaites survint une femme qui lui dit: ce manteau qui te couvre appartenait à un homme tel et tel qui est mort, et que tu as dépouillé. Enfin il lui dit: j'ai vu qu'on me disait: ton père t'a laissé des biens en Cappadoce (קפודקיא). L'autre lui demanda: as tu des biens en Cappadoce? Il lui dit que non. Ton père est-il jamais allé en Cappadoce? Il lui dit que non. *(Alors R. Ismaël reprit)* si c'est ainsi *Kappa* signifie *poutre* (כפא gr. et pers: selon Raschi) et *Deca* (דיקא gr.) *dix:* vas donc et regarde la poutre qui est la première de la *(première)* dixaine, car elle doit être remplie d'espèces. Il alla et trouva qu'elle était réellement pleine d'espèces.

R. Hanina disait: celui qui voit un puits en songe, verra la paix; car il est dit (Gen. XXVI, 19.): *Et les serviteurs d'Isaac creusèrent dans cette vallée, et y trouvèrent un puits d'eau vive.* R. Nathan dit: il trouvera la loi, vu qu'il est dit (Prov. VIII, 35.): *car celui qui me trouve, trouve la vie* (חיים), et il est écrit ici: un puits d'eau vive (חיים). Rava disait: *(cela signifie) la vie* tout simplement. R. Hanan disait: trois choses *(signifient)* la paix *(en songe)* un *fleuve*, un *oiseau*, et un *pot: un fleuve;* car il est écrit (Esa. LXVI, 12.): *voici je m'en vais faire couler vers elle la paix comme un fleuve.* Un *oiseau;* car il est écrit (ib. XXXI, 5.): *comme les oiseaux volent, ainsi l'Eternel des armées garantira Jérusalem, etc.* Un *pot*, vu qu'il est écrit (ib. XXVI, 12.): *Eternel tu nous dresseras* (תשפת)[27] *la paix.* Sur quoi R. Hanina disait: cependant nous n'avons appris cela que d'un pot où il n'y a pas de viande (car Michée a dit: Mich. III, 3.: *pour signifier le malheur). Et ils les ont mis par pièces comme dans un pot, et comme de la chair dans une chaudière.* R. Jehochua, fils de Lévi disait: celui qui voit un fleuve en songe, doit se lever de bon matin et dire: *voici, je m'en*

---

27) Le verbe שפת signifie aussi *mettre un pot au feu.*

vais faire couler vers elle (la paix) comme un fleuve; avant qu'il lui vienne en pensée l'autre verset (Esa. LIX, 19.): *car l'ennemi viendra comme un fleuve.* Celui qui voit un oiseau en songe doit se lever de bon matin, et dire; *comme les oiseaux volent, ainsi garantira, etc.,* avant qu'il lui vienne en pensée l'autre verset (Prov. XXVII, 8.): *Tel qu'est un oiseau s'écartant de son nid, etc.* Celui qui voit un pot en songe, doit se lever de bon matin et dire: *Eternel, tu nous dresseras* (תשפות) *la paix,* avant qu'il lui vienne en pensée l'autre verset (Ezech. XXIV, 3.): *Mets* (שפות) *la chaudière, mets, etc.* Celui qui voit des grappes de raisin en songe, doit se lever de bon matin et dire (Osée IX, 10.): *comme des grappes dans un désert,* avant qu'il lui vienne en pensée l'autre verset (Deut. XXXII, 32.): *Et leurs grappes sont des grappes de fiel.* Celui qui voit une montagne en songe, doit se lever de bon matin et dire (Esa. LII, 7.): *combien sont beaux sur les montagnes les pieds de celui qui apporte de bonnes nouvelles,* avant qu'il lui vienne en pensée l'autre verset (Jér. IX, 10.): *Sur les montagnes j'éleverai mes pleurs et mes lamentations.* Celui qui voit une trompette (*ou un cor*) en songe, doit se lever de bon matin et dire (Esa. XXVII, 13.): *Et il arrivera en ce jour là qu'on sonnera du grand cor,* avant qu'il lui vienne en pensée l'autre verset (Osée V, 8.): *Sonnez du cor à Guibha.* Celui qui voit un chien en rêve, doit se lever de bon matin, et dire (Exod. XI, 7.): *Mais contre tous les enfans d'Israël un chien ne remuera point sa langue,* avant qu'il lui vienne en pensée l'autre verset (Esa. LVI, 11.): *Ce sont des chiens goulus.* Celui qui voit un lion en songe, doit se lever de bon matin et dire (Amos III, 8.): *Le lion a rugi, qui ne craindra?* avant qu'il lui vienne en pensée l'autre verset (Jér. IV, 7.): *Le lion est monté hors de son hallier.* Celui qui voit un rasement (*l'action de raser*) en songe, doit se lever de bon matin et dire (Gen. XLI, 14.): *Et on le rasa, et on le fit changer de vêtemens,* avant qu'il lui vienne en pensée l'autre verset (Jug. XVI, 17.): *Si je suis rasé, ma force m'abandonnera.* Celui qui voit un puits en songe, doit se lever de bon matin, et dire (Cant. IV, 15.): *O puits d'eau vive,* avant qu'il lui vienne en pensée l'autre verset (Jér. VI, 7.): *Comme le puits fait bouillonner ses eaux*. Celui qui voit un roseau en songe, doit se lever de bon matin et dire (Esa. XLII, 3.): *Il ne brisera point le roseau cassé*, avant qu'il lui vienne dans la pensée l'autre verset (II. Rois XVIII, 21.): *Voici maintenant tu t'es confié en ce bâton de roseau cassé* [28]). Les rabbins ont appris: celui qui voit un roseau (קנה it. *Canna*) en songe, peut aspirer à la sagesse; car il est dit (Prov. IV, 5.): *acquiers* (קנה) *la sagesse* (et celui qui voit) plusieurs roseaux (קנים) peut aspirer à la prudence; car il est dit (ib. vs. 7.): *Et sur toutes tes acquisitions* (קנינך) *acquiers* (קנה) *la prudence*. R. Zira disait: קרא *(courge F.)* קורא *(la partie tendre des palmes)* קירא *(cire* fr., it., lat., gr.); קניא *(roseau; canna* it.) tout cela signifie quelque chose de bon dans un rêve. *Baraïtha*. On ne fait voir des courges (דלועין) qu'à celui qui craint le ciel *(Dieu)* de toutes ses forces. (Voy. Esa. XXXVIII, 14. דלו עיני). Celui qui voit un boeuf en songe, doit se lever de bon matin et dire (Deut. XXXIII, 17.): *Sa beauté est comme un taureau premier né*; avant qu'il lui vienne dans l'esprit l'autre verset (Exod. XXI, 28.): *Si un boeuf heurte de sa corne un homme.*

Les rabbins ont appris: cinq choses ont été dites relativement à un boeuf: celui qui rêve de manger de sa chair (מבשרו) s'enrichira (מתעשר): celui qui croit en être heurté, aura des fils qui heurteront *(violeront)* la loi; celui qui croit en être mordu, sera assailli par des châtimens; celui qui croit en recevoir des coups de pied, sera obligé d'intreprendre un long voyage; celui qui croit y monter à cheval montera *(parviendra)* à une grande dignité. Cependant une *Baraïtha* porte: s'il monte sur lui, il mourra. Cela ne constitue pas une difficulté; car la première tradition veut dire: s'il monte sur le boeuf, et la seconde: si le boeuf monte sur lui. Celui qui voit un âne en songe,

28) Les paroles de tous ces versets ont un sens tantôt favorable, tantôt sinistre, et l'on peut éviter les mauvais effets du second en mettant devant le premier.

doit espérer le salut (לישועה); car il est dit (Zach. IX, 9.): *Voici, ton roi viendra à toi juste, et se garantissant* (ונושע) *par soi-même, abject, et montant sur un âne* [29]. Si quelqu'un voit un chat (חתול *catus* lat., it.) en songe, et cela dans un lieu où *(cet animal)* est appelé שונרא *(chunra)* on lui fera un joli cantique (שירה נאה) *(mais dans un lieu où il est appelé)* שינרא *(chinra)* il lui arrivera un mauvais changement (שינוי רע Buxt. sub שנר). Lorsque quelqu'un voit des grappes de raisin en songe, si elles sont blanches soit en leur temps, soit hors de leur temps, elles sont un bon pronostic; mais si elles sont noires en leur temps elles sont un bon pronostic; hors de leur temps, elles sont un mauvais pronostic. Lorsqu'on voit un cheval blanc en songe, soit qu'il reste en repos, soit qu'il courre, il sert de bon augure; mais s'il est rouge, lorsqu'il se tient en repos il sert de bon augure, mais lorsqu'il court, il sert de mauvais augure. Si quelqu'un voit ישמעאל *(Ismaël)* en songe, sa prière sera exaucée (נשמעת) mais ce doit être absolument Ismaël, fils d'Abraham; car si c'est un arabe (ou Ismaëlite) quelconque, cela ne vaut pas. Si quelqu'un voit un chameau (גמל) en songe (cela signifie) qu'on avait fait arrêt de mort sur lui dans le ciel, et qu'on l'en a délivré. R. Hama, fils de R. Hanina disait: quel en est le verset? (Gen. XLVI, 4.): *Ego descendam tecum in Aegyptum, et ego ascendere faciam te étiam ascendendo* (גם עלה). Rav Nahman, fils d'Isaac disait, (qu'on le déduit) d'ici (II. Sam. XII, 13.): *aussi* (גם) *l'Eternel a fait passer ton péché; tu ne mourras point.* Si quelqu'un voit Pinhas en rêve (פינחס) il lui arrivera un miracle *(comme à Pinhas.* Voy. *Sanh.* 83.). Si quelqu'un voit un Eléphant (פיל) en rêve, des prodiges (פלאות) seront faits en sa faveur. S'il voit plusieurs éléphans, prodiges sur prodiges seront opérés en sa faveur. Cependant une Baraïtha porte: toute espèce d'animaux servent de bon augure dans un songe, F. 57. *a.* excepté l'éléphant et le singe. Cela ne constitue pas une difficulté; car la première tradition regarde un éléphant

29) On voit par là que ces paroles du Prophète sont appliquées au Messie par les Talmudistes.

sellé, et la seconde un éléphant qui n'est pas sellé. Si quelqu'un voit le nom הוּנָא *(Huna)* en songe un miracle נֵס sera opéré en sa faveur; si ce sont les noms de יוֹחָנָן, חֲנִינָא, חנכירה, miracles sur miracles seront opérés en sa faveur. Si quelqu'un voit le mot הספד *(deuil)* en songe *(cela signifie)* qu'on lui a pardonné (חסו) dans le ciel, et qu'il sera rédimé (פראוהו); mais ceci a lieu seulement lorsqu'il le voit par écrit. Celui qui répond (*en songe*) *que son grand nom soit loué (formule du Kadisch)* peut être sûr qu'il sera un des fils du monde à venir. Celui qui lit (*en songe*) la lecture du *Chema* est digne que la *Chekina* demeure sur lui, mais son siècle n'est pas digne de (voir) ce spectacle. Celui qui met les *Tephillin* en rêve, doit espérer une dignité; car il est dit (Deut. XXVIII, 10.): *Et tous les peuples de la terre verront que le nom de l'Eternel est réclamé sur toi, etc.* Mais une Baraïtha porte: R. Eliéser le grand disait qu'il s'agit ici des *Tephillin* de la tête. Si quelqu'un fait la prière en songe, c'est un bon signe pour lui, mais cela vaut seulement lorsqu'il ne l'a pas finie *(lorsqu'il s'éveille sans la finir, car cela prouve que Dieu est encore près de lui)*. Celui qui couche avec sa mère (אם) en rêve peut espérer la prudence; car il est dit (Prov. II, 3.): *Si tu* (כי אם) *appelles la prudence.* Celui qui couche avec une fille fiancée (מאורסה) peut espérer (*de faire des progrès*) dans la loi; car il est dit (Deut. XXXIII, 4.): *Moïse nous a commandé la loi, héritage* (מורשה) *de l'assemblée de Jacob.* Ne lis pas מוֹרָשָׁה (*héritage*) mais מאורשה (*fiancée*). Celui qui couche avec sa soeur en songe peut espérer la sagesse; car il est dit (Prov. VII, 4.): *Dis à la sagesse: tu es ma soeur.* Celui qui couche avec la femme d'un autre en songe peut être sûr qu'il sera un des fils du monde à venir (*car le jardin Eden est comparé à la femme d'autrui*). Mais cela vaut seulement s'il ne l'a pas connue, et ne l'a pas convoitée le soir précédent. —

R. Hija, fils d'Abba dit: celui qui voit du froment en songe, verra la paix; car il est dit (Psau. CXLVII, 14.): *C'est lui qui établit la paix dans tes contrées, et qui te rassasie de la moëlle du froment.* Si quelqu'un voit de l'orge (שעורים) en songe, ses iniquités seront effacées; car il est dit (Esa. VI, 7.): *Ton iniquité sera ôtée* (סר עונך), *et la propitiation sera faite pour ton péché.* R. Zira disait: je ne suis pas monté de Babel vers la terre d'Israël jusqu'à ce que je n'aie vu de l'orge en songe [30]. Si quelqu'un voit en songe une vigne chargée (*de grappes*) sa femme ne fera pas de fausses couches; car il est dit (Psau. CXXVIII, 3.): *Ta femme sera comme une vigne abondante en fruit.* (*Celui qui voit*) la vigne excellente (*appelée* שורקה) doit attendre le Messie; car il est dit (Gen. XLIX, 11.): *Il attache à la vigne son poulain, et au cep excellent* (ול־שורקה) *le petit de son ânesse.* Si quelqu'un voit un figuier en songe (*son étude*) de la loi sera gardée en lui; car il est dit (Prov. XXVII, 18.): *Celui qui garde le figuier, mangera de son fruit, etc.* Lorsque quelqu'un voit des grenades en songe, si elles sont petites, ses affaires fructifieront comme la grenade; si elles sont grandes, ses affaires s'agrandiront comme la grenade; si elles sont coupées, et il s'agit d'un écolier des savans il peut espérer (qu'il fera des progrès) dans la loi; car il est dit (Cant. VIII, 2.): *Je te ferai boire du vin mixtionné d'aromates* [31], *et du moût de mon grenadier*; et s'il s'agit d'un idiot, il doit espérer (de remplir) les commandemens; car il est dit (Ib. IV, 3.): *Comme une pièce de pomme de grenade du temple* (רקתך). Que veut dire רקתך? Que même ceux qui sont vides (ריקנין *idiots*) en toi (שבך) (en Israël) seront pleins de préceptes comme une grenade. Lorsque quelqu'un voit des olives en songe, si elles sont petites, ses affaires fructifieront comme les olives: (*si elles sont grandes ses affaires*) multiplieront et persisteront dans cet état comme les olives. Cela vaut cependant si quelqu'un a vu les fruits, mais s'il a vu les arbres il aura beaucoup d'enfans; car il est dit (Psau. CXXVIII, 3.): *Tes enfans comme des plantes d'oliviers, etc.* D'autres disent: celui qui voit un olivier en songe acquerra un bon nom (*de la renommée*); car

30) Voy. ci-dessus où il est dit que c'est un péché de revenir de Babel en Palestine avant l'arrivée du Messie.

31) *Raschi*: le vin mixtionné d'aromates signifie la loi.

il est dit (Jér. XI, 16.): *L'Eternel avait appelé ton nom olivier verdoyant, et beau à cause du beau fruit.* Celui qui voit de l'huile d'olive en songe doit espérer la lumière de la loi; car il est dit (Exod. XXVII, 20.): *Qu'ils t'apportent de l'huile d'olive vierge.* Si quelqu'un voit des dattes (תמרים) en songe, ses iniquités cesseront; car il est dit (Lam. IV, 22.): *Fille de Sion, ton iniquité est terminée* (תם). Rav Joseph disait: si quelqu'un voit une chèvre en songe, l'année sera bénie pour lui, et (*s'il voit*) plusieurs chèvres, plusieurs années seront bénies pour lui; car il est dit (Prov. XXVII, 27.): *Et l'abondance du lait des chèvres pour ton pain.* Si quelqu'un voit un myrte en songe, ses biens se multiplieront (*comme les feuilles de cette plante*), et s'il n'a pas de biens il lui viendra un héritage auquel il ne s'attendait pas. Ulla disait, et selon d'autres il est enseigné dans une Mischna, que cela (vaut) lorsqu'on a vu (*le myrte*) sur son tronc (בכנידהו Buxt.). Celui qui voit un citron (אתרוג) en songe, est honoré (הדר) en présence de son possesseur (*Dieu*); car il est dit (Lév. XXIII, 40.): *Le fruit d'un bel arbre* (פרי עץ הדר) *des branches de palmier.* Celui qui voit une branche de palme (לולב) en songe, il n'a qu'un seul coeur (לו לב) pour son père qui est dans les cieux. Celui qui voit une oie (אוזן *anas* lat.) en songe, doit espérer la sagesse; car il est dit (Prov. I, 20.): *La sapience crie hautement au dehors* (Talm.: *crie comme une oie*) et celui qui couche avec elle sera Chef d'une académie (*où il lui faudra crier beaucoup*). R. Ache disait: j'en ai vu une et j'ai couché avec elle, c'est pourquoi je suis monté jusqu'à cette dignité. Celui qui voit un coq en songe, doit espérer un enfant mâle (*s'il voit*) plusieurs coqs, qu'il espère plusieurs enfans mâles; s'il voit une poule (תרנגולת) qu'il espère une place de précepteur bonne et agréable (תרביצה נאה וגילת). Si quelqu'un voit des oeufs (ביצים) en songe, sa demande (בקשתו) restera en suspens (*comme ce qui se trouve dans l'oeuf*). Mais (*s'il en voit*) qui se cassent, sa demande sera accomplie. Il faut tenir la même chose des noix, des concombres, de tous les vases de verre, et de tout ce qui se casse comme les oeufs. Si quelqu'un entre dans une ville (*en songe*), ses souhaits seront remplis; car il est dit (Psau. CVII, 30.): *Et il les conduit au port* (מחוז Talm.: *à la ville*) *qu'ils désiraient.* Si quelqu'un rase sa tête en songe, c'est un bon pronotic pour lui. (Voy. Gen. XLI, 14.) et s'il rase sa tête, et sa barbe; c'est (*un bon pronostic*) pour lui et pour toute sa famille. Celui qui est assis (*en songe*) dans un petit bateau de transport, acquerra un bon nom; mais si le bateau est grand, c'est lui et sa famille (*qui auront une bonne réputation*); tout cela cependant à condition qu'il vogue en haute mer. Si quelqu'un fait ses nécessités en songe, c'est un bon pronostic pour lui; car il est dit (Esa. LI, 14.): *Festinavit demigrans solvi* (vel *aperire*, Talm.: *l'impureté et la puanteur sortiront de lui*). Mais cela à condition qu'il ne se nettoie pas (*car autrement il souillerait ses mains*). Celui qui monte sur un toit en songe, montera à une grande dignité, et celui qui en descend, descendra aussi de sa dignité. Mais Avaï et Rava disent tous les deux, que celui qui y est (*a une dignité*), y est monté (*c'est-à-dire, n'en descend plus*). Si quelqu'un déchire ses habits en songe, l'arrêt de son jugement lui sera déchiré (*dans le ciel*). Si quelqu'un se voit nu en songe, si c'est à Babel, cela veut dire qu'il est sans péché; mais si c'est dans la terre d'Israël (*cela veut dire*) qu'il est entièrement dépouillé des préceptes (*ou des bonnes oeuvres*). Celui qui est saisi par un licteur (*en songe*) il lui arrivera d'être préservé (*de toute espèce de malheur*), et celui qui en sera mis au carcan (קולר gr., lat., it.) en sera préservé (*du mal*) avec d'autant plus de soin. Cela cependant à condition qu'il soit mis au carcan, car s'il est lié avec une corde ordinaire, cela ne vaut pas. Celui qui entre en songe dans un étang (*où il y a beaucoup de joncs grands et petits*) sera fait Chef d'une Ecole; celui qui entre dans une forêt (*de grands arbres dispersés ça et là*) sera créé Chef des fils de la fiancée[32]). Rav Papa et Rav Hunna, fils de Rav Jehochua virent en songe, le premier, qu'il entrait dans un étang, et il fut fait Chef d'école;

---

32) *Raschi:* le principal écolier qui explique aux autres ce qu'ils n'ont pas compris.

et le second qu'il entrait dans une forêt, et il fut créé Chef des fils de la fiancée. Il y en a qui disent que tous les deux sont entrés dans un étang, et que Rav Papa qui avait des tablettes (מטלי lat.)[33]) suspendues fut fait Chef d'école, tandis que Rav Hunna, fils de Rav Jehochua qui n'avait pas de tablettes suspendues fut créé Chef des fils de l'Epouse. Rav Ache disait: moi aussi je suis entré dans un étang, et j'avois une table suspendue, que j'ai frappée et fait retentir à plusieurs reprises.

Un Tanne enseignait devant Rav Nahman, fils d'Isaac: si quelqu'un se fait saigner en songe, ses iniquités lui seront pardonnées. (Voy. Esa. I, 18.). Cependant une Baraïtha porte que ses iniquités lui seront arrangées. Or, que signifie *arrangées?* Qu'elles lui seront arrangées (ou disposées en ordre) pour être pardonnées. Un Tanne enseignait en présence de Rav Chechath: si quelqu'un voit un serpent en rêve, il aura toujours de la nourriture à ses ordres *(comme le serpent qui mange la poussière).* S'il en est mordu *(sa nourriture)* lui sera redoublée; mais s'il le tue, sa nourriture se perdra. Sur quoi Rav Chechath lui dit: *(s'il le tue)* d'autant plus sa nourriture doit se redoubler. — Cependant ce n'est pas comme cela, et Rav Chechath *(parlait ainsi)* parce qu'il avait vu un serpent en songe, et qu'il l'avait tué. Un Tanne enseignait en présence de R. Johanan: toute sorte de boisson est de bon augure en songe excepté le vin, car il y en a *(qui ont rêvé)* de le boire, et il leur a apporté bonheur, et il y en a *(qui ont rêvé)* de le boire, et il leur a apporté malheur. *Il y en a (qui ont rêvé) de le boire, et il leur a apporté bonheur;* car il est dit (Psau. CIV, 15.): *Et le vin qui réjouit le coeur de l'homme. — Et il y en a (qui ont rêvé) de le boire, et il leur a apporté malheur;* car il est dit (Prov. XXXI, 6.): *Donnez un* שכר *(boisson enivrante) à celui qui s'en va périr, et du vin à ceux qui sont dans l'amertume de coeur.* R. Johanan disait a ce Tanne: ce-

---

33) Instrument de musique, composé de plusieurs morceaux de bois; selon d'autres ce mot signifie *sonnette* qui est ici le symbole d'une doctrine qui fera beaucoup de bruit.

pendant on enseigne que pour un disciple savant est toujours un bon pronostic; car il est dit (Prov. IX, 5.): *Venez, mangez de mon vin, et buvez du vin que j'ai mixtionné*[34]). C'est le même R. Johanan qui a dit: si quelqu'un se lève de bon matin, et un verset tombe au milieu de sa bouche voilà que c'est une petite prophétie.

F. 57. b.

Les rabbins ont appris: Voici trois *rois* si quelqu'un voit David en songe qu'il espère la piété; si c'est Salomon, qu'il espère la sagesse, si c'est Ahab qu'il craigne une punition. Voici trois *Prophètes:* si quelqu'un voit le livre des rois (*fragment des prophètes antérieurs*), qu'il s'attende à une dignité; Ezéchiel, qu'il attende de la sagesse; Esaie, qu'il attende de la consolation; Jerémie, qu'il craigne une punition. Voici trois grands *Agiographes:* si quelqu'un voit les livres des Psaumes qu'il espère de la piété; les Proverbes, qu'il espère de la sagesse; Job, qu'il craigne une punition. Voici trois petits *Agiographes:* si quelqu'un voit le Cantique des Cantiques en songe qu'il s'attende à la piété; si l'Ecclesiaste, qu'il s'attende à la sagesse; les Lamentations, qu'il craigne un malheur. Si quelqu'un voit le livre d'Esther, un prodige sera opéré en sa faveur. Voici trois *sages*, si quelqu'un voit en songe Rabbi qu'il espère la sagesse; si R. Eliéser, fils d'Azarie qu'il espère la richesse; R. Ismaël, fils d'Elicha (*qui a été martyrisé*) qu'il craigne une punition. Voici trois disciples des savans[35]). Si quelqu'un voit en songe le fils d'Azaï, qu'il espère la piété; si le fils de Zoma, qu'il espère la sagesse; si Aher (*l'herétique*) qu'il craigne une punition.

Toute espèce d'animaux sont d'un bon augure dans un rêve, excepté l'éléphant, le singe et le hérisson. Mais cependant Mar a dit: si quelqu'un voit un éléphant en songe, un miracle sera opéré en sa faveur. Cela ne constitue pas une difficulté, une fois (*il s'agit*) d'un éléphant sellé, et une autre fois d'un éléphant qui n'est pas sellé. Tout in-

---

34) *Raschi* nous dit ci-dessus que le vin mixtionné signifie l'étude de la loi.

35) On donne ce nom aux savans qui n'avaient pas été gradués par l'imposition des mains.

strument fondu a un sens favorable en songe excepté une ploche (ממר Buxt.), une doloire, et une hache (קרדום Buxt.); mais cela à condition qu'elles aient une anse dans leurs manches (*ce qui signifie qu'elles servent pour abattre*). Toute espèce de fruits est un bon pronostic en songe excepté les dattes qui ne sont pas mûres. Toute espèce d'herbes est de bon augure en songe, excepté les têtes de raves. Mais cependant Rav a dit: je ne suis pas enrichi jusqu'à ce que je n'aie vu des têtes de raves. *Rép.:* C'est que lorsqu'il les a vues elles étaient sur leur tronc. Toute sorte de couleurs est un bon pronostic en songe, excepté le bleu de Jacinthe (*qui est la couleur des malades*). Toute sorte d'oiseaux sert de bon augure en songe, excepté le corbeau (קריא lat., fr., it.) le hibou (קפופא it. *Gufo*), et la chauve-souris.

Corps.	*Corps.*	*Avant goût.*	*rappellent.*	*dilatent.*
הג"וף	הג"וף	מע"ין	מש"בין	ומרח"יבין

marques (*de souvenir pour les écoliers avant que la tradition fût couchée par écrit*).

הג"וף Trois choses entrent dans le corps sans que le corps en ressente un avantage: les cerises (*ou les coriandres*) les branches tendres du palmier, et les dattes qui ne sont pas mûres.

הגוף Trois choses n'entrent pas dans le corps et cependant le corps en ressent un avantage, ce sont: le bain, l'onction et le service du lit (*l'accouplement des sexes*).

מעין Trois choses (*donnent*) un avant-goût du siècle à venir, ce sont: le Sabbath, le soleil et le service. Quel service? Dirons-nous le service du lit? Mais il rend maigre. Il faut donc entendre le service des trous (*ventris exoneratio*).

משיבין Trois choses rappellent à lui même l'esprit de l'homme, ce sont: la voix (*d'un instrument ou d'une femme*), la vue et l'odorat.

מרחיבין Trois choses dilatent l'esprit de l'homme, et ce sont une jolie demeure, une jolie femme et des meubles jolis.

cinq	*six*	*dix*
חמ"שה ו-	שש"ה ו-	עשרה

Marques de souvenir.

חמשה Cinq choses ont la soixantième partie d'une autre, ce sont le feu, le miel, le Sabbath, le sommeil et le songe. Le *feu* a une soixantième de la Géhenne (*enfer*); le *miel* une soixantième de la manne; le *Sabbath* une soixantième du siècle à venir; le *sommeil* une soixantième de la mort; le *songe* la soixantième partie d'une prophétie.

ששה Six choses sont un bon signe pour un malade, savoir: l'éternument, la transpiration, l'évacuation, la pollution, le sommeil et le songe. L'*éternument;* car il est écrit (Job. XLI, 9.): *Ses éternumens feront luire la lumière.* La *transpiration;* car il est écrit (Gén. III, 19.): *Tu mangeras le pain à la sueur de ton visage.* L'*évacuation*; car il est écrit (Esa. LI, 14.): *Festinavit demigrans* (צועה Talm.: *excrément*) *solvi et non morietur in fovea.* La *pollution;* car il est écrit (ib. LIII, 10.): *Il verra la postérité* (זרע Talm.: la semence, la pollution) *il prolongera ses jours.* Le *sommeil;* car il est écrit (Job. III, 13.): *Je dormirai et il y aura dès lors du repos pour moi.* Le *songe*; car il est écrit (Esa. XXXVIII, 16.): *Ainsi tu me rétabliras* (ותחלמני Talm.: tu me feras rêver) *et me feras revivre.*

ששה Six choses guérissent le malade de sa maladie, et la guérison est durable: ce sont: le chou (כרוב *crambe* gr.) les bettes, le sison sec (סיסין gr.)[36], la panse (*des animaux*) la matrice, et le rets du foie. Il y en a qui disent que même les petits poissons, mais outre cela les petits poissons rendent fécond et sain tout le corps de l'homme.

עשרה Dix choses font retomber le malade dans sa maladie, qui devient plus dangereuse, ce sont: manger de la viande de boeuf, la viande grasse, la viande rôtie, la viande d'oiseaux, des oeufs rôtis; se faire raser; le cresson, le lait, le fromage et le bain, et il y en a qui disent, les noix aussi, et d'autres disent qu'aussi les concombres (קשיאים). Un *Tanne* de la maison de R. Ismaël a enseigné: pourquoi

---

36) *Sison exiguum semen est in Syria natum apio simile, nigrum, ferreum, oblongum. Contra lienis vitia bibitur, urinae difficultates potu emendat, remoratos menses ciet*, etc. Dioscor L. III, C. 63.

on leur a donné le nom de קשואים? Parce qu'ils sont aussi nuisibles קשים au corps que les glaives. Mais ce n'est pas ainsi vu qu'il est écrit (Gen. XXV, 23.): *Et l'Eternel lui dit: deux nations* (גוים) *sont dans ton ventre.* Ne lis pas גוים (*nations*) mais גיים (*grands hommes* Buxt.). Sur quoi Rav Jéhuda disait avoir entendu dire à Rav que (*ces deux grands hommes*) étaient Antonin et Rabbi dont la table ne manquait jamais de raifort, ni de laitue, ni de concombres dans les jours de chaleur, aussi bien que dans les jours de pluie. Cela ne constitue pas une difficulté, car là il s'agit de concombres gros (*et durs*), et ici de concombres petits (*et tendres*).

Les rabbins ont appris: (*si l'on rêve*) un mort dans la maison (*cela pronostique*) la paix dans la maison. (*Si l'on rêve*) de manger et de boire dans la maison, c'est un augure favorable pour la maison; si l'on transporte les ustensiles hors de la maison; c'est un signe défavorable pour la maison. Rav Papa fit cette interprétation relativement aux souliers, et aux sandales (סנדלא gr.): tout ce qui ôte le repos (*en songe*) est de bon augure excepté les souliers et les sandales (*qui signifient qu'on doit sortir de la maison*), et tout ce qui donne du repos (*en songe*) est également de bon augure excepté la terre (*qui signifie un enterrement*), et la moutarde (חרדלא).

Mischna: Un lieu d'où l'idolâtrie a été extirpée.

Ghémara. Les rabbins ont appris: quiconque voit un *marcolis (un tas de pierres consacrées à Mercure)* doit dire: *béni soit celui qui exerce sa longanimité envers les transgresseurs de sa volonté* (et s'il voit) un lieu d'où l'idolâtrie a été extirpée, il doit dire: *béni soit celui qui a extirpé l'idolâtrie de notre terre, et comme elle a été extirpée de ce lieu-ci de même qu'elle soit détruite de tous les lieux d'Israël daigne ramener le coeur de ceux qui servent (les idoles) à ton service.* Mais hors de la terre *(d'Israël)* on n'a pas besoin de dire: *daigne ramener le coeur de ceux qui servent (les idoles) à ton service*, vu que la plupart *(de ces idolâtres)* sont *Goim (ou Couthéens).* R. Siméon, fils d'Eleazar dit: même hors de la terre d'Israël, il faut dire ainsi; car il sera un temps qu'ils deviendront prosélytes, vu qu'il est dit (Sopho. III, 9): *même alors je changerai aux peuples (leurs lèvres) en des lèvres pures, afin qu'eux tous invoquent le nom de l'Eternel.*

Rav Hamnuna *(disait)* en faisant une exposition: celui qui voit Babel l'impie doit faire cinq bénédictions. S'il voit (*la ville même*) de Babel, il doit dire: *béni soit celui qui a dévasté Babel l'impie;* s'il voit la maison de Nebucadnetsar il doit dire: *béni soit celui qui a dévasté la maison de Nebucadnetsar l'impie.* S'il voit la fosse des lions *(de Daniel)*, et la fournaise de feu *(des trois jeunes Israélites);* il doit dire: *béni soit celui qui a fait des prodiges en faveur de nos pères dans ce lieu.* S'il voit un *Marcolis*, il doit dire: *béni soit celui qui exerce sa longanimité envers les transgresseurs de sa volonté.* S'il voit le lieu d'où l'on tire de la terre [37]) il doit dire: *béni soit celui qui dit et exécute; qui arrête et accomplit son arrêt.* Lorsque Rava voyait des ânes qui portaient de cette terre il les frappait de la main sur le dos et disait: courez, ô justes, accomplir la volonté de votre Seigneur. Lorsque Mar, fils de Ravina arriva à Babel il prit de cette terre dans son suaire, et la jeta dehors pour remplir ce qui a été dit (Esa. XIV, 23.): *et je la balaierai d'un balai de destruction.* Rav Ache disait: quant à moi, je n'ai pas entendu ce qu'a dit Rav Hamnuna, et c'est de F. 58. a. mon propre mouvement que j'ai fait toutes ces bénédictions. R. Jerémie, fils d'Eleazar disait: lorsque Babel a été maudite son voisinage aussi a été maudit, car il est écrit (ib.): *Et je la réduirai en possession des butors et en marais d'eaux;* mais lorsque Samarie a été maudite, son voisinage a été béni, car il est écrit (Mich. I, 6.): *C'est pourquoi je réduirai Samarie en un tas de pierres dans un champ pour y planter la vigne, etc.*

Rav Hamnuna disait encore: celui qui voit les troupes (אוכלוסי gr.) d'Israël doit dire: béni soit celui qui connaît

---

37) *Raschi*: il y a un endroit à Babel d'où l'on tire continuellement de la terre grasse pour bâtir, de sorte qu'à la longue on ne pourra plus y semer, ou y planter.

les secrets (*de leurs coeurs; mais s'il voit*) les troupes des peuples du monde, il doit dire: (Jer. L, 12.): *votre mère est devenue fort honteuse*, etc. Les rabbins ont appris celui qui voit les troupes d'Israël doit dire: *béni soit celui qui pénètre les secrets, quoique les pensées de ceux-ci ne se ressemblent pas entr'elles et que leurs physionomies* (פרצוף gr.) *diffèrent les unes des autres*. Lorsque Ben Zoma voyait une multitude (d'Israélites) sur la pente de la montagne du temple il disait: *béni soit celui qui pénètre les secrets et qui a créé tous ces gens pour me servir* [38]). Il était aussi accoutumé de dire: que de peines

---

38) *Raschi* et *Maimonides*: afin qu'ils labourent, sèment la terre, pour les Théologiens ou pour ceux qui s'adonnent à l'étude de la loi. Le Talmud de Jérusalem (Berac. 36. a.) nous présente un autre exemple d'un semblable orgueil pharisien dans la personne de R. Siméon, fils de Johaï qui disait: j'ai vu les enfans du monde à venir, et il y en a fort peu, mais s'ils ne sont que trois moi et mon fils nous serons du nombre et s'ils sont seulement deux, ce seront mon fils et moi. Il soutenait en outre que comme Abraham avait réconcilié le monde avec Dieu jusqu'à son temps de même il l'aurait réconcilié jusqu'à la fin de toutes les générations. Pour se faire une juste idée de cette vanité (qui a caractérisé en tout temps les rabbins) j'indiquerai ici les différentes espèces de Pharisiens qui étaient à Jérusalem du temps de J. Ch. Il y avait nous dit plus bas (37. b.) le même Talmud.

1°. Les *Checamites* de (שכם *épaules*) qui portaient les commandemens sur les épaules ou qui montraient à tout le monde le bien qu'ils faisaient.

2°. Les *Niephes* ou les Emprunteurs qui disaient: prêtez-moi de l'argent afin que je sois en état d'accomplir tel ou tel autre commandement. Leur but était de passer aux yeux de la multitude, pour des Zélateurs qui pratiquoient les préceptes les plus difficiles de la loi de Moïse.

3°. Les *Kizéen* ou les *Compteurs* qui faisaient un commandement pour chaque transgression en disant: autant de commandemens que de transgressions.

4°. Ceux qui faisaient semblant de renoncer à leur fortune pour la consacrer à faire des aumônes et d'autres oeuvres pieuses.

5°. Ceux qui demandaient qu'on leur dît: de quelle transgression ils s'étaient rendus coupables pour faire une oeuvre expiatoire ou de compensation.

6°. Ceux qui faisaient le bien par crainte comme Job.

7°. Ceux enfin qui le faisaient par amour comme Abraham. Voy. Theor. du Judaïs:

a dû se donner le premier homme avant de trouver un morceau de pain à manger! Il a dû labourer, semer, moissonner, faire des gerbes, battre, vanner, cribler, moudre, bluter, pétrir, boulanger et puis manger; mais moi je me lève le matin et je trouve cela prêt devant moi. Combien en outre a dû se donner de mouvement le premier homme, avant de trouver un habit pour s'habiller; il a dû tondre, blanchir, carder, filer, tistre et puis il a trouvé un habit pour le mettre; mais moi, je me lève le matin et je trouve tout ceci prêt devant moi. Les gens de toute condition se lèvent de bonne heure et viennent à la porte de ma maison[39]) et moi, je me lève et je les trouve tous devant moi. Le même (*savant*) était accoutumé de dire en outre: un bon hôte qu'est-ce qu'il dit? Combien de peines ne s'est pas données le maître de la maison pour moi! Combien de viande, combien de vin, combien de gâteaux (גלוסקא gr.) n'a-t-il fait apporter devant moi, et toute la peine qu'il s'est donnée, il ne se l'est donnée que pour moi. Mais un mauvais hôte que dit-il? Quelle peine le maître de la maison s'est-il donnée (pourquoi)? Je n'ai mangé qu'un morceau de pain, qu'un morceau de viande, je n'ai bu qu'un calice; et toute la peine, que s'est donnée le maître de la maison, il ne se l'est donnée que pour sa femme et ses enfans. Relativement à un bon hôte il est dit (Job. XXXVI, 24.); *Souviens-toi de célébrer son ouvrage que les hommes voient.* Et par rapport à un mauvais hôte il est écrit (ib. XXXVII, 24).: *c'est pourquoi les hommes le craignent* (*Il est écrit* I. Sam. XVII, 12.): *et un homme du temps de Saül, vieux, qui venait parmi les hommes.* (*Sur quoi*) Rava et selon d'autres Rav Zavid, et selon d'autres Rav Oschaja disait qu'on parle ici d'Isaï, père de David qui sortait au milieu d'une armée, rentrait au milieu d'une armée et dissertait au milieu d'une armée. Ulla disait: nous tenons pour règle[40]) qu'il n'y avait pas de troupe (appelée אוכלסא) à

---

39) *Raschi*: il était un très-riche marchand. Selon *Maim.* un Théologien qu'on allait consulter.

40) נקיטינן· *recipimus, ratum confessum, fixum habemus.*

Babel, et un Tanne a enseigné, qu'une אוכלסא n'est pas moins de 60 myriades (600,000 hommes).

Les rabbins ont appris: quiconque voit des Savans d'Israël doit dire: *béni soit celui qui a partagé la sagesse avec ceux qui le craignent.* S'ils sont des savans des peuples du monde, il doit dire: *béni soit celui qui a donné sa sagesse à la chair et au sang.* Quiconque voit des rois d'Israël, doit dire: *béni soit celui qui a partagé sa gloire avec ceux qui le craignent;* mais s'ils sont des rois des peuples du monde, il doit dire: *béni soit celui qui a été libéral de sa gloire envers la chair et le sang.* R. Johanan dit: il faut que l'homme tâche toujours de courir à la rencontre des rois d'Israël et non seulement à la rencontre des rois d'Israël; mais aussi au devant des rois des peuples du monde; car s'il sera digne (*de voir les temps du Messie*) il s'apercevra alors de la différence qui passe entre les rois d'Israël et les rois des peuples du monde (Voy. ci-dessus F.) Rav Chechath était privé de la lumière des yeux; cependant un jour que tout le monde allait au devant d'un roi il se leva, et alla avec eux. Il fut rencontré par un *Minéen* (autr. *Saducéen*) qui lui dit: *les cruches entières doivent aller à la rivière; mais les cruches cassées où vont-elles?* Il lui répondit: viens et vois que je reconnaîtrai (le roi) mieux que toi. Lorsque la première cohorte vint à passer, et que l'on entendit du bruit, le Minéen lui dit: le roi vient; mais Rav Chechath lui répondit: non, il ne vient pas encore. Lorsque la seconde cohorte vint à passer et que l'on fit de nouveau du bruit, le *Minéen* lui dit: maintenant le roi vient; mais Rav Chechath lui répondit: non, le roi ne vient pas. Au passage de la troisième tout étant en silence, Rav Chechath lui dit: c'est sans doute à présent que le roi vient. Mais d'où as tu pu savoir cela reprit alors le *Minéen*. De ce que, répondit-il, le royaume de la terre est un échantillon du royaume du ciel; car il est dit (I. rois XIX, 11. 12.): *Sors et tiens-toi sur la montagne devant l'Eternel et voici l'Eternel passait et un grand vent impétueux qui fendait les montagnes et brisait les rochers devant l'Eternel, mais l'Eternel n'é-*

tait pas dans ce vent. Après le vent se fit un tremblement, mais l'Eternel n'était point dans ce tremblement. Après le tremblement venait un feu, mais l'Eternel n'était pas dans ce feu. Après le feu venait un son coi et subtil. Pendant que le roi passait Rav Chechath commença à faire la bénédiction [41]). Alors ce Minéen lui dit: Tu fais donc une bénédiction sur quelqu'un que tu ne vois pas! [42]). Et qu'est-ce qu'il est devenu ce Minéen? Quelques-uns disent que ses camarades lui ont crevé les yeux; et il y en a qui disent que Rav Chechath a lancé sur lui un coup d'oeil et qu'il est devenu un tas d'ossemens [43]).

Rav Chila ayant fait fouetter un certain homme *(un Juif)* qui avait épousé une Goja (autr. une *Araméenne ou Egyptienne)* celui-ci alla faire des dénonciations [44]) contre lui dans la maison du roi, en disant: il y a un homme en Judée qui administre la justice sans un mandat du roi. On expédia exprès pour lui un coureur (פריסתקא lat. *praecursor*). Aussitôt que Rav Chila fut arrivé *(devant l'autorité civile)* on lui demanda: pourquoi as-tu fait fouetter cet homme? Il leur répondit: parce qu'il a couché avec une ânesse [45]). Ils lui dirent: as-tu des témoins? Il leur

---

41) *Béni soit celui qui a été libéral de sa gloire envers la chair et le sang.* C'est-à-dire, même envers les rois des autres peuples du monde qui ne le craignent pas; car il s'agit ici visiblement d'un roi non-Juif. Les Juifs qui citent ce passage pour prouver la tolérance du Talmud soutiennent que Rav Chechath a béni ce roi, au lieu de dire qu'il a béni Dieu de ce qu'il pousse sa bonté jusqu'à mettre à part de ses faveurs ceux qui en sont indignes.

42) Cette remarque qui vient de la part du Minéen prouve qu'il était un Saducéen proprement dit ou un Juif baptisé, comme il me parait plus probable.

43) Il est arrivé à ce Minéen ce qui serait arrivé à un juif peu respectueux envers un rabbin; car les néophytes sont toujours soumis aux lois talmudiques, selon les docteurs de la tradition.

44) A la lettre: *manger des dénonciations* parce que selon Raschi les dénonciateurs étaient accoutumés de goûter quelque chose dans la maison de ceux qui prêtaient l'oreille à leurs dénonciations, et se persuadaient par là qu'elles étaient agréees.

45) Ce passage est très-remarquable en ce qu'il sert de commentaire à l'histoire de la mort de J. Ch. et qu'il retrace exactement la con-

répondit: oui, et alors vint Elie sous la forme d'un homme et servit de témoin [46]. Ils lui dirent: si c'est ainsi cet homme mérite d'être tué. Il leur répondit: nous autres Juifs depuis que nous avons été exilés de notre terre nous n'avons plus la faculté de tuer [47]; mais vous, vous pouvez faire de lui tout ce que vous voulez. Pendant qu'ils faisaient des réflexions sur le jugement, R. Chila commença à dire (I. Chron. XXIX, 11.): *A toi ô Eternel la magnificence et la puissance*, etc [48]. Ils lui dirent: qu'est-ce que tu dis? Il leur répondit: c'est ainsi que j'ai dit: *bénie soit la divine miséricorde qui rend le royaume de la terre semblable au royaume du ciel, et qui vous donne du pouvoir et de l'amour pour la justice* [49]. Ils dirent: il lui est donc entièrement à coeur la dignité du royaume [50]. Ils lui donnèrent le bâton (קולפא la *clava*) de commandement et lui dirent: administre la justice. Lorsqu'il fut sorti, l'homme (*qui avait été fouetté*) lui dit: la divine miséricorde fait donc ainsi des prodiges en faveur des menteurs! L'autre lui répondit: impie, est-ce que (*les non-Juifs*) ne sont pas des ânes [51] lorsqu'il est écrit (Ezech. XXIII, 20.): *La chair*

---

duite des Juifs dans toutes les affaires qu'ils ont avec le Gouvernement, et avec les non-Juifs.

46) Moyenannt une injure aussi révoltante faite à la sainteté d'Elie, les talmudistes ont passé en règle de religion qu'on peut prêter un faux témoignage devant l'autorité civile.

47) Et cela pour deux raisons 1°. parce que les vainqueurs la leur avaient retirée. 2°. parce que les docteurs de la loi ne permettaient pas d'exercer ce droit que le Sanhédrin seul pouvait exercer compétemment, comme ils le disent.

48) Il voulait corriger par ces paroles la flatterie que sa position lui avait fait improviser envers l'autorité civile. Il voulait dire qu'il n'y a que l'Eternel qui ait de l'autorité sur les Juifs.

49) Autre mensonge et flatterie détestables qui sont en contradiction avec le sens du verset que R. Chila a cité (I Chr. XXIX, 11.), et qu'il va expliquer d'une manière tout à fait antisociale et pleine d'ingratitude.

50) Voici les non-Juifs séduits par de fausses apparences de patriotisme et qui accordent aux Juifs des privilèges sur parole.

51) Voici les Juifs maltraitant les non-Juifs au moment même qu'ils

desquels est la chair des ânes. Mais s'étant aperçu que l'autre se disposait à aller rapporter, (*aux non-Juifs*) *qu'il* les avait appelés *ânes;* il se dit: voici un persécuteur [52]) et la loi a dit (Voy. Exod. XXII, 2.): *Si quelqu'un vient pour te tuer, tâche de le tuer le premier.* Il le frappa donc avec le bâton de commandement et le tua. Il reprit ensuite son discours en ces termes: puisqu'il m'est arrivé un prodige en vertu de ce verset (I. Chr. XXIX, 11.): je suis autorisé de l'expliquer ainsi: *à toi la magnificence* (הגדולה) cela veut dire l'ouvrage de la création; car il est aussi dit (Job. IX, 10.): *qui fait des choses si grandes* (גדולות) *qu'on ne les peut sonder. Et la puissance* (והגבורה) cela est la sortie de l'Egypte; car il est dit (Exod. XIV, 31.): *Israël vit donc la grande puissance* (היד הגדולה) *etc. Et la gloire* (והתפארת) c'est le soleil, et la lune qui se sont arrêtés en faveur de Josua; car il est dit (Jos. X, 13.): *Et le soleil se tint en silence et la lune s'arrêta, etc. Et l'Eternité* (Talm.: et le sang והנצח) cela est la chûte de Rome (autr. *de la ville impie, de Babel, d'Edom*, etc. [53]); car c'est ainsi qu'il a été dit (Esa. LXIII, 3.): *et leur sang* (נצחם) *a rejailli sur mes vêtemens, etc. Et la majesté* (וההוד) cela est la guerre du torrent d'Arnon, car il est dit (Nomb. XXI, 14.): *C'est pourquoi il est dit au livre des batailles de l'Eternel, etc. Car tout ce qui est aux cieux* (בשמים) *et dans la terre;* c'est la guerre de Sisara, car il est dit: (Jug. V, 20.): *On a combattu des cieux* (מן שמים) *les étoiles du lieu de leurs cours, etc. A toi ô Eternel le royaume;*

---

en reçoivent des faveurs. Dans le Talmud de Jérusalem on enseigne (Berac. 33. b. 34. b.) que toutes les autres nations comparées au peuple israélite ne sont rien, absolument rien, et que soit qu'elles le bénissent ou qu'elles le maudissent, elles ne peuvent pas changer leur sort qui est de lui être soumises comme autant de domestiques.

52) Les Juifs envisagent même aujourd'hui les délateurs comme autant de persécuteurs et se croient autorisés à les tuer, comme nous aurons occasion de le voir autre part.

53) Il paraît par ce passage que le fait de R. Chila est arrivé sous les Romains, et non sous les Egyptiens ou sous les Araméens, ce qui est aussi confirmé par l'Histoire.

c'est la guerre d'Amalek, car il est dit dans le même sens (Exod. XVII, 16.): *Parce que la main est sur le trône de l'Eternel, etc. Tu es élevé* (והמתנשא) cela est la guerre de *Gog* et *Magog*; car il est dit dans le même sens (Ezech. XXVIII, 3.): *Voici j'en veux à toi Gog prince* (נשיא) *des chefs de Mesec et de Tubal. Sur tout en Chef* (לראש) R. Hanan, fils de Rava disait avoir entendu dire à R. Johanan: (*cela signifie*) que même le Chef (ריש) des citernes (celui qui préside aux citernes) tient sa place du ciel. On enseigne dans la Mischna au nom de R. Akiva (*les paroles*): *A toi Eternel la magnificence* (*signifient*) l'ouverture de la mer rouge; *la puissance*, c'est le châtiment des premier-nés; *la gloire*, c'est le don de la loi; *l'éternité*, c'est Jérusalem; et *la Majesté*, c'est le temple.

Les rabbins ont appris; celui qui voit des maisons F. 58. b. des Israélites doit dire: *béni soit celui qui établit la borne de la veuve* (Voy. Prov. XV, 25.) mais si elles sont en ruine il doit dire: *béni soit le juge de la vérité.* S'il voit des maisons des peuples du monde habitées, il doit dire (ib.): *L'Eternel démolit la maison des orgueilleux;* mais si elles sont en ruine, il doit dire (Psau. XCIV, 1.): *ô Dieu Fort des vengeances, ô Dieu Fort des vengeances fais reluire ta splendeur.* Ulla et Rav Hasda avaient entrepris un voyage. Lorsqu'ils parvinrent à la porte de la maison de Rav Hena, fils de Hanitaï Rav Hasda s'inclina et laissa échapper un soupir. (*Sur quoi*) Ulla lui dit: pourquoi soupires-tu? Cependant Rav a dit qu'un soupir casse la moitié du corps de l'homme; car il est dit (Ezech. XXI, 6 ou 11.): *Et toi fils de l'homme, en rompant tes reins*, etc. Et R. Johanan disait (*qu'un soupir casse*) même tout le corps de l'homme, car il est dit (ib. vs. 4 ou 12.): *Et quand ils te diront: pourquoi soupires-tu? Alors-tu répondras: c'est à cause du bruit, car il vient, et tout coeur se fondra.* Il lui dit: comment ne dois-je pas soupirer sur cette maison, s'il y avait autre fois 60 boulangers pendant le jour, et 60 boulangers pendant la nuit, qui faisaient du pain pour tous ceux qui en avaient besoin, et R. Hena n'ôtait jamais la main de la bourse; car il pensait, peut-être il viendra un pauvre, fils d'honnêtes parens, et s'il me faut chercher la bourse il en rougira. Il y avait en outre quatre portes ouvertes vers les quatre vents du monde; et quiconque y entrait affamé en sortait rassasié. Il faisait aussi jeter dehors du froment, et de l'orge dans les années de disette; afin que celui qui avait honte d'en prendre pendant le jour, pût venir et en prendre la nuit[54]) maintenant *(cette maison)* est tombée en un tas de ruine, et ne devrais-je pas soupirer? L'autre lui dit alors: c'est ainsi qu'a dit R. Johanan: depuis le jour que le sanctuaire fut dévasté, il a été décrété *(dans le ciel)* sur les maisons des Justes, qu'elles le seraient aussi; car il est dit (Esa. V, 9.): *L'Eternel des armées me fit entendre: si des maisons amples ne sont en désolation, et les grandes et les belles sans habitans.* Mais R. Johanan disait encore: le Saint, béni soit-il, est prêt à les rendre habitées de nouveau; car il est dit (Psau. CXXV, 1.): *Cantique de Mahaloth* (המעלות) *de David: ceux qui se confient en l'Eternel comme la montagne de Sion.* (C'est-à-dire) de même que le Saint, béni soit-il, rendra habité de nouveau le mont Sion, il rendra aussi habitées de nouveau les maisons des justes. Mais voyant que cela ne tranquillisait pas son esprit il ajouta: il suffit au valet d'être comme son maître[55]).

Il a été enseigné: quiconque voit des tombeaux d'Israël, doit dire: *béni soit celui qui, vous ayant formés dans la justice, nourris dans la justice, soutenus dans la justice, et fait mourir dans la justice, est aussi prêt à vous ressusciter dans la justice.* Mar, fils de Ravina finissait *(cette bénédiction en disant)* au nom de Rav Nahman: *et qui sait le nombre de vous tous: c'est lui qui est prêt à vous rendre la vie en vous ressuscitant: béni soit celui qui fait revivre les morts. (Mais s'il voit)* les tombeaux des peuples du monde, il doit dire (Jér. L, 12.): *votre*

---

54) Le conte de Boccace *de la libéralité de Nathan* a beaucoup de rapports avec ce passage du Talmud.

55) *Raschi:* une fois que la maison de Dieu est ruinée il faut souffrir en paix que celles des Justes le soient aussi.

mère est devenue fort honteuse, et celle qui vous a enfantés a rougi, etc.[56]).

R. Jehochua, fils de Lévi disait: celui qui revoit son camarade après 30 jours, doit dire: *béni soit celui qui nous a fait vivre, qui nous a soutenus, et fait atteindre à ce temps-ci. (Mais s'il le revoit)* après 12 mois, il doit dire: *béni celui qui fait revivre les morts.* Rav disait: une chose n'est effacée du coeur qu'après 12 mois; car il est dit (Psau. XXXI, 13.): *J'ai été mis en oubli dans le coeur (des hommes) comme un mort, j'ai été (estimé) comme un vaisseau perdu (depuis* 12 *mois, car alors on n'est pas obligé de le rendre*).

Rav Papa et Rav Hunna, fils de R. Jehochua étant en voyage, rencontrèrent Rav Hanina, fils de Rav Ica, et lui dirent: aussitôt que nous t'avons aperçu, nous avons fait sur toi ces deux bénédictions: *béni soit celui qui a mis à part de sa sagesse ceux qui le craignent (car R. Hanina était un savant), (et béni soit celui) qui nous a conservés en vie.* Il leur répondit: moi aussi lorsque je vous ai vus, je vous ai estimés dans mon esprit, comme 60 myriades de la maison d'Israël, et j'ai fait sur vous trois bénédictions, savoir ces deux (*que vous venez de faire*), et *béni soit celui qui pénètre les secrets.* Ils lui dirent: es-tu sage à un tel point? Ils fixèrent sur lui leurs yeux, et il mourut (*parce qu'il avait voulu paraître plus sage qu'eux*).

R. Jehochua, fils de Lévi disait: quiconque voit des *Lentilleux* doit dire: *béni soit celui qui varie les créatures.* Question: Si quelqu'un voit un nègre, un roux (Buxt. 3. f.) quelqu'un qui est trop blanc (הלווקן gr.) un géant, un nain (חננס it.) un homme très-puissant (*très gras* הדרניקוס gr. ἀνδρόνικος) il doit dire: *béni soit celui qui varie ses créatures. (Mais s'il voit)* un qui a les pieds

---

56) Il y a des Editions du Talmud où ces paroles injurieuses contre les non-Juifs ont été retranchées. Le reste du verset porte, selon les Talmudistes: *que les non-Juif sont les derniers d'entre les nations, et que leur pays doit devenir comme un désert.* Ils appliquent aux peuples de tous les pays et de tous les temps ce que Jerémie avait prédit seulement des Chaldéens.

mutilés, un aveugle, quelqu'un qui a la tête trop large [57]) un boiteux, celui qui a les bras mutilés, et les lentilleux doit dire: *béni soit le juge de la vérité. Rép.:* Cela ne constitue pas une difficulté; car dans le premier endroit (*on parle de celui qui est sorti lentilleux*) des entrailles de sa mère, et dans le second de celui qui l'est devenu après sa naissance, chose qu'on peut aussi conclure de ce que dans la dernière tradition, on met (*le lentilleux*) dans la même cathégorie que le *mutilé*, et cette conclusion est très-juste.

Les rabbins ont appris: quiconque voit un éléphant, un singe ou un hibou (קפות it. *gufo*) [58]) doit dire: *béni soit celui qui change les créatures.* Mais s'il voit de belles créatures et de beaux arbres, il doit dire: *béni soit celui qui a de pareilles choses dans son monde.*

Michna. Sur les זיקין, etc.

Ghémara. Que sont les זיקין? Samuel dit: (qu'on appelle זיק) une étoile faite comme une verge [59]) (*une comète*). Samuel disait aussi: les sentiers du ciel me sont clairs (*connus*) comme les rues de *Nehardea*, excepté les *étoiles de la verge;* car je ne sais pas ce qu'elles sont; et il nous a été exposé qu'elles ne traversent jamais la כסלא (*la constellation d'Orion*), et que si elles la traversaient, le monde serait ruiné. Mais cependant nous en avons vue qui l'ont traversée. *Rép.:* C'était leur splendeur qui la traversait, et qui faisait paraître comme si elles l'avaient traversée elles-mêmes [60]).

---

57) *Raschi:* פחויי ראש dont les cheveux sont comme un tissu de crin ou de laine; car ils sont attachés l'un à l'autre פלמדיר (*Platider*) en langue barbare. Il serait donc prouvé par ce passage que la *Plica Polonica* devrait être plutôt appelée *Plica Judaïca.*

58) *Raschi:* un oiseau qui ressemble à l'homme, ce qui cadre avec le hibou. Le Koran sert de Commentaire au Talmud lorsqu'il parle si souvent des hommes changés en singes et en d'autres animaux.

59) *Raschi* compare les comètes à une flèche lumineuse qui porte ses rayons d'un endroit à l'autre.

60) On retrouve dans ce galimatias des idées plus précises sur la nature des comètes que dans les écrits de plusieurs philosophes de l'antiquité. Ces dernières paroles p. ex. font voir que les Talmudistes les ont réellement envisagées comme autant de planètes.

Rav Hana, fils de Rav Jehochua disait (un זיק) c'est le voile (וילון lat.) qui se déchire sur la surface de la sphère (גלגל), et qui laisse voir la splendeur du firmament (רקיעא). Rav Ache disait: c'est une étoile qui se détache d'un côté de l'Orion, et effraie notre camarade qui la voit du côté opposé, l'effraie; car il la voit comme si elle avait traversé (*Orion*). Samuel faisait cette opposition: il est écrit (Job. IX, 9.): *Celui qui fait* עש *(l'Ourse)* כסיל *(Orion), et* כימה *(les Pléiades)*, et il est aussi écrit (Amos V, 8.): *Celui qui fait le* כימה *et* le כסיל *(pourquoi donc* כסיל *est là avant* כימה, *et ici* כימה *avant* כסיל? *C'est pour démontrer)* que, si la chaleur de כסיל n'était pas, le monde ne pourrait point subsister à cause de la froideur de כימה, et si la froideur de כימה n'était pas, le monde ne pourrait point subsister à cause de la chaleur de כסיל [61]). Il nous a été aussi exposé que si la queue du Scorpion (עקרבא *la même chose que* כימה) n'était pas couchée dans le fleuve *Dinor* (דינור Buxt. *Eridanus peut-être, qui affaiblit sa force)* tout homme qui serait mordu par un scorpion, ne pourrait point vivre, et cela combine avec ce que la divine miséricorde disait à Job (XXXVIII, 31.): *Peux-tu lier les liens de* כימה *ou dénouer les cordes de* כסיל?

Qu'est-ce que signifie כימה? Samuel disait environ *cent* (כמאה) étoiles *(qui constituent la force de cette constellation)*, et qui agissent selon quelques-uns conjointement et selon d'autres, séparément. Qu'est-ce que signifie עש? R. Jéhuda dit la יותא. Et qu'est-ce que la יותא? Il y en a qui disent que c'est la queue du *bélier* (טלה), et d'autres disent que c'est la tête du *taureau* (עגלא). Et l'opinion la plus probable est selon celui qui dit, que c'est la queue du *bélier;* car il est écrit (Job. XXXVIII, 32.): *Peux-tu reconduire l'*עש *sur ses fils* (על בניה *manière de dire)* d'où l'on peut conclure qu'il manque à l'עש quelque chose, et il paraît que cette chose lui a été arrachée par force et qu'il (l'עש) va après la כימה, et lui dit: rends-moi mes fils; vu que à l'heure que le Saint, béni soit-il, se

F. 59. *a.*

---

61) *Raschi:* le כסיל domine en été et la כימה en hiver.

détermina à faire venir le déluge sur le monde, il ôta deux étoiles de la כימה, et fit descendere *(par ces trous)* le déluge sur la terre, et lorsqu'il voulut les boucher, il prit deux étoiles de l'עש et les boucha. Mais Dieu devait remettre à leur place *(les mêmes étoiles qu'il avait ôtées du כימה). Rép.:* Une fosse ne peut pas se combler par le sable *(qu'on en a tiré; car il ne suffit pas)* ou bien un accusateur (קטיגור gr.) ne peut pas servir de défenseur (סניגור gr.) *(en d'autres termes ce qui a fait le mal ne peut pas faire le bien).* Mais alors il devait créer deux autres étoiles. *Rép.: (Il est dit Eccl. I, 9.) il n'y a rien de nouveau sous le soleil.* Rav Nahman disait: le Saint, béni soit-il, les lui rendra à l'avenir, car il est dit: *et l'*עש *sur ses enfans tu reconduiras.*

Mischna. Et sur les זועות.

Ghémara. Qu'est-ce que signifie זועות? Rav Katina disait: c'est *(un tremblement de terre)* appelé גודא *(commotion).* Lorsque Rav Katina, qui était en voyage, arriva à la porte de la maison d'un Python impur (*un prestigiateur qui prédisait l'avenir par les os des morts*) se fit entendre un tremblement de terre comme une commotion (גודא). (*Sur quoi Katina*) dit: est-ce que ce Python impur saurait ce qu'est un tremblement de terre appelé גודא? Alors parvint jusqu'à lui cette voix: Katina, Katina! pourquoi ne le saurais-je pas? Dans le temps que le Saint, béni soit-il, se souvient de ses enfans qui demeurent dans l'affliction parmi les peuples du monde, il laisse tomber deux larmes dans l'Océan, et leur bruit est entendu d'un bout à l'autre de l'univers, et c'est le tremblement qu'on dit גודא ce Python impur, dit Rav Katina, est un menteur et ses paroles ne sont que mensonges, car si c'était ainsi deux fois la commotion (גודא) aurait dû avoir lieu. Cependant la chose n'était pas comme cela, car en effet deux commotions étaient arrivées: mais il ne l'avoua pas, de crainte que tout le monde ne se laissât induire en erreur ou ne suivît les avis (*de ce prestigiateur*). Rav Katina dit alors d'après sa propre opinion *(que le tremblement de terre)* arrive lorsque Dieu frappe ses mains ensemble; car il est dit (Ezech. XXI, 22,): *Je frapperai aussi d'une main contre l'autre, et je contenterai ma fureur.* R. Nathan disait: que c'est lorsque Dieu fait entendre un soupir[62]) (voy. ci-dessus) car il est dit: (Ib. V, 13.): *car ma colere* (חמתי *ma chaleur*) *s'accomplira et je ferai reposer ma fureur sur eux.* Mais les rabbins disent: que c'est lorsqu'il foule (*ou presse avec les pieds*) le firmament, car il est dit (Jer. XXV, 30.): *Il redoublera vers tous les habitans de la terre un cri d'encouragement comme quand on presse au pressoir.* Rav Aha, fils de Jacob dit que c'est lorsqu'il frappe ses pieds au-dessous du trône de sa Majesté (*c'est-à-dire sur la terre*) car il est dit (Esa. LXVI, 1.): *ainsi a dit l'Eternel: les cieux sont mon trône et la terre est le marchepied de mes pieds*[63]).

Mischna. Et sur les tonnerres.

Ghémara. Quelle est la cause des tonnerres? Samuel dit: des nuages en tourbillon (בגלגלא); car il est dit (Psau. LXX, 19.): *Le son du tonnerre dans la sphère* (בגלגל Talm.: *dans un tourbillon*) *les éclairs ont éclairé la terre habitée, la terre en a été émue et en a tremblé.*

---

62) *Raschi:* Dieu est envisagé ici comme un homme qui ayant chaud, se soulage en soupirant ou en soufflant. Plus bas on lui attribue toutes les extravagances d'un homme en colère. C'est ainsi que les Talmudistes ont perfectionné la Théologie à leur manière accoutumée.

63) Le tremblement de terre a lieu, selon le Talmud de Jérusalem (Berac. 35. b.).

1°. Lorsque les Juifs ne donnent pas les offrandes et les dîmes qui sont des *préceptes attaches au sol.*

2°. Lorsque Dieu jette un egard sur les théâtres et les cirques des autres peuples et se souvient que son sanctuaire est désolé.

3°. Lorsqu'on commet le péché de *Pederastie.*

4°. enfin il arrive aussi à cause des disputes.

On recherche dans le même endroit pourquoi Dieu a creé les insectes et les reptiles, et on en assigne deux raisons, savoir:

1°. parce que chaque fois que les hommes péchent Dieu regarde les insectes, et les reptiles et se dit: si je conserve ce qui n'est pas nécessaire d'autant plus je dois conserver ce qui est nécessaire.

2°. et que ces animaux fournissent souvent des remèdes très-utiles p. ex. la mouche est bonne contre la piqure des guèpes, la punaise est bonne contre la sangsue, les serpens contre la gale et l'arraignée contre le scorpion.

Mais les rabbins disent: des nuages qui versent l'eau l'un dans l'autre; car il est dit (Jér. X, 13.): *Sitôt qu'il a fait éclater sa voix, il y a un grand bruit d'eaux dans les cieux.* Rav Aha, fils de Jacob dit: c'est un éclair bien fort qui éclate dans un nuage, et casse les morceaux de grêle. Rav Ache dit: ce sont des nuages ayant des creux, et vient l'ouragan et souffle dans leur orifice, comme il le ferait dans l'orifice d'un tonneau. L'opinion la plus probable est celle de Rav Aha, fils de Jacob que c'est un éclair qui éclate, et que les nuages mugissent et que la pluie tombe.

Mischna. Et sur les vents.

Ghémara. Quelle est la cause des vents? Avaï dit: l'ouragan (*ou le tourbillon*). Le même Avaï disait encore: on nous a exposé que les ouragans n'ont pas lieu la nuit. Cependant nous avons vu qu'ils y ont lieu. *Rép.:* Ceux-là avaient déjà commencé pendant le jour. Avaï disait en outre: on nous a exposé, que l'ouragan ne dure pas (לא קאר) deux heures pour remplir ce qui a été dit (Nah. I, 9.): *La détresse ne reparaîtra pas* (לא תקום *Talm. ne durera pas*) *deux fois* (Talm. *deux heures*). Mais cependant nous en avons vu qui ont duré (*ce temps là*). *Rép.:* Alors (*l'ouragan*) est interrompu (*et n'a lieu que*) par intervalles.

Mischna. Et sur les éclairs, on doit dire: béni soit celui dont la force et la puissance remplissent le monde.

Ghémara. Quelle est la cause des éclairs? Rava disait une splendeur (ברקא). Le même Rava disait: un seul éclair, un seul éclair blanc, un éclair verdâtre, des nuages qui montent vers le coin occidental, et qui viennent du coin méridional et deux nuages qui montent l'un contre l'autre; tout cela est de mauvais augure. Et qu'est-ce qu'on doit en conclure? Qu'il faut implorer la divine miséricorde; mais ceci n'a lieu que lorsqu'ils arrivent pendant la nuit; car s'ils arrivent le matin ils ne pronostiquent rien. Samuel, fils d'Isaac disait: ces nuages matinaux ne pronostiquent rien; car il est écrit (Osée VI, 4.): *votre gratuité est comme une nuée du matin, etc.* Rav Papa disait à Avaï, cependant les hommes disent: si lorsque tu ouvres les portes *(de la maison le matin)* il pleut; ânier plie ton sac et dors *(car le blé sera à bon marché).* Cela ne constitue pas une difficulté; car cette tradition parle des vapeurs denses, et de la première des vapeurs qui sont rares. R. Alexandre disait avoir entendu dire à R. Jéhochua, fils de Lévi; les tonnerres n'ont été créés que pour aplanir la tortuosité du coeur, car il est dit (Eccles. III, 14.): *Et Dieu le fait afin qu'on craigne sa présence.* R. Alexandre, disait en outre avoir entendu dire à R. Jehochua, fils de Lévi: celui qui voit l'arc-en-ciel dans une nuée est obligé de tomber sur sa face; car il est dit (Ezéch. I, 28.): *Comme la vision de l'arc qui se fait dans la nuée, etc. je l'ai vue, et je suis tombé sur ma face.* En Occident on maudissait celui *(qui faisait cela)* à cause qu'il a l'apparence de quelqu'un qui veut adorer l'arc, mais il est certain qu'il lui faut faire la bénédiction. Et quelle bénédiction? *Béni soit celui qui se souvient de l'alliance.* Il est enseigné dans une Mischna que R. Ismaël, fils de R. Johanan, fils de Bruca, disait *(qu'il faut faire la bénédiction) celui qui est fidèle à son alliance, et qui demeure constant à sa parole.* Rav Papa dit: c'est pourquoi nous disons l'une et l'autre bénédiction *(savoir) béni soit, etc.*

Mischna. Sur les montagnes et les vallées, etc. on dit: béni soit celui qui a fait l'oeuvre de la création.

Ghémara. Donc tout ce que nous avons dit jusqu'ici n'est pas l'oeuvre de la création[64]). Mais cependant il est écrit (Psau. CXXXV, 7.): *Il fait les éclairs pour la pluie. Rép.:* Avaï dit que la Mischna renferme deux choses en une[65]). Mais Rava disait que là *(dans tous les cas précédens)* on doit faire ces deux bénédictions: *béni soit celui dont la force remplit le monde: et celui qui a fait l'oeuvre de la création.* Mais qu'ici *(où il s'agit des mon-*

64) Il est curieux de voir dans le Talmud de Jérusalem (Berac. 32. a.) comment on se prend à démontrer que le feu et les animaux bâtards ne furent pas crées pendant les six jours de la manière dont on en indique l'origine.

65) כרוך ותני à la lettre: *involutum est et docet* c'est-à-dire pour être plus concis le Tanne ne parle que d'une seule bénédiction; mais il faut entendre qu'on doit en faire deux pour chaque cas dont on vient de parler.

tagnes, la bénédiction): celui qui a fait l'oeuvre de la création est à propos, tandis que l'autre: *dont la force remplit la terre* n'est pas à propos *(car les montagnes ne se trouvent pas sur toute la terre).* R. Jehochua, fils de Lévi dit: quiconque voit le firmament dans sa pureté doit dire: *béni soit celui qui a fait l'oeuvre de la création.* Quand cela a-t-il lieu? Avaï dit: lorsqu'il a plu toute la nuit, et que le matin vient l'aquilon (אסתנא), et rend le ciel serein, ce qui diffère de l'opinion de Raphram, fils de Papa qui disait avoir entendu dire à Rav Hasda: dès le jour que le sanctuaire a été dévasté, on n'a plus vu le firmament dans sa pureté; car il est dit (Esa. L, 3.): *Je revêts les cieux de noirceur, et je mets un sac pour leur couverture.*

F. 59. b. Les rabbins ont appris: quiconque voit le soleil dans sa *révolution (Tecupha)* [66]) la lune dans sa force *(dans son plein)*; les étoiles dans leurs routes *(revenir sur leurs routes accoutumées)*, et les planètes dans leur ordre *(recommencer des cycles ou leurs révolutions)* il doit dire: *béni celui qui a fait l'oeuvre de la création.* Et quand *(la révolution du soleil)* a-t-elle lieu? Avaï dit: tous les 28 ans. Alors le cycle recommence, et la *Tecupha de Nisan* [67]) tombe sur Saturne [68]) le soir à la troisième heure du quatrième jour [69]).

---

66) תקופא *révolution, cycle, solstice, équinoxe*, etc., ce mot vient ici pour le *cycle* solaire de 28 ans qui ramène le soleil au même point du ciel où il a été lors de la création des luminaires. Voy. Bartolocci Bibl. Mag. P. II, p. 488.

67) Les Astroromes juifs soutiennent tantôt que le monde a été créé dans la *Tecupha de Nisan* (Equinoxe du printemps) tantôt dans celle de *Tischri* (Equinoxe d'automne). Sur les Tecuphes voy. Bart. ib. p. 443. etc.

68) A l'imitation des Egyptiens les astronomes juifs accordent la domination du commencement de chaque jour naturel à une des sept planètes, et disent que la première semaine après la création en fut dominée dans cet ordre. Le 1er jour par Mercure, le 2d par Jupiter, le 3e par Vénus, le 4e par Saturne, le 5e par le soleil, le 6e par la lune, et le 7e par Mars. C'est pourquoi on dit ici que le commencement du 4e jour tombe sur Saturne dans une Tecupha qui ramène la succession des jours du premier moment de la création. Voy. le Calendrier de *Münster.*

69) *Porro 4 feria fixa sunt luminaria tertia scilicet diei hora.* Münster *ib.*

Mischna. R. Jéhuda dit: celui qui voit la mer, etc.

Ghémara. (Celui qui la voit) par intervalles. Et quel est le temps *(qui doit passer entre un intervalle et l'autre).* Rami, fils d'Abba, disait avoir entendu dire à R. Isaac: trente jours. Le même Rami disait aussi avoir entendu dire à R. Isaac: quiconque voit l'Euphrate (פרת) du pont, doit dire: *béni soit celui qui a fait l'oeuvre de la création* [70]; mais aujourd'hui que les Perses en ont changé le cours *(on ne dit cette bénédiction)* que depuis le palais de Sapor et plus haut, *(et au-de-là).* Rav Joseph dit: depuis *Ihi Dakira* (איהי דקירא *ville sur l'Euphrate),* et plus haut. Rami, fils d'Abba, disait en outre: quiconque voit le Tigre (דגלת le חדקל de la Bible) du pont de *Chavistana* (שביסתנא) doit dire: *béni celui qui a fait l'oeuvre de la création.* Que signifie חדקל? Rav Ache dit: *(ce mot veut dire)* que ses eaux sont *subtiles* (חדין), et *légères* (וקלין). Et que signifie פרת? Que ses eaux font *fructifier* (פרין), et *multiplier* (ירבין). Et Rava disait: voici la cause que les fils *(de la ville)* de *Mehuza* (מחוזא) sont si spirituels; c'est qu'ils boivent les eaux du Tigre: voici la cause qu'ils sont roux; c'est qu'ils couchent avec leurs femmes pendant le jour: voici enfin la cause qu'ils tournent çà et là les yeux; c'est qu'ils demeurent dans un lieu obscur.

Mischna. Sur la pluie, etc.

Ghémara. Est-ce que sur la pluie on fait la bénédiction הטוב והמטיב? Cependant Rav Avhu a dit, et selon d'autres on enseigne dans une Mischna: quand fait-on la bénédiction sur la pluie? Lorsque le fiancé sort à la rencontre de la fiancée, *(c'est-à-dire, la goutte qui est tombée, saute et se rencontre avec une autre goutte qui tombe).* Et quelle bénédiction devons-nous faire? R. Jéhuda disait: *nous te remercions pour chaque goutte que tu as fait descendre en notre faveur,* et R. Johanan terminait cette bénédiction ainsi: *si notre bouche était pleine de chants comme la mer, etc. nous ne pourrions pas suffire pour te remercier, ô Eternel notre Dieu, etc.* jusqu'aux

---

70) *Raschi*: cela avait lieu avant que les hommes eussent changé le cours de ce fleuve.

mots: *tu seras adoré, béni toi, ô Eternel (qui mérites) beaucoup de louanges.* Beaucoup de louanges, et non toutes les louanges? C'est pourquoi Rava disait qu'il faut dire: *Dieu des louanges.* Rav Papa disait: c'est pour cela que nous les disons toutes les deux; (*savoir Dieu*) *de beaucoup de louanges et Dieu des louanges.* Mais voici cependant une difficulté (*car cette tradition prescrit une autre bénédiction que notre Mischna*). *Rép.:* Non, cela ne constitue pas une difficulté; car là (*dans la Mischna, on parle du cas*) s'il a entendu dire des autres (qu'il a plu), et ici du cas, s'il a vu pleuvoir lui-même. Mais s'il a entendu dire cela des autres c'est une bonne nouvelle, et nous avons déjà appris (*dans une autre Mischna*) que, pour de bonnes nouvelles, on dit: *béni le bon qui fait le bien* (הטוב והמטיב) (*et il ne fallait pas le répéter dans celle-ci*). *Rép.:* C'est que l'une et l'autre traditions parlent du cas si quelqu'un a vu (*la pluie*) de ses yeux, et pourtant cela ne constitue pas une difficulté, car la seconde fois (*il s'agit*) s'il a plu un petit peu, et la première fois s'il a plu beaucoup. Ou si tu veux, je peux dire que l'une et l'autre traditions (*parlent du cas*) où il a beaucoup plu, et que cependant cela ne constitue pas une difficulté; car la première (*vaut*) pour celui qui a une terre, et la seconde pour celui qui n'en a pas. Mais s'il a une terre à lui, est-ce qu'il doit faire la bénédiction הטוב והמטיב? Cependant nous avons appris: celui qui bâtit une nouvelle maison, et achète des ustensiles neufs (*pour lui-même*) doit dire: *béni soit celui qui nous a fait vivre, subsister, et atteindre à ce temps-ci.* (*Mais s'il la bâtit*) pour lui-même et pour les autres il doit dire: הטוב והמטיב. Cela ne constitue pas une difficulté. Là (*dans le cas de la terre*) il a des associés (*d'autres qui possèdent des terres et qui jouissent du même bienfait de la pluie*). Mais ici (*pour la maison*) il n'a pas d'associés. Et une Baraïtha porte en outre: bref, pour tout ce qui appartient à lui il doit dire: *béni soit celui qui nous a fait vivre, etc.* et pour tout ce qui appartient à lui, et à son compagnon, il doit dire: *béni celui qui est bon et qui fait le bien.* Et pour tout ce dont les autres n'entrent pas à part avec nous on ne fait pas la bénédiction הטוב והמטיב. Cependant une Baraïtha porte: si on lui dit que sa femme a enfanté un mâle il doit dire: *béni le bon qui fait le bien. Rép.:* Mais dans ce cas aussi sa femme a part *(à son bonheur)*; car elle est contente d'avoir reçu un mâle. Viens et écoute: si le père de quelqu'un est mort et qu'il en hérite, au commencement il doit dire: *béni soit le juge de vérité*, et à la fin: *béni le bon qui fait le bien. Rép.:* Dans ce cas aussi il y a des frères qui héritent avec lui. Viens et écoute: si quelqu'un change de vin *(à un repas)* il n'a pas besoin de faire la bénédiction *(du vin)*; mais s'il change de lieu *(et boit du vin)* il est tenu de faire la bénédiction. Et Rav Joseph, fils d'Abba, a dit avoir entendu dire à R. Johanan, que quoiqu'on ait dit: si quelqu'un change de vin, il n'a pas besoin de faire la bénédiction, cependant il lui faut dire: *béni le bon et celui qui fait le bien. Rép.:* Dans ce cas aussi il y a une compagnie d'hommes qui boivent avec lui.

Mischna. Celui qui bâtit une nouvelle maison, et qui achète des ustensiles tout neufs, etc.

Ghémara. Rav Hunna dit: qu'on n'a enseigné cela que dans le cas qu'il n'en ait pas eu de semblables *(en héritage)*; mais que s'il en a eu de semblables, il n'a pas besoin de faire la bénédiction. Mais R. Johanan disait que lors même qu'il en a eu de semblables *(en héritage)*, il est tenu de faire la bénédiction *(vu qu'alors l'achat est neuf)*. F. 60. a. Il résulte de cela que s'il en a déjà acheté, et qu'il en achète de nouveau, on convient unanimement qu'il n'a pas besoin de faire la bénédiction *(car alors l'achat n'est plus neuf)*. Selon d'autres, Rav Hunna dit que l'on n'a enseigné cela que *(pour le cas)* où l'on n'en a pas acheté, et qu'ensuite on en achète; mais que si on en a déjà acheté, et puis qu'on en achète de nouveau on n'aurait pas besoin de faire la bénédiction, et que R. Johanan disait que même si l'on en a déjà acheté, et puis qu'on en achète de nouveau on a besoin de faire la bénédiction. Il résulte de cela que s'il en a de semblables, et que puis il en achète, on convient unanimement qu'il est obligé de faire la bénédiction *(car alors l'achat est neuf)*. Question: Si quelqu'un bâtit une nouvelle maison, et n'en a pas de semblables; si quelqu'un achète des ustensiles tout neufs, et n'en a pas de semblables, il est obligé de faire la bénédiction; mais s'il en a de semblables, il n'a pas besoin de faire la bénédiction: paroles de R. Meïr. R. Jéhuda dit: dans un cas comme dans l'autre il lui faut faire la bénédiction *(vu que n'ayant pas acheté les premiers, l'achat des derniers est neuf).* Or, d'accord que pour la première citation Rav Hunna combine avec R. Meïr, et R. Johanan avec R. Jéhuda, mais quant à la seconde d'accord que R. Hunna puisse être de l'opinion de R. Jéhuda; mais R. Johanan d'après l'opinion de qui parlerait-il alors? Il ne parlerait ni d'après l'opinion de R. Meïr, ni d'après celle de R. Jéhuda. *Rép.:* R. Johanan te dira que même d'après l'opinion de R. Jéhuda, celui qui en a déjà acheté, et qui en achète de nouveau a besoin de faire la bénédiction; or, s'ils diffèrent pour le cas où quelqu'un en avait *(de semblables)*, et puis en achète *(encore)* c'est pour te faire connaître la force de R. Meïr *(qui soutient)* que même celui qui en achète, lorsqu'il en avait déjà, n'a pas besoin de faire la bénédiction, d'autant plus donc s'il en avait déjà acheté, et qu'il en achète de nouveau, il n'a pas besoin de faire la bénédiction. Mais alors même la différence d'avis pour le cas: *si quelqu'un en avait acheté, et qu'il en achète de nouveau, il n'a pas besoin de faire la bénédiction (pourra servir)* à te montrer la force de R. Jéhuda. *Rép.:* La force dans un cas de permission est préférable[71]).

Mischna. Il faut bénir pour le mal, etc.

Ghémara. Comment cela? P. ex.: si une inondation s'est emparée de ses terres, quoique cela soit une espèce de bonheur pour lui, car sa terre se couvre (מסקא Buxt.) de limon, et se bonifie; mais pour le moment c'est une espèce de malheur.

Mischna. Et sur le bien, etc.

Ghémara. Comment cela? P. ex.: si quelqu'un a trouvé un trésor, quoique cela soit un malheur pour lui, vu que

---

71) Il vaut mieux fixer l'attention sur celui qui facilite la pratique des préceptes que sur celui qui en augmente les difficultés.

si le roi vient à en entendre parler, il le lui reprendra, cependant pour le moment c'est une sorte de bonheur.

Mischna. Si sa femme étant enceinte il dit qu'il te soit agréable qu'elle enfante, etc. Voici une prière vaine.

Ghémara. Les prières peuvent donc n'apporter aucun avantage *(dans ce cas)*. Objection de R. Joseph *(il est écrit* Gen. XXX, 21.): *Et puis* (ואחר) *elle enfanta une fille, et la nomma Dina* (דינה). Que signifie ici ואחר *(et puis)*? Sur quoi Rav disait: *après* (לאחר) que Lea eut prononcé cette sentence (דנה דין) en elle-même, et qu'elle eut dit: *douze tribus sortiront de Jacob: six en sont sorties de moi et quatre des servantes, ce qui fait dix. Or, si cet enfant (que je porte dans mon sein) est un mâle, ma soeur Rahel sera comme une servante;* tout de suite *(le mâle)* devint une femelle; car il est dit: *et il appela son nom Dina* (דינה). *Rép.:* On ne cite pas de prodiges pour *(prouver quelque chose)*. Et si tu veux, je peux dire que l'affaire de Lea arriva dans *(les premiers)* 40 jours, selon ce que dit cette Baraïtha: les trois premiers jours *(post coitum)* l'homme doit implorer la divine miséricorde afin que la semence ne se gâte pas. Depuis le troisième jusqu'au quarantième il doit l'implorer, afin que ce soit un mâle; depuis le quarantième jour jusqu'au troisième mois, il doit l'implorer afin qu'il ne soit pas un *Sandal* (סנדל)[72]. Depuis le troisième mois jusqu'au sixième, il doit l'implorer afin que sa femme n'avorte pas; depuis le sixième mois jusqu'au neuvième, il doit l'implorer afin que *(l'enfant)* vienne au monde en paix. Mais est-ce que les prières peuvent être utiles *(dans le cas)?* Cependant Rav Isaac, fils de Rav Ami, a dit: si l'homme *effundat semen* le premier il naîtra une femelle, et si la femme *effundat semen* la première, elle aura un mâle; car il est dit (Lév. XII, 12.): *Si la femme après avoir conçu* (כי תזריע Talm.: *après avoir été la première ad effundendum semen). Rép.:*

---

72) *Raschi:* que sa femme ne devienne pas enceinte encore une fois et que le second enfant ne gâte pas la forme du premier de manière qu'il ressemble au poisson *Sandal.*

Mais de quoi nous sommes-nous occupés ici? Du cas où l'un et l'autre *effuderunt semen* à la fois.

Mischna. Si celui qui est en chemin, etc.

Ghémara. Les rabbins ont appris: il est arrivé à Hillel le vieux, qu'étant en chemin il entendit des voix et des cris dans la ville, et qu'il dit: je suis sûr que cela n'est pas dans ma maison. C'est donc de lui que le verset (CXII, 7.) a dit: *Il n'aura peur d'aucun mauvais rapport* (Talm.: *bruit) son coeur est ferme s'assurant en l'Eternel.* Rava disait: chaque fois que tu veux expliquer ce verset, tu dois chercher la raison de la *Recha* dans la *Sepha*, et celle de la *Sepha* dans la *Recha*. Cherche la raison de la *Recha* dans la *Sepha* (en disant): *il ne s'effraie pas d'un bruit sinistre*, par quelle raison? Parce que *son coeur est ferme et qu'il se fie en Dieu.* Cherche la raison de la *Sepha* dans la *Recha* (en disant): *son coeur est ferme et se fie en Dieu* parce qu'il *ne s'effraie pas d'un bruit sinistre (comme un criminel).* Il y avait un disciple qui, allant après R. Ismaël, fils de R. Jose, par une rue de Sion s'aperçut qu'il s'effrayait, et lui dit: es-tu un pécheur? Car il est écrit (Esa. XXXIII, 14.): *Les pécheurs seront effrayés dans Sion.* L'autre lui répondit: mais il est aussi écrit (Prov. XXVIII, 14.): *Bienheureux l'homme qui se donne frayeur continuellement.* Cela, reprit le disciple, est écrit (*de la crainte d'oublier*) les paroles de la loi. Jéhuda, fils de Nathan, étant chargé, et allant après Rav Hamenuna qui soupirait, lui dit: cet homme cherche à attirer des châtimens sur lui-même; car il est écrit (Job III, 25.): *Parce que ce que je craignais le plus m'est arrivé, et ce que j'appréhendais m'est survenu.* Mais il est aussi écrit répondit l'autre: *bienheureux l'homme, etc.*

Mischna. Celui qui entre dans une ville fortifiée.

Ghémara. Les rabbins ont appris: que dit-il lorsqu'il y entre? *Qu'il soit agréable en ta présence, ô Eternel mon Dieu, que tu me fasses entrer dans cette ville fortifiée en paix.* Il y entre et dit: *je te rends grâces en ta présence, ô Eternel mon Dieu, que tu m'as fait entrer dans cette ville fortifiée en paix.* Lorsqu'il veut en sortir, il dit: *qu'il soit agréable en ta présence, ô Eternel mon Dieu, et*

Dieu de mes ancêtres que tu me fasses sortir de cette ville fortifiée en paix. Une fois qu'il en est sorti, il doit dire: *je te rends grâces en ta présence, ô Eternel mon Dieu, de m'avoir fait sortir de cette ville fortifiée en paix, et comme tu m'as fait sortir en paix, ainsi guide-moi en paix, appuie-moi en paix, et fais-moi avancer en paix et délivre-moi des mains de tout ennemi, et de celui qui tend des piéges en chemin.* Rav Mattana dit: on n'a enseigné cela que d'une ville où on ne juge pas à mort; mais dans une ville où l'on juge à mort, on n'a pas besoin de cela[73]). D'autres disent que Rav Mattana a dit: que même (*en entrant*) dans une ville où l'on juge à mort (*il lui faut faire cette bénédiction*); car il peut arriver quelque fois qu'il ne s'y trouve pas un homme qui sache défendre son innocence.

Les rabbins ont appris: celui qui entre dans un bain doit dire: *qu'il soit agréable en ta présence, ô Eternel mon Dieu, de me délivrer de ce danger et d'autres semblables,* (*et de faire*) *qu'il ne m'arrive rien de honteux et de criminel, et en cas qu'il m'arrive quelque chose de honteux et de criminel, que ma mort serve d'expiation pour toutes mes iniquités.* Avaï disait que l'homme ne doit pas parler ainsi pour ne point ouvrir la bouche à Satan. (*Voy. ci-dessus F.* 19. *a.*). Et lorsqu'il en sort qu'est-ce qu'il doit dire? Selon R. Aha: *je te rends grâces en ta présence, ô Eternel mon Dieu, de m'avoir délivré du feu.* R. Avhu étant monté dans un bain (בי בני Buxt. it., lat., fr.), et le bain s'étant ouvert sous lui il lui arriva ce prodige: il se trouva placé sur une colonne (*de manière*) qu'il put sauver 101 individus par un seul de ses membres[74]). Il disait donc: voilà que ce qu'a dit R. Aha (*est juste*).

Le même R. Aha disait aussi: celui qui entre (*quelque part*) pour s'y faire saigner, doit dire: *qu'il soit agréable en ta présence, ô Eternel mon Dieu, que cette chose me serve de remède, et guéris-moi; car tu es le véritable*

---

73) *Raschi*: vu que chacun se garde naturellement de commettre des crimes et d'entrer dans une telle ville lorsqu'il en a commis.

74) *Raschi*: il saisit de son bras un ou deux qui saisirent à leur tour d'autres jusqu'à 101.

médecin, et ta guérison est (la seule) véritable. En effet, les hommes ne sont pas à même de guérir quoiqu'ils exercent cette profession. Sur quoi Avaï disait que l'homme ne devrait pas dire ainsi; car une Baraïtha de la maison de R. Ismaël porte: (*il est écrit Exod.* XXI, 19.) (ורפא ירפא) *et il le fera guérir en le faisant guérir*, d'où l'on peut déduire que (Dieu) a donné à un médecin la capacité de guérir. Quand il se lève (*du lieu où il s'est fait saigner*), qu'est-ce qu'il doit dire? Selon R. Aha: *béni soit celui qui guérit gratis.*

F. 60 *b.* Celui qui entre dans la maison de la chaise (*garderobe, lieu d'aisances*) doit dire: (*aux anges qui l'accompagnent*, voy. Psau. XCI, 11.): *Soyez honorés, ô honorés et saints serviteurs du Très-haut. Rendez honneur au Dieu d'Israël. Eloignez vous de moi, jusqu'à ce que je sois entré, et que j'aie fait ma volonté, puis je reviendrai à vous.* Avaï disait que l'homme ne doit pas dire ainsi, car peut-être le quitteront-ils et s'en iront; mais qu'il doit dire: *gardez-moi, gardez-moi; aidez-moi, aidez-moi; appuyez-moi, appuyez-moi; attendez-moi, attendez-moi, jusqu'à ce que je sois entré et sorti, puisque telle est la coutume des fils de l'homme.* Lorsqu'il en sort, il doit dire: *béni soit celui qui a formé l'homme avec sagesse, et a créé en lui trous sur trous, et tubes sur tubes; il est révélé et connu devant le trône de ta gloire, que s'il s'en ouvrait un, ou qu'il s'en fermait un, il serait impossible d'exister en ta présence.* Comment finit-il? Selon Rav: (*béni soit*) *le médecin des malades;* mais Samuel disait: est-ce que le Père (*Dieu*) rend également malade tout le monde? Il faut donc dire: *le médecin de toute la chair* (*car la selle fait du bien à tout le corps*). Selon Rav Chechath il faut dire: *celui qui fait des miracles*[75]). Rav Papa disait: c'est pourquoi nous disons toutes les deux formules ensemble: *le médecin de toute la chair, et celui qui fait des prodiges.*

---

75) *Raschi*: le corps est creux comme une outre, mais pendant qu'un seul trou suffit pour faire sortir le vent contenu dans une outre tant et tant de trous ne font pas sortir tout à la fois le vent du corps humain, ce qui est un grand prodige.

Quiconque entre (dans la chambre) pour dormir sur **son lit**, après avoir récité l'*Ecoute Israël* jusqu'à והיה אם שמוע il doit dire: *béni soit celui qui fait tomber les liens du sommeil sur mes yeux, et l'assoupissement sur mes paupières, et qui fait reluire la pupille de mon oeil: qu'il soit agréable en ta présence, ô Eternel mon Dieu, de me faire coucher en paix, et donne-moi mon partage dans ta loi; accoutume-moi aux préceptes et non aux transgressions, ne permets pas que je vienne entre les mains du péché, de l'iniquité, de la tentation et de la honte; fais qu'il domine en moi le bon et non le mauvais penchant, et délivre-moi d'une mauvaise rencontre et des maladies malignes: que des rêves sinistres, et de mauvaises pensées ne me troublent pas; que mon lit soit sans reproche devant toi* (*c'est-à-dire, sans fils illégitimes ou scélérats*)*: fais reluire mon oeil afin que je ne dorme pas le sommeil de la mort: béni soit l'Eternel qui fait reluire le monde entier par sa gloire.* Lorsqu'il se réveille, il doit dire: *mon Dieu, l'âme que tu as mise en moi est pure; tu l'as formée en moi, tu l'as inspirée en moi, tu la gardes au milieu de moi, et tu la reprendras de moi et me la rendras de nouveau à l'avenir. Tout ce temps que l'âme sera au milieu de moi, je rendrai grâces en ta présence, ô Eternel et Dieu de mes pères, Seigneur de tous les mondes, maître de toutes les âmes; béni toi, ô Eternel, qui rends les âmes aux cadavres des morts.* Lorsqu'il entend la voix du coq (תרנגולא lat.) il doit dire: *béni soit celui qui a donné au coq* (לשכוי Buxt.) *de l'intelligence pour discerner entre le jour et la nuit.* Quand il ouvre les yeux il doit dire: *béni soit celui qui ouvre* (*les yeux*) *des aveugles.* Lorsqu'il se lève et s'assied (*sur le lit*) il doit dire: *béni celui qui délie les captifs.* Quand il s'habille il doit dire: *béni celui qui habille les nus.* Lorsqu'il se lève (*sur le lit*) qu'il dise: *béni celui qui dresse les courbés.* Lorsqu'il descend sur la terre, il doit dire: *béni celui qui a étendu la terre sur l'eau.* Lorsqu'il se chausse (מסגי Buxt.) il doit dire: *béni celui qui dirige les pas de l'homme.* Lorsqu'il finit de se chausser (מסאניה Buxt.) il doit dire: *béni celui qui a fourni à tous mes besoins.* Lorsqu'il lie sa ceinture (חמיינית Buxt.) il doit dire: *béni celui qui ceint Israël dans la force.* Lorsqu'il étend le suaire sur la tête il doit dire: *béni celui qui couronne Israël de magnificence.* Lorsqu'il s'enveloppe dans les *Tsitsith* (*qui étaient jadis d'une grande dimension*) il doit dire: *béni celui qui nous a sanctifiés par ses commandemens, et nous a ordonné de nous envelopper dans les Tsitsith.* Lorsqu'il met les *Tephillin* (*qu'on portait toujours autrefois*) sur le bras il doit dire: *béni celui qui nous a sanctifiés par ses commandemens, et nous a ordonné de mettre les Tephillin.* Lorsqu'il les met sur la tête il doit dire: *béni, etc. et nous a prescrit l'ordonnance des Tephillin.* Lorsqu'il lave les mains il doit dire: *béni, etc. et nous a prescrit de laver les mains.* Lorsqu'il lave le visage, il doit dire: *béni celui qui fait passer les liens du sommeil de mes yeux, et l'assoupissement de mes paupières. Qu'il soit agréable en ta présence, ô Eternel mon Dieu, de m'accoutumer à ta loi et de m'attacher à tes préceptes, et ne me laisse venir entre les mains, ni du péché, ni de l'iniquité, ni de la tentation, ni de la honte; plie* (כוף) *mon désir à ton service, et éloigne-moi de l'homme méchant et d'un compagnon méchant; attache-moi au bon penchant, et à un bon compagnon dans ton monde, et accorde-moi aujourd'hui et tous les jours grâce, bonté, miséricorde à tes yeux, et aux yeux de tous ceux qui me voient, et récompense-moi par tes bénignités favorables. Béni soit l'Eternel qui récompense par ses bénignités pleines de faveurs son peuple Israël.*

Mischna. L'homme est tenu de faire une bénédiction, etc.

Ghémara. Qu'est-ce que signifie: *on est obligé de faire une bénédiction sur le mal ainsi qu'on en fait sur le bien?* Dirait-on que comme sur le bien on fait la bénédiction הטוב והמטיב, on doit la faire aussi sur le mal? Cependant nous avons appris: pour de bonnes nouvelles on doit dire: הטוב והמטיב, mais pour les mauvaises il faut dire: *béni le juge de vérité.* Rava disait: on n'a besoin que d'accepter (*le mal aussi*) avec joie. Sur quoi R. Aha ajoutait au nom de R. Lévi que cela est fondé sur le verset (Psau. CI, 1.): *Je chanterai la bénignité et le juge-*

ment; Eternel je te psalmodierai. Il est donc dit: *je chanterai* tant pour la bénignité que pour le jugement. R. Samuel, fils de Nahmani, disait (*qu'il faut le déduire d'ici*) (Psau. LVI, 11.): *Je louerai en l'Eternel* (ביהוה) *sa parole, je louerai en Dieu* (באלהים) *sa parole.* ביהוה (*en l'Eternel*) signifie l'attribut de la *bonté*, et באלהים (*en Dieu*) signifie l'attribut de la *vengeance*. R. Tanhuma disait que d'ici (Psau. CXVI, 13. vs. 3—4.): *Je prendrai la coupe des délivrances et j'invoquerai le nom de l'Eternel. J'avais rencontré la détresse et l'ennui; mais j'invoquerai le nom de l'Eternel.* Et les rabbins disent que d'ici (Job I, 21.): *L'Eternel l'avait donné, et l'Eternel l'a ôté: le nom de l'Eternel soit béni.*

Rav Hunna disait avoir entendu dire à Rav au nom de R. Meïr et selon une tradition, au nom de R. Akiva: toujours l'homme doit contracter l'habitude de dire: *tout ce que fait la divine miséricorde le fait pour le bien.* En effet, R. Akiva se trouvant en voyage parvint dans une ville, et demanda hospitalité (אושפיזא lat.); mais comme on ne la lui accorde pas, il dit: tout ce que fait la divine miséricorde, elle le fait pour le bien. Il alla donc passer la nuit dans le désert. Il avait avec lui un coq (*pour l'éveiller*), un âne et une lampe; mais un vent étant venu éteindre la lampe, un chat manger le coq, et un lion dévorer l'âne, il dit: tout ce que fait la divine miséricorde, elle le fait pour le bien. Cette même nuit une troupe d'ennemis survint, et rendit captive la ville. Il dit donc (*à ces disciples*): ne vous l'avais-je pas dit, que tout ce que fait le Saint, béni soit-il, tout est pour le mieux [76]?

Rav Hunna disait encore avoir entendu dire à Rav au nom de R. Meïr: l'homme devrait toujours parler peu en présence du Saint, béni soit il; car il est dit (Eccles. V, 1.): *Ne te précipite point à parler et que ton coeur ne se hâte point de proférer aucune parole devant Dieu; car* F. 61. a.

---

76) *Raschi:* si la lampe avait brûlé ou que le coq ou l'âne eussent fait entendre leur voix, les ennemis se seraient saisis aussi de R. Akiva.

Dieu est aux cieux et toi sur la terre; c'est pourquoi use de peu de paroles.

Rav Nahman, fils de Rav Hasda, faisait cette exposition: pourquoi est-il écrit (*dans le passage*) (Gen. II, 7.): *Or, l'Eternel Dieu avait formé l'homme* le mot וייצר (*avait formé*) avec deux *Jod?* Parce que le Saint, béni soit-il, a créé deux désirs (יצרים) l'un bon et l'autre mauvais. Rav Nahman, fils d'Isaac, faisait là-dessus cette objection: mais il suivrait de là que le bétail pour lequel n'a pas été écrit וייצר ne devrait avoir aucune fantaisie; et cependant nous voyons qu'il fait des dommages, qu'il mord, qu'il rue. Il faut donc (*l'expliquer*) comme R. Siméon, fils de Pazi, qui disait: malheur à moi de la part de mon *Créateur* (מיוצרי *qui est prêt à me punir si je suis mes désirs*), et malheur à moi de la part de mes désirs (מיצרי; *car si je ne les suis pas de mauvaises pensées me tourmentent*). Ou bien selon R. Jérémie, fils d'Eléazar; qui disait: deux (דו gr., lat., it.) aspect (פרצופין gr.) a créé le Saint, béni soit-il, au premier homme; car il est dit (Psau. CXXXIX, 5.): *Par devant et par derrière tu m'as formé* (צרתני). (*Sur les paroles* Gen. II, 22.): *Et l'Eternel Dieu fit une femme de la côte*, Rav et Samuel (*diffèrent d'avis*); l'un dit que le mot צלע (*côte*) signifie *aspect* (*un des deux aspects ou côtes d'Adam qui fut séparé de lui pour former Eva*), et l'autre dit qu'il signifie *queue* (*la queue qu'Adam eut au commencement, et dont Eva fut formée*). D'accord quant à celui qui dit *aspect*, car cela combine avec ce qui est écrit *par derrière et par devant tu m'as formé* (*c'est-à-dire, tu m'as fait deux aspects*); mais pour celui qui dit *queue*, que peuvent signifier (*les paroles*) אחור *par derrière*, וקדם *et par devant tu m'as formé? Rép.:* Elles signifient ce que dit Rav Ami (אחור) l'homme a été le *dernier* dans l'oeuvre de la création (וקדם) et le *premier* dans le châtiment. D'accord qu'אחור signifie le *dernier* dans l'oeuvre de la création, vu qu'il n'a été créé qu'avant l'entrée du Sabbath, mais si וקדם (*signifie*) le *premier* dans le châtiment, de quel châtiment parle-t-on? Dira-t-on (*qu'on parle*) du châtiment du serpent? Cependant une Baraïtha porte: Rabbi dit: lorsqu'il s'agit d'exalter on commence par le plus grand, et lorsqu'il s'agit de déprimer *(de maudire)* on commence par le plus petit. *Lorsqu'il s'agit d'exalter on commence par le plus grand;* car il est écrit (Lév. X, 12.): *Puis Moïse parla à Aaron, et à Eléazar et à Ithamar ses fils, qui étaient demeurés de reste: prenez, etc. Lorsqu'il s'agit de déprimer il faut commencer par le plus petit,* vu qu'au commencement c'est le serpent qui a été maudit, et puis Eva et enfin Adam. (Voy. Gen. III, 14.). *Rép.:* Mais on doit donc entendre cela du châtiment du déluge *(et de celui du serpent);* car il est écrit (Gen. VII, 23.): *Et il extermina tout ce qui subsistait sur la terre, depuis les hommes jusqu'aux bêtes* où l'homme est au commencement et puis viennent les *bêtes.* D'accord pour celui qui dit *aspect,* car cela cadre avec le mot וייצר qui se trouve écrit par deux *Jod;* mais pour celui qui dit *queue,* que voudrait alors dire וייצר *(écrit de cette manière)? Rép.:* Ce que dit *(cidessus)* R. Siméon, fils de Pazi. D'accord pour celui qui dit *aspect;* car cela combine avec ce qui se trouve écrit (Gen. I, 27.): *Et il les créa mâle et femelle. (C'est-à-dire, Dieu créa un homme composé de deux corps ou de deux aspects selon le Talmud);* mais pour sauver l'opinion de celui qui dit *queue* comment *(faudrait-il expliquer ces paroles) et il le créa mâle et femelle? Rép.:* Selon l'avis de R. Avhu qui fait cette opposition: il est écrit: *et il les a créés (au pluriel) mâle et femelle,* et il est aussi écrit (ib. IX, 6.): *Car Dieu a créé l'homme (au singulier) à son image.* Or, comment cela? Au commencement il était venu dans l'esprit de Dieu de créer deux hommes, mais enfin il n'en créa qu'un seul[77]. D'accord *(encore une fois),* pour celui qui dit *aspect;* car cela combine avec ce qui est

---

77) Une impiété gâte ici tous les prestiges du symbole de la création d'Adam et d'Eve ayant un seul corps ou une seule et même chair. C'est presque dans toutes les allégoires du Talmud qu'on passe de la même manière du propre au figuré, et vice-versa et qu'on laisse le lecteur dans l'incertitude lequel de ces deux sens mérite d'être préféré. — Au lieu de proposer des symboles il paraît que les Talmudistes ont réprouvé l'exemple de ceux qui s'en étaient servis.

écrit (Ib. 22, 21.): *et clausit carnem pro ea.* Mais pour celui qui dit *queue* que voudrait-il signifier: *et clausit carnem pro ea? Rép.:* R. Jérémie dit (et selon d'autres Rav Zavid et d'autres disent Rav Nahman, fils d'Isaac) cela n'était nécessaire *(que pour indiquer qu'on a resserré ou rempli avec la chair)* l'endroit d'où *(la queue)* avait été coupée *(à Adam).* D'accord pour celui qui dit *queue*; car cela combine avec ce qui est écrit (ib. II, 22.): ויבן *et édifia l'Eternel la côte* (Talm.: *La queue, car changer une queue en femme c'est édifier ou bâtir)*; mais d'après celui qui dit *aspect* comment faudrait-il expliquer le mot ויבן *(et il édifia)? Rép.:* De la manière que l'explique R. Siméon, fils de Manasia (qui dit): pourquoi est-il écrit: *et l'Eternel édifia la* צלע? Pour t'apprendre que le Saint, béni soit-il, tressa les cheveux d'Eve, et puis la conduisit au premier homme; car dans les villes maritimes on dit *édifice* (בניירתא) de la tresse ou coëffure des cheveux (לקליעתא). Autre explication. Le mot ויבן selon Rav Hasda (et d'autres disent que cela se trouve enseigné dans une Mischna) sert à nous apprendre que le Saint, béni soit-il, bâtit Eve comme la structure d'un magasin; car de même qu'un magasin est étroit en haut, et large en bas pour mieux contenir les fruits, de même la femme est étroite en haut, et large en bas pour mieux contenir le fétus. Les paroles *et il la conduisit à Adam* (ib.) nous apprennent selon R. Jérémie, fils d'Eléazar, que le Saint, béni soit-il, a été le paranymphe (שושבין) du premier homme. C'est par là que la loi nous apprend le devoir du grand *(riche)* de s'occuper des noces (בשושבינות) du petit *(pauvre)*, et de ne pas s'en croire déshonoré. Mais d'après celui qui dit *aspect (ou corps)*, lequel de ces deux corps *(joints ensemble)* marchait le premier? Rav Nahman, fils d'Isaac, dit: qu'il est à présumer que *(le corps)* de l'homme marchait le premier; car une Baraïtha porte: l'homme ne devait pas aller derrière une femme sur la route, quand même elle ne serait que sa propre femme. Celui qui la rencontre sur un pont, doit la faire aller de côté, et quiconque passe une rivière en suivant une femme *(qui doit nécessairement lever les habits)* n'aura point de partage dans le monde à venir. Les rabbins ont appris:

celui qui compte de l'argent à une femme, en le faisant passer de sa propre main dans celle de la femme, pour la contempler, quand même il posséderait autant (*de science*) de la loi et autant de bonnes oeuvres que Moïse notre précepteur, il n'irait pas exempt (לא ינקה) du jugement de la Gehenne; car il est dit (Prov. XI, 21.): *De main en main*[78]) *le méchant ne demeurera point impuni* (לא ינקה), (c'est-à-dire) il ne sera pas exempt du jugement de la *Gehenne*. Rav Nahman disait: Manoah a été un idiot; car il est écrit (Jug. XIII, 11.): *Et Manoah suivit sa femme*. Sur quoi Rav Nahman, fils d'Isaac, faisait cette objection: mais alors, puisque relativement à Elcana il est écrit: *et Elcana alla derrière sa femme*[79]), et par rapport à Elisée il est écrit (II. Rois IV, 30.): *Il se leva donc et s'en alla après elle*, nous devrions aussi dire qu'ils sont réellement allés après des femmes. Il vaut donc mieux dire qu'ils ont suivi leurs paroles, leur conseil, et que Manoah lui même a suivi les paroles et le conseil de sa femme. Rav Ache disait: d'après ce que dit Rav Nahman que Monoah a été un idiot (*on pourrait croire*) que dans l'école d'un Rav il n'a pas même lu ce qui est dit (Gen. XXIV, 61.): *Alors Rebecca se leva avec ses servantes, et elles montèrent sur les chameaux, et allèrent derrière cet homme*. (*Il n'est donc pas dit qu'elles allèrent*) devant cet homme. R. Johanan disait: derrière un lion plutôt que derrière une femme; derrière une femme plutôt que derrière un idolâtre; derrière un idolâtre plutôt que derrière la Synagogue dans le temps que l'assemblée y fait la prière. Mais (*ce qui regarde la Synagogue*) n'a été dit que dans le cas où (*celui qui passe par derrière*) ne porte pas quelque chose (fardeau); mais s'il porte quelque chose, on n'y fait pas d'attention. Cela n'a été dit que dans le cas où la Syna-

---

78) *Raschi: de main en main* veut dire quand même on aurait reçu la loi de la main droite de Dieu comme Moïse. L'*Ain Jacob* contient dans ce passage une variante qui combine avec l'explication de Raschi.

79) *Toseph.*: c'est une erreur, car ce verset ne se trouve pas dans la Bible. C'est pourquoi ces paroles sont omises dans l'Ain Jacob.

gogue n'aurait pas une porte de derrière; mais si elle a une porte de derrière, on n'y fait pas attention. Cela n'a été dit que dans le cas où il ne soit pas monté sur un âne, mais s'il est monté sur un âne on n'y fait pas attention. Cela enfin n'a été dit que pour le cas où il n'ait pas sur lui le *Tephillin*, mais s'il a sur lui les *Tephillin* on n'y fait pas d'attention (Voy. ci-dessus *F.* 10. *b.*) Rav disait: le mauvais penchant ressemble à une mouche (זבוב), et est assis entre les deux portes du coeur; car il est dit (Eccles. X, 1.): *Les mouches* (זבובים) *mortes font puer et bouillonner les parfums du parfumeur.* Mais Samuel dit qu'il ressemble à une espèce de froment (*qui pullule*); car il est dit (Gen. IV, 7.): *Le péché* (חטאת Talm.: חטה *le froment*) *est couché à la porte.* Les rabbins ont appris: deux reins sont dans l'homme dont l'un lui conseille le bien, et l'autre le mal, et il est probable que le bon est à droite et le mauvais à gauche; car il est écrit (Eccles. X, 2.): *Le coeur du sage est à sa droite et le coeur du fou à sa gauche.* Les rabbins ont appris: les reins conseillent, le coeur délibère, la langue décide (*s'il faut manifester ce qui est dans le coeur*), la bouche (*les lèvres*) met en exécution (*les décisions de la langue*), l'oesophage fait entrer et sortir toute espèce de nourriture, la trachée artère (קנה it.) fait sortir la voix, le poumon altère toutes sortes de boissons, le foie se fâche, la bile y jette une goutte et l'appaise, la rate fait rire, le jabot (des oiseaux) moud (la *nourriture*), l'estomac fait dormir et le nez éveille. Si ce qui éveille fait dormir et ce qui fait dormir éveille, l'homme se fane et s'en va. On a enseigné que si tous les deux font dormir, ou tous les deux éveillent, on meurt sur le champ. Baraïtha: R. Jose le Galiléen disait: les justes sont jugés (*guidés*) par leur bon penchant; car il est dit (Psau. CIX, 22.): *Mon coeur est blessé au dedans de moi* (Talm.: *le mauvais penchant est mort en moi*), et les impies sont jugés par le mauvais penchant; car il est dit (Psau. XXXVI, 2.): *La transgression du méchant me dit au dedans du coeur qu'il n'y a point de crainte de Dieu devant ses yeux* (Talm.: *le* פשע *ou mauvais penchant me dit, que la crainte de Dieu ne se présente pas à tes yeux*).

F. 61. b.

Mais les médiocres (les tièdes d'esprit) sont jugés par l'un et par l'autre penchant; car il est dit (Psau. CIX, 31.): *Il se tient à la droite du misérable pour le sauver de ceux qui jugent* (משפטים *au pluriel*) *son âme.* Rava disait: comme par exemple nous qui sommes tièdes; mais Avaï lui répondit: mais si Mar (*est tiède*), il ne reste pas une seule créature qui mérite de vivre (*ou qui soit juste*). Alors Rava reprit: le monde n'a été créé que pour ceux qui sont entièrement impies ou pour ceux qui sont entièrement justes. Il se demandait en outre: l'homme peut-il savoir par lui-même s'il est parfaitement juste ou non? Rav disait que le monde n'a été créé que pour Ahab, fils d'Amri, et pour R. Hanina, fils de Dusa; pour Ahab, fils d'Amri, ce monde ci (הזה) et pour R. Hanina, fils de Dusa, le monde à venir.

Mischna. Et tu aimeras l'Eternel ton Dieu, etc.

Ghémara. Baraïtha: R. Eliéser disait: puisqu'il est dit: *de toute ton âme,* à quoi bon dire de tous tes moyens? Et puisqu'il est dit: *de tous tes moyens,* à quoi bon dire: *de toute ton âme?* Mais il y a des hommes qui aiment mieux leur corps que leur fortune; c'est pourquoi il est dit: *de toute ton âme;* et il y en a d'autres qui préfèrent leur fortune à leur corps, c'est pourquoi il est dit: *de tous tes moyens.* R. Akiva disait que (*les paroles*) *de toute ton âme* (*signifient tu dois aimer Dieu même*) lors même qu'on veut prendre ton âme (*t'ôter la vie*). Les rabbins ont appris: une fois le *royaume impie*[80]) avait décrété que les Israélites ne devaient plus s'occuper de l'étude de la loi. Papus, fils de Jéhuda, étant survenu, trouva R. Akiva qui rassemblait plusieurs communes (קהלות), et s'occupait de l'étude de la loi[81]). Il lui dit: Akiva! tu ne crains donc rien de

80) מלכות הרשעה *Regnum impietatis* c'est ainsi qu'on trouve écrit dans l'Ain Jacob et dans les deux Editions de Cracovie et d'Amsterdam. L'Ain Jacob ajoute que le projet du *Royaume impie* a été de faire apostasier les Juifs (שמד). D'autres éditions plus modernes portent מלכות יון *Regnum graecum*, altération faite visiblement par la Censure des Chrétiens ou par celle des Juifs; car il est évident que l'on parle ici du Royaume des Romains et non de celui des Grecs.

81) Dans l'Ain Jacob: *il était assis et faisait des expositions* ou explications de la loi.

la part du royaume impie! Il lui répondit[82]) je te ferai une parabole: à quoi cette affaire ressemble-t-elle? à un renard qui étant allé sur le bord d'une rivière, vit que les poissons couraient en foule d'un lieu à l'autre et il leur dit: devant qui fuyez-vous? Ils lui répondirent, devant les filets que les fils des hommes jettent sur nous. Il leur dit: s'il vous plaît, montez sur la terre sèche, et moi et vous nous demeurerons ensemble, de même que mes ancêtres ont demeuré avec vos ancêtres. Il lui répondirent: est-ce donc de toi que l'on dit que tu es le plus prudent d'entre les animaux? Tu n'es pas prudent, mais tu es fou; car si nous craignons dans le lieu de notre vie, dans celui de notre mort d'autant plus. De même nous qui sommes maintenant assis et occupés dans la loi, dont il est écrit (Deut. XXX, 20.): *Car elle est ta vie et la longueur de tes jours* (*et cependant nous souffrons*); si nous venons à la négliger, d'autant plus[83]). On conte qu'il ne se passa pas beaucoup de jours, qu'on se saisit de R. Akiva, et qu'on le lia dans la maison des captifs; mais on se saisit aussi de Papus, fils de Jéhuda, et on l'enchaîna avec lui. Akiva lui dit: Papus qui t'a amené ici? Il lui répondit: bonheur à toi R. Akiva qui as été emprisonné pour les paroles de la loi, et malheur à Papus qui a été emprisonné pour des choses d'aucune utilité. Lorsqu'on menait R. Akiva à la mort, c'était le temps de la lecture du Chema; on étrillait sa chair avec des étrilles de fer, mais nonobstant il continuait à accepter sur lui le joug du royaume des cieux (*il persistait à lire le Chema*). Les écoliers lui dirent: notre maître, jusqu'ici (*c'est assez, ne lisez pas plus loin*). Il leur répondit: tous les jours (*de ma vie*) j'ai été en anxiété à cause de ce verset *de toute ton âme* (*qui signifie*) lors même qu'on veut t'ôter ton âme. Je me disais: quand se présentera-t-elle à moi l'occasion de remplir cela? Et maintenant que cette occasion s'est présentée, ne devrais-je pas

---

82) Ain Jacob: *c'est donc toi Papus qu'on appelle savant! tu n'es qu'un étourdi.*

83) On voit par ce passage que l'étude de la loi est l'élément des Juifs de la dispersion.

le remplir? Il traîna donc (*sa voix*) sur le mot אחד (*unique*) de manière que son âme le quitta pendant (*qu'il prononçait*) אחד (Voy. ci-dessus). Il sortit alors une *Bath-Col* qui dit: bonheur à toi R. Akiva; car ton âme est sortie dans (*le mot*) אחד. Mais les anges du ministère dirent en présence du Saint, béni soit-il: telle est donc ta loi et telle ta récompense! (*Il est pourtant écrit* Psau. XVIII, 14.): *Des hommes de ta main, ô Eternel, des hommes, etc.* (Talm.: *des personnes aussi pieuses qu'Akiva ne devraient pas mourir de la main des hommes, mais de la main de Dieu*). Il leur répondit (*par les paroles du même passage*) *leur partage est dans cette vie.* Alors il sortit une *Bath-Col* et dit: bonheur à toi, ô Akiva, qui as été prédestiné à la vie du monde à venir.

Mischna. Que l'homme ne se comporte pas avec trop de légèreté devant la porte orientale qui est placée vis-à-vis la maison du Saint des Saints, etc.

Ghémara. R. Jéhuda disait avoir entendu dire à Rav: cela n'a été dit que (*pour ceux qui se trouvent*) en *Tsophim*[84]) et en deça, et à condition qu'on voie (*le temple, ou qu'on ne soit pas placé dans une vallée*). Il a été dit aussi: R. Abba, fils de R. Hija, fils d'Abba disait: c'est ainsi que disait R. Johanan: cela n'a été dit (*que pour ceux qui se trouvent*) en *Tsophim* et en deça, et qui voient (*le temple*) et lorsqu'il n'y a pas une haie (*qui en empêche la vue*), et pour le temps où la *Chekina* y résidait (*c'est-à-dire, pendant le premier temple*). Les rabbins ont appris: celui qui évacue en Judée ne devrait évacuer ni vers l'Orient ni vers l'Occident, (*pour ne point montrer sa nudité à Jérusalem*) mais plutôt vers le Septentrion et le Midi. Mais en Galilée on n'évacue que vers l'Orient ou vers l'Occident. Mais R. Jose permet (*ce que les autres défendent*); car il est dit que l'on n'a fait cette défense que pour celui qui voit (*Jérusalem*) et pour un lieu où il n'y a pas de haie (*qui en empêche la vue*), et pour le temps où la *Chekina* y résidait. Cependant les savans le défendent. *Ques-*

---

84) *Raschi:* צופים c'est un lieu d'où on peut voir le temple; de là et plus loin on ne peut pas le voir (Buxt.).

tion: Mais alors les savans diraient la même chose que le premier *Tanne. Rép.:* Ils diffèrent entr'eux pour lès lieux situés de côté[85]. Autre *Baraïtha:* Celui qui évacue en Judée ne doit évacuer ni vers l'Orient ni vers l'Occident; mais vers le Septentrion et le Midi; mais en Galilée vers le Septentrion et le Midi il est défendu, et permis vers l'Orient et l'Occident. Cependant R. Jose permet *(ce que les autres défendent);* car il dit que l'on n'a fait cette défense que pour celui qui voit (*Jérusalem*). R. Jéhuda dit: du temps que le temple existait cela était défendu; mais pendant que le temple n'existe pas, il est bien permis. R. Akiva le défend en tout lieu. *Question:* R. Akiva dit donc la même chose que le premier *Tanne. Rép.:* La différence qu'il y a entr'eux (*regarde ceux qui se trouvent*) hors de la terre de promission (*pour lesquels R. Akiva est plus rigoureux que le premier Tanne*). Quant à Rabba (*qui demeurait à Babylone*) on avait la coutume de lui placer les briques[86]) entre l'Orient et l'Occident, mais Avaï (*son disciple*) alla et les mit vers le septentrion et le midi, Rabba étant monté, les remit à leur première place en disant: qui est celui qui me fait ce chagrin? Moi, je suis de l'opinion de R. Akiva qui dit qu'il est défendu en tout lieu (*de faire que Jérusalem voie la nudité*).

F. 62. a. *Baraïtha.* R. Akiva disait: une fois j'ai suivi R. Jehochua dans une maison de la chaise (*de Palestine*), et j'ai appris de lui trois choses: j'ai appris qu'on n'évacue pas vers l'Orient ou vers l'Occident; mais vers le Septentrion ou le Midi; j'ai appris qu'on ne se découvre pas étant debout, mais lorsqu'on est assis; et j'ai appris qu'on ne se torche pas avec la main droite, mais avec la gauche. Le fils d'Azaï lui dit: jusqu'à ce point as-tu été effronté envers ton Rabbi! Il lui répondit: cela concerne la loi, et il

---

85) *Raschi:* qui ne sont pas vis-à-vis de Jérusalem, comme la Judée et la Galilée et d'après le premier Tanne ces lieux aussi sont défendus. Les savans défendent seulement les lieux situés vis-à-vis de Jérusalem, lors même qu'on ne peut pas la voir.

86) *Raschi:* où l'on s'appuyait pour évacuer et qui servait pour cacher la nudité du côté de Jérusalem.

était de mon devoir de l'apprendre. Baraïtha: le fils d'Azaï disait: une fois je suivis R. Akiva dans une maison de la chaise, etc. *(on rapporte un cas semblable au précédent).* Rav Cahna monta et se cacha sous le lit nuptial de Rav. Ayant entendu qu'il parlait *(indécemment)* folâtrait et faisait sa besogne *(avec sa femme)*, il lui dit: la bouche de mon père (maître) paraît ne pas vouloir attendre que le met soit brûlé *(elle semble trop avide ou impatiente)*. Il lui répondit: Cahna es-tu donc ici? Sors, car cela ne se pratique point. Mais l'autre repartit: cela aussi appartient à la loi et je suis en devoir de l'apprendre.

Pourquoi donc ne se torche-t-on pas avec la droite, mais seulement avec la gauche? Rava dit: parce que la loi a été donnée avec la droite; car il est dit (Deut. XXXIII, 2.): *De sa dextre le feu de la loi pour eux.* Rabba, fils du fils de Hanna disait: c'est parce qu'on porte *(la droite)* à la bouche; et R. Siméon, fils de Lakisch, disait: c'est parce qu'on noue avec elle les *Tephillin.* Rav Nahman, fils d'Isaac, disait: c'est parce qu'on montre avec elle les *goûts* (טעמי les *accens)* de la loi [87]. Ce sera donc une dispute des Tanaïtes; car R. Eliéser dit: c'est à cause que l'on mange avec *(la droite)*; R. Jehochua dit: c'est à cause que l'on écrit avec elle; R. Akiva dit: c'est à cause que l'on montre avec elle les *accens* *(ou modulations)* de la loi.

R. Tanhuma, fils de Hanilaï, disait: quiconque se comporte décemment dans la maison de la chaise, sera délivré de trois choses, des serpens, des scorpions et des esprits malins, et il y en a qui ajoutent que même ses rêves seront paisibles *(ou consolans)* pour lui. Il y avait une maison de la chaise à Tibériade, où si même deux montaient ensemble et cela pendant le jour, ils étaient maltraités *(par les mauvais esprits)*. Mais R. Ami et R. Asi y montèrent un à un séparément, et n'en furent pas maltraités. (Voy. ci-dessus.) Les rabbins leur dirent: Vous n'avez donc

---

87) *Raschi* et *Rabe.* Ces accens n'étaient pas des signes, mais des tons, des modulations qu'on accompagnait avec le mouvement de la droite, comme j'ai vu faire, dit Raschi aux lecteurs qui viennent de Palestine.

pas eu peur? Ils leur répondirent: nous avons appris par tradition que la recette contre la maison de la chaise est la décence et le silence, et la recette contre les afflictions c'est le silence et l'imploration de la divine miséricorde. Avaï accoutumait un agneau à monter avec lui à la maison de la chaise; mais il pouvait bien y accoutumer un chevreau. *Rép.: (Il ne l'a pas fait parce que)* le démon (שעיר voy. Esa. XIII, 21.) se change en bouc (שעיר). Avant que Rava devînt chef d'académie, la fille de Rav Hasda *(sa femme)* lui faisait du bruit avec une noix dans un bassin (לקנא gr. et lat.: *pour chasser les mauvais esprits pendant qu'il était au privé).* Mais après qu'il fut devenu roi *(chef)* elle lui fit un trou *(dans la muraille et elle lui tenait la main sur la tête* [88]). Ulla disait: derrière une haie on peut évacuer tout de suite *(sans façon)*; mais dans une plaine il faut toujours *(s'éloigner)* autant que, s'il éternue d'en bas, son camarade ne l'entende pas. Isi, fils de Nathan, enseigne comme cela: derrière une haie il faut toujours *(s'éloigner)* autant que, s'il éternue d'en bas, son camarade ne l'entende pas; mais dans une plaine toujours autant que son camarade ne puisse pas l'apercevoir. *Question.* Ils *(les ouvriers)* sortent hors de la porte d'une maison à écacher les olives et évacuent derrière ses murailles et ils restent purs. *Rép.:* Lorsqu'il s'agit de la pureté ou facilité [89]). Viens et écoute: combien doivent-ils s'éloigner *(pour avoir la certitude)* qu'ils sont restés purs? Autant que l'un puisse voir l'autre *(ce qui ne combine pas avec la tradition d'Isi). Rép.:* C'est une autre chose lorsqu'il s'agit *(de procurer)* que les mets restent purs; car les rabbins facilitent à leur égard *(les règles du privé).* Rav Ache disait: qu'est-ce qu'a voulu dire Isi, fils de Na-

---

88) *Raschi:* pour réussir encore mieux à chasser les mauvais esprits qui sont plus acharnés contre des savans en place que contre de simples particuliers.

89) *Raschi*: comme il s'agit ici de surveiller que l'huile ne devienne pas impure par quelque accident, on exige des ouvriers que l'un ne perde pas de vue l'autre pour s'assurer qu'il ne s'est pas souillé. Voy. Tahoroth Ch. 10. Misch 2.

than par les paroles: toujours autant que son camarade ne puisse le voir? *Rép.:* Toujours autant que son camarade ne puisse voir sa nudité, mais quant à lui il peut voir *(ses camarades)*. Un pleureur de funérailles étant descendu devant Rav Nahman disait: ce mort a été ami de la décence dans ses voies *(manières)*; mais Rav Nahman lui dit: est-ce que tu es monté avec lui dans la maison de la chaise pour que tu saches qu'il a été ami de la décence ou non? Car une Baraïtha porte: on n'apelle ami de la décence que celui qui l'est dans la maison de la chaise. Mais pourquoi Rav Nahman attachait de l'importance à cela? Parce qu'il est dit dans la Baraïtha: de même qu'on punit les morts, ainsi on punit les pleureurs *(qui flattent)*, et ceux qui répondent *(Amen)* après eux *(après leurs fausses louanges)*.

Les rabbins ont appris: qui est ami de la décence? Celui qui évacue la nuit dans le lieu où il a évacué le jour *(en s'éloignant des hommes)*. Mais ce n'est pas ainsi vu que Rav Jéhuda disait avoir entendu dire à Rav: l'homme devrait toujours s'accoutumer *(à faire ses nécessités)* le matin *(de bonne heure)* et le soir pour n'être pas obligé de s'éloigner *(des hommes)*. Et outre cela Rava, le jour, allait un mille *(pour évacuer)*, mais la nuit il disait à son domestique: cherche-moi un lieu *(solitaire)* dans une des rues *(des places)* de la ville. Et de même R. Zira disait à son domestique: regarde s'il n'y a personne derrière la maison de la société[90], car j'ai besoin d'évacuer. *Rép.:* Il ne faut pas dire dans le *lieu*, mais de la même manière qu'on a évacué le jour (Voy. ci-dessus *F.* 23. *b.*). Rav Ache disait: on peut même dire *dans le lieu*, mais on n'a besoin de cela *(de cette clause)* que lorsqu' *(on peut faire ses nécessités)* dans le coin d'un angle. La même tradition porte que *Rav Jéhuda disait avoir entendu dire à Rav: l'homme devrait toujours s'accoutumer, etc.* Nous avons appris encore ainsi: le fils d'Azaï disait: lève-toi de bon matin et sors, et le soir sors

---

90) בית חבריא *domus sodalitii:* maison des étudians où les étudians s'associent ou deviennent dignes de s'associer aux savans.

de nouveau, pour ne pas être obligé de t'éloigner tâte[91]), puis prends place; mais ne prends pas place avant que tu aies tâté, car si quelqu'un s'assied et puis tâte, même les sorcelleries qui se font en *Aspamen*[92]) viendront sur lui. Mais si par oubli il s'est assis et puis a tâté, comment y remédier? Lorsqu'il se lève il doit dire ainsi לא לי (*pas à moi*) לא לי (*pas à moi*) לא תחים ולא תחתים (*ni les Tahim ni les Tahtim*[93]) לא הני ולא מהני *ni elles* (*c'est-à-dire toutes les sorcelleries*), *ni une partie d'elles*) לא חרשי דחרשא ולא חרשי דחרשתא (*ni les sorcelleries d'un sorcier, ni les sorcelleries d'une sorcière*).

F. 62. b. *Baraïtha.* Le fils d'Azaï disait: couche-toi sur tout gîte, excepté sur le pavé; et assieds-toi sur tout siége, excepté sur une poutre (*car elle pourrait tomber*).

Samuel disait: le sommeil et l'évacuation vers (*le temps que se lève*) la colonne de l'aurore est (*aussi utile au corps*) que l'acier (אסטמא gr.) au fer.

Le fils de Caphra vendait ces paroles pour de l'argent: *mange pendant que tu as faim;* bois pendant que tu as soif; vide ton pot pendant qu'il bout (*évacue aussitôt que tu en as envie*). Lorsqu'on sonne de la corne à Rome (*pour avertir les acheteurs*) fils du marchand de figues, vends les figues de ton père (*sans attendre son retour*).

Avaï disait aux rabbins: quand vous montez par les sentiers de la ville pour sortir aux champs ne regardez ni d'un côté ni de l'autre, car peut-être des femmes y sont assises, et il ne convient pas de les considérer.

Rav Saphra étant monté dans une maison de la chaise, R. Abba y vint aussi et toussa à la porte (*pour savoir si quelqu'un était là*), (*Rav Saphra*) lui dit que Mar

---

91) *Raschi:* ton corps, pour t'exciter à évacuer, voy. Chabbath 82. *a.* d'autres disent: tâte l'endroit où tu dois t'asseoir, pour ne point te souiller.

92) באספמיא in *Hispania*, dit Buxtorf, car il paraît certain que l'Espagne a été habitée par les Juifs dans les premiers siècles de l'Eglise.

93) *Raschi:* noms de sorcelleries faites par des esprits souterrains. (תחתוניות).

monte, mais lorsqu'il fut sorti (*R. Abba*) lui dit: jusqu'à présent tu ne ressemblais pas à un *Saïr* (*démon de privé*)[94]; mais tu as fini par imiter les moeurs d'un *Saïr*. N'avons-nous pas appris ainsi (Tamid Ch. I. M. 1.): Il y avait dans (*le cour du temple*) un foyer et une maison de la chaise qu'on honorait beaucoup. Son honneur consistait en ce que, si on la trouvait fermée au verrou, on comprenait qu'il y avait quelqu'un; mais si on la trouvait ouverte, on comprenait qu'il n'y avait personne. Nous voyons donc qu'il ne convient pas (*d'y parler*); mais Rav Saphra avait pensé qu'il serait pernicieux (*pour R. Abba d'arrêter l'évacuation*), car une Baraïtha porte: R. Siméon, fils de Gamaliel, disait: la colonne qui rentre, etc. (Voy. ci-dessus F. 25. *a.*). R. Eléazar étant monté dans une maison de la chaise il y vint un Romain (ou *Persan*) qui le heurta. Lorsque R. Eléazar se fut levé et fut sorti, vint un dragon (דרקונא gr. lat.) qui se glissa dans l'intestin rectum (*du Romain*). Sur quoi R. Eléazar (dit le verset Esa. XLIII, 4.): *Et je mettrai l'homme* (אדם). Ne lis pas אדם (*homme*), mais אדום (*Edomite*).

(*Il est écrit* I Sam. XXIV, 11.): *Et il m'a dit que je te tuasse et elle t'a pardonné.* Au lieu de ואמר (*il a dit*) il devrait être ואמרתי (*et j'ai dit*) et au lieu de חחס (*et elle t'a pardonné*) il devrait être וחסתי (*et je t'ai pardonné*). Sur quoi R. Eléazar disait que David dit à Saül: d'après la loi tu es fils de l'occision (*digne d'être tué*) vu que tu es un persécuteur, et la loi dit: (אמרה) *si quelqu'un vient pour te tuer, tue-le le premier* (Voy. Exod. XXII, 2.); mais l'amour de la décence qui s'est trouvé chez toi, fait que l'on te pardonne (חסה). En effet, que signifie ce qui se trouve écrit (ib. vs. 4.): *Et il vint aux parcs des brebis auprès du chemin, où il y avait une caverne, et Saül y entra pour y couvrir ses pieds (pour y faire ses nécessités)?* On nous a enseigné (*que cela sig-*

---

94) Selon d'autres *Saïr* veut dire ici *Edomite* ou Persan; car les Persans aussi sont appelés *Edomites* par les Talmudistes ainsi que nous le verrons plus bas. Alors il faudrait traduire: *tes moeurs ne sont pas encore aussi pures que celles d'un Persan*; car tu parles dans un privé.

nifie) qu'il y avait une muraille vis-à-vis d'une autre muraille, et une caverne vis-à-vis d'une autre. Le mot *pour couvrir* (להסך) signifie selon R. Eléazar que Saül s'était couvert comme un Tabernacle (כסוכה *en faisant ses nécessités*). (Ib. vs. 5.): *Et David se leva et coupa tout doucement le pan du manteau de Saül.* Sur quoi disait R. Jose, fils de Hanina: quiconque n'a point d'égards pour les habits, finit par n'en pouvoir tirer aucun avantage; car il est dit (I Rois I, 1.): *Or, le roi David devint vieux et avancé en âge et on le couvrait de vêtemens, mais il ne pouvait pas se rechausser.* (1. Sam. XXVI, 19.): *David dit à Saül: si c'est l'Eternel qui te pousse* (הסיתך *Talm.: qui te séduit*) *contre moi, que ton oblation lui soit agréable.* Sur quoi disait R. Eléazar que le Saint, béni soit-il, dit à David: tu m'as appelé *Séducteur* (מסית) c'est pourquoi je te ferai broncher sur une chose que savent même les enfans de l'école de leur Rav; car il est écrit (Exod. XXX, 12.): *quand tu feras le dénombrement des enfans d'Israël, selon ceux qui sont visités, ils donneront chacun à l'Eternel le rachat de sa personne,* etc. Tout de suite (*comme il est dit* I. Chron. XXI, 1.): *Satan s'éleva contre Israël, incita David à faire le dénombrement d'Israël;* et il est aussi écrit (II. Sam. XXIV, 1.): *Et* (*Dieu*) *incita David contre eux à dire: va, dénombre Israël;* ainsi David en fit le dénombrement sans en prendre d'eux l'expiation. C'est pourquoi il est écrit (ib. vs. 15.): *L'Eternel donc envoya la peste en Israël depuis le matin jusqu'au temps de l'assignation* (ועד עת מועד). Que signifie עת מועד? Samuel le vieux, gendre de R. Hanina, disait au nom de R. Hanina (*que cela signifie*) depuis le temps du sacrifice perpétuel jusqu'au temps de l'aspersion du sang. R. Johanan disait: jusqu'à midi exactement. (Ib. vs. 16. *Et l'Eternel*) *dit à l'ange qui faisait le degât parmi le peuple, c'est assez* (רב). Sur quoi R. Eléazar disait: *le Saint, béni soit-il, dit à l'ange:* prends-moi le plus distingué (רב) d'entr'eux qui puisse payer beaucoup de leurs dettes. A cette même heure mourut Abisaï, fils de Tseruja, qui équivalait à la plus grande partie du Sanhédrin. (*Il est dit enfin* I. Chron. XXI, 15.):

Et comme il faisait le degât, l'Eternel regarda (ראה Talm.: *vit*) *et se repentit.* Mais qu'est-ce qu'il a vu? Rav disait qu'il a vu Jacob notre père; car il est écrit (Gen. XXII, 12.): Et Jacob dit: lorsqu'il les eut vus (ראם). Samuel disait qu'il a vu les cendres d'Isaac, car il est dit (ib. XXII, 8.): *Dieu se pourvoira* (יראה) *d'un agneau.* R. Isaac le forgeron disait qu'il a vu l'argent de la rançon; car il est dit (Exod. XXX, 16.): *Tu prendras l'argent des propitiations des enfans d'Israël*, etc.[95]). R. Johanan dit qu'il a vu le Sanctuaire; car il est écrit (Gen. XXII, 14.): *en la montagne de l'Eternel il y sera pourvu* (יראה). Mais là-dessus diffèrent d'avis, R. Jacob, fils d'Idi, et R. Samuel, fils de Nahmani; car l'un dit qu'il a vu l'argent de la rançon, et l'autre dit le Sanctuaire; mais l'opinion de celui qui dit le *Sanctuaire* est plus probable; car il est dit (ib.): *c'est pourquoi on dit aujourd'hui, dans la montagne de l'Eternel il y sera pourvu.*

Mischna. L'homme ne doit pas entrer dans la montagne du temple avec un bâton, etc.

Ghémara. Qu'est-ce que signifie קפנדריא (lat.)? Rava disait: *compendiaria* (*via*) selon son nom. Mais Rav Hunna, fils d'Ada, disait au nom de Rav Sama, fils de Rav Mari (*qu'il faut l'entendre*) selon ce que disent les hommes: אדרי אדמקיפנא *au lieu de faire le tour des rangs des maisons je monterai par ici* (*par le milieu*). R. Nahman disait avoir entendu dire à Rabba, fils d'Avhu: si quelqu'un entre dans une Synagogue, sans le dessein d'accourcir le chemin, il peut bien s'en servir comme d'un accourcissement de chemin. R. Avhu dit: cela est permis s'il y avait un sentier au commencement (*avant que la Synagogue fût batie*). R. Halbo disait avoir entendu dire à Rav Hunna: quiconque entre dans la Synagogue pour prier, a la permission d'en faire un accourcissement de chemin; car il est dit: (Ezéch. XLVI, 9.): *Mais quand le peuple du pays y entrera devant l'Eternel pendant les fêtes solennelles*, etc.

---

95) *Raschi:* comme cet argent a été donné selon le nombre des enfans d'Israël, il a expié le péché du dénombrement.

Mischna. Et d'autant plus il ne doit pas y cracher.

Ghémara. R. Bibi disait avoir entendu dire à R. Jehochua, fils de Lévi: celui qui crache aujourd'hui dans le mont du temple, fait comme s'il crachait dans la prunelle de l'oeil de Dieu; car il est dit: (I. Rois IX, 3.): *Et mes yeux et mon coeur seront toujours là.* Rava dit: le crachat dans une Synagogue est permis; car il n'a aucune préférence sur les souliers. Or, de même que le soulier est défendu dans le mont du temple et permis dans une Synagogue, ainsi quant au crachat, voilà qu'il est défendu dans le mont du temple et permis dans une Synagogue. Rav Papa disait à Rava, et d'autres disent que c'est Ravina qui disait à Rava, et selon d'autres Rav Ada, fils de Mattana (*parlait ainsi*) à Rava: au lieu de déduire cela du soulier, nous pourrions le déduire (*de la défense*) d'accourcir le chemin (*dans une Synagogue*). Il lui répondit: une tradition nous apprend qu'il faut le déduire du soulier, et tu dis (*qu'il faut le déduire*) de l'accourcissement du chemin! Or, qu'elle est cette tradition? Nous avons appris: l'homme ne doit entrer dans le mont du temple ni avec un bâton à la main, ni avec des souliers à ses pieds, ni avec de l'argent lié dans son suaire (סדין gr. et lat.) ou avec sa gibecière (פונדה gr. et lat.) suspendue sur le dos, ni en faire un accourcissement de chemin. Quant au crachat c'est un *minori ad majus* déduit des souliers; car si pour les souliers qui ne contiennent pas un acte de mépris la loi a dit (Exod. III, 5.): *déchausse tes souliers de tes pieds* d'autaut plus le crachat (*doit-être défendu*), car il renferme un acte de mépris. R. Jose, fils de Jéhuda, disait: on n'a pas besoin de cela; car voici qu'il est dit (Est. IV, 2.): *car il n'était pas permis d'entrer dans la porte du roi étant vêtu d'un sac.* N'est-ce pas que ces paroles contiennent un *a minori ad majus*; car s'il est ainsi pour un sac qui n'excite aucune aversion en présence de la chair et du sang, d'autant plus un crachat qui excite de l'aversion en présence d'un roi (*doit être défendu*) devant le roi des rois. L'autre disait (*à Rava*): moi je dirais comme cela que l'on se tienne à la sentence la plus rigoureuse dans l'un et dans l'autre cas et que l'on dise: pour le mont du temple où le soulier est défendu, on déduit très-bien du soulier *(que le crachat aussi y est défendu)*; mais pour la Synagogue où le soulier est permis, plutôt que de déduire *(le crachat)* du soulier pour le permettre, il faut le déduire de l'accourcissement du chemin pour le défendre *(en disant si l'accourcissement est défendu d'autant plus le crachat)*. Mais Rav a dit *(que la Synagague)* est comme notre propre maison; or, de même que par rapport à sa propre maison l'homme se fâche lorsqu'on s'en sert pour accourcir le chemin; mais il ne se fâche pas lorsqu'on y crache ou qu'on y porte les souliers; de même dans la Synagogue l'accourcissement du chemin est défendu et le crachat et les souliers sont permis. F. 63. *a.*

Mischna. A la fin de toutes les bénédictions du sanctuaire, etc.

Ghémara. Tout cela pourquoi? Parce qu'on ne répondait point *Amen* dans le sanctuaire. Et d'où le savons-nous? De ce qu'il est dit (Neh. IX, 5.): *Levez vous, bénissez votre Dieu de siècle en siècle.* Et il est aussi dit (ib.): *et qu'on bénisse (ô Dieu) le nom de ta gloire et qu'il soit élevé au-dessus de toute bénédiction et louange.* On pourrait donc croire que pour toutes les bénédictions il était assez d'une seule louange, c'est pourquoi l'Ecriture dit: *et qu'il soit élevé sur toute bénédiction et louange.* C'est-à-dire, à la fin de chaque bénédiction rends lui une louange.

Mischna. Ils ont établi que l'homme doit saluer son compagnon, etc.

Ghémara. Qu'est-ce que signifie: *et il est dit? Rép.:* Si tu voulais dire qu'il faut entendre que Boaz a dit cela de sa propre volonté *(et que par conséquent il ne peut pas servir de règle)*, viens et écoute (Jug. VI, 12.): *Que l'Eternel soit avec toi très-fort et vaillant homme.* Et si tu voulais dire qu'il faut entendre que l'ange a dit cela à Gedéon *(seulement pour remplir son message et non pour le saluer)*, viens et écoute (Prov. XXIII, 22.): *Nemé prise pas la mère quand elle sera devenue vieille* (Talm.: *ne néglige pas la pratique de Boaz; car il l'avait apprise des vieux d'Israël)*, et il est aussi écrit (Psau. CXIX, 126.): *Il est temps d'opérer pour l'Eternel, ils ont aboli ta loi.*

Rava disait qu'on peut interpréter ce verset (*en argumentant*) du commencement à la fin, et de la fin au commencement. *Du commencement à la fin*, il est temps, ô Eternel, que tu opères (*ou fasses des jugemens*). Pour quelle raison? Parce qu'ils ont aboli ta loi. *De la fin au commencement: ils ont aboli ta loi*[96]). Pour quelle raison? Parce qu'il était temps d'opérer pour l'Eternel (*pour l'honneur de Dieu*).

Baraïtha. Hillel le vieux disait: *dans le temps où les autres ramassent, dissipe; et dans le temps où les autres dissipent, ramasse.* (*C'est-à-dire*) si tu vois une génération à laquelle la loi est chère, dissipe-la, (*ou enseigne la*); car il est dit (Prov. XI, 24.): *Tel répand qui sera augmenté davantage.* Et si tu vois une génération à laquelle la loi n'est pas chère, ramasse-la (*ne la jette pas à eux qui la méprisent*); car il est dit (Psau. CXIX, 126.): *Il est temps d'opérer pour l'Eternel, ils ont aboli ta loi.* Le fils de Caphra exposait: (*si une marchandise*) est à bon marché ramasse-la, achètes-en. Dans un lieu où il n'y a pas d'homme (*comme il faut*) tâche d'être homme. Avaï disait: il résulte de cela, que dans un lieu où il y a des hommes (*comme il faut*) tu ne dois pas tâcher d'être homme (*c'est-à-dire, d'enseigner la loi où d'autres savans ou précepteurs l'enseignent*). Mais cela va sans dire. *Rép.:* L'observation d'Avaï a seulement lieu où l'un (*celui qui enseignait déjà*), et l'autre (*celui qui voudrait enseigner*) sont égaux en savoir (*alors le second ne doit pas enseigner*).

Le fils de Capra exposait: quelle est la petite *Parcha* d'où dépend tout l'ensemble de la loi? (*Le verset suivant* Prov. III, 6.): *Reconnois-le en toutes tes voies et il dirigera tes sentiers.* C'est-à-dire, selon Rava, lors même qu'il s'agira d'une transgression (*indispensable comme celle d'Elie*).

Le fils de Capra exposait: l'homme devrait toujours enseigner à son fils un métier pur et facile. Lequel? Rav

---

96) *Raschi:* on est quelque fois forcé de violer la loi de Dieu, comme Elie qui établit un autel sur le Carmel quoique cela fût défendu alors (Voy. 1. Rois XVIII, 19. etc.).

Hasda disait: l'aiguille des sillons *(l'art de faire des coutures aussi droites que les sillons)*.

Baraïtha. Rabbi disait: l'homme ne devrait jamais augmenter les amis *(en avoir beaucoup)* dans sa maison; car il est dit (Prov. XVIII, 24.): *que l'homme qui a des amis, se tienne à leur amitié*, (להתרועע Talm.: *est exposé à une ruine*).

Baraïtha. Rabbi disait: l'homme ne devrait jamais préposer un intendant (אפיטרופוס gr.) à sa maison, car si Potiphar n'avait pas fait Joseph intendant de sa maison, il ne lui serait pas arrivé de mauvaises aventures.

Baraïtha. Rabbi disait: pourquoi la *Parcha Nazir* (Nomb. VI.) suit-elle immédiatement après la *Parcha Sota* (ib. V.)? Pour te dire que quiconque voit une Sota *(une femme adultère)* dans sa honte doit s'abstenir de vin *(comme un Naziréen, car le vin cause souvent l'adultère)*. Hizkia, fils de R. Parnac, disait avoir entendu dire à R. Johanan: pourquoi la *Parcha Sota* suit immédiatement après la *Parcha Trumoth (des offrandes)* et *Maaseroth (des dîmes)* (ib. V.)? Pour te dire que quiconque a des offrandes et des dîmes et ne les donne pas au prêtre, finira par avoir besoin du prêtre à cause que sa femme *(deviendra Sota)*; car il est dit (ib. vs. 10.): *Les choses que quelqu'un aura sanctifiées appartiendront à lui (au sacrificateur.* Talm.: *et si tout ce que l'homme* (איש) *a sanctifié il le retient pour lui-même* לו יהיו), et il suit immédiatement (ib. vs. 12): *Quand la femme de quelqu'un* (איש) *se sera débauchée* (תשטה); et il est écrit (ib. vs. 15.): *Cet homme* (האיש) *fera venir sa femme devant le sacrificateur.* Et non seulement cela, mais à la fin il aura besoin *(des dîmes comme un pauvre)*; car il est dit: *tout ce que l'homme aura sanctifié sera pour lui* (לו יהיו Talm.: *s'il ne l'offre pas à Dieu, il en aura besoin lui-même*). Rav Nahman, fils d'Isaac, disait: mais s'il les donne, il finira par être riche; car il est dit (ib. vs. 10.): *Tout ce que l'homme aura donné au prêtre sera pour lui* (לו יהיה), c'est-à-dire, il se convertira pour lui-même en beaucoup d'argent.

Rav Hunna, fils de Barakie, disait au nom de R. Eléazar Haccappar: Si quelqu'un associe le nom du ciel *(de*

Dieu) à son affliction (נצערו) sa nourriture sera doublée; car il est dit (Job XXII, 25.): *Et le Tout-puissant sera ton or* (בצריך) *et l'argent de tes forces* (תועפות Talm.: *redoublé*). R. Samuel, fils de Nahmani, disait: sa nourriture volera (אעופפת) envers lui comme un oiseau; car il est dit *et l'argent de tes forces* (תועפות).

R. Zavi disait avoir entendu dire a R. Jochie: quiconque se relâche (*sur la pratique*) des paroles de la loi, n'a pas de force pour résister le jour de détresse; car il est dit (Prov. XXIV, 10.): *T'es-tu relâché* (התרפית) *au jour de la détresse? Ta force en est restreinte.* (Talm.: *T'es-tu relâché? etc.*) R. Ame, fils de Mattana, disait avoir entendu dire à Samuel (*cela arrive*) même (*lorsqu'on néglige*) un seul commandement; car il est dit en général: *t'es-tu relâché?*

Rav Saphra dit: R. Avhu racontait que lorsque Hanina, fils du frère de R. Jehochua, descendit dans (*le pays*) de la captivité (*de Babel*) il intercalait les années et fixait le mois hors de la terre de Palestine (*ce qui est défendu*). On envoya donc après lui les deux savans R. Jose, fils de Kipper, et le petit fils de Zacarie, fils de Cavutal. Aussitôt que Hanina les vit, il leur dit: pourquoi êtes-vous venus? Ils lui répondirent: nous sommes venus pour apprendre la loi. Il fit donc publier: ces hommes appartiennent aux sujets plus distingués de cet âge, et leurs ancêtres ont servi dans le sanctuaire, selon ce que nous avons appris dans la Mischna. Zacarie, fils de Cavutal, dit: plusieurs fois j'ai lu devant lui (*le grand-prêtre*) dans le livre de Daniel. Hanina commença donc (*à enseigner*); mais ce qu'il déclarait impur, ils disaient que c'était pur, et ce qu'il défendait ils le permettaient. Il fit donc publier sur leur compte: ce sont des hommes faux, des vauriens. Ils lui dirent: ce que tu as déjà bâti, tu ne peux pas le démolir et ce que tu as entouré d'une haie, tu ne peux pas l'enfoncer (*tu ne peux pas détruire ce que tu as dit à notre avantage*). Il leur dit: pourquoi ce que je déclare impur, le dites vous pur, et ce que je défends, le permettez vous? Ils lui dirent: c'est parce que tu intercales les années, et fixes les mois hors de la terre de Palestine. Il leur dit:

est-ce qu'Akiva, fils de Joseph, n'intercalait pas les années et ne fixait pas les mois hors de la terre de Palestine? (Voy. Jevammoth I, 22.) Ils lui dirent: laisse en repos R. Akiva qui ne laissa en Palestine personne qui lui fût semblable (*lorsqu'il en sortit*). Il leur dit: moi aussi je n'ai laissé personne qui me fût égal en Palestine. Ils lui dirent: les cabris que tu as laissés sont devenus des boucs avec des cornes, et ce sont eux qui nous ont envoyés auprès de toi, et qui nous ont dit: allez et parlez lui en notre nom: s'il écoute, bien; si non, il sera dans l'excommunication *Niddai*; et dites de même à nos frères de la captivité (*qu'ils ne doivent pas le suivre*). S'ils vous écoutent, bien, si non, montez sur une montagne (*à l'instar des payens*). Ahia (*chef de la captivité*) y bâtira un autel, Hananie (*le Lévite*) jouera de la harpe et ils se trouveront tous d'accord et diront: qu'ils n'appartiennent plus au Dieu d'Israël[97]). De suite tout le peuple se mit à crier et à pleurer en disant: que le ciel nous préserve, nous voulons toujours appartenir au Dieu d' Israël. Mais tout cela pourquoi? Parce qu'il est dit (Esa. II, 3.): *Car la loi sortira de Sion et la parole de l'Eternel de Jérusalem*[98]). D'accord qu'ils aient déclaré impur ce qu'il disait être pur; car cela augmente la rigueur de la loi; mais comment se peut-il qu'ils aient déclaré pur, ce qui selon l'autre était impur, vu qu'une Baraïtha porte: si un savant soutient que quelque chose est impur il n'est permis à son camarade de la déclarer pure, et s'il la défend il n'est pas permis à son camarade de la permettre. *Rép.:* Ils ont été d'opinion qu'il fallait faire ainsi, afin qu'on cessât de marcher sur ses traces.

F. 63. b.

Les rabbins ont appris: lorsque nos rabbins entrèrent dans la vigne[99]) à *Javne* il s'y trouvait R. Jéhuda et R.

---

97) Cette cérémonie d'excommunication d'un peuple entier est digne d'être remarquée.

98) Jérusalem était jadis pour les Juifs ce que Rome est aujourd'hui pour les Catholiques.

99) *Raschi*: on appelait vigne une Académie où l'on était assis sur plusieurs rangs comme les plantes d'une vigne.

Jose et R. Nehémie et R. Eléazar, fils de R. Jose le Galiléen. Ils commencèrent tous à louer l'hospitalité (אכסניא gr.) en faisant des expositions. R. Jéhuda, chef des orateurs en tout lieu commença à l'honneur de la loi et fit cette exposition. (Ce qui est dit Exod. XXXIII, 7.): *Et Moïse prit un pavillon et le tendit pour soi hors du camp.* Est-ce que ces paroles ne contiennent pas cet *a minori ad majus:* si, relativement à l'arche de Dieu, qui n'était éloignée que de 12 milles, la loi a dit (ib.): *et tous ceux qui cherchaient l'Eternel sortaient vers le pavillon d'assignation,* d'autant plus *(cela doit valoir)* pour les disciples des savans qui vont de ville en ville, et de région en région, pour apprendre la loi. (Ib. vs. 11.) Et l'Eternel parla à Moïse *face à face* (פנים אל פנים). Selon R. Isaac le Saint, béni-soit-il, dit à Moïse: Moïse, moi et toi nous ferons l'acceptation de personnes (נסביר פנים *nous nous céderons mutuellement)* dans l'*Halaca.* Selon d'autres *(il faut expliquer)* ainsi: le Saint, béni soit-il, dit à Moïse: de même que j'ai fait acceptation de personnes (פנים) à ton égard, de même tu la feras à l'égard des Israélites, et remets le pavillon à sa place. (Ib.) *Puis Moïse retournait au camp, etc.* Sur quoi R. Avhu disait que le Saint, béni soit-il, a parlé ainsi à Moïse: maintenant on dira que le précepteur *(Dieu)* est en colère, et que le disciple aussi *(Moïse)* est en colère. Que deviendront donc les Israélites? Si tu remets le pavillon en son lieu bien; si non, Josué, fils de Nun, ton écolier deviendra mon ministre à ta place, ce qui combine avec le verset *puis il retourna au camp.* Rava dit: quoique (*Moïse y soit retourné*) la parole de Dieu n'est pas sortie en vain; car il est dit (ib.): *et son serviteur Josué, fils de Nun, jeune homme, ne bougeait point du pavillon.*

En suite R. Jéhuda commença à l'honneur de la loi et fit une exposition *(sur ce qu'il est écrit* Deut. XXVII, 9.): *Fais attention* (הסכת) *et écoute, ô Israël, tu es aujourd'hui devenu le peuple de l'Eternel ton Dieu.* Est-ce que dans ce jour la loi a été donnée, ô Israël? N'est-il pas plutôt vrai que ce jour a été la fin des 40 ans *(du désert)?* Mais cela veut nous enseigner que la loi est chère à ceux qui l'étudient chaque jour, comme au jour qu'elle fut donnée sur le mont Sinaï. R. Tanhuma, fils de R. Hija, homme de *Ophar Acco* disait: tu peux conjecturer cela de ce que si quelqu'un fait la lecture du *Chema* matin et soir, et ne la fait pas un seul soir, c'est comme s'il ne l'avait jamais faite. Le mot הסכת (*signifie*): faites des sectes et des sectes כתות כתות, et occupez-vous (עסקו) dans la loi, vu que la loi ne peut être acquise qu'en société, selon R. Jose, fils de R. Hanina qui dit: que signifie ce qui est écrit (Jér. L, 36.): *L'épée est sur les imposteurs* (הבדים), *et ils en deviendront insensés?* Qu'elle sera sur les ennemis des disciples des savans (*c'est-à-dire sur les disciples mêmes*) qui sont assis un à un (בד בבד), et qui s'occupent dans la loi; et non seulement cela, mais ils deviendront fous; car ici il est écrit ינאו־לו (*et ils en deviendront insensés*), et il est écrit autre part (Nomb. XII, 11.) אשר נואלנו (*ce que nous avons fait follement*). Et non seulement cela, mais ils sont des pécheurs (ib.) ואשר חטאנו (*et ce en quoi nous avons péché*). Et si tu veux je le déduirai d'ici (Esa. XIX, 13.): *Les principaux de Tsohan sont devenus insensés* (נואלו). Autre explication: (*les mots*) *fais attention* (הסכת) *et écoute Israël* (*signifient*) *froissez-vous* (כתתו) sur les mots de la loi selon l'opinion de Risch Lakisch qui dit: d'où savons-nous que les paroles de la loi ne restent qu'en celui qui se tue sur son étude? De ce qu'il est dit (Nomb. XIX, 14.): *C'est ici la loi quand un homme sera mort en quelque tente* (Talm.: *la loi est dans l'homme qui se tue dans la tente où on l'étudie*). Autre explication: (*les mots*) fais attention (הסכת) et écoute Israël (*signifient*) tais-toi (הס) (*écoute*), et puis casse-la (כתת *médite où fais des questions*) selon l'opinion de Rava qui disat: l'homme devrait toujours (*commencer*) par apprendre la loi et puis y méditer[100]). Ceux de l'école de R. Jannaï disaient: que veut dire ce qui est écrit (Prov. XXX, 33.): *Comme celui qui bat le lait fait sortir le beurre, et celui qui presse le*

---

100) Ce long passage sur l'étude de la loi est commenté par la conduite et l'état de santé des rabbins d'aujourd'hui.

nez fait sortir le sang; ainsi celui qui presse la colère excite la querelle? Chez qui trouves-tu le beurre de la loi? Chez celui qui y vomit *le lait qu'il a sucé des mamelles de sa mère. Et celui qui presse le nez* (אף Talm.: *courroux*) *fait sortir le sang.* (*Ces paroles signifient:*) tout écolier qui se tait lorsque son Rabbi se fâche pour la première fois contre lui sera trouvé digne de discerner entre le sang impur et le sang pur. *Et celui qui presse la colère* (אפים Talm. *deux fois*) *excite la querelle.* (*Ces paroles signifient:*) tout écolier qui se tait lorsque son Rabbi se fâche contre lui une ou deux fois, sera trouvé digne de discerner entre les causes pécuniaires et les causes capitales; car nous avons appris: R. Ismaël disait: quiconque veut devenir savant doit s'appliquer aux causes pécuniaires; car tu n'as rien de plus abstrus dans la loi, et elles sont comme une source jaillissante.

R. Samuel, fils de Nahmani, disait: que veut signifier ce qui est écrit (Prov. XXX, 32.): *Si tu t'es porté follement en t'élevant, et si tu as mal pensé,* (זממת) *mets ta main sur la bouche?* Quiconque se rend fou pour les mots de la loi [1]), finira par être élevé; mais s'il tient ses pensées renfermées en lui-même (זמם) (*il sera contraint de se mettre*) la main sur la bouche (*lorsque les autres le questionneront.*

R. Néhémie commença à l'honneur de l'hospitalité, et fit cette exposition: que veut dire ce qui est écrit (I Sam. XV, 6.): *Et Saül dit aux Keniens: allez, retirez-vous, descendez de parmi les Amalekites, de peur que je ne vous enveloppe avec eux; car vous usâtes de gratuité envers tous les enfans d'Israël.* Ces paroles ne contiennent-elles pas un *a minori ad majus?* Si Jethro (*Kenien*) qui traita Moïse à cause de son propre honneur (voy. Exod. XVIII, 12.) en fut récompensé ainsi, d'autant plus celui

---

1) *Raschi:* il expose tellement ses doutes à son rabbin que les autres disciples le croient fou.

qui accueillit un disciple savant dans sa maison, et lui donne à manger et à boire, et le fait jouir de ses biens.

R. Jose commença à la louange de l'hospitalité, et fit une exposition *(sur les paroles* Deut. XXIII, 7.): *Tu n'auras point en abomination l'Iduméen; car il est ton frère: tu n'auras point en abomination l'Egyptien; car tu as été étranger en son pays.* Ces mots ne contiennent-ils pas un *a minori ad majus?* Si on doit traiter ainsi les Egyptiens qui n'ont accueilli Israël qu'à cause de leur propre intérêt; car il est dit: (Gen. XLVII, 6.): *Et si tu connais qu'il y ait parmi eux des hommes puissans, tu les établiras gouverneurs sur tous mes troupeaux,* d'autant plus celui qui reçoit un disciple savant dans sa maison, et lui donne à manger et à boire, et lui fait part de ses biens [2]).

R. Eléazar, fils de R. Jose le Galiléen, commença à la louange de l'hospitalité, et fit une exposition *(sur les paroles* II. Sam. VI, 11.): *Et l'Eternel bénit Hobed-Edom Guittien et toute sa maison à cause de l'arche du Seigneur.* Ces mots ne contiennent-ils pas un *a minori ad majus?* Si cet homme a été récompensé ainsi pour l'arche qui n'a ni mangé ni bu, mais on a seulement balayé la maison et fait tomber la poussière *(en son honneur)*; d'autant plus celui qui accueillit un disciple savant dans sa maison, et lui donne à manger et à boire, et le fait jouir de ses biens. Mais quelle fut la bénédiction dont *(Dieu)* le bénit? R. Jéhuda, fils de Zavida, dit: elle consista en ce que Hamoth *(sa femme)* et ses huit brus accouchèrent chacune de six enfans de la même ventrée *(à la fois)*; car il est dit (I. Chr. XXVI, 5.): *Pehulletaï le huitième,* et il est écrit (ib.): *car Dieu l'avait béni,* et (vs. 8.): *Tous ceux-là étaient des enfans d'Hobed-Edom eux et leurs fils et leurs frè-*

F. 64. *a.*

2) On pourrait conjecturer par ce passage, qu'avant cette époque les savans Talmudistes ne se refusaient pas de manger à la table des non-Juifs, et d'entretenir avec eux les droits d'une hospitalité mutuelle; ainsi que leurs ancêtres l'ont pratiqué autrefois. Il faut donc convenir que les choses ont bien changé de nos jours.

res, hommes vaillans et forts pour le service soixante et deux d'Hobed-Edom [3]).

Rav Avin le Lévite disait: quiconque veut faire violence au temps, en est repoussé, et quiconque se laisse pousser par le temps voit le temps être poussé devant lui *(lui céder comme on peut s'en convaincre par ce qui arriva)* à Rabba et à R. Joseph. R. Joseph *(se nommait) Sinaï* parce qu'il était très-versé dans la *Baraïtha*, et Rabba (se disait) *arracheur de montagnes (vu qu'il l'emportait toujours dans une dispute).* Ils (les rabbins) se trouvèrent dans une occasion très-pressante *(où ils avaient besoin d'un chef d'Académie).* On leur envoya Sinaï et *l'arracheur de montagnes (pour voir)* qui des deux mériterait la préférence. Ils envoyèrent dire que Sinaï la méritait vu que tout le monde a besoin d'un possesseur de froment *(d'un homme qui a ramassé beaucoup de connoissances).* Nonobstant cela R. Joseph n'accepta pas *(cette charge)*; car les Chaldéens lui avaient prédit que son règne ne serait que de deux ans. Ainsi Rabba régna 22 ans, et puis Rav Joseph régna deux ans et demi; *(parce qu'il se laissa pousser par le tems, et qu'il eut patience).* Or, pendant toutes les années qu'il régna, Rabba *(fut populaire)* jusqu'à tel point qu'il ne fit jamais appeler le Chirurgien *(chez lui, mais il alla le trouver lui-même).*

R. Avin le Lévite, disait aussi: que signifie ce qui est écrit (Psau. XX, 2.): *Que l'Eternel te réponde au jour que tu seras en détresse; que le nom du Dieu de Jacob te mette en une haute retraite?* Pourquoi le Dieu de Jacob et non d'Abraham et d'Isaac? *Rép.:* De là le proverbe: le maître de la poutre entre dans l'epaisseur de la poutre *(la connaît mieux que les autres)* [4]).

---

3) Savoir les huit enfans qu'il avait déjà. Les 6 que sa femme lui enfanta après la bénédiction de Dieu et les 48 de ses huit brus fécondées de la même manière que sa femme. Les femmes juives en Egypte avaient joui de la même bénédiction.

4) *Raschi:* de même Jacob père de toutes les tribus connaissait mieux que les autres Patriarches, ce qu'il fallait faire à leur avantage.

R. Avin le Lévite disait encore: celui qui jouit d'un repas, auquel un écolier savant assiste, c'est comme s'il jouissait de la splendeur de la *Chekina;* car il est dit (Exod. XVIII, 12.): ***Et Aaron et tous les anciens d'Israël vinrent pour manger du pain avec le beau-père de Moïse en la présence de Dieu.*** Est-ce qu'ils ont mangé en présence de Dieu? C'est plutôt devant Moïse qu'ils ont mangé. C'est donc pour t'apprendre que quiconque jouit, etc.

R. Avin le Lévite disait en outre: celui qui prend congé de son camarade, ne doit pas lui dire: *va en paix,* mais: *va à la paix,* vu que Jethro dit à Moïse (Exod. IV, 18.): *Va à la paix*, et celui-ci partit et prospéra; mais David dit à Absalon: *va en paix,* et celui-ci s'en alla et fut perdu.

R. Avaï le Lévite disait enfin: celui qui prend congé d'un mort[5]) ne doit pas lui dire: *va à la paix,* mais: *va en paix;* car il est dit (Gen. XV, 15.): *Et toi, tu t'en iras vers tes pères en paix.*

R. Lévi, fils de Hija, disait: celui qui sort d'une Synagogue et entre dans une école pour s'y occuper de la loi, sera digne d'accueillir la face de la *Chekina;* car il est dit (Psau. LXXXIV, 8.): *Ils vont de bande* (חיל Talm.: *assemblée*) *en bande pour se présenter devant Dieu en Sion.* Rav Hija, fils d'Ache, disait avoir entendu dire à Rav: les disciples des savans n'ont de repos ni dans ce monde, ni dans le monde à venir[6]); car il est dit (ib. idem). R. Eléazar disait avoir entendu dire à R. Hanina: les disciples des savans augmentent la paix dans le monde; car il est dit (Esa. LIV, 13.): *Et tous tes enfans seront enseignés de l'Eternel, et la paix de tes fils sera abondante.* Ne lisez pas בניך (*tes fils*), mais בוניך (*tes architectes de la loi*), et (Psau. CXIX, 165.): *Paix abondante pour ceux*

---

5) *Raschi:* Lorsqu'on portait les morts d'une ville à l'autre, ceux qui ne pouvaient pas les accompagner jusqu'au lieu de l'enterrement, rebroussaient chemin en prenant congé d'eux.

6) *Raschi:* car ils vont et iront toujours d'une Académie et d'une école à l'autre.

qui aiment ta loi et point d'achoppement pour eux, et (Psau. CXXII, 7. 9.): *Que la paix soit à ton avant-mur, et la prospérité dans tes palais. Pour l'amour de mes frères et de mes amis je prierai maintenant pour ta paix à cause de la maison de l'Eternel notre Dieu, je procurerai ton bien*, et (Psau. XXIX, 11.): *L'Eternel donnera de la force à son peuple; l'Eternel bénira son peuple en paix.*

Que notre retour soit sur toi, ô

הדרן:

et c'est la fin

du Traité Beracoth.

TABLE

des

matières contenues dans le II^d Volume.

Judaïsme considéré comme religion.

Section troisième.

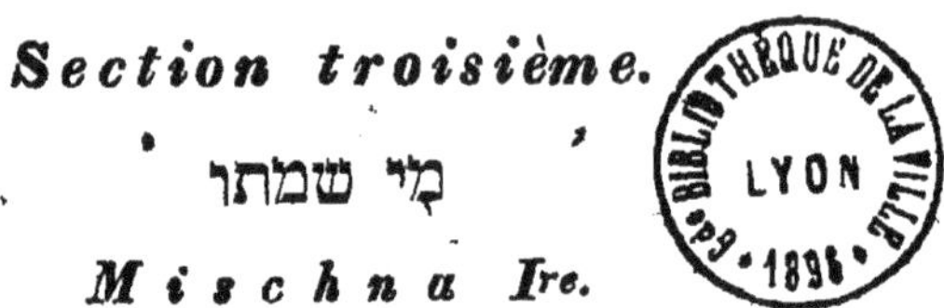

מי שמתו

Mischna Ire.

Ghémara.

Mischna Ve.

Ghémara.

Mischna VIe.

Ghémara.

Quatrième Section.

תכלת השחר

Mischna Ire.

Ghémara.

Mischna IIde.

Ghémara.

Mischna IIIe.

Mischna IVe.

Mischna Ve.

Mischna VIe.

Ghémara.

Mischna VIIe.

Ghémara.

Cinquième Section.

אין עומדים

Mischna Ire.

Ghémara.

Mischna Ve.

Ghémara.

Sixième Section.

כיצד מברכים

Mischna Ire.

Ghémara.

Mischna VIe.

Septième Section.

שלשה שאכלו

Mischna Ire.

Huitième Section.

אלו דברים

Mischna Ire — VIIIe.

Ghémara.

Neuvième Section.

הרואה

Mischna Ire.

Mischna IIe.

Mischna IIIe.

Mischna IVe.

Mischna V^e.

Ghémara.

Judaïsme

considéré comme doctrine pernicieuse.

Lettres sacrées et profanes.

IMPRIMERIE DE GUILL. HAACK à LEIPZIG.

Lightning Source UK Ltd.
Milton Keynes UK
UKHW030642150321
380371UK00010B/935